MW00715079

AUTOCAD 12

PARA
PROFESIONALES

CONSULTORES EDITORIALES
AREA DE INFORMATICA Y COMPUTACION

Antonio Vaquero Sánchez
Catedrático de Informática
Facultad de Ciencias Físicas
Universidad Complutense de Madrid
ESPAÑA

Raymundo Hugo Rangel G.
Físico, Facultad de Ciencias, UNL
Profesor, Carrera Ing. en Computación
Facultad de Ingeniería, UNAM

Gerardo Quiroz Vieyra
Ingeniero en Comunicaciones y Electrónica
Escuela Superior de Ingeniería Mecánica y Electrónica IPN
Carter Wallace, S. A.
·Universidad Autónoma Metropolitana
Docente DCSA
MEXICO

Willy Vega Gálvez
Universidad Nacional de Ingeniería
PERU

Luis Ernesto Ramírez
Coordinador de Informática
Escuela de Administración y Contaduría
Universidad Católica Andrés Bello, UCAB
VENEZUELA

AUTOCAD 12

PARA PROFESIONALES

Robert M. Thomas

Traducción

PRESENTACION RODRIGUEZ ROBLES
Diplomada por la Escuela de
Traductores e Intérpretes

CLARA ISABEL SEGURA DEL CASTILLO
Facultad de Ciencias
Universidad de Almería

Revisión técnica

ANTONIO VAQUERO SANCHEZ
Catedrático de Informática
Facultad de Ciencias Físicas
Universidad Complutense de Madrid

McGraw-Hill

MADRID • BUENOS AIRES • CARACAS • GUATEMALA • LISBOA • MEXICO
NUEVA YORK • PANAMA • SAN JUAN • SANTAFE DE BOGOTA • SANTIAGO • SAO PAULO
AUCKLAND • HAMBURGO • LONDRES • MILAN • MONTREAL • NUEVA DELHI • PARIS
SAN FRANCISCO • SIDNEY • SINGAPUR • ST. LOUIS • TOKIO • TORONTO

AUTOCAD 12 PARA PROFESIONALES

No está permitida la reproducción total o parcial de este libro, ni su tratamiento informático, ni la transmisión de ninguna forma o por cualquier medio, ya sea electrónico, mecánico, por fotocopia, por registro u otros métodos, sin el permiso previo y por escrito de los titulares del Copyright.

DERECHOS RESERVADOS © 1993, respecto a la segunda edición en español por
McGRAW-HILL/INTERAMERICANA DE ESPAÑA, S. A.
Edificio Oasis-A, 5
Basauri, 17. 1.ª planta
28023 Aravaca (Madrid)
ESPAÑA

Traducido de la tercera edición en inglés de:
AVANCED AUTOCAD RELEASE 12

Copyright © MCMXCIII, por Sybex Inc.
ISBN: 0-7821-1187-4

ISBN: 84-481-0146-4
Depósito legal: M. 19.005-1993

Compuesto en: FER Fotocomposición, S. A.
Impreso en: EDIGRAFOS, S. A.

IMPRESO EN ESPAÑA - PRINTED IN SPAIN

A Krista, con amor

Agradecimientos

Muchas gracias a toda la gente que trabajó tan duro en este libro. Gracias en especial a Jim Compton, Savitha Varadan y Doug Robert, revisores, por hacerlo legible y consistente consigo mismo, y a Kurt Hampe, el editor técnico, que proporcionó comentarios de gran ayuda y sugerencias para los programas de ejemplo. Gracias también a Christian Crumlish, el editor de desarrollo, por su apoyo; a Charlotte Carter, por el diseño; a Len Gillbert, por teclearlo, y a Arno Harris, corrector de pruebas.

La rutina WALLS.LSP que aparece en estas páginas es una actualización amplia de una rutina mía que apareció primero en la revista *CADalyst*, en julio de 1990. Igualmente, UND.LSP es una versión ligeramente modificada de una «sugerencia en caliente» que apareció en *CADalyst* en julio de 1989. Mis agradecimientos para David Cohn en *CADalyst* por sus amables autorizaciones.

Más cerca de casa, gracias a Francia Friendlich y a Rich Teich, del Aquaria Age Computer Center en San Francisco. Finalmente, gracias como siempre a Roscoe y Elaine por su fe en la bondad fundamental de todas las cosas.

Resumen de contenidos

Contenido

Introducción

Si domina los fundamentos de AutoCAD y está buscando la forma de aumentar su productividad en el dibujo, y hacer más fácil y rápido el método CAD, éste es su libro. Le enseñará a usar su propio estilo de dibujo para crear una versión de AutoCAD exclusiva y personalizada, de acuerdo con sus necesidades.

A quién va dirigido el libro

Usted puede usar este libro aunque no sea un experto en AutoCAD; el único requisito será conocer el fundamento de la estructura de órdenes y tener alguna práctica en el uso del programa. Este libro hace referencia a muchas órdenes de AutoCAD, pero no explica su uso. Así que, si no conoce dicho programa, será mejor que use este libro más tarde.

El Sistema de Desarrollo Avanzado de AutoCAD (ADS), tratado en el Capítulo 9, requiere que usted entienda el lenguaje de Programación C además del de AutoCAD; pero, por otro lado, no tiene porqué ser un experto en informática o un experto programador para usar este libro. Excepto en el caso de ADS, los conceptos de Programación serán tratados ligeramente en este libro, y solamente cuando sean necesarios para explicarle las posibilidades personalizadas de AutoCAD.

Este libro supone que es usted un dibujante profesional; por tanto, se interesa más por aumentar sus conocimientos en AutoCAD que en hacer de usted un experto programador. Por ello, no debe pensar en este libro como una guía de Programación. Si le inspira a aprender algo más sobre la materia mucho mejor.

Personalizar merece la pena. Usar AutoCAD solamente en su versión «de fábrica» es desaprovechar este producto, ya que AutoCAD está expresamente creado para ser personalizado. El producto de fábrica es solamente el principio para que usted pueda crear buenos diseños.

No le resultará más dificil aprender a personalizar un programa de AutoCAD de lo que le resultó aprender sus fundamentos. Deberá aprender un poco de terminología nueva, estudiar los ejemplos, y practicar sobre ellos. Personalizar es una inversión de tiempo y paciencia; pero merece la pena, pues le ofrecerá cuantiosas ventajas. Hará de AutoCAD un sistema fácil para usted y para aquellos que lo empleen. Si decide continuar, podrá desarrollar aplicaciones de AutoCAD.

Cómo usar este libro

La mejor manera de usar este libro es leerlo mientras ejecuta el programa AutoCAD. Podrá hacerlo a través de los ejemplos, asimilando las ideas tan rápido como sea posible.

El libro debe ser leído de principio a fin, ya que los capítulos se apoyan unos en otros yendo de menor a mayor complejidad. Todos deberían leer el Capítulo 1, «Generalidades». Después de eso, podrá saltarse capítulos y revisar el material que le sea más interesante. No obstante, vuelva a los capítulos anteriores si encuentra que ha avanzado demasiado.

Aunque los ejemplos en este libro se sostienen solos, y es posible que se sienta capaz de utilizarlos de forma correcta, no es eso todo lo que se pretendió que hicieran. Su primer propósito es despertar su imaginación y hacerle pensar sobre sus necesidades, y mostrarle los pasos necesarios para crear caracteres, órdenes y prácticas originales. Usted puede conseguir una valiosa experiencia tecleando los ejemplos, pero leer y comprender los comentarios y explicaciones le aportará mayores dividendos.

Contenido del libro

Este libro sirve de puente entre los conceptos de personalización presentados en la documentación de AutoCAD y los usuarios capacitados para superar esas ideas, dado que la documentación presenta un bagaje limitado. Despues de terminar el libro podrá volver a la documentación, encontrándola mucho más fácil de entender. El libro tiene el siguiente contenido:

- El Capítulo 1 presenta una visión general de las posibilidades de personalización de AutoCAD.

- Los Capítulos 2 y 3 muestran cómo ampliar y modificar algunas características estándar de AutoCAD: tipos de línea, patrones de rayado y formas.

- Los Capítulos 4 y 5 presentan técnicas para reconfigurar la pantalla de AutoCAD y digitalizar los menús; para crear nuevos menús a partir de la línea de partida, y para automatizar las secuencias de órdenes frecuentemente empleadas por medio de la creación de Macros.

- El Capítulo 6 incluye técnicas fundamentales para desarrollar archivos de código fuente de AutoLISP y de ADS. Debería leer este capítulo si no tiene experiencia en Programación.

- El Capítulo 7 le introduce en el lenguaje de instrucciones internas de AutoCAD, llamado AutoLISP. Este capítulo le enseña cómo crear nuevas órdenes, caracteres y utilidades que le permitirán mejorar el funcionamiento y aumentarán la potencia de AutoCAD para servirle.

- El Capítulo 8 amplía su conocimiento sobre AutoLISP mostrándole el modo de acceder directamente a la base de datos de AutoCAD, así como, de vincular su propia información con los objetos dibujados con AutoCAD.

- El Capítulo 9 le introduce en el Sistema de Desarrollo Avanzado (ADS). Este capítulo describe detalladamente el proceso de creación, compilación y ejecución de una aplicación AutoCAD personalizada mediante el lenguaje de Programación C.

El libro contiene dos Apéndices: el Apéndice A que resume y compara las funciones predefinidas de AutoLISP y ADS, y el Apéndice B que recoge ejemplos de funciones que usted puede usar para aumentar su productividad, o para avanzar en su estudio.

¿Qué versión de AutoCAD debería usar?

Si no lo ha hecho aún, le recomiendo que se actualice usando la última versión de AutoCAD (Versión 12, en el momento de escribir este libro). Cada nueva versión presenta importantes mejoras y posibilidades, incluyendo mejoras de las órdenes existentes. Entre las muchas características mejoradas en la Versión 12 se encuentran el aumento de la velocidad, la mejora de los gráficos, la facilidad para seleccionar objetos, los cuadros de diálogo programables, la facilidad de conexión con la base de datos externa, mejoras significativas para ADS y AutoLISP.

Entre las características descritas en este libro, los patrones de rayado, archivos de formas, archivos de tipos de línea, la mayoría de las macros de menú, y algunas funciones predefinidas de AutoLISP, serán útiles con las versiones más sencillas como la 2.5. Cada listado de prácticas de AutoLISP presentado en el libro incluye un comentario indicativo de la versión más sencilla de AutoCAD con la que es compatible. Algunas de las prácticas se han escrito para demostrarle las posibilidades exclusivas de la Versión 12, y su uso quedará restringido a dicha versión.

Todo el código AutoLISP de este libro es compatible, es decir, los códigos escritos para las versiones sencillas tambien serán útiles en otras posteriores, al menos hasta la Versión 12.

CAPITULO UNO

Generalidades

La adaptabilidad de AutoCAD es la razón primordial por la que se sitúa como el estándar de los CAD para PC. AutoCAD puede ser modificado para adaptarlo a las necesidades de dibujantes y diseñadores en diversas disciplinas. Aprender a modificar el programa está al alcance de los usuarios de AutoCAD; la mayoría de ellos son dibujantes profesionales sometidos a fechas estrictas y con poco tiempo para perfeccionar los conocimientos necesarios para personalizar y reconfigurar programas de ordenadores. No obstante, las ideas que llevan a la personalización de AutoCAD son más fáciles de aprender de lo que pueda parecer a simple vista, y los resultados justifican el tiempo empleado en ello.

El libro muestra las partes del programa que pueden ser personalizadas, y las técnicas necesarias para diseñar y desarrollar una versión de AutoCAD que contenga características especiales para hacer su proceso de dibujo posible y eficiente.

Para beneficiarse de este libro debe tener, por lo menos, algún conocimiento básico de AutoCAD. Si quiere crear y realizar cambios de objetos de dibujo en AutoCAD, deberá entender el material que aquí se le presenta. Para aprender a desarrollar aplicaciones personales usando el Sistema de Desarrollo Avanzado (ADS), deberá, de igual modo, tener buenos conocimientos del lenguaje de Programación C.

¿Qué implica la personalización?

La personalización de AutoCAD puede presentar una variedad de formas, desde la simple creación de objetos de dibujo personales, a través de la creación de menús de pantalla y macro-órdenes personalizadas, al desarrollo único de órdenes de AutoCAD basados en programas de lenguaje interno de AutoCAD, AutoLISP y ADS.

El Capítulo 2 le muestra la manera de desarrollar bibliotecas de sus propios tipos de línea y patrones de rayado. El Capítulo 3 le enseña cómo crear y compilar

1

archivos de formas que contengan sus objetos básicos de dibujo y sus símbolos. Estos recursos le evitan tener que volver a crear los mismos patrones y símbolos de forma repetida, y le ayudan a mantener un gran número de archivos externos para dibujo de bloques.

Los Capítulos 4 y 5 le muestran cómo trabajan los menús de pantalla de AutoCAD, y cómo cambiarlos para adaptarlos a sus preferencias en el dibujo. También aprenderá la manera de incorporar las órdenes de AutoCAD dentro de Macros que realicen una serie de tareas con una sencilla selección del menú de pantalla.

Los Capítulos 6, 7 y 8 examinan AutoLISP. Podrá usar el lenguaje de Programación interno de AutoCAD para crear sus propias órdenes de AutoCAD para realizar cálculos y análisis, y para producir objetos de dibujo. También podrá desarrollar órdenes de utilidad especial para simplificar y aumentar la velocidad de los procesos de dibujo.

El Capítulo 9 le guía a través del proceso de escritura, compilación y ejecución de una aplicación personalizada de AutoCAD mediante el uso de ADS.

¿Por qué tomarse la molestia de personalizar?

Los usuarios de AutoCAD emplean la mayoría de su tiempo seleccionando y/o tecleando órdenes en un orden preciso, y seleccionando la opción correcta dentro de dichas órdenes. Para los usuarios experimentados de AutoCAD, la personalización puede hacer el proceso de dibujo mucho más eficiente al permitirles combinar largas series de secuencias de letras dentro de sólo unas pocas. En suma, si el proceso de dibujar incluye cálculos, la personalización puede realizar de forma correcta dichos cálculos dentro de las órdenes de dibujo.

Algunas partes del proceso de dibujo de AutoCAD indudablemente se emplearán en dirigir el programa —cambio de capas, activándolas o desactivándolas, ajuste de la retícula, establecimiento de los parámetros de dibujo, etc. Una versión personalizada de AutoCAD reducirá el tiempo empleado en esas tareas y permitirá al usuario dedicar su tiempo al dibujo y al diseño.

Una instalación personalizada de AutoCAD, una vez desarrollada, beneficia a los usuarios inexpertos porque presenta de una forma más condensada la familiar interfaz, lo que reduce el tiempo de aprendizaje y ofrece la oportunidad de producir dibujos aprovechables con la rapidez precisa.

¿Por qué no proporcionó AutoCAD estas cosas antes? De algún modo lo hizo. AutoCAD no es solamente un programa de dibujo, es también un manual asequible que contiene herramientas de dibujo. Estas herramientas son las bases para una programación que puede usarse para una gran variedad de dibujos. Indudablemente algunas herramientas serán más útiles que otras. El proceso de personalización de AutoCAD es un proceso de organización de las herramientas de forma que le sean más útiles, situando juntas las usadas con mayor frecuencia, y empleando las ya existentes para crear nuevas herramientas de dibujo propias.

Introducción a los archivos ASCII

La mayoría de los procesadores de texto y algunos editores de texto añaden códigos especiales a sus documentos cuando los crean. Esos códigos incrustados gestionan las tareas de impresión y de formato tales como el subrayado, poner negritas, el ajuste de líneas o la reforma de párrafos. Un archivo ASCII es simplemente un archivo que no contiene ninguno de esos códigos especiales. Los archivos ASCII contienen sólo letras del alfabeto, números y signos de puntuación estándar.

Personalizar AutoCAD implica crear y editar archivos ASCII que AutoCAD leerá y usará varias veces durante su procesamiento. Los editores de texto de DOS, EDIT o EDLIN pueden usarse para producir y editar un archivo ASCII, pero lo más eficiente es usar para ello un procesador o un editor de textos.

Las instrucciones para los ordenadores se denominan *código fuente*; así, los archivos ASCII que contienen las instrucciones se denominan *archivos de código fuente*. AutoCAD maneja los archivos de código fuente de dos maneras: puede, por un lado, leer el código fuente directamente, interpretando cada línea del archivo de forma secuencial, o bien, compilar el código fuente en un formato diferente, legible por la máquina. Cada tratamiento tiene sus ventajas, pero en cada caso el resultado es el mismo: AutoCAD lleva a cabo las instrucciones que encuentra en el archivo de código fuente.

Cuando le da a AutoCAD una orden que provoca que lea uno de sus archivos de código fuente, puede que él haga una de estas dos cosas:

- Localizar el archivo apropiado y copiar el contenido total del archivo dentro de un área reservada de la memória para dicho propósito. Este proceso de colocar el contenido del archivo dentro de la memoria se denomina *carga* del archivo. Una vez que el archivo es cargado, AutoCAD puede responder a su contenido de forma más eficaz. Los archivos AutoLISP y los archivos de formas de AutoCAD, por ejemplo, se cargan de esta forma.

- Localizar el archivo apropiado y copiar en la memoria sólo la parte del archivo que se le ha ordenado encontrar. En el caso de grandes archivos ASCII, tales como el que contiene los patrones de rayado estándar de Auto-CAD o el que contiene las definiciones de tipos de línea; este método es más eficaz.

Archivos de código fuente de AutoCAD modificables

AutoCAD reconoce un archivo de código fuente por su extensión: un grupo de tres letras colocado después del nombre exclusivo del archivo y separado de éste por un punto. Las extensiones de archivo que AutoCAD reconoce son DCL, EXE, EXP, LIN, LSP, MNL, MNU, PAT, PGP y SHP. A continuación se presenta una breve descripción de cada uno de estos tipos de archivos. En el caso de que un archivo pueda presentar varios nombres, un asterisco representará el nombre del archivo.

*.DCL

Un archivo ASCII con esta extensión contiene instrucciones para el diseño y estructuración personal de cuadros de diálogos en la Versión 12. Podrá crear nuevos cuadros de diálogos usando el Lenguaje de Control de Diálogo (DCL) de Autodesk, un lenguaje especial usado exclusivamente para manejar cuadros de diálogo. Para más detalles consulte el Capítulo 7.

*.EXE y *.EXP

Tienen esa extensión los archivos ADS compilados previamente. Deben ser compilados de acuerdo con los parámetros ADS específicos del compilador que los creó. (AutoCAD no incluye compilador; deberá adquirirlo por separado. Un ejemplo de compilador es el High C de MetaWare, que se usó en este libro para compilar los programas ADS). Muchos archivos tienen esta extensión; pero solamente aquellos que se han compilado de forma específica para ser usados con ADS de AutoCAD podrán cargarse dentro del editor de dibujo. Los archivos de código fuente para esos programas ADS tienen normalmente la extensión C; por ejemplo, MYAPP.C será compilado dentro de MYAPP.EXP (para el modo extendido de ADS) o MYAPP.EXE (para el modo real de ADS). Para mayor detalle sobre la creación de estos archivos vea el Capítulo 9 de este libro y la documentación de su compilador.

*.LIN

Un archivo ASCII con esta extensión contiene la información requerida por AutoCAD para dibujar diferentes tipos de líneas. ACAD.LIN contiene los tipos de líneas estándar. Puede añadir tipos de líneas propios a sus archivos o crear una biblioteca de tipos de líneas en diferentes archivos, asegurándose de que cada archivo tenga un nombre exclusivo y la extensión LIN.

A los tipos individuales de líneas también se les asigna un único nombre para identificarlas dentro del archivo LIN. Cuando desee usar un nuevo tipo de línea en una sesión de dibujo, deberá recuperarla del archivo LIN y almacenarla dentro de la base de datos de dibujo. La orden de AutoCAD para cargar un nuevo tipo de línea es LINETYPE (TIPOLIN). Cuando introduce dicha orden, AutoCAD pide primero el nombre del tipo de línea y después el nombre del archivo, para, así, poder buscar la información del tipo de línea. Cuando AutoCAD localiza la información, emite un mensaje para llevar a cabo la orden.

La definición del nuevo tipo de línea se podrá añadir al archivo LIN desde el Editor de Dibujo de AutoCAD, de este modo se le capacita para crear nuevos tipos de líneas «sobre la marcha» mientras progresa el dibujo.

*.LSP

Un archivo ASCII con esta extensión contiene fuentes escritas en AutoLISP, el lenguaje de programación interna de AutoCAD. Las instalaciones personalizadas de AutoCAD usan normalmente distintos archivos de AutoLISP. Los archivos que contienen código fuente de AutoLISP pueden tener cualquier nombre válido, pero normalmente les faltará la extensión LSP. La falta de dicha extensión le facilita a AutoCAD la labor de reconocimiento e interpretación de sus contenidos. AutoCAD no compilará estos archivos, de hecho, los carga dentro de la memoria e interpreta sus instrucciones de manera secuencial.

*.MNL

Un archivo ASCII con esta extensión contiene códigos de AutoLISP asociados con un archivo de menú de la Versión 12. Siempre que usted carga un archivo de menú en la Versión 12, AutoCAD busca un archivo con la extensión MNL y el mismo nombre que el del archivo de menú. Si encuentra tal archivo, lo cargará después de cargar el nuevo menú.

*.MNU

Esta extensión de archivo identifica un archivo de menú de AutoCAD que contiene indicaciones de menú de pantalla y órdenes ejecutadas cuando elige una indicación en pantalla con su dispositivo de señalar. Podrá crear, así, distintos menús; cada uno deberá llevar su propio nombre seguido de la extensión MNU.

Las versiones más sencillas de AutoCAD tratan este archivo de forma diferente que las versiones posteriores. La Versión 2.18 y las anteriores leen el archivo directamente y lo presentan en la pantalla. La Versión 2.5 y las posteriores compilan el archivo de menú y presentan la versión compilada. Este proceso de compilación del menú tiene lugar automáticamente la primera vez que AutoCAD carga el archivo MNU dentro del editor de dibujo y siempre que el archivo es editado. Mediante la compilación del archivo de menú (que con frecuencia es extenso), AutoCAD ahorra tiempo en el proceso de carga y en el de presentación durante una sesión de dibujo.

Una vez compilado, la versión del archivo de menú legible para la máquina será guardado en un archivo separado que tendrá el mismo nombre, pero una nueva extensión, MNX. Después de ello, sólo se cargará y presentará esta versión compilada del menú. La versión fuente quedará disponible por si desea realizar algún otro cambio.

La versión compilada del menú estándar de AutoCAD se encuentra en el archivo ACAD.MNX. El archivo de código fuente del menú estándar, en el archivo ACAD.MNU. ACAD.MNU se instala normalmente en su disco duro en un subdirectorio separado, \ACAD\SUPPORT. Si modifica este archivo, deberá instruir a AutoCAD para que busque sus archivos de menú en este subdirectorio para recompilarlos a la versión MNX.

Es muy sensato hacer una copia de ACAD.MNU usando un nombre diferente y cargarla usando la orden MENU de AutoCAD. Esto protege de sobreescrituras el menú estándar de AutoCAD cuando usted realiza algún cambio involuntario. Para más información diríjase al Capítulo 4.

*.SHP

Un archivo con esta extensión contiene las definiciones de los símbolos, formas u otros objetos de dibujo que pueden incluirse en un dibujo, de la misma manera que en un bloque. AutoCad compila estos archivos dentro de otro, con la extensión SHX. Estos archivos se denominan archivos de formas. Usted puede cargar estos archivos de formas dentro de la base de datos de dibujo usando la orden LOAD (CARGA) de AutoCAD. Después de cargar el archivo de formas, podrá insertar las formas dentro del dibujo usando la orden SHAPE (FORMA). La inserción de formas es más rápida que la inserción de bloque, pero se pensó para los casos en los que se trabaje con símbolos relativamente simples. Para el caso de símbolos complejos o inserciones ocasionales, es preferible el método de inserción de bloque.

Un *archivo de fuentes de texto* es un tipo especial de archivo SHP, que contiene formas que corresponden a fuentes de texto, junto con las definiciones especiales de las formas, indicando la escala y la orientación de dichos caracteres. Por ejemplo, el código fuente para las fuentes de texto estándar de AutoCAD se almacena en archivos como los siguientes: TXT.SHP, SIMPLEX.SHP, COMPLEX.SHP, ITALIC.SHP, MONOTXT.SHP, y VERTICAL.SHP. Estos archivos se instalan normalmente en el subdirectorio \ACAD\SOURCE de su disco duro.

ACAD.PAT

Este archivo contiene patrones de rayado de AutoCAD. A diferencia de las otras extensiones, PAT no puede usarse con otros archivos —AutoCAD reconoce solamente ACAD.PAT. Usted podrá añadir definiciones de patrones de rayado a la lista de patrones estándar usando el editor de textos.

ACAD.PGP

ACAD.PGP contiene órdenes especiales a las que se puede acceder desde el editor de dibujo. Este archivo solamente puede usar la extensión PGP y es único. Se instala normalmente en el subdirectorio ACAD\SUPPORT. Comenzará a personalizar AutoCAD mediante una modificación de este archivo. Una vez modificado, podrá moverse de aquí para allá entre AutoCAD y el editor de textos.

Personalización del entorno del DOS

Si ejecuta ciertas órdenes del DOS antes de arrancar AutoCAD, podrá realizar una personalización del programa sin mayores alteraciones de los archivos ASCII. Mientras que esas órdenes no modifican directamente la ejecución de AutoCAD, tienen un efecto significativo en el entorno del DOS en el que AutoCAD trabaja, pudiendo, de este modo, realizar su trabajo de manera más fácil y rápida.

Acceso a varios directorios de dibujo

Para algunos usuarios, es muy necesario en su trabajo diario mantener dibujos diferentes en subdirectorios diferentes del disco duro. Organizar dibujos relacionados en sus propios subdirectorios puede simplificar los procesos de localización o de copia de seguridad. Una vez que haya organizado los archivos de dibujo de esta forma, podrá simplificar los procesos de localización siguiendo las técnicas siguientes.

Una buena forma es añadir el subdirectorio de sistema de AutoCAD a la ruta de búsqueda del sistema operativo. En algunos sistemas este subdirectorio es \ACAD. Por ejemplo, la siguiente orden, dada en el indicador del DOS, añade el subdirectorio C:\ACAD a la ruta existente, C:\DOS:

```
PATH=C:\DOS;C:\ACAD
```

Esta orden altera la configuración del sistema operativo. Para realizar este cambio de forma permanente use su editor de textos, así podrá añadir o modificar la instrucción PATH en el archivo AUTOEXEC.BAC de su directorio raíz. Una vez que el subdirectorio de AutoCAD se añade a la ruta del DOS, AutoCAD podrá ser llamado desde otros directorios. Por ejemplo, imagine que tiene los archivos de dibujo localizados en dos subdirectorios llamados DRAWING1 y DRAWING2. Para usar AutoCAD con los dibujos de DRAWING1, introduzca lo siguiente en el indicador del DOS antes de iniciar AutoCAD:

```
CD\DRAWING1
```

Después, llame a AutoCAD desde el subdirectorio. AutoCAD se ejecutará normalmente, porque usted ha dado la orden PATH del DOS y le dice a éste dónde buscar los archivos de órdenes que no están en la unidad en la que se está en ese momento. Con AutoCAD de esta forma, podrá acceder a los archivos de dibujo desde el subdirectorio DRAWING1. Podrá acceder también a los archivos de dibujo de otras unidades y otros subdirectorios, tecleando el nombre completo de la ruta del dibujo deseado.

La variable ACAD

Si desea, puede instalar una ruta especial de búsqueda para usarla cuando busque los ficheros desde el editor de dibujo. Lo puede hacer antes de cargar AutoCAD, fijando la variable ACAD para que indique una lista de subdirectorios.

Cuando instale la Versión 11 de AutoCAD, u otras posteriores, intente crear esta variable con el nombre de al menos dos directorios que contengan archivos de AutoCAD.

Despues de instalar AutoCAD, puede que encuentre esta orden en el archivo ACADR12.BAT. La orden del DOS para su sistema es similar a ésta:

```
SET ACAD=C:\ACAD;C:\ACAD\SUPPORT
```

Esto instruye a AutoCAD para que busque archivos en los subdirectorios \ACAD y \ACAD\SUPPORT, independientemente del subdirectorio en el que se esté en ese momento. Observe que los dos subdirectorios anteriores se hallan separados por un punto y coma, e incluyen una letra de unidad. Puede añadir subdirectorios adicionales a esta lista. Por ejemplo:

```
SET ACAD=C:\DRAWING1;C:\DRAWING2;C:\ACAD;C:\ACAD\SUPPORT
```

Una vez que ha establecido la variable ACAD para que incluya estos nuevos subdirectorios, AutoCAD buscará allí la existencia de archivos de dibujo, cuando usted introduzca el nombre del archivo.

Sea cauto a la hora de elegir el nombre de los subdirectorios para la ruta de búsqueda, ya que hay algunos peligrosos. Una ruta de búsqueda larga ralentizará la búsqueda de los archivos de dibujo. Si archivos con igual nombre se hallan en dos directorios diferentes, AutoCAD cargará el primero que encuentre en la ruta. Además, las rutas largas consumen espacio del entorno del sistema operativo. Puede ampliar el espacio del entorno del DOS realizando cambios en el archivo CONFIG.SYS. Consulte la documentación del DOS si recibe el mensaje *Out of environment space* (Falta espacio en el entorno) cuando relance su ordenador o cuando llame a la orden SET ACAD con una ruta de búsqueda larga.

Uso de AUTOEXEC.BAT

Tras establecer el entorno del DOS apropiado para AutoCAD, puede que encuentre que algunas órdenes del DOS (por ejemplo, PATH) permanecen consistentes a pesar de la configuración específica. Puede, si lo desea, añadir dichas órdenes al archivo AUTOEXEC.BAT en lugar de a los archivos por lotes de su sistema. El DOS buscará AUTOEXEC.BAT al arrancar, y si lo encuentra, AUTOEXEC.BAT se ejecutará de forma inmediata. Esto puede ahorrarle tiempo y espacio en el disco.

Instalación de varias configuraciones de AutoCAD (Versión 11 y anteriores)

Algunos usuarios tienen más de un dispositivo periférico funcionando con AutoCAD. Por ejemplo, puede que usted tenga más de un graficador (plotter).

La Versión 12 le permite configurar AutoCAD para varios graficadores, y seleccionar uno de los dispositivos en el momento de realizar los gráficos. Las versiones anteriores del programa, sin embargo, requerirán el uso de una variable especial del DOS, ACADCFG, que señala el subdirectorio que contiene el archivo de configuración ACAD.CFG. Cuando AutoCAD arranca, encuentra la información en este archivo y lo instala para que lo use con su hardware. Instalando diferentes archivos de configuración en diferentes subdirectorios, puede cambiar una configuración por otra, cambiando el valor de la variable ACADCFG antes de arrancar AutoCAD.

El ejemplo siguiente asume que los archivos del sistema están localizados en el subdirectorio ACAD. El ejemplo configura AutoCAD para usarlo con dos configuraciones de pantalla: una que incluye un menú de pantalla, y otra que no lo incluye. Se usan dos subdirectorios especiales para mantener las configuraciones separadas, llamados MENU y NOMENU.

Para iniciar el proceso, cree los dos subdirectorios en el disco duro. Estos subdirectorios existirán con el único propósito de mantener nuestras dos versiones de ACAD.CFG, y no contendrán otros archivos. En el indicador del DOS, introduzca:

```
MD C:\MENU
MD C:\NOMENU
```

Con los dos subdirectorios creados, el próximo paso será usar la orden SET del DOS, que inducirá a AutoCAD a desplazarse al archivo ACAD.CFG del subdirectorio correcto:

```
SET ACADCFG=C:\MENU
```

Después llame a AutoCAD y configúrelo de acuerdo con su hardware, indicando que su presentación incluye un menú de pantalla. Una vez tenga configurado AutoCAD y haya arrancado de forma correcta, salga del programa y vuelva al indicador del DOS. Introduzca a continuación:

```
SET ACADCFG=C:\NOMENU
```

Arranque AutoCAD como hizo antes. De nuevo será llamado para que configure ACAD. De nuevo, responda a las peticiones de configuración, indicando esta vez que la presentación no incluye menú de pantalla. Cuando AutoCAD esté configurado y en ejecución, salga, y ha terminado.

De ahora en adelante, cuando desee usar la presentación en pantalla con un menú, introduzca lo siguiente en el indicador del DOS antes de empezar con AutoCAD:

```
SET ACADCFG=C:\MENU
```

Si desea usar la pantalla sin un menú de pantalla, introduzca:

```
SET ACADCFG=C:\NOMENU
```

antes de arrancar AutoCAD.

Puede usar el nombre del subdirectorio que elija, y puede tener tantas configuraciones diferentes como necesite, pero cada archivo ACAD.CFG debe estar en su propio subdirectorio.

Creación de archivos por lotes

Todas estas órdenes del DOS tecleadas con anterioridad para entrar en AutoCAD no tienen que realizarse siempre desde el teclado. Usted puede crear un tipo de archivo ASCII, llamado *archivo por lotes*, que contendrá las órdenes del DOS secuencialmente, una por línea. Una vez que ha creado un archivo por lotes,

puede teclear su nombre y las órdenes del DOS del archivo se ejecutarán automáticamente. Esto es una buena alternativa a tener que recordar las órdenes del DOS
que van con cada versión de AutoCAD.

Si no está familiarizado con el proceso de creación de archivos por lotes, re-
mítase a la documentación del DOS. Puede poseer tantos archivos por lotes como
necesite para manejar combinaciones de los subdirectorios de archivos de dibujo y
configuraciones hardware. Asegúrese de hacer copias de resguardo de todos los archivos que cree, para ahorrar tiempo en el caso de que pierda los originales de forma
fortuita.

Cómo usar un editor de textos dentro de AutoCAD

Personalizar AutoCAD implica idas y venidas entre su editor de textos y
AutoCAD, primero para modificar los archivos ASCII, después para comprobar
los resultados en AutoCAD. Puesto que probablemente deseará ir y volver con frecuencia, lo más útil sería acceder a su editor de textos sin abandonar AutoCAD.
Hágalo, le ahorrará mucho tiempo, ya que no tendrá que esperar que AutoCAD se
vuelva a cargar cada vez que realiza un cambio en el archivo ASCII.

Puede acceder al editor de textos desde el editor de dibujo haciendo una modificación en el archivo ACAD.PGP, que se encuentra normalmente en el subdirectorio ACAD\SUPPORT.

Antes de empezar a modificar este archivo, querrá saber cómo trabajan juntos
el editor de textos que ha elegido y AutoCAD. Por principio, tendrá que decidir la
mejor manera de activar su editor de textos cuando usted esté situado en el subdirectorio de sistema de AutoCAD.

El siguiente es el enfoque más simple: Si su editor de textos es pequeño y puede
instalarse en el mismo subdirectorio que AutoCAD, simplemente ponga una copia
allí. Este enfoque es aceptable y eficiente, y realizándolo, habrá asegurado que todas las órdenes de su editor de textos trabajen bien. Por el contrario, si su editor
de textos es grande, o si por alguna razón no lo quiere en el mismo subdirectorio
que AutoCAD, puede situarlo en otro subdirectorio. Algunos editores de texto le
permitirán arrancar desde un subdirectorio diferente del suyo propio, pero otros
no lo permiten.

Si elige la opción de situar su editor en un subdirectorio diferente al de
AutoCAD, merece la pena que compruebe su capacidad para acceder desde el subdirectorio de AutoCAD. Siga el ejemplo que explica cómo hacerlo.

Para este ejemplo, suponga que el editor de textos está en un subdirectorio llamado TEXT y AutoCAD en el subdirectorio ACAD. Añada el subdirectorio del
editor de textos a la ruta de búsqueda del DOS, usando una orden como la siguiente:

```
PATH=C:\DOS;C:\ACAD;C:\TEXT
```

Esta orden del DOS asegurará que se pueda acceder a AutoCAD y a sus archivos del editor de textos desde cualquier lugar del disco duro. Ahora acceda al sub-

directorio de AutoCAD. Intente llamar a su editor de textos. Compruebe lo siguiente:

- ¿Aparece su editor en la pantalla unos segundos más tarde de lo habitual?

- Si puede acceder a la lista de archivos del subdirectorio por defecto, ¿son ésos los archivos ACAD? En caso de que no, ¿puede trasladarse al subdirectorio de AutoCAD mientras está en su editor de textos?

- Mientras está en su editor de textos, abra un archivo de prueba, teclee algunos caracteres y guarde el archivo; salga del editor de textos, entre de nuevo y edite el mismo archivo de prueba. ¿Funcionó todo?

- Salga del editor de textos. ¿Está en el subdirectorio ACAD? Si no lo está, ¿puede instalar su editor de textos de modo que salga al subdirectorio ACAD?

Si puede configurar su editor de textos para que funcione completamente mientras se encuentra usted en el subdirectorio de AutoCAD, y si lo coloca en dicho subdirectorio al salir del editor de textos, entonces será capaz de usarlo mientras se encuentre en el editor de dibujo.

Hay otra cosa que debe saber: la cantidad de memoria del ordenador (RAM) requerida por el editor de textos. Esta información puede hallarla en la documentación de su editor. Los editores de texto normalmente requieren entre 64Kb y 256Kb. Compruébelo para asegurarse, y tome nota de ello. La cantidad máxima de memoria que puede usar será 512Kb. Si su editor de textos necesita más (lo que es inusual), deberá usar uno diferente o usarlo fuera de AutoCAD.

Hojee la documentación de su editor de textos para saber si necesita aumentar la cantidad de memoria para la edición de archivos que sean muy extensos. Algunos editores de textos aumentan la memoria requerida para acomodarse a cualquier tamaño de archivo con el que esté trabajando. Si ése es el caso de su editor de textos, cuente con la mayor cantidad de memoria posible.

Modificación de ACAD.PGP

Ahora está listo para modificar ACAD.PGP, usando su editor de textos. Recuerde editar el archivo como un archivo ASCII (o archivo de no-documento, o cualquier otro nombre que su editor de textos use para los archivos ASCII). Cuando su editor de textos localiza el archivo, algo similar a esto puede aparecer en su pantalla:

```
; acad.pgp — External Command and Command Alias definitions
; Examples of External Commands for DOS
CATALOG, DIR /W, 0, File specification: ,0
DEL,DEL,         0, File to delete: ,4
DIR,DIR,         0, File specification: ,0
EDIT,EDLIN,      0, File to edit: ,4
SH,,             0, *OS Command: ,4
SHELL,,          0, *OS Command: ,4
TYPE,TYPE        0, File to list: ,0
```

Si no encuentra el archivo, asegúrese de que está accediendo a los archivos desde el subdirectorio correcto. Compruebe la existencia del archivo en el subdirectorio ACAD\SUPPORT.

El archivo ACAD.PGP contiene una lista de órdenes del DOS. Cada orden ocupa una línea del archivo. Cada línea contiene cinco elementos de información separados por comas. Esos elementos son:

1. la orden que será ejecutada mientras esté dentro del editor de dibujo;
2. la orden actual de AutoCAD pasada al DOS cuando la orden del editor de dibujo se ejecuta;
3. la cantidad de memoria requerida para ejecutar el programa;
4. una indicación ofrecida al usuario para suministrarle la información adicional que desee;
5. un código numérico especial que AutoCAD usa cuando vuelve al editor de dibujo.

Desplace el cursor justo debajo de la línea que empieza con «TYPE,TYPE» y teclee la nueva orden de AutoCAD que desea usar para acceder a su editor de textos desde dentro del editor de dibujo. Esta orden puede ser la misma que la de su editor de textos, o bien, una abreviación. Una pequeña combinación de letras servirá, pero nunca use una orden de AutoCAD ya existente. Teclee la orden en letras mayúsculas. En el ejemplo anterior se usó la orden TE. Añada una coma después de la orden.

Después, teclee la orden para acceder a su editor de textos, seguido de otra coma. En el ejemplo la orden es la misma, TE.

A continuación, añada la memoria requerida por su editor de textos. Si está usando la Versión 12, puede simplificar añadiendo un cero. En otro caso, introduzca la memoria requerida que especifique la documentación de su editor de textos. En el ejemplo, la memoria requerida es de 128Kb. Como verá, la memoria requerida se teclea como 128000, porque la abreviación 128Kb no es admitida. Si su editor de textos tiene la posibilidad de memoria expandible antes mencionada, puede teclear la máxima cantidad posible, unos 512000. Teclee otra coma después del número.

Seguidamente viene un indicador opcional que se presentará siempre que teclee la orden TE en el indicador de órdenes de AutoCAD. Si no pretende suministrar información adicional (tal como el nombre del archivo que intenta editar) puede dejar este campo vacío. Simplemente teclee otra coma.

No obstante, algunos editores de textos le permiten teclear el nombre de un archivo a nivel del DOS, antes de entrar en el editor. Esto puede ahorrarle un poco de tiempo. Si su editor presenta esta característica y desea aprovecharse de ello, puede hacerlo aquí introduciendo un mensaje para que lo presente AutoCAD. Por ejemplo, podría querer incluir el mensaje «¿Archivo a Editar?», de modo que pueda teclear el nombre de un archivo antes de entrar en el editor de textos. Teclee su mensaje elegido, más un espacio para un aspecto correcto en pantalla, seguido de una coma.

Finalmente, añada un *código de respuesta* de un simple dígito que AutoCAD usará cuando retorne al editor de dibujo desde el editor de textos. Si este código es cero, AutoCAD permanecerá en el modo de texto cuando retorne al editor de dibujo. Si el código es 4, AutoCAD volverá al modo gráfico. (Otros números ejecutan funciones técnicas específicas fuera de los objetivos de este libro. Vea la documentación de AutoCAD para más detalles.) En este ejemplo, el código de retorno utilizado es 4, de modo que AutoCAD saltará automáticamente al modo gráfico. Pulse ↵ en vez de teclear una coma.

Si ha seguido exactamente las instrucciones, la nueva línea de ACAD.PGP se verá como ésta:

```
TE,TE,128000,File to Edit? ,4
```

Naturalmente puede que haya sustituido algunos parámetros por los suyos propios. El cursor debería estar situado justo debajo del primer carácter de la línea. Esto completa las modificaciones necesarias.

Tómese un poco de tiempo estudiando las demás líneas del archivo. Observe que todas ellas usan una estructura básica idéntica. Usando la técnica descrita aquí, puede realizar modificaciones adicionales en ACAD.PGP, llamando a otros programas como una hoja electrónica o una base de datos, todo desde dentro del editor de dibujo.

Compruebe dos veces su trabajo y grabe el archivo en el subdirectorio de sistema de AutoCAD. Puede comprobar los resultados de su trabajo iniciando AutoCAD, comenzando un nuevo dibujo, y tecleando la orden del editor de textos desde dentro del editor de dibujo.

Espacios en respuesta a peticiones

Normalmente AutoCAD responde del mismo modo si usted pulsa la barra espaciadora o la tecla ↵. Esta posibilidad se aplica a las respuestas para todas las peticiones opcionales de ACAD.PGP. Si decide realizar cambios adicionales en ACAD.PGP y una respuesta a una petición opcional quizás requiera espacios, puede preceder su petición opcional con un asterisco (*). Con esta notación sólo funcionará la tecla ↵ como finalización de la respuesta del usuario. Vuelva a dirigirse al ejemplo impreso de ACAD.PGP para ver casos con esta posibilidad.

Un archivo por lotes como último recurso

Si sucede que su editor de textos simplemente no funciona desde dentro del editor de dibujo, hay un archivo por lotes llamado SWING.BAT que le permitirá ir y volver «oscilando» entre AutoCAD y el editor de textos, suponiendo que ambos programas sean accesibles desde la ruta de búsqueda del DOS. Esto le ahorrará introducir secuencias de teclas, pero tendrá que esperar a que se cargue AutoCAD cada vez que desee probar un cambio que haya hecho.

Puede que quiera también crear una variación de este archivo para gestionar la edición y compilación de los archivos ADS. La mayoría de los compiladores C requieren demasiada memoria para ejecutarlos desde dentro del editor de dibujo. En este caso, no tiene ninguna elección sino salir de AutoCAD para realizar cambios.

Este archivo por lotes debería estar localizado en el mismo subdirectorio que los archivos de sistema de AutoCAD. El archivo es llamado tecleando la orden SWING seguida del nombre del archivo ASCII que quiera editar. Por ejemplo:

```
SWING ACAD.PGP
```

En las líneas siguientes, sustituya TE con la orden de arranque de su editor de textos. SWING.BAT contiene las siguientes líneas:

```
IF "%1"=="" GOTO END
TE
PAUSE
REM Add ADS compiler commands here before returning to-
 AutoCAD,
REM if required. Also, consider adding another PAUSE after
REM exiting the compiler, to provide additional opportunity
REM to break out of the loop.
ACAD
PAUSE
SWING %1
:END
```

La primera línea del archivo comprueba si se proporcionó un nombre de archivo al llamar a SWING.BAT. Si no, la línea instruye al DOS para que salte hasta la última línea del archivo, lo que provoca la terminación del proceso por lotes. La siguiente línea llama al editor de textos. La orden PAUSE provocará que se detenga la ejecución del archivo por lotes y se emita la petición *Press any key to continue...* (Pulse una tecla para continuar). Cuando ya no quiera más seguir yendo y viniendo entre AutoCAD y su editor de textos, simplemente responda por un CONTROL-C en respuesta a esta petición. Verá entonces el mensaje,

```
Terminate Batch Job (Y/N)?
(¿Terminar el procesamiento por lotes? S/N).
```

Responda Y y volverá al indicador del DOS. Si pulsa cualquier otra tecla, continuará el archivo por lotes.

Las líneas que comienzan con REM no se ejecutan. Contienen comentarios. Si desea incluir órdenes de compilación, sustituya estas líneas por las órdenes.

La siguiente línea llama a AutoCAD, y la línea siguiente detiene de nuevo la ejecución. Si decide continuar, la siguiente línea del archivo por lotes se llama a sí misma y el proceso completo se repite.

La última línea marca el final del archivo. El archivo por lotes salta a esta línea si no se introduce ningún nombre de archivo al llamarlo.

Este archivo por lotes es un ejemplo de un *bucle sin fin*, una serie de órdenes que se repetirán indefinidamente hasta que el usuario las interrumpa.

Unas palabras acerca de experimentar

Puede que tenga que experimentar un poco con AutoCAD y con su editor de textos para aprender lo mejor posible la configuración y la organización de subdirectorios. Por ejemplo, quizás decida crear un único subdirectorio para utilizarlo como su subdirectorio de desarrollo de programas, poniendo los archivos de su editor de textos en ese directorio y accediendo a él antes de llamar a AutoCAD para el trabajo de personalización y desarrollo. Esta experimentación no es nociva para su hardware. En el peor de los casos, puede que su sistema se «bloquee», sin ofrecerle ninguna alternativa y obligándole a relanzar el sistema. Una vez que haya completado el proceso e instalado un entorno de desarrollo efectivo, el gasto realizado se compensará con el tiempo ahorrado durante el desarrollo.

CAPITULO **DOS**

Utilización de tipos de línea y de patrones de sombreado personalizados

AutoCAD viene equipado con ocho tipos de línea estándar (más dos variaciones de cada una) en el archivo ACAD.LIN, y unos 53 patrones de sombreado en el archivo ACAD.PAT. Representan un gran número, pero no está limitado a ellos. Si su dibujo requiere un tipo de línea o un patrón de sombreado exclusivo, AutoCAD está equipado con las herramientas necesarias para crear tipos de línea y patrones de sombreado personales. Este capítulo le muestra esas herramientas y le proporciona algunos ejemplos de su uso.

Tipos de línea personalizados

Junto a los tipos de línea estándar, AutoCAD puede construir algunos otros, resultado de la combinación de rayas y puntos. AutoCAD crea esas rayas y puntos a partir de la *definición de tipo de línea*, una serie de números que representan movimientos arriba y abajo de una «pluma» imaginaria a medida que va creando una línea entre los puntos. Los números representan los diferentes puntos y rayas, más la cantidad de espacios entre ellos, son los *elementos* del tipo de línea.

Además de los números en la definición del tipo de línea, AutoCAD necesita alguna información adicional: un nombre exclusivo para cada tipo de línea, más

17

una aproximación del aspecto del tipo de línea en el archivo ASCII, empleando caracteres de subsombreado y puntos para representar las rayas y los puntos.

Surtiendo a AutoCAD con varias definiciones puede crear una variedad de tipos de línea personalizados. Puede almacenar dichas definiciones en un archivo ASCII, dándole el nombre que desee y la extensión .LIN. AutoCAD almacena las definiciones para los tipos estándar en el archivo ACAD.LIN. Es un archivo corto y puede aceptar fácilmente definiciones añadidas por usted. Esta sección muestra cómo añadir nuevas definiciones de tipo de línea a este archivo, poniendo énfasis en los principios involucrados de modo que después pueda crear todos los tipos de línea imaginables.

Hay dos maneras de añadir definiciones de tipo de línea al archivo ACAD.LIN. Puede definir nuevos tipos de línea «en el acto», mientras está en su editor de dibujo, o puede editar el archivo ACAD.LIN directamente con su procesador de textos.

Antes de intentar crear un nuevo tipo de línea, le será útil esbozarla en el papel o dibujarla usando AutoCAD. El objeto es tener una idea clara de la estrecha relación entre la longitud de los puntos, las rayas y los espacios, que constituirán el nuevo tipo de línea.

Como ejemplo, la Figura 2.1. ilustra un nuevo tipo de línea que consiste en rayas separadas por un grupo de tres puntos. Se parece un poco a las líneas de separación usadas en los mapas de las autopistas, así que llamaremos a este tipo de línea BOUNDRY.

Mientras analiza este tipo de línea, puede realizar alguna suposición razonable sobre la relación entre sus elementos. Comenzando por la suposición arbitraria de

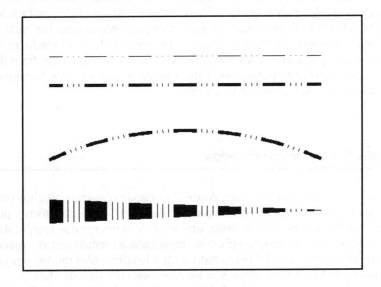

Figura 2.1. El tipo de línea BOUNDRY, dibujada como varias polilíneas de AutoCAD.

que las rayas más cortas de la línea tienen la longitud de una unidad de dibujo de AutoCAD. Habiendo asignado este valor a la raya, puede suponer que los espacios en el tipo de línea son aproximadamente un cuarto de una unidad de dibujo. Cuando escriba la definición del tipo de línea, deberá expresar la fracción en su forma decimal. AutoCAD lee los espacios como números negativos, para diferenciarlos de las rayas. Un espacio que sea un cuarto de la unidad de longitud de dibujo, se expresa como −.25.

Las puntos no tienen longitud significativa. Se les asigna siempre una longitud cero.

La lista de estos números en una definición de tipo de línea creará el tipo de línea BOUNDRY en AutoCAD.

Uso del editor de dibujo

Para añadir esta definición de tipo de línea, entre AutoCAD, inicie un nuevo dibujo y dé la orden Lynetype (Tipolín). AutoCAD responderá con esta indicación:

```
?/Load/Create:
(Cargar/Crear)
```

Seleccione la opción Create tecleando C. AutoCAD pide:

```
Name of linetype to create:
(Nombre del tipo de línea a crear)
```

Responda tecleando el nombre del nuevo tipo de línea, en el caso del ejemplo, BOUNDRY. AutoCAD entonces pregunta por el nombre del archivo del tipo de línea, ofreciendo ACAD por defecto.

Si responde a esta petición pulsando ↵, AutoCAD almacenará la definición del tipo de línea en el archivo ACAD.LIN. Si quiere crear o usar un nuevo archivo de definiciones de tipos de línea, teclee el nombre del archivo que desea crear o usar en este momento. La extensión .LIN se supone.

AutoCAD comprueba si existe ya un tipo de línea con el nombre BOUNDRY en el archivo nombrado. En caso de que no, AutoCAD le pedirá:

```
Descriptive text:
(Texto descriptivo)
```

Como respuesta a esta petición, teclee una aproximación grosera de la línea introduciendo puntos y subsombreados con el mismo patrón que los puntos y rayas de la nueva línea, hasta que el patrón se repita lo suficiente como para hacer la línea visible a sus ojos. Los puntos y los caracteres subsombreados empleados en esta aproximación no requieren de la precisión de las rayas y puntos de los tipos de línea que AutoCAD dibuja. Cuando da la orden **Linetype ?** (Tipolín), AutoCAD presenta una lista de estas aproximaciones.

Para el tipo de línea BOUNDRY, teclee tres subsombreados, un espacio, tres puntos y un espacio. Repita este patrón dos o tres veces, hasta que sea visible el tipo de línea. Pulse ↵.

Después de ello, AutoCAD proporciona una «A,». Se requieren estos dos caracteres en todas las definiciones de tipo de línea. Por lo tanto, colóquelos en posición e introduzca los números que representarán el tipo de línea BOUNDRY. Separe cada número con una coma. La definición aparecerá de la siguiente forma:

```
A,1,-.25,0,-.25,0,-.25,0,-.25
```

El primer número, 1, representa una raya, una unidad de dibujo. El número siguiente, −.25, representa un espacio, un cuarto de una unidad de dibujo. El siguiente número, 0, representa un punto, seguido de un −.25, otro cuarto de la unidad de espacio. La combinación de punto y espacio se repite dos veces más, completando la definición.

Pulse ↵, y AutoCAD almacenará la definición en el archivo y regresará al editor de dibujo.

En este momento, tal vez desee cargar el tipo de línea BOUNDRY; cree una capa para ello, y dibuje algunas líneas para ver cómo queda. Lo primero que observará es que debe ser cambiado el escalado del tipo de línea, use la orden Ltscale (Escalatl). Podrá establecer cualquier escala necesaria para realizar una línea de su agrado en el editor de dibujo.

Si decide cambiar la definición del tipo de línea, puede reejecutar la orden Linetype (Tipolín), seleccione la opción Create (Crear) y use el nombre BOUNDRY de nuevo. AutoCAD le preguntará si sobreescribe la anterior definición. Cuando responda con una S (Y), AutoCAD le permitirá volver a crear la definición de la línea, incluyendo el texto descriptivo.

La principal ventaja de crear definiciones de tipos de líneas en el editor de dibujo radica en la posibilidad de crear dichas definiciones y comprobar el resultado mientras edita un dibujo. Podrá usar una combinación de rayas, puntos y espacios para sus definiciones personalizadas, pero deberá seguir unas cuantas reglas estrictas:

- No comience un tipo de línea con un espacio. Comiéncelo con raya o punto.
- Deberá tener, por lo menos, dos elementos de línea, y no más de 12. De otra forma, la definición no funciona.
- El texto de la definición del tipo de línea, incluyendo el nombre, no deberá tener más de 47 caracteres de longitud.
- La definición numérica del tipo de línea debería caber en una sola línea de 80 caracteres.

Empleo del procesador de textos

Una vez que ha creado los tipos de línea, quizá quiera editarlos usando su procesador de textos. El empleo del procesador de textos para editar los tipos de línea es, con frecuencia, más rápido, especialmente si el intento de cambio es pequeño —por ejemplo, si intenta cambiar sólo un elemento simple, algún dato del texto descriptivo o el nombre del tipo de línea.

Para ver cómo se hace, entre su procesador de textos y llame al archivo ACAD.LIN. Cuando aparezca en pantalla, deberá ver algo similar al Listado 2.1.

Observe cómo el tipo de línea BOUNDRY ha sido añadido a la lista. AutoCAD

Listado 2.1. Contenido del archivo ACAD.LIN.

```
*BORDER,__ __ . __ __ . __ __ . __ __ . __ __ . __ __ .
A,.5,-.25,.5,-.25,0,-.25
*BORDER2,__ . __ . __ . __ . __ . __ . __ . __ . __ . __
A,.25,-.125,.25,-.125,0,-.125
*BORDERX2,____ ____ . ____ ____ . ____ ____ .
A,1.0,-.5,1.0,-.5,0,-.5
*CENTER,____ _ ____ _ ____ _ ____ _ ____ _ ____ _ ____
A,1.25,-.25,.25,-.25
*CENTER2,___ _ ___ _ ___ . ___ _ ___ _ ___ _ ___ _ ___
A,.75,-.125,.125,-.125
*CENTERX2,_____ __ _____ __ _____ __ _____ __
A,2.5,-.5,.5-.5
*DASHDOT,__ . __ . __ . __ . __ . __ . __ . __
A,.5,-.25,0,-.25
*DASHDOT2,_._._._._._._._._._._._._._._._._.
A,.25,-.125,0,-.125
*DASHDOTX2,____ . ____ . ____ . ____ . ____ . ____
A,1.0,-5,0,-.5
;; These two line types are custom, added for this book:
*BOUNDRY,____ . . . ____ . . .. ____ . . . ____ . . . ____
A,1,-.25,0,-.25,0,-.25,0,-.25
*BOUNDRY2,_____ _____ _____ _____ _____
A,1,-.125
```

ha almacenado como una definición de dos líneas la información que le suministró en respuesta a las peticiones. Esta primera línea se llama *línea de cabecera*. Comienza con un asterisco, seguida de la aproximación del tipo de línea usando puntos y subsombreados. Esta estructura es necesaria. Ya que usted suministra la información en respuesta a la petición del editor de dibujo, AutoCAD crea para usted la estructura apropiada de la línea de cabecera. Ahora que está trabajando dentro del procesador de textos, éste está a su alcance para que usted pueda proporcionar la estructura correcta. En la línea siguiente, primero viene una A mayúscula seguida de coma, y a continuación los números que representan las rayas, puntos y espacios. Observe que no hay coma al final de la línea de los números, pero hay siempre un retorno de carro.

Ya que está usted aquí, intente teclear en otro tipo de línea. La Figura 2.2 ilustra otro ejemplo llamado BOUNDRY2. Este tipo de línea consiste en dos rayas largas separadas por espacios variables.

Patrones de sombreado personalizados

Existe alguna similitud entre las definiciones del archivo ASCII que usa AutoCAD para construir sus tipos de línea y las que usa para construir patrones de sombreado.

Cuando se construye un patrón de sombreado, AutoCAD primero dibuja un tipo de línea, entonces copia líneas paralelas a la distancia que especifique. Conti-

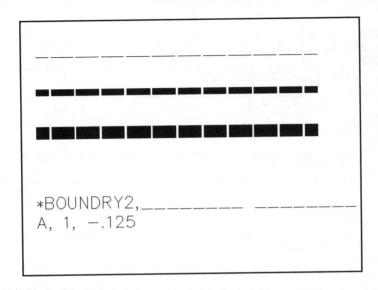

Figura 2.2. Tipo de línea BOUNDRY2, dibujada como varias polilíneas, más su definición de tipo de línea.

núa copiando líneas paralelas hasta que rellena un área específicada. En suma, una definición de patrón de sombreado puede incluir definiciones de más de un tipo de línea. Cada tipo de línea, en un patrón de sombreado, se dibuja individualmente y después es copiada paralelamente a sí misma, hasta que todos los tipos de línea definidos en el patrón son dibujados. Esto le permite dibujar patrones de gran complejidad.

Como en el caso de los tipos de línea personalizados, usted indica a AutoCAD que mueva su «pluma» por medio de una serie de números separados por comas. Sin embargo, en los patrones de sombreado, tendrá que suministrarle información adicional.

Los patrones de sombreado que contienen más de un tipo de línea, normalmente dibujan esos tipos de línea con diferentes ángulos. La combinación de los ángulos con los que son dibujados los tipos de línea, su posición inicial, su dirección y la distancia de un tipo a otro, y sus patrones de rayas, puntos y espacios, pueden combinarse en muchos patrones posibles. Como verá, resulta muy interesante que un simple conjunto de definiciones pueda producir un patrón de sombreado complejo.

Esta explicación comienza con una mirada al archivo ASCII de AutoCAD con los patrones de sombreado estándar. Examinará los elementos de una definición estándar de patrón de sombreado y hará cambios para crear un patrón diferente. Verá un ejemplo de cómo puede usar AutoCAD como herramienta para diseñar y desarrollar un patrón de sombreado personalizado a partir de líneas de rayas.

Estructura de una definición de patrón de sombreado

Los patrones de sombreado estándar de AutoCAD se encuentran en el archivo ACAD.PAT. Puede encontrarlo en el subdirectorio de los archivos de soporte de AutoCAD (y allí debería dejarlo). Contiene unas 53 definiciones de varios patrones de sombreado.

Para ver el archivo, entre su procesador de textos y llame al archivo ACAD.PAT. Las primeras líneas del archivo deben ser como las que muestra el Listado 2.2.

Cada definición de patrón de sombreado empieza con una línea de cabecera, que tiene una estructura similar a la de la definición del tipo de línea. Empieza con un asterisco (*) seguido del nombre del patrón. Al nombre del patrón sigue una coma y una breve descripción del patrón de sombreado (diferente de la descripción del tipo de línea, aquí no es una representación visual, solamente una descripción). El nombre y la descripción aparecerán en el listado del patrón de sombreado al ser llamado mediante la orden **Hatch** ? (Sombrea) de AutoCAD. La descripción es opcional, pero le recomiendo que proporcione una. Si no suministra una descripción, no teclee la coma después del nombre del patrón.

La(s) línea(s) siguientes a la de cabecera contiene(n) los números que describen los

Listado 2.2. Las primeras líneas del archivo ACAD.PAT.

```
;;
;; Ver. 12.0 - AutoCAD Hatch Pattern File
;;
*ANGLE, Angle steel
0, 0,0, 0,.275, .2,-.075
90, 0,0, 0,.275, .2,-.075
*ANSI31, ANSI Iron, Brick, Stone masonry
45, 0,0, 0,.125
*ANSI32, ANSI Steel
45, 0,0, 0,.375
45, .176776695,0, 0,.375
*ANSI33, ANSI Bronze, Brass, Copper
45, 0,0, 0,.25
45, .176776695,0, 0,.25, .125,-.0625
*ANSI34, ANSI Plastic, Rubber
45, 0,0, 0,.75
45, .176776695,0, 0,.75
45, .353553391,0, 0,.75
45, .530330086,0, 0,.75
*ANSI35, ANSI Fire brick, Refractory material
45, 0,0, 0,.25
45, .176776695,0, 0,.25, .3125,-.0625,0,-.0625
*ANSI36, ANSI Marble, Slate, Glass
45, 0,0, .21875,.125, .3125, -.0625,0,-.0625
```

distintos tipos de línea usados para construir el patrón de sombreado. Cada definición numérica de línea ocupa su propia línea de texto en el archivo. Estas definiciones adquieren una estructura rígida. Se requieren los cinco primeros números. A continuación vienen, como mucho, seis números más. Los números adicionales describen tipos de líneas discontinuas y son opcionales. Todos los números se separan con comas. Cada definición numérica de línea finaliza con un retorno de carro.

Ninguna línea en una definición de patrón de sombreado puede extenderse más de 80 columnas (el máximo de columnas de la mayoría de las pantallas de los ordenadores). Si alguna línea de su patrón es más larga, AutoCAD presentará en pantalla un mensaje de error cuando intente usar el patrón.

Por ejemplo, lo siguiente es el primer patrón de sombreado en ACAD.PAT:

```
* 0 ANGLE, Angle steel
0, 0,0,.275, .2,-.075
90, 0,0, 0,.275, .2,-.075
```

El nombre del tipo de línea es «angle» y la descripción es «Angle steel». Puesto que hay dos definiciones numéricas de línea debajo del nombre del patrón de sombreado, este patrón de sombreado se compone de dos tipos de líneas.

El primer número de la definición numérica se refiere al ángulo en el que se dibujará el tipo de línea. Líneas paralelas sucesivas se dibujarán con el mismo ángulo. En el patrón de sombreado angular, las dos líneas se dibujan con un ángulo de cero y 90 grados.

El segundo y tercer número representan las coordenadas X e Y del punto de inicio de la línea. Dicho punto puede ser asignado de forma arbitraria en la primera línea del patrón de sombreado, y con frecuencia toma el valor 0,0.

El cuarto número, también cero en el ejemplo, es el número del desplazamiento. Será siempre cero cuando la línea sea continua. Podrá ser distinto de cero cuando la línea esté compuesta de rayas y/o puntos. Las Figuras 2.3, 2.4 y 2.5 ilustran el significado del número de desplazamiento.

La Figura 2.3 muestra un conjunto de líneas de rayas paralelas. La longitud de todas las rayas y espacios es una unidad de dibujo. Puesto que el valor del desplazamiento es cero, las rayas y espacios aparecen alineados unos sobre otros. En la Figura 2.4, a las líneas se les ha dado un valor de desplazamiento equivalente a una unidad de dibujo, por ello, las rayas y los espacios no se alinean con los de la línea superior. En la Figura 2.5, las líneas presentan un valor fraccionario de desplazamiento, .5. Por ello, las rayas y los espacios se solapan unos con otros.

En el patrón de sombreado angular, el valor del desplazamiento se fija en cero. Por consiguiente, las rayas y los espacios en las líneas paralelas se alinearán con las líneas superiores, de forma similar a lo que ocurre en la Figura 2.3.

El quinto número en cada definición numérica expresa la distancia en unidades de dibujo entre las líneas paralelas. Por definición, las líneas paralelas deben presentar alguna distancia entre ellas, así que no es posible el valor cero para esta línea.

Los números que siguen al quinto número mueven la «pluma» de AutoCAD

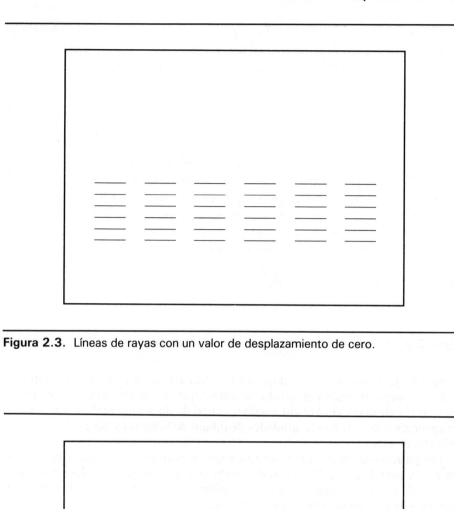

Figura 2.3. Líneas de rayas con un valor de desplazamiento de cero.

Figura 2.4. Líneas de rayas con un valor de desplazamiento de 1.

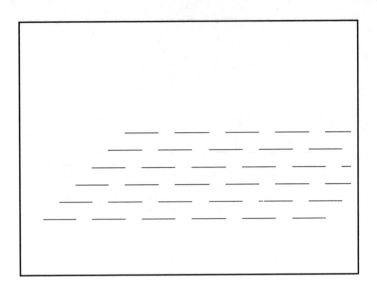

Figura 2.5. Líneas de rayas con un valor de desplazamiento de .5.

arriba y abajo, exactamente igual que en la definición del tipo de línea personal. Si no hay números después del quinto, se asume que el tipo de línea va a ser continuo. En el patrón de sombreado angular, el tipo de línea para ambos conjuntos se compone de una raya con .2 unidades de dibujo de longitud y un espacio de .075 unidades de dibujo.

Los patrones de sombreado permiten seis movimientos de pluma como máximo, por tipo de línea. El patrón de sombreado «Angle steel» utiliza dos movimientos de pluma por tipo de línea. Lo siguiente es una repetición de la definición numérica de la línea del patrón de sombreado angular:

```
0, 0,0, 0,.275, .2,-.075
```

En español puede leer este patrón como sigue: «Angulo de cero grados, punto de inicio 0,0, desplazamiento de un valor cero, una raya como tipo de línea, movimiento de la pluma hacia abajo .2 unidades, movimiento ascendente de la pluma .075 unidades». El resultado son líneas paralelas como las de la Figura 2.6.

Cuando sombree usando este patrón, AutoCAD leerá esta primera línea y rellenará la entidad a sombrear con líneas paralelas de acuerdo con la definición. Después, se desplazará a la línea siguiente en el patrón de sombreado y rellenará las entidades de nuevo:

```
90, 0,0, 0,.275, .2,-.075
```

El resultado de la definición numérica anterior son líneas similares a las de la Figura 2.7. Cuando estos dos conjuntos de líneas se combinan, forman un patrón de sombreado completo como el de la Figura 2.8.

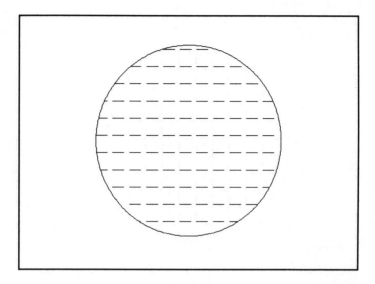

Figura 2.6. El primer conjunto de líneas en el patrón de sombreado angular.

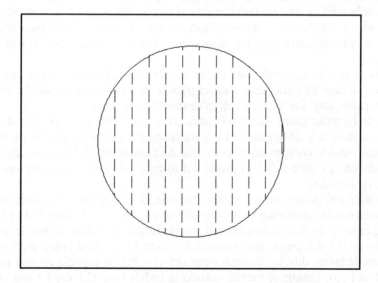

Figura 2.7. El segundo conjunto de líneas en el patrón de sombreado angular.

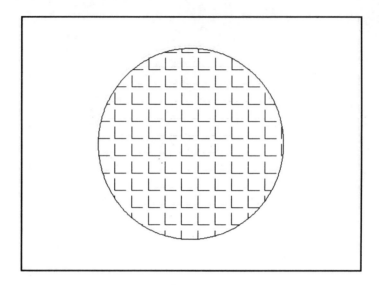

Figura 2.8. El patrón de sombreado angular completo.

Creación de nuevos patrones de sombreado

Ahora que sabe cómo se construyen los patrones de sombreado, está preparado para crear los suyos. Una de las cosas importantes que puede hacer cuando cree patrones de sombreado es esbozar previamente el patrón antes de intentar escribir la definición numérica. No necesita un esbozo completo, sólo lo justo para computar los ángulos y los desplazamientos necesarios, además de algunas rayas y puntos de referencia.

Crear un patrón de sombreado puede requerir cálculos geométricos complejos. AutoCAD se emplea para desarrollar el patrón de sombreado y calcular todos los espacios, rayas, ángulos, puntos y desplazamientos necesarios.

En este ejemplo usará AutoCAD para esbozar el patrón de sombreado y para medir la distancia y desplazamiento necesario para crearlo. El patrón de sombreado que intenta crear es un efecto como de pavimento de ladrillos, como el representado en la Figura 2.9. El Listado 2.3 muestra la definición completa del pavimento de ladrillos.

Para preparar AutoCAD como herramienta de ayuda en la creación de patrones de sombreado, comience un nuevo dibujo de AutoCAD llamado HATCHES. Puesto que los patrones de sombreado son definidos mediante el uso de unidades decimales de dibujo, puede que necesite la orden Units (Unidades) para seleccionar las unidades de dibujo decimales por defecto. Fije el espacio en una unidad y media de dibujo. Dibuje el patrón usando la orden Line (Línea) y Copy (Copia). Comience el patrón en el punto 0,0. Cada ladrillo en el patrón tiene cuatro unidades de longitud y una de ancho; y están espaciados una unidad y media.

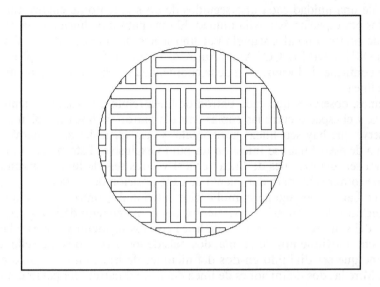

Figura 2.9. Patrón de sombreado con efecto de pavimento de ladrillos.

El patrón pavimentado está compuesto exclusivamente de líneas verticales y horizontales. Después de dibujar el patrón completo, podrá hacer uso de AutoCAD para verlo por sí mismo. Use la orden CHPROP (CAMBPROP) para desplazar la línea horizontal hasta una capa diferente, después active y desactive las capas para aislar las líneas verticales y horizontales.

Listado 2.3: Definición del patrón de pavimento de ladrillos.

```
*PAVING,  Brick Paving Pattern
0,   0,    0,    4.5,  4.5,  1,-.5,1,-.5,1,-5
0,   4.5,  0,    4.5,  4.5,  4,-5
0,   4.5,  1,    4.5,  4.5,  4,-5
0,   4.5,  1.5,  4.5,  4.5,  4,-5
0,   4.5,  2.5,  4.5,  4.5,  4,-5
0,   4.5,  3,    4.5,  4.5,  4,-5
0,   4.5,  4,    4.5,  4.5,  4,-5
0,   0,    4,    4.5,  4.5,  1,-.5,1,-.5,1,-5
90,  0,    0,    4.5,  4.5,  4,-5
90,  0,    4.5,  4.5,  4.5,  1,-.5,1,-.5,1,-5
90,  1,    0,    4.5,  4.5,  4,-5
90,  1.5,  0,    4.5,  4.5,  4,-5
90,  2.5,  0,    4.5,  4.5,  4,-5
90,  3,    0,    4.5,  4.5,  4,-5
90,  4,    0,    4.5,  4.5,  4,-5
90,  4,    4.5,  4.5,  4.5,  1,-.5,1,-.5,1,-5
```

Observará que hay dos patrones básicos de líneas. Una que consta de tres segmentos de una unidad cada uno seguidos de un segmento de cuatro unidades, y separados por espacios de media unidad. El otro patrón de línea consta de un segmento de cuatro unidades seguido por un espacio de cinco unidades. Emplee las órdenes DIST y DIM (ACOTA) de AutoCAD para confirmarlo. Emplee la orden ID para confirmar la localización de la coordenada de partida del segmento inicial de cada línea.

Además, observará que cada patrón de línea repite un desplazamiento de 4.5 unidades, y el espacio entre las copias de cada patrón de línea también es de 4.5.

Observe que hay seis líneas horizontales y seis verticales en el patrón básico. Cada una de estas líneas se inicia en un punto exclusivo. Esto parece indicar que necesitará seis definiciones de línea vertical y otras seis de línea horizontal en el patrón de sombreado, para dar cuenta de cada posición de partida.

Sin embargo, hay alguna complicación adicional. Como se mencionó antes, puede incluir solamente seis movimientos de pluma cuando defina los segmentos de línea del sombreado. El patrón de línea con los segmentos cortos y largos requiere ocho movimientos de pluma, dos más de los permitidos. Por ello, este patrón tiene que ser dividido en dos definiciones de línea en el archivo de sombreado. Mire las dos definiciones de línea del primer patrón del pavimento:

```
0,   0,   0,   4.5, 4.5, 1,-.5,1,-.5,1,-5
0,   4.5, 0,   4.5, 4.5, 4,-5
```

La primera línea da cuenta de los tres segmentos cortos, indicando un ángulo cero a 0,0 (punto de salida), una distancia de 4.5 unidades de dibujo entre copias de la línea y un valor de desplazamiento de 4.5 unidades. El patrón de tipo de línea es un segmento de una unidad con un espacio de media unidad, un nuevo segmento de una unidad con otro espacio de media unidad, y un último segmento de una unidad con un espacio de cinco unidades.

La línea siguiente abarca el resto del patrón. De nuevo el ángulo es cero, pero el punto de salida es ahora 4.5,0. Esto hace que la pluma obvie los segmentos cortos. La distancia y el desplazamiento son los mismos, y el tipo de línea incluye un segmento de cuatro unidades seguido de un espacio de cinco unidades.

Las cinco líneas siguientes en la definición del sombreado tienen el mismo ángulo, la misma distancia, el mismo desplazamiento y el mismo tipo de línea. Sin embargo, el punto inicial se ha cambiado para cada una. Puesto que estas líneas son horizontales, la coordenada Y se incrementa, y el resultado es que las líneas de sombreado se apilan unas sobre otras.

La línea de sombreado horizontal final está compuesta también en la definición por tres segmentos cortos. Tiene la misión de terminar las caras opuestas de los ladrillos. Compare esta línea con la primera del archivo, y observe la diferencia en el punto de salida.

Podrá comprobar el efecto de cada una de las definiciones de línea añadiéndolas una a una al patrón, después sombree un rectángulo grande en su dibujo para ver la forma en que se añade la nueva definición a todo el patrón. Esto le ayudará a entender cómo trabajan juntos y construyen un patrón complejo el ángulo, la distancia, el punto de salida, el desplazamiento y el tipo de línea.

Las líneas verticales trabajan de forma similar a las horizontales. Observe que el ángulo ahora es 90, y preste mucha atención a las variaciones en los puntos de salida. Observe la semejanza en el número de los movimientos de la pluma.

Cuando cree sus propios patrones de sombreado, asegúrese de dibujarlos fuera primero, y emplee AutoCAD para analizar ampliamente las relaciones entre las líneas. El tiempo que emplee en analizar el dibujo original se lo ahorrará luego a la hora de escribir la definición del patrón, y reducirá el número de veces que tendría que ir y venir de AutoCAD a su procesador de textos al crear las definiciones de sombreado personalizadas.

CAPITULO TRES

Uso de fuentes y formas

Los archivos de formas y de fuentes de texto son archivos ASCII con la extensión SHP. Puede darles el nombre de algún archivo del DOS. Podrá editar los archivos usando el editor de textos, y deberá compilarlos antes de usarlos en un dibujo. Cuando compile un archivo de formas o de fuentes de texto deberá crear un nuevo archivo. Este archivo nuevo tendrá el nombre del archivo original más la extensión SHX, dicho archivo SHX es el que usará AutoCAD en la sesión de dibujo.

Archivos de formas

Los archivos de formas contienen elementos básicos de dibujo así como símbolos. Aprendiendo a crear y compilar estos archivos, evitará tener que crearlos continuamente. De hecho, podrá llamar al archivo apropiado con unos cuantos pasos simples.

Los archivos de formas se parecen a los bloques en que ambos intentan simplificar el proceso de repetir elementos fundamentales de un dibujo por medio de archivos de dibujo. Sin embargo, los archivos de formas presentan ciertas ventajas frente a los de bloques:

1. Son más rápidos de insertar y regenerar en pantalla.
2. Son más eficientes con respecto a la memoria.
3. Ahorran espacio en el disco. Las formas ocupan menos espacio en un archivo de dibujo, así, varias definiciones de formas pueden ser almacenadas en un único archivo de formas, y varios dibujos pueden compartir el mismo archivo de formas.
4. Existen en el mercado algunos archivos de formas que contienen bibliotecas de símbolos estándar para una gran variedad de disciplinas de dibujo.

Sin embargo, los archivos de formas presentan también algunas desventajas frente a los bloques:

1. Las formas personalizadas tienen que definirse en archivos separados, y tienen que compilarse de una forma legible para la máquina, antes de poder usarlas.
2. Cuando transfiera dibujos de un ordenador a otro, tendrá que acompañar el dibujo con los archivos de formas.
3. No pueden contener elementos complejos tales como sólidos, polilíneas y caras 3D, así que deberá reservarlos para símbolos simples que contengan solamente elementos lineales.

Edición de archivos de formas

Si piensa que los bloques son demasiado complejos de manejar para símbolos simples, y no puede hallar —o prefiere no comprar en el mercado— un archivo de formas preparado, le interesará definir sus propios archivos de formas. Los archivos de formas son del tipo ASCII; prepárelos usando su editor de textos.

Para poder trabajar con sus archivos de formas personalizados, es necesario realizar idas y venidas entre el editor de textos y AutoCAD para reeditarlos y refinarlos. Si puede acceder a su editor de textos desde el editor de dibujo de Auto-CAD, podrá seguir el siguiente procedimiento que es de una gran eficacia:

1. Entre el editor de dibujo.
2. Llame al editor de textos para crear o modificar el archivo de formas.
3. Vuelva al editor de dibujo.
4. Si está usando una versión de AutoCAD más sencilla que la 12, ejecute una orden END (SALIR) para volver al menú principal de AutoCAD.
5. En el menú principal, seleccione Task #7 (Compile a shape/text font description) (Tarea #7 [Compila la descripción de un archivo de formas/fuentes de texto]). En la Versión 12, ejecute la orden COMPILE (COMPILA) dentro del editor de dibujo.
6. AutoCAD le pide el nombre del archivo de formas y procede a la compilación.
7. Guarde y vuelva a cargar el dibujo.
8. Si es necesario, use la orden LOAD (CARGA) para cargar el archivo de formas recién compilado.
9. Use la orden SHAPE (FORMA) para colocar los archivos dentro del editor de dibujo.
10. Si es necesario, repita los pasos 2-9.

Editando y compilando sus archivos de formas mientras está en AutoCAD, ahorra tiempo, ya que no tiene que volver a cargar AutoCAD desde el DOS. También, si ha insertado una forma en un dibujo, ha guardado el dibujo, ha cambiado la descripción de la forma, y ha vuelto a compilar el archivo de formas, AutoCAD automáticamente inserta la forma actualizada en el dibujo y refleja todos esos cambios.

Elementos de descripción de formas

Un único archivo de formas puede contener hasta 255 descripciones de formas individuales. Cada descripción de forma en un archivo de formas contiene al menos dos líneas de texto ASCII: una línea de cabecera conteniendo información general acerca de la forma, y una descripción numérica que contiene los números correspondientes a los movimientos de una pluma imaginaria, los cuales crean la forma final. Los números que describen los movimientos de la pluma son llamados *elementos* de la descripción numérica. Cada elemento de la descripción de la forma está separada de los demás por una coma.

Hay un límite de 2.000 elementos en cada descripción numérica del archivo de formas. Dado que están permitidos muchísimos elementos por forma, una descripción numérica de una forma puede ocupar muchas líneas de texto en el archivo de formas.

Ninguna línea de texto en un archivo de formas puede pasar de la columna 128 (la columna 80 en versiones anteriores). Si alguna línea de su archivo de formas es más larga que ésta, el archivo no podrá compilarse.

Es fácil continuar una larga descripción numérica en varias líneas de texto en el archivo. Simplemente, termine cada línea con una coma y continue la descripción en la línea siguiente.

Números hexadecimales

Con el fin de que el archivo de formas funcione tan rápido como sea posible, él usa un sistema numérico especial, llamado *hexadecimal*. Mientras que un sistema decimal está basado en ciclos de contaje de 10, un sistema hexadecimal está basado en ciclos de 16.

Por ejemplo, en hexadecimal, los diez primeros enteros son los mismos que en el sistema decimal: 0, 1, 2, 3, 4, 5, 6, 7, 8, 9. Sin embargo, el sistema hexadecimal sustituye el 10 por la letra A, el 11 por la B, el 12 por la C, el 13 por la D, el 14 por la E, el 15 por la F. Después de alcanzar la F, continúa con el número 10. El número 10 en notación hexadecimal, por consiguiente, tiene el mismo valor que el 16 en notación decimal.

La notación hexadecimal puede llegar a ser compleja con números tales como DD, 3F, y demás. Afortunadamente, sólo se necesitan los números del 0 al F cuando se escriben descripciones de formas.

¿Por qué tomarse la molestia de usar el sistema hexadecimal? La razón tiene que ver con la manera en que los ordenadores MS-DOS manejan los bits de los datos: normalmente en grupos de 16. Un sistema numérico basado en 16 en vez de en 10 es mucho más eficiente y aumenta la velocidad de la máquina, haciendo la inserción de formas tan rápida como sea posible y reduciendo el tamaño global del archivo de dibujo de AutoCAD. Puede sustituir un valor hexadecimal por su correspondiente decimal de modo que el código fuente sea más fácil de entender.

Longitudes estándar de las líneas

Las descripciones de formas utilizan otros medios para conseguir velocidad y eficiencia. Las descripciones de formas de AutoCAD pueden usar 15 longitudes estándar para líneas rectas. Estas longitudes de línea se expresan como números completos que oscilan entre 1 y 15 unidades de dibujo. Las líneas con longitudes fraccionarias o longitudes mayores de 15 son consideradas como líneas no estándar y se discuten separadamente en este capítulo.

Angulos estándar

Los archivos de formas de AutoCAD reconocen dieciséis ángulos estándar en los cuales pueden ser trazados segmentos de línea. La Figura 3.1 muestra estos ángulos estándar. Observará que el ángulo cero es la orientación estándar de AutoCAD para el ángulo cero. Los números angulares aumentan en la dirección contraria a las agujas del reloj, desde cero a F. Es posible producir ángulos no estándar; se tratan separadamente en este capítulo.

Elementos de señal

Ciertos elementos en la descripción de una forma tienen significados especiales y están reservados para ese propósito. Estos números son llamados *elementos de señal*, porque son una señal para que AutoCAD haga algo diferente a un movimiento de pluma paralelo a la superficie del dibujo. Son los siguientes:

001   Baja la pluma imaginaria. Los movimientos de la pluma que vengan a continuación darán lugar a líneas visibles. Este es el valor por defecto al comenzar cualquier forma.

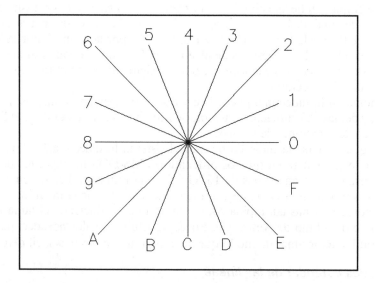

Figura 3.1. Angulos estándar del archivo de formas de AutoCAD.

002   Sube la pluma. Los movimientos de la pluma que vengan a continuación no producirán líneas visibles. Esto permite la creación de formas complejas con muchos segmentos de línea.

003   Disminuye la escala (*encoge*) el tamaño global de la forma. Tiene que ir seguido de un elemento adicional, un número entero por el que son divididas las longitudes de todas las líneas de la forma. Esto permite alguna flexibilidad adicional cuando se trabaja con longitudes estándar.

004   Agranda el tamaño global de la forma. Tiene que ir seguido de un único elemento, un número entero por el que son multiplicadas todas las longitudes de línea de la forma.

005   Provoca que se guarde en memoria la posición actual de la pluma para poder volver a llamarla después rápidamente. Si está usando la Versión 12, puede almacenar hasta cuatro posiciones de esta manera. Usando el elemento de señal 006, puede volver a llamar las posiciones en un «orden de primera a última». Si está usando una versión anterior, sólo se puede almacenar de esta manera una posición de la pluma cada vez. El elemento de señal 005 se usa a menudo para generar varios segmentos de línea a partir de un único punto de referencia.

006   Provoca que AutoCAD vuelva a llamar una posición de la pluma previamente anotada y la ponga allí. Previamente tiene que haberse dado el elemento de señal 005.

007   Provoca que AutoCAD incluya otra forma en la descripción de la forma actual. Va seguido del número de la línea de cabecera de la forma adicional que vaya a ser dibujada, comenzando en la posición actual de la pluma. La forma referenciada debe ser un miembro del mismo archivo de formas.

008   Provoca que AutoCAD dibuje un único segmento de línea no estándar. Va seguido de dos elementos indicando los movimientos a lo largo de los ejes X e Y.

009   Provoca que AutoCAD dibuje una serie de segmentos de línea no estándar. Va seguido de una serie de parejas de elementos, indicando los movimientos de la pluma a lo largo de los ejes X e Y. La serie finaliza con una pareja de elementos especial: 0,0.

00A   Provoca que AutoCAD produzca un arco estándar. Va seguido de dos elementos. Los elementos que siguen a éste, definen el radio del arco, si el arco va en dirección de las agujas del reloj o en contra, el ángulo inicial y la longitud del arco medida en octantes. (Un arco que se extiende sobre ocho octantes es un círculo completo.)

00B   Provoca que AutoCAD produzca un arco no estándar. Va seguido por elementos que definen el punto inicial, el punto final, el ángulo inicial y la longitud.

00C   Provoca que AutoCAD dibuje un tipo diferente de arco no estándar llamado *arco curvado*. Va seguido de tres elementos. Los dos primeros definen movimientos X e Y de la pluma, produciendo una línea recta.

El tercer elemento añade un *factor de curvatura*, que dobla la línea en un arco.

00D   Provoca que AutoCAD dibuje una serie de arcos abombados. La serie termina con una pareja de elementos especial: 0,0.

0   Este cero único señala el final de la descripción numérica. Todas las descripciones numéricas terminan con un cero simple.

Creación de una descripción de forma

Para mostrar como estos códigos de señal trabajan juntos en la descripción de una forma, he aquí un ejemplo de una descripción de una forma simple que podría ser incluida en un archivo de formas de AutoCAD.

```
*1,6,EDGE
010,013,02D,013,010,0
```

La Figura 3.2 muestra la clase de forma que produce esta descripción de forma:

La línea de cabecera

La primera línea en el ejemplo de descripción de forma

```
*1,6,EDGE
```

es la línea de cabecera. Esta línea emplea una estructura rígida y consistente. Contiene cuatro elementos en el siguiente orden:

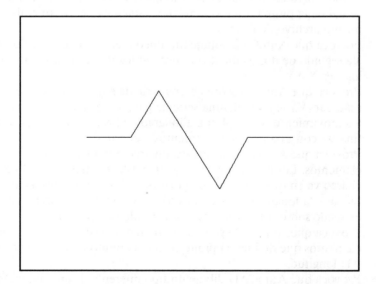

Figura 3.2. La forma EDGE.

1. Un asterisco. Este símbolo identifica el comienzo de una nueva descripción de forma en los archivos de formas de AutoCAD.
2. Un número de forma exclusivo seguido de una coma. En nuestro ejemplo, el número de la forma es el 1,. Ninguna forma puede tener el mismo número de forma en el mismo archivo. Si lo tienen, el archivo no se compilará. Los números de formas, puesto que son exclusivos de las formas individuales, pueden ser asignados arbitrariamente. No tienen porqué ir en secuencia (aunque normalmente es la organización más razonable).
3. El número de elementos numéricos que definen la forma. En este ejemplo, hay seis elementos numéricos en la línea siguiente; por lo tanto, el número puesto aquí es el 6.
4. El nombre exclusivo de la forma. Utilizará este nombre para llamarla en su dibujo. Tiene que estar en mayúsculas en la descripción de la forma, o la forma no será utilizable. Ponga un nombre de forma breve para facilitar el tecleo durante la sesión de dibujo. La forma del ejemplo ha sido llamada EDGE.

La descripción numérica

La segunda línea, la descripción numérica:

```
010,013,02D,013,010,0
```

describe primero un segmento de línea de una unidad de longitud, dibujado con el ángulo 0 estándar de AutoCAD. A continuación, se trazó otro segmento de una unidad de longitud con el ángulo estándar de AutoCAD 3. Un segmento de dos unidades fue dibujado con el ángulo estándar de AutoCAD D. Otro segmento de una unidad se dibujó con el ángulo 3. Finalmente, se dibujó el último segmento de línea, con una unidad de longitud y con el ángulo 0. Un simple cero señala el final de la descripción de la forma.

Observe que, excepto el cero del final, los elementos de esta descripción numérica consisten en grupos de tres números separados por comas.

Cada elemento comienza con un cero. Esto informa a AutoCAD que está tratando con números hexadecimales. Si nos hubiéramos saltado el primer cero, AutoCAD habría supuesto que estábamos usando números decimales, y la forma resultante hubiera sido diferente de lo que se esperaba.

El segundo número de cada elemento describe la longitud de un segmento de línea, expresado en unidades de dibujo. El primer segmento de línea de esta forma, por ejemplo, es de una unidad de largo; el tercer segmento es de dos unidades de largo.

El tercer número de cada elemento describe el ángulo estándar con el que se dibuja el segmento de línea. El primer segmento de esta forma, por ejemplo, se dibuja con el ángulo cero. El tercer segmento se dibuja con el ángulo D. La Figura 3.3 muestra la forma del ejemplo en AutoCAD, con cada código de elemento situado a lo largo de la línea que crea.

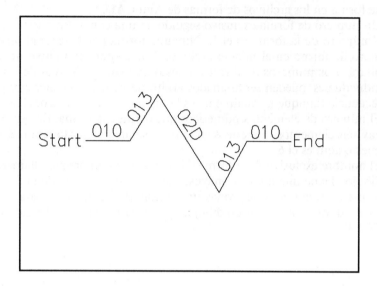

Figura 3.3. La forma EDGE con los elementos de descripción añadidos.

Creación y compilación del archivo de formas

Para colocar la presente descripción de forma en un archivo de formas, haga lo siguiente:

1. Introduzca su editor de textos.
2. Cree un nuevo archivo llamado EXAMPLE.SHP.
3. Introduzca la descripción de forma del ejemplo exactamente como se mostró anteriormente. Ponga un retorno de carro al final de cada línea, incluyendo la segunda línea de texto.
4. Grabe su archivo en el subdirectorio de sistema de AutoCAD para garantizar su accesibilidad para otros dibujos.
5. Compile el archivo de formas de acuerdo con las instrucciones dadas previamente en este capítulo. AutoCAD responderá

```
Compiling shape/font description file
(Compilando el archivo de descripciones de
formas/fuentes)
```

6. Pronto verá el mensaje

```
Compilation successful. Output file EXAMPLE.SHX contains
48 bytes
(Compilación con éxito. El archivo resultante
EXAMPLE.SHX consta de 48 bytes)
```

Si no es así, verá un mensaje de error; verifique su archivo EXAMPLE.SHP original para ver si hay errores y compílelo de nuevo.

7. Cuando el archivo sea compilado con éxito, ejecute la orden LOAD (CARGA) en el indicador de órdenes de AutoCAD. AutoCAD le pide el nombre del archivo de formas a cargar; teclee **EXAMPLE**.
8. A continuación, dé la orden SHAPE (FORMA) de AutoCAD seguida del nombre de la forma, EDGE. Ahora puede insertar la forma en cualquier parte del dibujo.

Descripciones de formas complejas

Algunas descripciones de formas requieren algo más que movimientos de una pluma. Si la forma consiste en varios segmentos de línea, será necesario que la pluma cambie de posición sin producir una línea. Además, las relaciones entre los segmentos de una forma más compleja tal vez requieran que la forma sea dibujada muy grande y después reducida para ajustarla dentro del dibujo.

Subir/bajar la pluma y escalamiento

La Figura 3.4 ilustra una forma más compleja que requiere subir y bajar la pluma, así como escalamiento. Como se mencionó anteriormente, se le exige que exprese los segmentos de línea estándar en números enteros. La descripción de la forma XBOX contiene dos segmentos cortos rodeados por segmentos más largos. El segmento estándar más corto disponible es de una unidad de dibujo. Por consiguiente, los lados del cuadrado tendrán que ser más largos que una unidad de dibujo —de hecho, tres unidades de dibujo. Para simplificar el proceso de escalar la forma en el momento de insertarla, esta descripción de forma será empequeñecida por un factor de tres, resultando con unas dimensiones globales de una por una unidad de dibujo.

He aquí la descripción de la forma XBOX, mostrada en la Figura 3.4:

```
*2,15,XBOX
003,3,030,034,038,03C,002,012,001,012,002,01C,001,016,0
```

La línea de cabecera de XBOX sigue la misma estructura de todas las líneas de cabecera de las descripciones de formas: su número de forma es el 2, el número de elementos en la descripción numérica es 15, y su nombre está incluido en mayúsculas. La descripción numérica comienza con estos dos elementos:

```
003,3,
```

El primer elemento de la descripción numérica es un elemento de señal, 003, que significa, «Divide todas las longitudes de la forma por el número que viene inmediatamente a continuación». El elemento que sigue, el número 3, reduce el tamaño global de la forma por un factor de tres. Dado que este factor de tres en el segundo elemento no está describiendo ningún movimiento de la pluma, puede ser un simple entero decimal, y no es necesario un cero a la izquierda. Esto lo distingue del elemento de señal 003.

Los cuatro elementos siguientes

```
030,034,038,03C
```

describen un cuadrado, empezando en la parte inferior izquierda y procediendo en

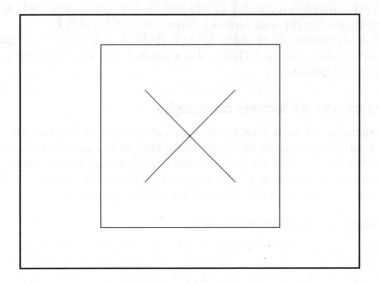

Figura 3.4. La forma XBOX

sentido contrario de las agujas del reloj a lo largo de los ángulos estándar para cero, 90, 180 y 270 grados. La pluma de AutoCAD termina en su posición de partida.

Para conseguir la X en el centro, el siguiente elemento, el elemento de señal 002, levanta la pluma de AutoCAD. El elemento que sigue al 002 traslada la pluma sin crear ninguna línea visible:

`002,012,`

El elemento 012 traslada la pluma una unidad de dibujo con un ángulo estándar de 2; o sea, arriba y hacia la derecha con un ángulo de 45 grados.

Los dos elementos siguientes bajan la pluma y dibujan una línea:

`001,012`

El elemento 001 baja la pluma. El elemento 012 dibuja una línea de una unidad de dibujo de largo con 45 grados.

Los dos elementos siguientes elevan y trasladan la pluma de nuevo:

`002,01C`

Esta vez la pluma es trasladada una unidad hacia abajo, con el ángulo estándar C.

Los tres últimos elementos finalizan la descripción numérica:

`001,016,0`

La pluma es bajada de nuevo y se dibuja una línea diagonal con el ángulo estándar seis, 135 grados. Lo último, pero no lo menos importante, la descripción de la forma finaliza con un único cero.

En este momento, puede con toda razón maravillarse de cómo esta descripción de forma fue capaz de desplazarse diagonalmente una unidad de dibujo, y pese a ello dibujar una X en el centro exacto del cuadrado. Después de todo, si los lados del cuadrado son de tres unidades de dibujo cada uno, la distancia entre las esquinas opuestas tiene que ser mayor de tres unidades de dibujo.

La respuesta radica en la manera especial en que AutoCAD maneja las longitudes de línea estándar cuando dibuja diagonalmente. AutoCAD compensa automáticamente dibujando estas líneas más largas que las líneas verticales y horizontales correspondientes. Para formas como la XBOX, esto puede ser muy útil y puede simplificarle muchísimo la descripción de la forma. No obstante, como puede sospechar, hay veces en las que la compensación automática puede interferir en sus propósitos. La manera de sortear tales dificultades está en generar líneas no estándar.

Arcos octantes

Las líneas curvas se añaden a la forma usando segmentos de arcos estándar, se les conoce como *arcos octantes*. Un arco octante es un arco de 45 grados. Se pueden crear arcos grandes combinado arcos octantes. Ocho arcos octantes forman una circunferencia. Puede combinar arcos octantes con segmentos de líneas y escalar, también con movimientos ascendentes y descendentes de la pluma, para producir una gran variedad de formas útiles. El radio de un arco octante puede ser cualquier número entre 1 y 255, y los arcos octantes puede dibujarse siguiendo el sentido de las agujas del reloj o en sentido contrario. La Figura 3.5 ilustra estos arcos.

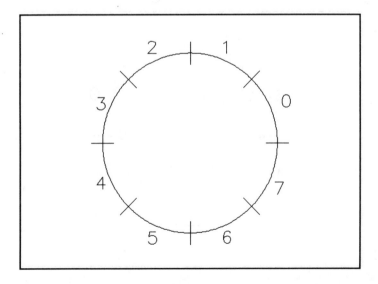

Figura 3.5. Arcos octantes estándar.

Un arco octante comienza en uno de los ocho ángulos iniciales estándar. Estos ángulos iniciales, llamados también *ángulos octantes,* se numeran desde el 0 hasta el 7, desplazándose en el sentido de las agujas del reloj a partir del ángulo cero estándar de AutoCAD. Se ilustran en la Figura 3.6. Observe que los números de los ángulos octantes son diferentes de los de los ángulos estándar usados para dibujar segmentos de líneas (mostrados en la Figura 3.1).

La Figura 3.7 ilustra un arco octante dibujado en el ángulo inicial 1, con un radio de una unidad de dibujo. Los arcos octantes pueden extenderse sobre cualquier número de octantes de 45 grados. La Figura 3.8 muestra un arco octante que comienza en el ángulo uno y se extiende sobre cuatro octantes de 45 grados. Esto origina un arco de 180 grados.

Se usa en la descripción de la forma un elemento de señal especial, 00A, para indicar que se va a dibujar un arco octante. Los dos elementos siguientes describirán el arco. Use el primer elemento como el radio del arco. El segundo elemento para decidir la dirección del arco (en sentido de las agujas del reloj o en sentido contrario), el ángulo inicial del arco octante (números angulares del cero a cualquiera), y el número de octantes sobre los que se extiende el arco (de uno a ocho). Por ejemplo, aquí está la sintaxis para dibujar un arco octante de 90 grados que se inicia en el ángulo octante 1:

```
00A,1,-012
```

En este ejemplo, 00A marca el arco octante y 1 describe el radio.

El tercer elemento, −012, comienza con un cero negativo, indicando que el arco se va a trazar en el sentido de las agujas del reloj. (Si este elemento fuese positivo

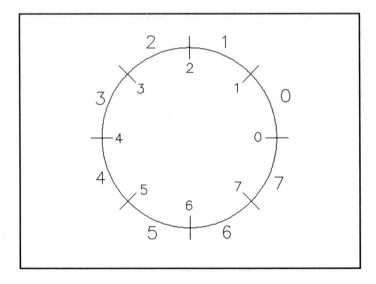

Figura 3.6. Angulos estándar de arcos octantes.

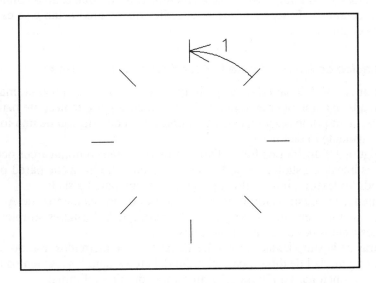

Figura 3.7. Un arco octante comenzando en un ángulo inicial de valor 1.

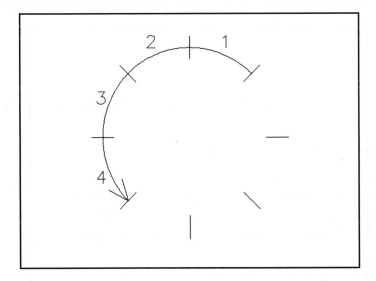

Figura 3.8. Un arco octante que comienza en un ángulo inicial 1 y que se extiende cuatro octantes.

—cero sin un signo negativo— el arco se trazaría en sentido contrario a las agujas del reloj.) El segundo número en este elemento, 1, indica que el arco comienza en el ángulo octante 1. El tercer número, 2, indica que el arco octante se extenderá sobre dos octantes.

Combinación de elementos de la descripción de una forma

Puede usar AutoCAD para diseñar y dibujar los bocetos de una forma imaginada, y para ayudarle a aprender cualquiera de las dimensiones que necesite para transformar segmentos lineales y arcos en elementos de la descripción de una forma. El ejemplo siguiente lo demuestra.

La Figura 3.9 ilustra una forma llamada INSUL, que combina arcos octantes y segmentos lineales. Esta forma podría ser colocada entre líneas de pared paralelas para añadirles textura, indicando la presencia de una pared aislada.

Comience la construcción de esta forma usando los elementos de AutoCAD para esbozar una versión aproximada. Observará que la forma es simple: dos semicírculos unidos por algunas líneas rectas.

En aras de la simplicidad, dibuje las líneas y los semicírculos usando una longitud de una unidad de dibujo para el radio del arco y para los segmentos lineales, y vea cómo funciona. La Figura 3.10 muestra el dibujo preliminar.

Si emplea la posibilidad de dimensionamiento automático de AutoCAD para descubrir toda el área de su diseño básico, obtendrá algunas buenas noticias: el diseño cubre un área de cuatro por cuatro unidades de dibujo. Si por alguna razón no le gusta este tamaño, puede ajustar las líneas y arcos hasta que consiga exacta-

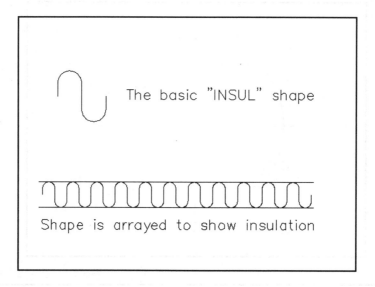

The basic "INSUL" shape

Shape is arrayed to show insulation

Figura 3.9. La forma INSUL.

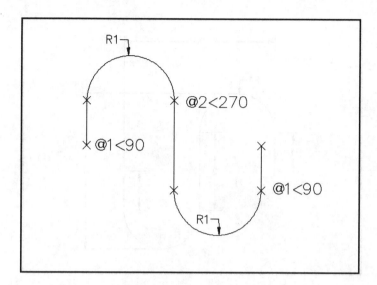

Figura 3.10. Construcción básica de INSUL.

mente lo que desea. La Figura 3.11 muestra el boceto del ejemplo con las dimensiones añadidas automáticamente por AutoCAD.

Es una fortuna que la dimensión básica de la forma sea de cuatro por cuatro unidades de dibujo, porque así podrá disminuir la escala de toda la descripción de la forma por un factor de cuatro. Para escalar la forma de esta manera, creará una forma con dimensiones de una unidad de dibujo por una unidad de dibujo.

Las formas de uno-por-uno son muy flexibles. Puede escalarlas a cualquier dimensión que le sea necesaria en el momento en que dibuja. Por ejemplo, si deseara insertar la forma entre líneas de paredes que estuvieran separadas 6 pulgadas, podría especificar una forma de 6.5 unidades de dibujo de altura en el momento de la inserción. La forma de uno-por-uno se ajustaría perfectamente entre las líneas de pared. Puede insertar la misma forma entre paredes más gruesas o más delgadas ajustando la altura de la forma al grosor de la pared.

Le presentamos la descripción de la forma INSUL:

```
*3,12,INSUL
003,4,014,00A,(001,-044),02C,00A,(001,044),014,0
```

Los dos primeros elementos de la descripción son instrucciones de escalado:

```
003,4,
```

Estos dos elementos reducirán el tamaño de la forma por un factor de cuatro. El siguiente elemento

```
014,
```

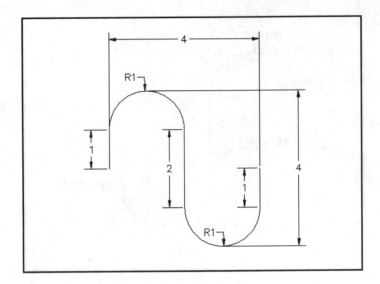

Figura 3.11. INSUL con las dimensiones añadidas.

describe el primer segmento lineal, que posee una longitud de una unidad de dibujo, y se dibuja con el ángulo estándar cuatro (90 grados).

El elemento siguiente es el elemento de señal 00A, seguido de los elementos que describen un arco octante simple:

```
00A,1,-044,
```

El número 1 le dice a AutoCAD que el arco octante tiene un radio de una unidad de dibujo. El siguiente elemento describe el arco. Comienza con −0, lo que producirá un arco en el sentido de las agujas del reloj. El primer 4 es el ángulo inicial para el arco octante. El segundo 4 comunica a AutoCAD que es un arco octante que se extiende cuatro octantes, construyendo un arco de 180 grados.

Para hacer más legibles los elementos de arco-octante en un momento posterior, si lo desea, puede incluirlos entre paréntesis:

```
00A,(1,-044),
```

Los paréntesis son opcionales, y AutoCAD los pasa por alto cuando compila el archivo de formas.

La línea siguiente es otro segmento lineal recto:

```
02C,
```

Observe que tiene dos unidades de dibujo de longitud, y se dibuja en forma recta hacia abajo (un ángulo estándar C). El elemento siguiente describe otro arco de 180 grados:

```
00A,(001,044),
```

Este arco se dibuja en sentido contrario al movimiento de las agujas del reloj; por lo tanto, el elemento 00A es positivo. El último segmento lineal tiene una unidad de dibujo de longitud con un ángulo 4 (90 grados):

014,

La descripción de la forma concluye con un único cero:

0

Intente compilar el nuevo archivo EXAMPLE.SHP con la descripción añadida. Después, insértelo en un dibujo. Observe que puede cambiar el tamaño de la forma.

Ajuste del punto de inserción

Hay un problema con esta forma tal y como está: si desea insertarla entre dos líneas de pared paralelas, debe seleccionar un punto de inserción situado exactamente en el punto medio de ellas, ya que el punto de inserción de la forma es el punto inicial de la descripción de la forma.

Una buena posición inicial para esta forma sería probablemente el punto inferior izquierdo. Empezando allí, podría usar OSNAP (REFENT) de AutoCAD para tomar el final de una de las líneas de pared como referencia para la forma, haciendo así más fácil la inserción.

Puede variar el punto de inserción de la forma fácilmente elevando la pluma de AutoCAD antes de crear las líneas visibles. Los elementos extra que realizan esto se añaden debajo de la descripción de la forma INSUL (están aquí en negrita solamente para llamar la atención):

```
*3,15,INSUL
3,4,002,024,001,014,00A,(001,-044),02C,00A,(001,044),014,0
```

Estos elementos extra elevan la pluma, la mueven dos unidades de dibujo con un ángulo 4, y la bajan de nuevo para dibujar la forma. Elevando la pluma y trasladándola dos unidades de dibujo, puede crear un punto de inserción diferente del punto inicial de la forma dibujada.

Tenga en cuenta que tiene que cambiar el número total de elementos que muestra la línea de cabecera. Los tres elementos extra varían la línea de cabecera de 12 a 15.

Añada a su descripción esos elementos extra y observe como la forma se arrastra por la pantalla en el momento de la inserción. Después, dibuje dos líneas paralelas, cada una con veinte unidades de dibujo de longitud. Colóquelas separadas una unidad de dibujo. Después intente cambiar la referencia de la forma usando OSNAP ENDP (REFENT FINP) situándola entre las dos líneas paralelas. (Tome como referencia el extremo izquierdo de la línea más baja.) Acepte la altura de la forma como una unidad de dibujo. La forma se situará de forma ordenada en aquella posición. La Figura 3.12 lo ilustra.

Después, use la orden ARRAY (MATRIZ) de AutoCAD para rellenar el patrón aislado entre las dos líneas. Necesitará crear una matriz con una sola fila y columnas suficientes para extender la longitud de las líneas. Aquí es donde vuelve

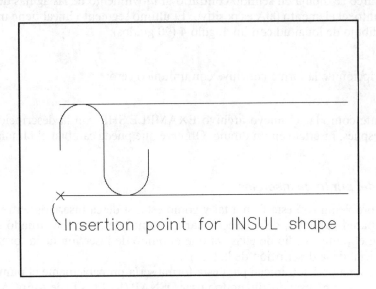

Insertion point for INSUL shape

Figura 3.12. La forma INSUL después de desplazarla a su posición.

a trabajar la dimensión uno-por-uno de la forma para facilitarle el trabajo. Calcule el número correcto de columnas siguiendo estos pasos:

1. Divida la longitud de las líneas de pared en unidades de dibujo por la anchura de la forma. En este ejemplo, el resultado es de veinte columnas (20 dividido por 1).
2. Determine la distancia entre las columnas igualándolas a la anchura de la forma —en este caso, una unidad de dibujo. (La anchura de la forma será siempre igual a su altura.)

Este ejemplo funciona bien porque las longitudes de las paredes son divisibles por múltiplos de una unidad de dibujo. Pero, ¿qué ocurre cuando las paredes tienen longitudes fraccionarias? Hay un par de maneras para solventar este problema. Una manera es la de trasladar el patrón final levemente dentro de las paredes después de hacer la matriz. Esto puede parecer un engaño (lo es), pero con frecuencia funciona bien, especialmente cuando dos paredes se cortan y los patrones, en otro caso, podrían solaparse. Otra solución es crear un par de formas IN-SUL con diferentes radios de altura y anchura. Por ejemplo, puede crear una forma similar con una unidad de dibujo de altura y solamente media unidad de dibujo de anchura, usando un arco de radio más pequeño y compensando con longitudes de línea más largas. Este tipo de forma cabe dentro de paredes de longitud fraccionaria. He aquí la descripción de esta versión estrecha de la forma, llamada INSUL2:

```
*4,15,INSUL2
003,008,002,044,001,034,00A,(001,-044),06C,00A,(001,044),034,0
```

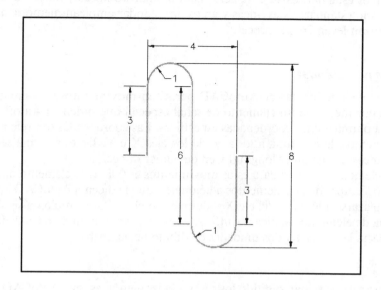

Figura 3.13. La forma INSUL2.

La Figura 3.13 muestra esta forma con las dimensiones de AutoCAD añadidas. Compare esto con la descripción para la forma original INSUL. Recuerde que el tamaño original de la forma INSUL2 (antes de disminuirla) es de ocho unidades de altura y cuatro de anchura, para que le dé el radio propio de una unidad de dibujo a una unidad y media después del escalado.

Si fuese a compilar esta forma y a insertarla entre las líneas de pared usadas en el ejemplo anterior, sus parámetros para la matriz deberían ser diferentes. La forma insertada presenta una unidad de dibujo de altura, y unidad y media de anchura. Por tanto, deberá crear una matriz rectangular con una fila, 40 columnas en lugar de 20, y media unidad de dibujo de distancia entre las columnas.

Si cambia las longitudes de su pared a 21 unidades de dibujo, los parámetros de la matriz serían los mismos, excepto que ahora necesitará 42 columnas en lugar de 40.

Esto puede parecerle complejo explicado con palabras, pero una pequeña experimentación y práctica con estas formas le aclarará el concepto. Experimente diferentes longitudes y anchuras de pared hasta sentir la emoción de crear paredes con diferentes texturas.

Cómo crear formas usando líneas y arcos no estándar

El uso de ángulos y longitudes lineales, arcos octantes y ángulos octantes para crear formas, ahorra espacio en la memoria y tamaño de dibujo, pero en ocasiones es muy limitante. Para los casos en los que, simplemente, no puedan usarse las líneas y los arcos estándar, existen maneras para dibujar las líneas y mover la pluma de manera no estándar. Estas líneas y arcos no estándar emplean memoria adicional y ralentizan levemente el proceso.

Líneas no estándar

Los archivos de formas de AutoCAD permiten movimientos no estándar de la pluma por medio de un elemento de señal especial que ordena a AutoCAD trasladar la pluma a unas coordenadas específicas. Las coordenadas son referencias de movimientos de la pluma a lo largo de los ejes X e Y. De esta forma se pueden crear líneas de cualquier longitud y en cualquier dirección.

El elemento de señal para estos movimientos es 008. Este elemento de señal va seguido siempre de dos elementos adicionales, que le dicen a AutoCAD cuánto ha de desplazarse a lo largo del eje X y después en el Y. Por ejemplo, la siguiente secuencia de elementos le dice a AutoCAD que mueva la pluma 16 unidades de dibujo hacia la derecha y dos unidades de dibujo hacia arriba:

```
008,16,2
```

Observe que se han omitido los ceros a la izquierda, así que AutoCAD leerá los números como decimales, no como hexadecimales. Puede usar números hexadecimales si lo desea; recuerde, sin embargo, que en el sistema hexadecimal dieciséis unidades se expresan como 010.

El rango de movimiento de la pluma para líneas no estándar oscila entre −127 y +127 unidades de dibujo. Si el valor del movimiento a través del eje de las X es negativo, la pluma se mueve hacia la izquierda; si es positivo, hacia la derecha. Si el valor del movimiento a lo largo del eje de las Y es negativo, la pluma se mueve hacia abajo; si es positivo, hacia arriba.

Observe que para valores positivos, el símbolo + es opcional; no se incluyó en el ejemplo anterior. También ocurre esto con los arcos octantes, puede incluir paréntesis para realzar. Con paréntesis los elementos del ejemplo quedarían como sigue:

```
008,(16,2)
```

Aunque se usan dos elementos de movimiento, solamente se genera una línea. La línea resultante de estos movimientos no estándar se extenderá desde la localización de la pluma cuando el elemento 008 es llamado, hasta el punto donde se localiza la pluma cuando el movimiento se completa. Si la pluma se ha elevado por medio del elemento de señal 002, no se dibuja ninguna línea, y la pluma es solamente reubicada.

La Figura 3.14 muestra una forma simple que incluye dos líneas diagonales no estándar. Abajo le suministramos la descripción de la forma LIGHT mostrada en dicha figura:

```
*5,18,LIGHT
003,8,040,05C,008,(4,-14),08C,00A,(8,-4),
084,008,(4,14),054,040,0
```

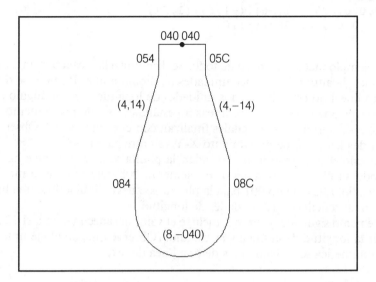

Figura 3.14. Un símbolo de lámpara de teatro dibujado con líneas no estándar.

Todos estos elementos se han mostrado en ejemplos anteriores. Después de la línea de cabecera, la descripción numérica comienza con los elementos para reducir la escala de la forma por un factor de ocho. A continuación se dibujan dos segmentos lineales, comenzando en el punto de inserción de la forma. Después viene el elemento 008 y, dentro de paréntesis, los elementos que mueven la pluma a la derecha cuatro unidades de dibujo y hacia abajo, cuarenta. De nuevo observe que este movimiento simplemente localiza el extremo del segmento lineal.

La forma continúa: se dibuja otra línea estándar, seguida de un arco octante y de dos líneas estándar más. Después se dibuja otra línea no estándar. La sintaxis para esta línea es la misma, aunque es diferente en un valor. Aquí el movimiento X-Y es de cuatro unidades de dibujo a la derecha y cuarenta hacia arriba. Dos líneas estándar más terminan la forma y, como siempre, la descripción de la forma finaliza con un cero.

Es posible dibujar una forma que conste solamente de líneas no estándar. Mejor que tener que editar de forma continuada el elemento 008, puede emplear para indicar series de movimientos X-Y no estándar otro elemento de señal (009).

Cuando se edita este elemento de señal, le han de seguir una serie de pares de elementos de movimiento de los ejes X e Y. Pueden seguirle cualquier par de elementos de movimiento de los ejes X e Y, pero tienen que terminar con el elemento especial de movimiento de los ejes X-Y, el 0,0.

He aquí un ejemplo de descripción de una forma que contiene una serie de cuatro movimientos lineales no estándar, comenzando con el elemento número 4. Este ejemplo crea una forma simple de diamante estrecho:

```
*6,21,DIAMD
003,12,020,009,(-1,-6),(-1,6),(1,6),
(1,-6),(0,0),002,008,(-1,6),
001,0CC,0
```

Este ejemplo incluye un poco de todo. Se disminuye la escala por un factor doce para reducir la altura desde doce unidades de dibujo a una. Primero se dibuja un segmento lineal no estándar de dos unidades de longitud con un ángulo estándar cero. Le sigue una serie de cuatro líneas no estándar, usando los elementos de movimiento X-Y apropiados, los cuales finalizan con el elemento 0,0. Observe cómo cada par de elementos de movimiento X-Y va entre paréntesis.

Siguiendo el movimiento no estándar, la pluma se eleva y vuelve hacia atrás, invirtiendo su último movimiento. El elemento 008 determina este movimiento lineal sencillo. El elemento 001 baja la pluma de nuevo dibujándose una línea vertical estándar sencilla de 12 unidades de longitud.

El elemento siguiente, y último, incluye el valor hexadecimal para el 12 (C) para describir la longitud de la línea y su ángulo. (Observe que, en el ejemplo, la descripción numérica se extiende más de una línea de texto.)

Arcos no estándar

Es posible crear descripciones de formas usando arcos que no comiencen en ángulos octantes, o cuyos grados totales no sean múltiplos de 45. Hay dos métodos para realizarlo. Uno de ellos crea un *arco desplazado*; el otro un *arco curvado*.

Arcos desplazados (offset).   Un arco desplazado hace referencia a los dos ángulos estándar desplazados más cercanos, dibujando un arco en relación a ellos. El elemento de señal de dichos arcos es el 00B, seguido de cinco elementos especiales que lo describen.

Los tres primeros elementos describen cómo es el arco desplazado con respecto al estándar. Los dos últimos elementos son los de descripción del arco estándar que hemos visto con anterioridad.

Por ejemplo, éstos son los elementos numéricos que describen un arco no estándar pequeño, que comienza en 52 grados y finaliza en 127 grados, tiene un radio de cinco unidades de dibujo, y se dibuja en sentido contrario a las agujas del reloj:

```
00B,(40,210,0,5,012)
```

El primer elemento es 00B, que indica a AutoCAD que se va a describir un arco desplazado. Los dos elementos siguientes indican el inicio y fin del arco. Estos elementos se calculan mediante la fórmula siguiente:

$$(((\text{Desplazado} - \text{Octante}) * 256)/45)$$

Puede aplicar esta fórmula como sigue:

1. Determine el ángulo inicial del arco desplazado. En el ejemplo, es de 52 grados.

2. Determine el siguiente ángulo octante estándar más bajo desde el ángulo inicial del arco octante. En el ejemplo, éste sería un ángulo octante de 1,45 grados.
3. Determine la diferencia en grados entre el ángulo inicial del arco desplazado y el ángulo octante. En este caso la diferencia es de 7 grados.
4. Una vez calculada esta diferencia, multiplíquela por 256. En el ejemplo, el resultado es de 1.792.
5. Divida el resultado por 45. En el ejemplo, este resultado es de 40,82.
6. Elimine la porción decimal del valor, porque el compilador automáticamente ajusta las diferencias por redondeo. En el ejemplo, el resultado es 40.

Por lo tanto, el desplazamiento inicial para nuestro arco es 40. Este es el elemento numérico que sigue inmediatamente al elemento 00B.

Aplique la misma fórmula para calcular el desplazamiento para el punto final del arco:

1. Determine el ángulo final del arco no estándar. En el ejemplo, es de 127 grados.
2. Determine el ángulo octante siguiente más bajo desde el ángulo final del arco octante. En el ejemplo, sería un ángulo octante 2, o de 90 grados.
3. Determine la diferencia en grados entre el ángulo final del arco desplazado y el ángulo octante. En este caso, la diferencia es de 37 grados.
4. Una vez calculada esta diferencia, multiplíquela por 256. En el ejemplo, el resultado es de 9.472.
5. Divida el resultado por 45. En el ejemplo, el resultado es 210,48.
6. Desestime la porción decimal del valor. En el ejemplo, esto es 210.

Por consiguiente, el valor final del desplazamiento para el arco desplazado es de 210. Este es el segundo elemento en la descripción del arco desplazado.

El tercer elemento en la descripción será siempre cero. Este cero simple indica que el radio del arco desplazado es menor que las 255 unidades de dibujo máximas posibles.

El cuarto y quinto elementos en la descripción son los mismos que en la descripción de un arco estándar. En este caso, el radio es de 5 unidades de dibujo, así que el cuarto elemento es 5. El arco se dibuja en sentido contrario a las agujas del reloj, comenzando en un octante y extendiéndose a un total de dos octantes, así que el quinto elemento es 012.

La Figura 3.15 ilustra una forma simple, llamada CAP, que incluye este arco desplazado. La siguiente es la descripción de la forma completa:

```
*7,24,CAP
003,10,002,008,(-1,5),001,0AC,002,020,
001,0A4,002,008,(2,-1),001,
00B,(40,210,0,5,012),0
```

1. Esta forma se escala por un factor de diez (**003,10,**).
2. La pluma se eleva y mueve una unidad de dibujo a la izquierda, cinco unidades de dibujo hacia arriba (**002,008,(−1, 5),**).

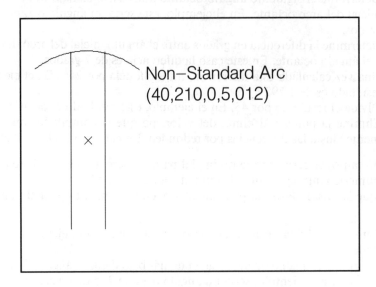

Figura 3.15. La forma CAP, que incluye un arco no estándar.

3. La pluma baja y se dibuja un segmento lineal de diez unidades de dibujo en un ángulo C (**001,0AC,**).
4. La pluma se eleva de nuevo y se mueve dos unidades de dibujo en un ángulo 0 (**002,020,**).
5. La pluma baja de nuevo y se dibuja un segmento lineal de diez unidades de dibujo en un ángulo 4 (**001,0A4,**).
6. La pluma se eleva y mueve dos unidades de dibujo hacia la derecha y una unidad hacia abajo (**002,008,(2,−1),**).
7. Finalmente, la pluma baja y así se construye el arco desplazado: (**001,00B,(40,210,0,5,012),0**).

El secreto para diseñar formas no estándar como ésta consiste en usar AutoCAD en los procesos de esbozo y diseño. En este ejemplo, el punto de inserción de la forma se usó como el punto central del arco. El radio del arco se determinó midiendo desde el punto de inserción al final de una de las líneas verticales. Después se dibujó el arco, este punto central se referenció de nuevo, empleando la posibilidad de dimensionamiento angular de AutoCAD, para determinar su ángulo inicial y final.

Cuando AutoCAD inicialmente midió el radio, y el ángulo inicial y final del arco, estas medidas fueron fraccionarias. Sin embargo, para el propósito de calcular los desplazamientos, estas dimensiones fraccionarias se redondearon por aproximación sin ningún problema.

Arcos curvados. Si todos estos cálculos de arcos de desplazamiento le desaniman, existe otro método para producir un arco no estándar de 180 grados o menos. Puede crear un arco curvado. El ejemplo siguiente emplea este medio para realizar un cambio en la forma de la lámpara teatral de la Figura 3.14.

El proceso de creación de un arco curvado implica dibujar segmentos de líneas rectas no estándar usando movimientos X-Y como hemos visto hasta ahora, y después *curvarlos* desde su punto central. El elemento de señal para este arco es 00C.

Al elemento 00C lo siguen tres elementos:

1. El movimiento del eje X.
2. El movimiento del eje Y.
3. El *factor de curvatura*, la cantidad de curvatura que se ha de aplicar a la línea.

El siguiente es un ejemplo de arco curvado:

```
00C,(5,5,60)
```

En este ejemplo, la primera línea se dibuja por movimiento de la pluma cinco unidades a la derecha y cinco unidades hacia arriba. Después se aplica a la línea un factor de curvatura de sesenta. Ya que este número es positivo, el arco final se dibuja en sentido contrario a las agujas del reloj. Si el 60 hubiese sido negativo, el arco final se habría dibujado en el sentido de las agujas del reloj.

Puede aplicar un factor de curvatura dentro de un rango que va desde −127 a +127. Usando el valor máximo o mínimo obtendrá un arco de 180 grados. Los arcos mayores de 180 grados tendrán que ser dibujados como arcos estándar, como arcos no estándar usando los cálculos de desplazamiento, o como una serie de arcos curvados.

Para un ejemplo de funcionamiento de un arco curvado, lo siguiente es la descripción de la forma LIGHT otra vez, dibujada usando un arco octante de 180 grados (los elementos para el arco octante están en negrita para llamar la atención):

```
*5,18,LIGHT
003,8,040,05C,008,(4,-14),08C,
00A,(8,-004),084,008,(4,14),054,040,0
```

La descripción siguiente sustituye con un arco curvado, para conseguir un efecto de menor redondeo:

```
*5,19,LIGHT
003,8,040,05C,008,(4,-14),08C,00C,(-16,0,-60),
084,008,(4,14),054,040,0
```

Observe que al usar un elemento extra para generar un arco curvado, el número de elementos en la línea de cabecera se incrementa en uno, de dieciocho a diecinueve. Observe que el factor de curvatura es negativo, siendo el resultado un arco en el sentido de las agujas del reloj. En la Figura 3.16, se comparan las dos formas.

Al igual que con las líneas no estándar, existe un elemento de señal especial, 00D, para definir una serie de arcos curvados. Al igual que con las series de líneas

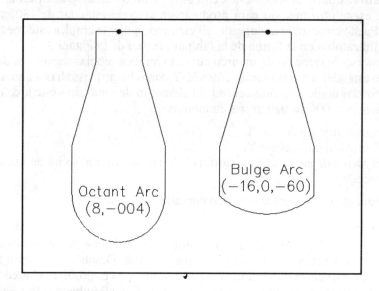

Figura 3.16. Una lámpara de teatro con arco octante comparada con otra con arco curvado.

no estándar, este elemento de señal puede ir seguido de cualquier número de descripciones de arcos curvados, pero las series deben terminar con el elemento especial 0,0. El siguiente es un ejemplo de una descripción de forma usando una serie de arcos curvados:

```
*8,18,CURLS
003,10,00D,(10,10,60),(10,10,-60),
(3,14,120),(3,14,-120),(0,0),0
```

Si desea, puede aplicar un factor de curvatura de cero, lo que da como resutado una línea recta. Esto es muy usual cuando se conectan una serie de líneas rectas y arcos curvados dentro de una línea continua. Mediante el empleo de la curvatura cero, se ahorra el ir y venir entre los distintos elementos especiales para llamar líneas no estándar y arcos curvados. El siguiente es un ejemplo de esto:

```
*9,21,CURLS2
003,5,00D,(5,5,60),(5,5,-60),(5,0,0),
(5,5,60),(5,5,-60),(0,0),0
```

Observe cómo se añade un elemento de línea recta dentro de la serie de arcos curvados (5,0,0,) simplemente proporcionando un factor de curvatura de cero.

Cómo calcular el factor de curvatura correcto. Una vez que ha diseñado y dimensionado su forma usando AutoCAD, puede continuar usando AutoCAD para determinar el factor de curvatura correcto. La fórmula para ello es la siguiente:

$$((Angulo/180)*127)$$

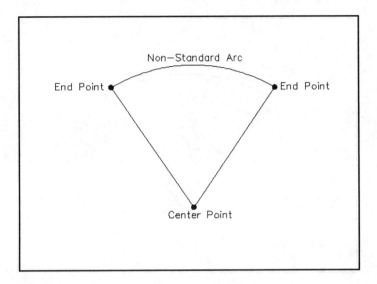

Figura 3.17. Conexión del centro del arco con los extremos.

Puede aplicar esta fórmula de la manera siguiente:

1. Determine el ángulo de su arco. La posibilidad autodimensionante de AutoCAD es inviable aquí. Trace líneas para conectar el extremo del arco con su centro, tal como se muestra en la Figura 3.17.
2. Después de trazar dichas líneas, use la orden DIM ANG (ACOTA ANG) de AutoCAD para medir el ángulo que forman. La Figura 3.18 añade las dimensiones al ejemplo dibujado.
3. Divida el ángulo del arco por 180 grados, y multiplique el resultado por 127. Esto produce el factor de curvatura correcto.

Si decide trazar el arco en el sentido de las agujas del reloj, aplique el factor de curvatura como un número negativo; en el caso contrario aplíquelo como un número positivo.

Esta combinación de autodimensionamiento y cálculo puede facilitarse y acelerarse usando una rutina corta de AutoLISP. Para aquellos que intenten diseñar muchas formas empleando arcos curvados, una rutina tal se suministra en el Apéndice B, «Funciones y rutinas de ejemplo».

Archivos de fuentes de texto

AutoCAD introduce texto en un dibujo por medio de un archivo de formas especial llamado *archivo de fuentes de texto*. Estos archivos son largos y complejos, ya

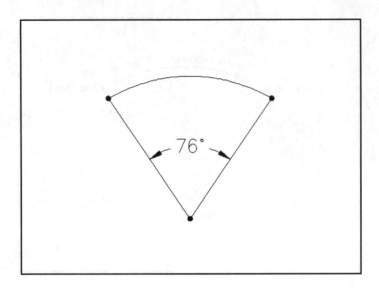

Figura 3.18. Un ángulo de un arco determinado por AutoCAD.

que cada letra, número y signo de puntuación, tiene que ser definido como una forma única. Si posee una única en propiedad y quiere crear texto de AutoCAD en esa fuente, puede dibujar las letras y definirlas como formas individuales. El proceso consumirá mucho tiempo.

Afortunadamente, para cualquier fuente de texto estándar, este proceso es innecesario. AutoCAD se suministra con una variedad de fuentes de texto predefinidas, y muchos otros innovadores de software han creado fuentes de texto adicionales para usted. La mayoría de los dibujantes preferirán comprar fuentes de texto que diseñar las suyas propias.

Además, la Versión 12 de AutoCAD le proporciona la capacidad de leer fuentes PostScript Adobe Type 1 (Versión 1.1). Dispone de cientos de esas fuentes, y Autodesk suministra unas cuantas con el paquete de la Versión 12. Después de la instalación estándar, las podrá hallar en su disco duro en el subdirectorio \ACAD\FONTS. Tienen la extensión de archivo .PFB. Esta capacidad incrementa mucho el número de fuentes de texto disponibles en la Versión 12.

Si encuentra que tiene que crear sus propias fuentes de texto, la información suministrada en las páginas siguientes le ayudará a ello, donde además se examina cómo transformar archivos .PFB en archivos .SHX estándar de AutoCAD, y cómo transformar entidades de texto en entidades lineales.

Comparación de archivos de fuentes de texto con archivos de formas

Como se mencionó con anterioridad, los archivos de fuentes de texto son similares a los archivos de formas ordinarios. Como los archivos de formas, tienen la extensión de archivo SHP. Se crean y editan usando su editor de textos, y tienen que compilarse dentro de archivos .SHX antes de ser usados.

Los archivos de fuentes de texto, sin embargo, contienen ciertas descripciones especiales que los distinguen de los archivos de formas ordinarios. A diferencia de los archivos de formas, los valores de la forma en la línea de cabecera de un archivo de fuentes de texto corresponden a códigos ASCII usados para generar aquellos caracteres vía pantalla o impresora. La Tabla 3.1 contiene los códigos ASCII para los caracteres de texto.

Tabla 3.1. Códigos ASCII para caracteres de texto

32	(espacio)	58	: (dos puntos)	85	U
33	!	59	; (punto y coma)	86	V
34	"	60	<	87	W
35	#	61	=	88	X
36	$	62	>	89	Y
37	%	63	?	90	Z
38	&	64	@	91	[
39	' (apóstrofo)	65	A	92	\ (barra inver.)
40	(	66	B	93	]
41	)	67	C	94	^ (acento circ.)
42	*	68	D	95	_ (subrayado)
43	+	69	E	96	' (apóstr. inv.)
44	, (coma)	70	F		
45	− (guión)	71	G	97	a
46	. (punto)	72	H	98	b
47	/ (barra incli-nada)	73	I	99	c
		74	J	100	d
48	0	75	K	101	e
49	1	76	L	102	f
50	2	77	M	103	g
51	3	78	N	104	h
52	4	79	O	105	i
53	5	80	P	106	j
54	6	81	Q	107	k
55	7	82	R	108	l
56	8	83	S	109	m
57	9	84	T	110	n

Tabla 3.1. Códigos ASCII para caracteres de texto *(continuación)*

111	o	117	u	123	{ (llave)
112	p	118	v	124	| (barra vert.)
113	q	119	w	125	} (llave)
114	r	120	x	126	~ (tilde)
115	s	121	y		
116	t	122	z		

Al usar los códigos ASCII estándar, todos los archivos de fuentes de texto son prenumerados. Por ejemplo, el número de la forma para la A mayúscula es siempre 65.

Los nombres de formas en las descripciones que están dentro de los archivos de fuentes de texto se introducen en letra minúscula (diferente de los nombres de formas de los archivos de formas ordinarios, que se introducen en letra mayúscula). Puesto que el sistema de numeración estándar en los archivos de fuentes de texto elimina la necesidad de nombrar las formas, cuando el archivo se compila, AutoCAD ignorará los nombres en letra minúscula, así ahorrará espacio en el archivo compilado. La única razón para incluir nombres de formas es facilitar la localización de los caracteres de texto en subsiguientes ediciones.

El escalado se maneja de forma distinta en los archivos de fuentes de texto. En archivos de formas ordinarios, el escalamiento se lleva a cabo forma-por-forma. En archivos de fuentes de texto, el archivo entero es escalado por medio de una descripción de forma especial. Los caracteres en un archivo de fuentes de texto se diseñan con frecuencia usando una escala grande, que permite interpretar los caracteres complejos usando números enteros. Después, el archivo de fuentes de texto al completo se disminuye de escala para permitir mayor flexibilidad en el establecimiento de la altura del texto en el momento de la inserción.

Descripciones especiales de formas en un archivo de fuentes de texto

Dos descripciones especiales de formas indican a AutoCAD que el archivo es un archivo de fuentes de texto. La primera identifica la escala, la posición de las letras y la orientación de los caracteres en la fuente, y la segunda es la descripción de un salto de línea. Le presentamos un ejemplo de la primera descripción especial de forma en un archivo de fuentes de texto:

```
*0,4,nomfuen
38,7,0,0
```

La línea de cabecera contiene el número de la forma requerida (cero), el número de elementos de la descripción numérica (hay siempre cuatro), y el nombre de la fuente de texto, siempre introducido en minúsculas. AutoCAD usa los elementos numéricos en la descripción de la forma para aprender el escalado y la orientación de la fuente:

1. El primer elemento describe el número máximo de unidades de dibujo que pueden extenderse las letras mayúsculas sobre la línea base del texto. En este caso es de 38. Este valor puede ser diferente en su archivo de fuentes de texto.
2. El segundo elemento describe el número máximo de unidades de dibujo que pueden extenderse las letras minúsculas hacia abajo de la línea base. En este caso es 7. También este valor puede ser distinto en su archivo de fuentes de texto.
3. El tercer elemento es el elemento del modo de orientación. Este número es cero si la fuentes de texto es solamente horizontal. Si la fuente contiene movimientos opcionales de la pluma para la orientación vertical, el elemento de modo es 2. No se emplean otros valores en esta posición.
4. El cuarto elemento es el cero estándar que finaliza todas las descripciones de formas.

Aquí le presentamos la segunda descripción de forma especial en un archivo de fuentes de texto:

```
*10,5,1f
002,008,(0,-46),0
```

Es la descripción de forma del salto de línea. Tiene siempre el 10 como número de forma. Esta descripción de forma representa el movimiento hacia abajo de la pluma cuando se está introduciendo más de una línea de texto. El movimiento lo describe el elemento de señal 002 y la pluma se mueve hacia abajo en el eje Y por un movimiento no estándar. Esto hace que la pluma deje una línea sin dibujar. En el ejemplo, el movimiento de la pluma requiere un total de 46 unidades de dibujo para dejar una línea. Este movimiento incluye 38 unidades de dibujo para explicar la altura máxima de las letras, más 7 unidades para la cantidad que las letras minúsculas pueden extenderse por debajo de la línea base, más una unidad adicional para los espacios entre varias líneas de texto.

Diseño de formas de caracteres de texto

El proceso de creación de un archivo de fuentes de texto a partir de líneas requiere tiempo. El primer paso es crear una descripción de forma para cada letra, número, signo de puntuación y símbolos que van a ser usados en la fuente. Todos los diseños de formas y las técnicas que se han descrito son para que las emplee en la creación de las descripciones de formas de caracteres de texto.

La Figura 3.19 muestra un atrevido boceto de una A mayúscula, incluidos los elementos de descripción necesarios para producirla. Lo siguiente es el equivalente de la descripción de la forma:

```
*15,38,am
009,(14,38),(6,0),(14,-38),(-7,0),(-4,11),(-12,0),(-4,-11),(-7,0),(0,0),
002,008,(13,17),001,009,(4,9),(4,-9),(-8,0),(0,0),002,008,(27,-17),0
```

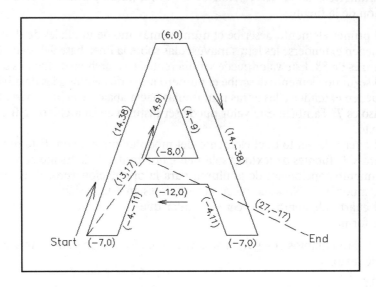

Figura 3.19. A mayúscula mostrando los movimientos de la pluma de AutoCAD.

Observe que esta descripción de forma está constituida enteramente por segmentos lineales no estándar. La pluma se eleva dos veces: primero para dibujar el triángulo central de la A y otra vez para trasladar la pluma a su posición final estándar, que es de seis unidades de dibujo a la derecha de la esquina inferior izquierda de la letra. Esto permite espacios entre la A y cualquier otra letra que pueda seguirla.

Archivos de fuentes de texto de orientación dual

Una vez que se han creado y comprobado cada una de las descripciones de forma de caracteres, se pueden añadir a la descripción los elementos de señal que permitirán insertar la fuente en una orientación vertical u horizontal. Los archivos de fuentes de texto que pueden ser introducidos con orientación vertical u horizontal reciben el nombre de archivos de fuentes de texto de orientación dual.

En un archivo de fuentes de texto de orientación dual, cada descripción de forma contiene elementos opcionales especiales para el movimiento de la pluma. AutoCAD ignora esos elementos opcionales a menos que el usuario especifique la orientación vertical del texto cuando el archivo fuente se cargue en el dibujo. Esos elementos opcionales para el movimiento de la pluma se hallan normalmente al principio y al final de cada descripción de forma. Su propósito es elevar y volver a situar la pluma en la posicion inicial y final adecuada para orientar el texto verticalmente.

La Figura 3.20 ilustra los movimientos extra de la pluma, necesarios para adaptar la letra mayúscula A a la orientación vertical. Los elementos opcionales para el movimiento de la pluma mostrados en la Figura 3.20 van precedidos del elemento de señal 00E. A menos que el usuario escoja la orientación vertical cuando se carga el archivo de fuentes de texto, AutoCAD ignora los primeros elementos que siguen a este elemento de señal especial. Los elementos subsiguientes se procesan normalmente.

Para una serie de movimientos opcionales de la pluma no existe elemento de señal especial. Si necesita usar dicha serie, cada elemento opcional tiene que ser precedido del código 00E.

La siguiente es la descripción de forma para una A mayúscula con los elementos opcionales para el movimiento vertical de la pluma añadidos (las letras en negrita se usan para enfatizar solamente):

```
*65,49,am
00E,002,00E,008,(-17,-38),001,009,(14,38),(6, 0),
(14,-38),(-7,0),(-4,11),(-12,0),(-4,-11),
(-7,0),(0,0),002,008,(13,17),001,009,
(4,9),(4,-9),(-8,0),(0,0),002,008,(27,-17),
00E,008,(-13,-7),0
```

Observe que el número total de elementos en la línea de cabecera se ha incrementado al contar esos elementos adicionales.

Al final de la descripción, la mayoría de los movimientos opcionales vuelven a situar la pluma en la posición más baja del centro de la forma. Cada descripción de forma en el archivo de fuentes de texto comenzará con un movimiento opcio-

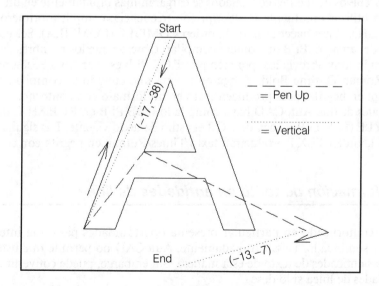

Figura 3.20. A mayúscula con movimientos verticales opcionales de la pluma.

nal de la pluma hacia la parte inferior del carácter. Esto hace que los caracteres se alineen verticalmente.

Los movimientos opcionales requeridos por el archivo de fuentes van a depender de la forma en que desee alinear verticalmente sus caracteres de texto: centrados, ajustados a la izquierda o ajustados a la derecha. En el ejemplo anterior, el movimiento de la pluma alinea los caracteres a lo largo de una línea vertical central.

Lectura de una fuente PostScript en la Versión 12

A continuación le mostramos algunas de las fuentes PostScript más comunes que se incluyen en la Versión 12 de AutoCAD:

Abreviatura	Fuente
RO	Roman
ROB	Roman Outline Bold
ROI	Roman Outline Italic
SAS	Sans-Serif
SASB	Sans-Serif Outline Bold
SASBO	Sans-Serif Outline Bold Oblique
SASO	Sans-Serif Outline Oblique
TE	Leroy Technic
TEB	Leroy Technic Bold
TEL	Leroy Technic Light

Los archivos de fuentes compilados se cargarán más rápidamente en un dibujo. Si piensa utilizar una fuente PostScript con frecuencia, compílela primero en un archivo .SHX. Para hacer esto, dé la orden COMPILE (COMPILA). Seleccione el nombre del archivo .PFB que quiera compilar. Observe que los nombres de los archivos están muy abreviados; por ejemplo, ROB.PFB es el archivo PostScript para Times-Roman Outline Bold. Tenga en cuenta que cuando se compilan fuentes PostScript en negrita, ellas producen texto en un formato con contorno.

Después de que AutoCAD haya compilado ROB.PFB en ROB.SHX, dé la orden STYLE (ESTILO) y haga de ROB el estilo de texto vigente. Las siguientes llamadas a la orden TEXT producirán texto Times-Roman en negrita con contorno.

Transformación de texto en entidades de línea

El texto contorneado en particular presenta oportunidades para una inteligente edición y sombreado. Desafortunadamente, AutoCAD no permite que usted modifique las entidades de texto de esta manera. Sin embargo, puede convertir el texto en entidades de línea si lo desea.

El proceso de conversión implica la exportación de las entidades de texto a un archivo de formato binario especial y la importación del archivo de formato binario hacia AutoCAD. Cuando importa el archivo de formato binario, el texto es convertido en cientos de segmentos lineales pequeñitos que pueden ser editados como cualquier otra entidad de línea de AutoCAD.

Con el fin de crear el archivo binario, tiene primero que crear una nueva configuración del trazador (plotter) para AutoCAD. Los pasos siguientes describen esta técnica para la Versión 12, que permite múltiples configuraciones del trazador. Las versiones anteriores requieren que cree un archivo de configuración diferente. Diríjase al Capítulo 1 para más información sobre el mantenimiento de varias configuraciones de AutoCAD en versiones anteriores. En la Versión 12:

1. Abra un nuevo dibujo de AutoCAD llamado DXBTEST.
2. Dé la orden CONFIG.
3. En el menú Configuration de AutoCAD, seleccione Configure Plotter (Configurar trazador).
4. En el menú Plotter Configuration (Configuración del trazador), seleccione Add a Plotter Configuration (Añadir una configuración del trazador).
5. En el menú Avalaible Plotters (Trazadores disponibles) de AutoCAD, seleccione File Output File Formats (Formatos de archivo para archivos gráficos).
6. En el menú Supported Models (Modelos soportados), seleccione AutoCAD DXB File (Archivo DXB de AutoCAD).
7. Presione ↵ para aceptar el número máximo por defecto de unidades de dibujo horizontales, o cambie al número apropiado que elija.
8. Acepte el número por defecto de pasos para el trazador por unidad de dibujo pulsando ↵, o cambie al número apropiado que elija.
9. Pulse ↵ para aceptar el número máximo por defecto de unidades de dibujo verticales, o cambie al número apropiado que elija.
10. Introduzca **N** para indicar que no hay cambios para las otras opciones por defecto para el trazador, a menos que tenga alguna razón para ajustarlas.
11. Introduzca **DXB Output** como la descripción de esta configuración del trazador.
12. Vuelva al menú Plotter Configuration.
13. Vuelva al menú principal Configuration.
14. Salga del editor de dibujo, introduzca **Y** para guardar los cambios de configuración.

Estos pasos le permiten usar AutoCAD para producir un archivo de formato DXB desde su dibujo. Para cambiar las entidades de texto a líneas, haga lo siguiente:

1. Dé la orden TEXT de AutoCAD, e introduzca algún texto.
2. Dé la orden PLOT (SALTRAZ).
3. Cuando aparezca el cuadro de diálogo Plot Configuration, seleccione Device and Default Selection (Dispositivo y opciones por defecto).
4. Cuando aparezca el cuadro de diálogo de las selecciones por defecto, seleccione la DXB Output.
5. Presione el botón OK, y cuando reaparezca el cuadro de diálogo anterior, presione de nuevo el botón OK.

Estos pasos producen un archivo en el disco con el mismo nombre del dibujo y con la extensión .DXB. Para importar el archivo:

6. Dé la orden NEW (NUEVO).
7. Guarde o descarte los cambios para el dibujo en curso, e introduzca un nombre nuevo de archivo de dibujo.
8. Cuando el editor de dibujo reaparezca, dé la orden DXBIN (CARGADXB).
9. Seleccione el archivo DXB que acaba de crear.

El texto aparecerá en el dibujo nuevo, y ahora puede editarlo como una serie de líneas de AutoCAD. Por ejemplo, si la fuente de texto fue una fuente de líneas, ahora puede rellenar el texto con un patrón de sombreado.

Cuando use esta técnica, será mejor que cree el texto aparte y lo inserte en dibujos ya existentes usando la orden INSERT, evite exportar e importar entidades no deseadas. Por supuesto, una vez que ha importado el texto como entidades lineales, AutoCAD no las reconoce como texto. Si quiere editar el texto, tendrá que borrar las líneas y crear texto nuevo, o usar las órdenes de edición de líneas de AutoCAD. Finalmente, sea consciente de que modificando entidades de texto extensas de esta manera puede incrementar dramáticamente el tamaño del archivo de dibujo.

Modificación de archivos de formas y de archivos de fuentes compilados

Cuando usa AutoCAD para compilar archivos de fuentes PostScript, AutoCAD crea solamente los archivos que el ordenador reconoce por la extensión .SHK. Para editar dichos archivos tiene primero que extraerlos en archivos ASCII. Busque un programa llamado SHX2SHP, que se halla en muchos boletines electrónicos que contienen material de AutoCAD. Este pequeño programa transformará los archivos comprensibles para el ordenador en sus equivalentes ASCII con el propósito de modificarlos.

CAPITULO **CUATRO**

Creación de menús personalizados

El menú personalizado es una herramienta poderosa puesta a su disposición para mejorar su productividad dibujando con AutoCAD. Los menús personalizados le permiten eliminar selecciones de menú innecesarias y tecleos reiterados. Puede sencillamente crearlos y modificarlos utilizando su editor de textos.

Los menús personalizados se utilizan frecuentemente con los siguientes propósitos:

1. Agrupar en la pantalla órdenes de AutoCAD utilizadas con frecuencia, de modo que no tenga ya necesidad de saltar de una pantalla de menú a otra para encontrarlas o tener que teclearlas. Por ejemplo, un menú personalizado podría incluir las órdenes LINE (LINEA), ZOOM y ERASE (BORRA) en la misma pantalla. Otro menú personal podría combinar la orden de dibujo PLINE (POL) con opciones PEDIT (EDITPOL) específicas. Quizás desee también poner juntas las órdenes utilizadas frecuentemente en el tablero digitalizador.

2. Clarificar la pantalla de órdenes del tablero eliminando aquellas que son raramente usadas (si es que lo son). Por ejemplo, si su trabajo de edición consta casi enteramente de ERASE (BORRA), MOVE (DESPLAZA), COPY (COPIA), BREAK (PARTE) y CHANGE (CAMBIA), podría crear un menú especial de edición que mostrase únicamente esas órdenes. Quizás le gustaría añadir sus macros OSNAP utilizadas con más frecuencia para una mayor comodidad. Condensando el menú de este modo puede ahorrar cantidades de tiempo significativas.

3. Combinar varias órdenes y opciones en una macro, de modo que con una simple selección se pueda ejecutar la secuencia de golpe. Una macro puede incluir sus propios nombres de bloques, formas y demás. Por ejemplo, un menú personalizado podría incluir una serie especial de macros que cam-

69

biara automáticamente cualquier capa actual con un simple movimiento del ratón o mediante una elección en el tablero.

Este capítulo presenta las técnicas básicas para acceder y cargar el menú estándar de AutoCAD. El Capítulo 5 examinará la construcción de macros de menús personalizados con detalle.

Creación de un menú personalizado

El propósito de un menú personalizado es tener una versión especial de AutoCAD dedicada a sus necesidades particulares y al área de su especialización. Más allá de los principios fundamentales expuestos aquí, no hay ninguna forma buena o mala de organizar el menú —solamente formas que son útiles, que funcionan y que le producen buenos resultados.

Tener claro lo que se quiere

El punto de partida fundamental cuando se crea un menú personalizado es su conocimiento del modo como utiliza AutoCAD. Esto quizás requiera algo de análisis, especialmente si ha estado demasiado ocupado creando dibujos como para gastar tiempo en observar y anotar la forma en que utiliza el programa. Sin embargo, este conocimiento es esencial. Un menú personal bien organizado debe estar pensado en todos sus detalles. Si lo desea, puede desarrollar el menú personalizado mediante ensayo y error, pero hay formas más eficientes.

Tome el hábito de realizar anotaciones. Por ejemplo, anote qué órdenes usa frecuentemente. Podrá reunir estas órdenes en una macro y ahorrar tiempo, especialmente si están en diferentes submenús o localizadas muy separadas en el tablero. ¿Utiliza mucho las líneas discontinuas? ¿Selecciona los objetos mediante ventanas habitualmente? ¿Amplia con el zoom de golpe y reduce de nuevo? Puede llevar a cabo de un modo más eficiente esos procesos mediante macros de menú personalizadas. Cuanto más completas sean sus anotaciones y más exhaustivo su conocimiento del modo en que utiliza AutoCAD, más potente será su menú personalizado.

Cuando esté enlazando una secuencia de órdenes para una macro de menú personalizada, ejecute la secuencia cuidadosamente, paso a paso, preferiblemente con el teclado. Anote cada paso, la petición y el tipo de entrada requerida. No olvide nada. Aunque este proceso es tedioso, globalmente ahorrará mucho tiempo porque no tendrá que realizar varios viajes desde AutoCAD a su procesador de textos para corregir una secuencia de órdenes escrita incorrectamente.

Hay pocas razones para ponerse a escribir un menú personalizado sin tener un buen conocimiento práctico de AutoCAD. Cuando escriba estos menús, todos los caracteres, las marcas de puntuación, e incluso los espacios, vienen a ser extremadamente importantes. Simplemente, no hay lugar para el error. Sin una comprensión práctica de AutoCAD, podría escribir un menú personalizado que no funcionaría y nunca se imaginaría la razón.

Una vez que haya adquirido alguna experiencia en esta área, no tenga miedo de experimentar; un menú personalizado, incluso si no funciona, no dañará a AutoCAD. Mantenga su cuaderno a mano, incluso después de haber creado su menú personalizado y aunque parezca que funciona bien. Pueden surgir algunas sorpresas de cuando en cuando. Anote cuándo ocurren, bajo qué circunstancias y lo que se necesita hacer.

Realización de una copia del menú estándar de AutoCAD

Use una copia del menú estándar de AutoCAD como modelo sobre el que realizar las modificaciones. Bajo ninguna circunstancia debería realizar cambios en el menú original que se suministró con AutoCAD. Querrá tener siempre disponible una copia sin modificaciones del menú original, en el caso de que sus modificaciones resulten nefastas y tenga que volver a una versión del menú verdaderamente contrastada.

Dependiendo de su versión de AutoCAD, busque el archivo ACAD.MNU en el directorio fuente o en el de los archivos de soporte de su disco duro después de instalar su software.

Después de acceder al directorio que contenga ACAD.MNU, cópielo en un nuevo archivo en el directorio de los archivos de soporte de AutoCAD, usando una orden del DOS como la siguiente:

```
COPY ACAD.MNU \ACAD\SUPPORT\CUSTOM.MNU
```

La orden anterior funciona cuando se ha instalado AutoCAD usando los valores por defecto. Puede que tenga que usar diferentes parámetros para la orden si no ha instalado AutoCAD de la forma normal.

Si está usando la Versión 12, debería hacer también una copia del archivo ACAD.MNL. Este archivo contiene las rutinas AutoLISP que se usan junto con el menú estándar de AutoCAD. Acceda al directorio de los archivos de soporte y copie el archivo usando una orden del DOS como la siguiente:

```
COPY ACAD.MNL CUSTOM.MNL
```

Tras haber copiado este archivo, puede estar seguro de que las rutinas de AutoLISP específicas del menú de AutoCAD funcionarán con sus variaciones personalizadas.

Una vez que haya creado el archivo CUSTOM.MNU a partir del original ACAD.MNU y lo haya puesto entre los archivos de soporte de AutoCAD, puede usar esa copia para realizar modificaciones, sabiendo que no van a afectar a su menú ACAD original. Este archivo debería permanecer en un directorio donde AutoCAD pudiera hallarlo, compilarlo y cargarlo fácilmente.

Carga del menú personalizado

Para cargar CUSTOM.MNU, comience un nuevo dibujo y teclee la orden MENU de AutoCAD, seguida de CUSTOM. La primera vez que haga esto, AutoCAD compilará el menú antes de que aparezca en la pantalla. Esto quizás ocupe un minuto o poco más. Tras compilarlo, en el disco duro aparece un nuevo archivo llamado CUSTOM.MNX. Este es el archivo que presenta AutoCAD en el editor de dibujo.

En este momento, su menú personalizado se ve exactamente igual que el menú estándar de AutoCAD. AutoCAD no recompilará este menú hasta que usted no haga cambios en el archivo fuente original, CUSTOM.MNU. Cuando modifique el archivo fuente, AutoCAD detectará el cambio y recompilará automáticamente el archivo en la siguiente ocasión en que cargue el menú.

Para volver al menú estándar de AutoCAD, introduzca simplemente **MENU**, seguido de **ACAD**. Volverá inmediatamente el menú estándar.

Cualquiera que sea el menú activo en el momento de grabar en disco un dibujo, ése será el menú activo la siguiente ocasión en que edite ese dibujo. Eventualmente, quizás desee que su menú personalizado sea el menú por defecto para los nuevos dibujos que vaya a crear. Para conseguirlo, edite su dibujo prototipo (ACAD.DWG), cargue el menú personalizado y grabe después el dibujo.

No hay límite alguno para el número de menús personalizados que puede tener. Sin embargo, para impedir que un menú se escriba sobre otro, asegúrese de que cada menú personalizado tenga un nombre exclusivo. No nombre ningún menú personalizado como ACAD.MNU. Si lo hace, quizás pierda el menú estándar de AutoCAD.

La estructura del menú de pantalla

Los archivos fuente para los menús de AutoCAD son archivos ASCII que constan de muchas líneas. Cuando cargue por primera vez el archivo fuente en su procesador de textos, verá una larga lista de órdenes de AutoCAD y varios símbolos alineados en la columna más a la izquierda.

Cada línea de un menú personalizado contiene una secuencia de órdenes específica, usando una o más órdenes de AutoCAD y las opciones apropiadas. Cada secuencia empieza en la posición más a la izquierda y puede extenderse hacia la derecha indefinidamente. Más adelante en este capítulo, aprenderá a ajustar las líneas con secuencias de órdenes muy largas, de modo que estén íntegramente visibles en la pantalla.

Secciones principales

Los menús de AutoCAD están organizados en varias *secciones principales*, identificadas por *rótulos específicos*. Cada sección principal contiene órdenes que hacen referencia a un dispositivo hardware particular o a un área de pantalla. Estas son:

- *****Comment**—Esta sección contiene notas y otras explicaciones que no aparecen en la pantalla, y está pensada para que la usen las personas que vean y editen el archivo ASCII. Puede tener en sus menús personalizados tantas secciones de comentarios como desee. El menú estándar de AutoCAD comienza con una sección de comentarios que incluye la información sobre los derechos de copia y distribución.

- ***BUTTONS1–***BUTTONS4**—Estas secciones contienen órdenes que se ejecutan pulsando los botones del dispositivo de señalar. Antes de la Versión 12, había sólo una sección BUTTON.

- ***AUX1–***AUX4**—Estas secciones contienen órdenes que se ejecutan pulsando los botones de un cuadro de funciones auxiliares (un dispositivo hardware externo con botones que puede configurarse para ejecutar órdenes de AutoCAD). Antes de la Versión 12, había una única sección AUX1.

- ***POP0–***POP16**—Las secciones rotuladas POP0 hasta POP16 contienen órdenes a las que puede accederse desde los menús desplegables de AutoCAD, si su monitor permite estos menús. En la Versión 12, POP0 es un menú del cursor, que aparece en la intersección de las líneas del cursor cuando se pulsa un botón en el dispositivo de señalar. Las versiones anteriores a la 12 tienen menús desplegables sólo en el intervalo POP1-POP10. Los menús desplegables están disponibles a partir de la Versión 9.

- ***ICON**—Esta sección contiene la información y las órdenes de AutoCAD para desplazarse, a las que se puede acceder por medio de los *menús de iconos*, si su hardware los soporta. Los menús de iconos están disponibles a partir de la Versión 9.

- ***SCREEN**—Esta sección contiene las órdenes que aparecen en el área de menús de la pantalla. Esta sección es con mucho la más larga del menú estándar de AutoCAD. Dada su longitud y que contiene numerosas órdenes de AutoCAD, está dividida en docenas de *subsecciones de menú*.

- ***TABLET1–***TABLET4**—Las cuatro secciones rotuladas como TABLET1 a TABLET4 contienen secuencias de órdenes ejecutadas al tocar áreas específicas del tablero digitalizador.

Las secciones principales del menú no son órdenes. Un menú personalizado no tiene que tener todas estas secciones principales.

Subsecciones

Las secciones principales del menú pueden contener muchas subsecciones. Este es el caso normalmente de la sección SCREEN, cuyas numerosas subsecciones ayudan a controlar qué parte del menú aparece en un momento dado. Cada subsección de menú contiene una lista de secuencias de órdenes específicas que se ejecutarán al seleccionarlas con el dispositivo de señalar. Estas secuencias de órdenes pueden incluir sintaxis especiales para controlar la presentación en pantalla de las subsecciones de menú.

Las subsecciones de SCREEN pueden contener tantas líneas de texto como quepan en el área de menú de la pantalla de su monitor. Si cualquier subsección es más grande que el máximo de capacidad de su pantalla, las líneas extra son desechadas —no aparecerán.

Cuando una subsección de menú tiene menos líneas que el máximo, los contenidos de la subsección de menú son presentados, y cualquier orden previa que no haya sido sobreescrita por la nueva subsección continuará presente en la pantalla. Estas órdenes previas funcionarán normalmente si son seleccionadas.

Usted puede provocar que la presentación de una subsección de menú comience encima de cualquier línea que elija. Usando esta opción de presentación, puede mantener en pantalla secuencias de órdenes usadas frecuentemente mientras se muestran diferentes subsecciones de menú.

Sintaxis

Sus menús personalizados usan una sintaxis especial para definir la forma en que deben aparecer en pantalla y cómo funcionarán las secuencias de órdenes. Los elementos de esta sintaxis se resumen a continuación.

Rótulos de sección

Como ha visto, las secciones principales se identifican con tres asteriscos. Los asteriscos van seguidos del *rótulo* de la sección principal. Los rótulos de las secciones principales de un menú de AutoCAD aparecerán en el margen más a la izquierda del archivo de menú, encabezando sus respectivos grupos de órdenes.

Los rótulos de subsecciones vienen identificados con dos asteriscos dichas subsecciones contienen conjuntos relacionados de secuencias de órdenes. Estos rótulos actúan como señalizadores para el procesador de menús de AutoCAD. Por ejemplo:

```
**ERASE
```

Esta subsección de menú llamada ERASE probablemente contendrá órdenes, características opcionales y/o respuestas solicitadas relacionadas con la orden ERASE (BORRA) de AutoCAD. El propio rótulo de la subsección no es una orden ERASE. Esta no aparecerá en la pantalla del monitor. Cada línea que vaya a continuación de este marcador de subsección aparecerá en el área de menús de la pantalla hasta que se encuentre otra subsección de menú u otro rótulo de sección principal, utiliza el número máximo de líneas o los finales del archivo de menú.

El rótulo de subsección puede contener, opcionalmente, un número que le indicará al procesador de menús de AutoCAD que comience a presentar la subsección en una línea en particular. Por ejemplo:

```
**ERASE  3
```

provocaría que esta subsección comenzase en la tercera línea del área de menús de la pantalla, dejando intactas las dos primeras. Todas las secuencias de órdenes que se encontrasen en estas dos líneas permanecerían activas y accesibles para el dispositivo de señalar tras presentarse la subsección ERASE.

La referencia de subsección

La sintaxis que controla qué subsección de menú aparece en la pantalla toma la •
forma siguiente:

```
$<tecla>=<rótulo de subsección>
```

Cuando AutoCAD encuentre esta serie especial de caracteres al procesar cualquier secuencia de órdenes, llamará a la subsección de menú nombrada.

Por ejemplo, si desea que aparezca en la pantalla la subsección ERASE, en el punto apropiado del menú, deberá incluir los caracteres siguientes:

```
$S=ERASE
```

Puede ver en este ejemplo que la sintaxis de la orden para reclamar en la pantalla una subsección de menú es $S= seguido del nombre de la subsección. La letra S que aparece después del símbolo de dólar indica que la subsección es parte de la sección principal SCREEN. El carácter S es el *carácter clave* de la sección SCREEN, y se pone entre el signo del dólar y el signo igual.

A medida que van siendo presentadas subsecciones de menú, AutoCAD mantiene la pista de ellas, hasta un máximo de ocho. Usted puede retroceder a través de esas referencias de menús de pantalla por medio de la sintaxis siguiente:

```
$S=
```

En este caso, S se usa siempre como el carácter clave entre el signo de dólar y el signo igual. Cada vez que se editan estos caracteres sin un nombre de subsección, AutoCAD volverá a llamar a la subsección de menú previa y la presentará, hasta que hayan sido llamadas el número máximo de subsecciones guardadas (dependiendo de su versión). Una vez que AutoCAD ha retrocedido a lo largo de las ocho subsecciones previas (o que esté funcionando fuera de las subsecciones previas, cualquiera que sea la primera), esta sintaxis no tiene ningún efecto.

Otras teclas son usadas para otras secciones de menú principales:

- **$B1=** hasta **$B4=** accederá a las secciones principales BUTTONS.

- **$A1=** hasta **$A4=** accederá a las secciones principales AUX.

- **$T1=** hasta **$T4=** accederá a las secciones de menú del tablero, de la 1 a la 4.

- **$P0=**<subsección> hasta **$P16=**<subsección> accederá a las subsecciones dentro de las secciones de menús desplegables POP0 hasta POP16. Sin embargo, la subsección seleccionada no aparecerá automáticamente en la pantalla. Para forzar la presentación de un menú desplegable particular, use la sintaxis especial: Pn$=*, donde n es el número de la sección del menú desplegable que quiere mostrar. Este proceso se explica con mayor detalle posteriormente en este capítulo.

- **$I=**<subsección> accederá a las subsecciones de menús de iconos. Sin embargo, éstas no aparecerán automáticamente en la pantalla. Para acceder a un menú de iconos particular y hacerlo aparecer en pantalla, la sintaxis que debe seguirse es $I=*.

Frecuentemente es útil cambiar la presentación del menú en pantalla mientras está progresando una secuencia de órdenes de AutoCAD. La sintaxis anterior no interrumpirá una secuencia de órdenes en progreso.

A medida que depure su menú personalizado, quizás descubra que ha creado, sin darse cuenta, una subsección de menú que no ofrece ninguna vía de referencia para una subsección requerida, o que quizás no le permite volver al menú principal. En este caso, su único recurso es, en primer lugar, anotar lo que ha sucedido (de modo que pueda localizar el área problemática rápidamente y corregirla usando su procesador de textos), y después teclear la orden MENU de AutoCAD seguida del nombre por defecto del menú actual o de un nuevo menú. Cuando se cargue el menú, estará usted al principio del menú de nuevo.

Los corchetes

Normalmente, la parte del menú que aparece en la pantalla está encerrada entre corchetes. En las instalaciones normales de AutoCAD puede incluir hasta ocho caracteres, contando los espacios, dentro de estos corchetes. Si está utilizando la Versión 12, puede elegir ampliar esta área cuando configure AutoCAD. Diríjase a su *Guía de instalación y funcionamiento* de AutoCAD para los detalles sobre configuración.

El procesador de menús de AutoCAD mostrará en pantalla lo que encuentre dentro de corchetes para que usted pueda seleccionarlo. Por ejemplo:

```
[ERASE:]
[FILLET: ]
[ZOOM ALL]
```

Los corchetes van seguidos de la secuencia de órdenes y las respuestas solicitadas que van a ser ejecutadas cuando se seleccione con el dispositivo de señalar los caracteres contenidos dentro de los corchetes.

Los corchetes no son requeridos en lo absoluto, aunque normalmente ayudan a comprender las cosas de un modo más sencillo. Si no se usan los corchetes, los caracteres de cada línea de órdenes serán presentados en la pantalla, ocupando el ancho del área de menú (ocho caracteres por defecto). Cuando esos caracteres son seleccionados con el dispositivo de señalar, tiene el mismo efecto que si fuesen introducidos con el teclado. Por ejemplo, suponga que las siguientes líneas aparecen en un menú personalizado:

```
zoom w 0,0 12,12
```

Esto tendría el mismo efecto que introducir exactamente esa línea desde el teclado, carácter a carácter y espacio a espacio. AutoCAD respondería haciendo zoom en una ventana con esquinas opuestas en los puntos 0,0 y 12,12. Esta macro podría ser útil; sin embargo, cuando la línea fuera presentada en el área de menú normal solamente serían visibles los caracteres siguientes:

```
zoom w 0
```

Usted no puede ver lo que hace la secuencia de órdenes. La orden podría ser más fácil de entender si estuviese precedida por un rótulo breve encerrado entre corchetes, como en el ejemplo siguiente:

```
[Zoom0/12]zoom w 0,0 12,12
```

En este ejemplo, Zoom0/12 aparecería en pantalla, y cuando fuese seleccionado con el dispositivo de señalar, se ejecutaría la secuencia de órdenes que hay después de los corchetes.

El espacio y el punto y coma

El procesador de menús de AutoCAD lee e interpreta cada letra, signo de puntuación y espacio de un menú personalizado. Un espacio en la secuencia de órdenes funcionará casi siempre igual que si se pulsase ↵. Esta función de un espacio en el menú es justo igual que la función de la barra espaciadora en AutoCAD.

El punto y coma puede usarse también para indicar la tecla ↵. En este libro, todos los ejemplos de menús personalizados utilizan el punto y coma en vez de un espacio para indicar un ↵, para evitar la ambigüedad.

A veces puede que sea necesario *forzar* a AutoCAD a leer ↵ en un menú personalizado. Por ejemplo, si selecciona algo desde el menú en respuesta a una petición de entrada de texto (por ejemplo, los contenidos de un atributo de bloque), AutoCAD teclerá la cadena de caracteres seleccionada incluyendo todos los espacios que encuentre. En este caso, un espacio simple no será leído como ↵, sino como parte de una cadena de texto. En los casos en que quiera forzarse un ↵ tendrá que usar un punto y coma.

El procesador de menús de AutoCAD normalmente suministra un ↵ automático al final de cada línea del archivo de menú. Generalmente, esto es lo que usted quiere, pero hay excepciones: si la línea termina con un punto y coma, una barra invertida, un carácter de control o un signo más, AutoCAD no suministra el ↵ automático.

La barra invertida

La barra invertida (\) se usa siempre que la secuencia de órdenes deba ser detenida para aceptar una entrada del usuario. La barra invertida puede aceptar entradas digitalizadas o tecleadas. Por ejemplo:

```
[ZOOM IN]ZOOM;W;\\
```

Esta macro simple ejecuta la orden ZOOM, provoca un ↵, activa la opción Window (Ventana) con la W, da lugar a otro ↵ (como lo haría si estuviera introduciendo estas órdenes con el teclado), y finalmente se para dos veces para esperar que el usuario proporcione las coordenadas de las esquinas de la ventana de zoom.

Ningún espacio, o punto y coma, sigue a la barra invertida, puesto que no es necesario ningún ↵ después de haber seleccionado las esquinas de la ventana.

El acento circunflejo

El acento circunflejo (^) o carácter de control, identifica dentro de un menú una secuencia de control de AutoCAD. Por ejemplo, el procesador de menús de AutoCAD leerá ^C como una orden Cancel (Cancelar), y leerá ^O como una conmutación al modo ortogonal. Cualquier secuencia de control reconocible por AutoCAD puede usarse como parte de una secuencia de órdenes para un menú personalizado. Del mismo modo que las referencias de subsecciones de menú, los caracteres de control no interrumpen el progreso de una secuencia de órdenes.

^P es una secuencia de control corriente en los menús de AutoCAD. Este carácter inactiva la presentación de las órdenes de menú en el área de indicadores de órdenes. Esto es conveniente, ya que las órdenes de menú tienden a ponerse en modo intermitente y pueden distraer mucho la atención.

Para ver una lista completa de las secuencias de control de AutoCAD, vea las páginas finales anteriores al índice analítico.

El carácter de subrayado

El carácter de subrayado (_) se usa en los menús a partir de la Versión 12. Este carácter sirve para un importante propósito en los menús que pudieran usarse con versiones de AutoCAD en lenguas que no sean el inglés. Cuando una orden en lengua inglesa está precedida por un subrayado, ejecutará automáticamente su equivalente en cualquier versión en otra lengua. Las órdenes de AutoCAD en los menús de ejemplo de este libro no están precedidas por un carácter de subrayado, aunque éste se utiliza ampliamente en el menú estándar. Si pretende usar un menú personalizado con más de una versión de AutoCAD en otros idiomas, debería añadir un carácter de subrayado antes de cada orden de AutoCAD en inglés.

El signo más

Para ampliar una única secuencia de órdenes a varias líneas en un menú personalizado, use el signo más (+) al final de la línea que deba continuar. Puede insertarse en cualquier lugar de la línea, incluso en medio de una palabra si es necesario. Este carácter es invisible al intérprete de AutoCAD, y puede hacer el menú mucho más fácil de leer y editar permitiendo, en el archivo de menú, que aparezca en varias líneas una larga secuencia de órdenes. No hay ningún límite a la longitud de una secuencia de órdenes.

Cuando una larga secuencia de órdenes ocupa de este modo muchas líneas, se dice que están *ajustadas las líneas*. Las secuencias de órdenes ajustadas no reducen el número máximo disponible para presentar líneas para uso dentro de esa subsección. En otras palabras, aunque ocupen varias líneas de texto en el archivo de menú, el procesador de menús de AutoCAD ve las secuencias de órdenes como una única línea. Así pues, su número máximo de líneas presentables permanece idéntico.

Examen del menú estándar de AutoCAD

Una vez que haya realizado una copia del menú estándar de AutoCAD, CUS-TOM.MNU, cargue su procesador de textos y revíselo. En este momento, CUS-TOM.MNU se ve exactamente como ACAD.MNU. Se dará cuenta de que éste es un documento muy grande. A continuación de la sección inicial de comentarios (si está observando un menú para la Versión 11 o posterior), verá la sección siguiente:

```
***BUTTONS1
;
$p0=*
^C^C
^B
^O
^G
^D
^E
^T
```

La primera línea indica el comienzo de la sección BUTTONS. El primer botón del dispositivo de señalar es siempre el botón Pick (el botón de selección); no hay ninguna forma de cambiar esto. Por lo tanto, las líneas que siguen al rótulo de la sección BUTTONS indican las órdenes de AutoCAD que son ejecutadas cuando usted pulsa los demás botones del dispositivo de señalar.

Si está usando un ratón con tres botones, sólo las dos primeras líneas de esta sección serán operativas. Las demás líneas son ignoradas. Con un «puck» digitalizador de cuatro botones, sólo son operativas las tres primeras líneas de este menú.

En este menú, la segunda línea (botón 2) es un punto y coma. Por consiguiente el botón 2 del dispositivo de señalar es lo mismo que la tecla ↵.

La tercera línea (botón 3) llama a una referencia de subsección de menú que presentará otra subsección de menú. Los caracteres $p0=* provocarán la aparición en pantalla del menú del cursor de la Versión 12, cerca de la localización de las líneas en cruz del cursor, si su monitor permite los menús desplegables.

Las secciones de los menús desplegables aparecen un poco más adelante en el archivo. El primer menú desplegable comienza con el rótulo POP0 en la Versión 12, o con POP1 en las versiones anteriores. Las primeras líneas del menú POP1 estándar de la Versión 12 son como las siguientes:

```
***POP1
[File]
[New...]^C^C_new
[Open...]^C^C_open
[Save...]^C^C_qsave
[Save As...]^C^C_saveas
[Recover...]^C^C_recover
[--]
[Plot...]^C^C_plot
[--]
```

La primera línea después del rótulo de la sección POP1 contiene una *palabra clave*, conocida como la línea de estado, que aparecerá en la línea superior de la pantalla de AutoCAD. Cuando se usa un dispositivo de señalar, como un digitalizador o un ratón, y las líneas en cruz del cursor son desplazadas hasta la línea de estado, la barra del menú aparecerá con hasta diez palabras clave en ella. La primera línea debajo de cada sección de menú desplegable está reservada para las palabras clave. La palabra clave está encerrada entre corchetes. No está seguida por una secuencia de órdenes. En este caso, la palabra File (Archivo) será mostrada en la barra del menú de AutoCAD.

Las órdenes para abrir y grabar archivos de dibujo aparecen en las líneas debajo de File. A continuación de cada serie de corchetes, se llama a la orden de referencia. (Observe el carácter de subrayado, ya que este ejemplo procede del menú estándar de AutoCAD.) Si el usuario resalta y selecciona uno de los indicadores encorchetados, se ejecuta la orden y, automáticamente, desaparece el menú desplegable de la pantalla.

Observe la secuencia de control que aparece delante de cada orden: el símbolo para Control-C, ^C, se ejecuta y después se repite. La repetición de la secuencia de control Cancel es una buena precaución. Si esta subsección de menú fuese referenciada desde dentro de una opción de dimensionamiento de AutoCAD, por ejemplo, una única orden CANCEL (CANCELAR) podría no ser suficiente para volver al indicador de órdenes de AutoCAD. Pero dos CANCEL siempre funcionarán. En los casos en que una única orden CANCEL pudiera ser suficiente, la repetición de la secuencia de control no tiene ningún efecto.

Observe también que no hay ningún espacio entre estos caracteres de control y la orden. Esto es porque no es necesario en este punto un ↵; si tratara de poner un espacio aquí, podría generar un resultado indeseado, ya que AutoCAD leerá el espacio como ↵.

Cuando escriba sus propias secuencias de órdenes personalizadas, comience cada una con un doble Control-C. De este modo puede estar seguro de comenzar cada secuencia de órdenes desde el indicador de órdenes de AutoCAD, y no, accidentalmente, desde dentro de otra orden de AutoCAD.

La siguiente sección principal en el menú estándar de AutoCAD es la sección ICON. Estas líneas tendrán un aspecto como las siguientes:

```
***icon
**poly
[Set Spline Fit Variables]
[acad(pm-quad,Quadric Fit Polymesh)]'surftype 5
[acad(pm-cubic,Cubic Fit Polymesh)]'surftype 6
[acad(pm-bezr,Bezier Fit Polymesh)]'surftype 8
[acad(pl-quad,Quadric Fit Polyline)]'splinetype 5
[acad(pl-cubic,Cubic Fit Polyline)]'splinetype 6
```

A diferencia de los rótulos de otras secciones principales, el rótulo ICON en su versión del menú quizás aparezca en minúsculas; esto es simplemente una idiosincrasia del menú; los rótulos de las secciones principales son indiferentes a la forma de las letras.

La sección del menú de iconos contiene varias subsecciones, cada una corresponde a un menú de un icono particular. Como en los menús desplegables, la primera línea de una subsección es una (o varias) palabra clave que aparecerá en la parte superior del menú del icono cuando se muestre en la pantalla. Debajo de la palabra clave están los nombres de los archivos de fotos de AutoCAD, encerrados en corchetes. Hasta 16 de estas fotos (20 en la Versión 12) pueden aparecer en un único menú de iconos. A continuación del nombre de la foto está la secuencia de órdenes que será ejecutada cuando la foto individual sea resaltada y seleccionada por el usuario.

La siguiente sección principal del menú es SCREEN:

```
**Comment

    Begin AutoCAD Screen Menus
***SCREEN
**S
[AutoCAD]^C^C^P(ai_rootmenus) ^P
[* * * *]$S=OSNAPB
[ASE]^C^C^P(ai_aseinit_chk) ^P
[BLOCKS]$S=X $S=BL
[DIM:]^C^C_DIM
[DISPLAY]$S=X $S=DS
[DRAW]$S=X $S=DR
[EDIT]$S=X $S=ED
[INQUIRY]$S=X $S=INQ
[CAPA]$S=CAPA '_DDLMODES
[MODEL]$S=X $S=SOLIDS
[MVIEW]$S=MVIEW
[PLOT...]^C^C_PLOT
[RENDER]$S=X $S=RENDER
[SETTINGS]$S=X $S=SET
[SURFACES]$S=X $S=3D
[UCS:]^C^C_UCS
[UTILITY]$S=X $S=UT

[SAVE:]^C^C_QSAVE
```

Inmediatamente a continuación del rótulo de la sección SCREEN está un rótulo de subsección de menú llamado S, que identifica al menú Root (Raíz) de AutoCAD. Siempre que desee ir inmediatamente al menú Root, la siguiente sir taxis hará el truco:

```
$S=S
```

La primera línea después del rótulo de la subsección provoca qu «AutoCAD», y si usted lo selecciona en cualquier momento, la lín invocará una función de AutoLISP (ai_rootmenus), que tendrá e' tablecer el menú de pantalla de apertura. Esta función se encu ACAD.MNL (o en las copias de ACAD.MNL que haya hec' personalizados).

La segunda línea muestra cuatro asteriscos en la par nús de AutoCAD no los confundirá con un rótulo v Cuando estos asteriscos son seleccionados, la sec' subsección del menú OSNAPB.

Observe como la siguiente línea, BLOCK menú. La primera subsección de menú, X, pu después de una serie de subsecciones de encabezam.

X tiene 18 líneas de extensión, de las que sólo las tres últimas contienen secuencias de órdenes:

```
**X 3
[__LAST__]$S= $S=
[  DRAW  ]^C^C$S=X $S=DR
[  EDIT  ]^C^C$S=X $S=ED
```

El número 3 viene después del rótulo de la subsección X. Este indica que la subsección X comenzará su presentación en la línea tres del área de presentación de menús. Cuando sea llamada, esta subsección de menú borrará efectivamente todas las subsecciones de menú previamente referenciadas, excepto las dos líneas superiores, y mostrará sus tres secuencias de órdenes en la parte inferior del área de menús de la pantalla.

La segunda subsección de menú llamada por BLOCKS es la subsección BL. Tiene un aspecto como éste:

```
**BL 3
[ATTDEF:]^C^C_ATTDEF
[BASE:]^C^C_BASE
[BLOCK:]^C^C_BLOCK
[INSERT:]^C^C_INSERT
[MINSERT:]^C^C_MINSERT
[WBLOCK:]^C^C_WBLOCK

[XBIND:]^C^C_XBIND
[XREF:]^C^C_XREF
```

Esta subsección de menú también comienza su presentación en la línea tres, dejando de nuevo sólo las dos líneas superiores. Esta subsección de menú tiene sólo nueve líneas, de modo que las tres líneas al final de la subsección de menú X permanecerán en la pantalla.

Volviendo a la subsección de menú S, observe cómo una referencia a la subsección de menú X combina con varias subsecciones de menú diferentes. Usando esta técnica, no tendrá que copiar las secuencias de órdenes que forman la subsección de menú X en muchas subsecciones de menú diferentes.

A veces hay demasiadas opciones para que quepan en una única subsección de menú. En tales casos, AutoCAD utiliza un expediente simple, un ejemplo de lo cual se encuentra en la subsección de menú DR:

```
[next]$S=X $S=DR2
```

Aunque los corchetes dicen [next], todo lo que ocurre es que se llama a una subsección de menú que contiene órdenes relacionadas. Como cabría esperar, la subsección de menú DR2 contiene la línea siguiente:

```
[previous]$S=X $S=DR
```

Saltando hasta la subsección BLOCK de CUSTOM.MNU, encontrará lo siguiente:

```
**BLOCK 3
[BLOCK:]^C^C_BLOCK
```

```
[Select]$S=OSELECT1 \$S=
[Objects]$S=OSELECT1 \$S=

[Yes]_YES
[OOPS]^C^C_OOPS

[__LAST__]$S=
[  DRAW  ]^C^C$S=X  $S=DR
[  EDIT  ]^C^C$S=X  $S=ED
```

Aquí la subsección de menú BLOCK contiene la orden BLOCK (BLOQUE) de AutoCAD. La opción ? (para obtener una lista de nombres de bloques referenciados) aparece en la línea siguiente. Esta respuesta simple no está encerrada en corchetes. Los corchetes no son necesarios aquí puesto que seleccionar esta opción tiene el mismo efecto que introducirla con el teclado. Tampoco es necesario un punto y coma; el procesador de menús de AutoCAD suministra ↵ automáticamente al final de cada línea del archivo de menú.

Un método alternativo para presentar esta respuesta sería:

```
[?]?;
```

Este método proporcionaría idéntico resultado, tecleando con AutoCAD sólo el signo de interrogación seguido de ↵. En este ejemplo, un punto y coma fuerza un ↵. Dado que hay un punto y coma al final de la línea, el procesador de menús de AutoCAD no suministra un ↵ automático.

Ninguno de los dos métodos de presentación anteriores tiene una ventaja significativa sobre el otro. El menú estándar de AutoCAD generalmente reserva el uso de la forma más simple para introducir las palabras clave en respuesta a las peticiones realizadas desde las órdenes de AutoCAD llamadas.

Primeros cambios en el menú personalizado

En esta sección, practicará realizando cambios en CUSTOM.MNU que están diseñados para clarificar la presentación en pantalla y para agrupar las órdenes que se usan más frecuentemente.

El siguiente ejemplo muestra esta técnica realizando algunos cambios en las subsecciones de menú que contienen las órdenes de AutoCAD para dibujar entidades. Estas subsecciones están rotuladas DR y DR2. En su forma original en el menú de la Versión 12, se ven de esta manera:

```
**DR 3
[ARC]$S=ARC
[ATTDEF:]^C^C_ATTDEF
[BHATCH:]^C^CBHATCH
[CIRCLE]$S=CIRCLE
[DONUT:]^C^C_DONUT
[DTEXT:]^C^C_DTEXT
[ELLIPSE:]^C^C_ELLIPSE
```

```
[HATCH:]^C^C_HATCH
[INSERT:]^C^C_INSERT
[LINE:]^C^C_LINE
[MINSERT:]^C^C_MINSERT
[OFFSET:]^C^C_OFFSET

[next]$S=X $S=DR2
**DR2 3
[PLINE:]^C^C_PLINE
[POINT:]^C^C_POINT
[POLYGON:]^C^C_POLYGON
[SHAPE:]^C^C_SHAPE
[SKETCH:]^C^C_SKETCH
[SOLID:]^C^C_SOLID
[TEXT:]^C^C_TEXT
[TRACE:]^C^C_TRACE
[3DFACE:"]^C^C_3DFACE

[3D Surfs]$S=X $S=3D
[MODELER]$S=X $S=SOLIDS

[previous]$S=X $S=DR
```

Este ejemplo cambiará el orden en el que se muestran las órdenes para dibujar, situando aquellas que se usan más frecuentemente en la primera subsección DR, las usadas con menos frecuencia en la segunda subsección DR2, y eliminando órdenes que o bien no se usan nunca o bien se encuentran en otra parte del menú.

Empiece listando las órdenes para dibujar, agrupándolas bajo cuatro cabeceras: Seleccionadas a menudo, Seleccionadas raramente, Seleccionadas nunca y Localizadas en otra parte. Una lista de este tipo podría verse como la siguiente:

Seleccionadas a menudo	Seleccionadas raramente	Seleccionadas nunca	Localizadas en otra parte
Arc	Attdef	Minsert	Insert (BLOCKS)
Circle	Donut	Sketch	Offset (ED2)
Line	Dtext	Solids	3Dline (3D)
Hatch	Ellipse	Trace	3Dface (3D)
Pline	Shape		3D Surfs (3D)
Point			
Polygon			
Solid			
Text			

Habiendo determinado las prioridades para seleccionar las órdenes para dibujar entidades, el paso siguiente es observar qué líneas del menú contienen actualmente referencias a otras subsecciones de menú. Querrá mantener estas referencias a subsecciones de menú en sus líneas originales mientras borra y traslada órdenes. Sin embargo, puede trasladarlas si hay una buena razón y no interfiere con el funcionamiento del archivo de menú.

En el ejemplo anterior [next] está en la línea 14 de la subsección DR, y [previous] está en la línea 14 de la subsección DR2.

Ordenes de otras subsecciones pueden ser añadidas aquí para un buen efecto. Por ejemplo, quizás sea útil poner la orden ERASE (BORRA) en la línea 13 de DR y de DR2, justo antes de las referencias a subsecciones de menú. (Poner la orden en la misma línea en ambas subsecciones le permitirá encontrarla en una posición consistente en la pantalla.) Esto le permitirá borrar entidades un poco más rápido. No tendrá que acceder primero a la subsección de órdenes de edición para volver después a la subsección de órdenes para dibujar. La orden ERASE (BORRA) puede encontrarse en la subsección rotulada ED. Cópiela (no la traslade) en la línea 13 de DR y DR2.

Cuando haya borrado las órdenes que sean Seleccionadas nunca o Localizadas en otra parte, y haya trasladado las órdenes Seleccionadas a menudo a DR y las órdenes Seleccionadas raramente a DR2, las subsecciones de menú deberían tener un aspecto similar al siguiente:

```
**DR 3
[ARC]$S=X  $S=ARC
[CIRCLE]$S=X  $S=CIRCLE
[LINE:]$S=X  $S=LINE ^C^CLINE
[PLINE:]$S=X  $S=PLINE ^C^CPLINE
[POINT:]$S=X  $S=POINT ^C^CPOINT
[POLYGON:]$S=X  $S=POLYGON ^C^CPOLYGON
[TEXT:]$S=X  $S=TEXT ^C^CTEXT
[HATCH:]$S=X  $S=HATCH ^C^CHATCH
[ERASE:]$S=X  $S=ERASE ^C^CERASE
[next]$S=DR2
**DR2 3
[ATTDEF:]$S=X  $S=ATTDEF ^C^CATTDEF
[DONUT:]$S=X  $S=DONUT ^C^CDONUT
[DTEXT:]$S=X  $S=DTEXT ^C^CDTEXT
[ELLIPSE:]$S=X  $S=ELLIPSE ^C^CELLIPSE
[SHAPE:]$S=X  $S=SHAPE ^C^CSHAPE
[SOLID:]$S=X  $S=SOLID ^C^CSOLID
[ERASE:]$S=X  $S=ERASE ^C^CERASE
[previous]$S=DR
[__LAST__]$S=DR
```

En lugar de situar las órdenes utilizadas con más frecuencia al frente de la estructura del menú, usted ha ahorrado algo de tiempo a la hora de dibujar situando una orden ERASE (BORRA) extra en una posición más conveniente. Las Figuras 4.1 y 4.2 le muestran cómo podrían aparecer en la pantalla estos nuevos menús para dibujar entidades.

Esta técnica puede aplicarse a cualquier subsección de menú; las órdenes de edición, las de presentación y las de utilidades, son todas candidatas a este tipo de tratamiento. A medida que vaya consolidando su menú personalizado, los segundos ahorrados comenzarán a sumarse hasta suponer ahorros significativos. Hay formas de ahorrar incluso más tiempo por medio de las Macros de menú personalizadas, explicadas en el capítulo siguiente.

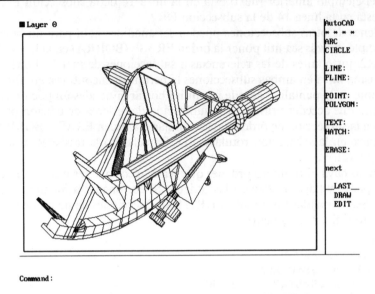

Figura 4.1. Versión personalizada de la subsección de menú DR.

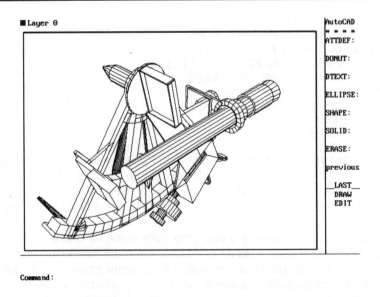

Figura 4.2. Versión personalizada de la subsección de menú DR2.

Personalización utilizando el digitalizador

Si está utilizando un tablero digitalizador como dispositivo de entrada de datos, puede hacer el proceso de dibujar mucho más eficiente por medio de menús de tablero personalizados. AutoCAD le permite especificar en su tablero hasta cuatro áreas diferentes como áreas de menú, además de una adicional utilizada como área para señalar en la pantalla. Estas áreas de menú son rectangulares, pero pueden ser organizadas en el tablero en cualquier forma. Con un conjunto de menús de tablero bien organizados, puede evitar siempre el paso por el menú de pantalla jerárquico.

Cuando haya definido cada área de menú del tablero, podrá dividirlas hasta contener tantos cuadros rectangulares menores como desee. (Hay un límite teórico en 32.766, pero en la práctica no querrá más de un par de cientos.) AutoCAD numera automáticamente los cuadros de un área de menú del tablero, comenzando con el número 1 en la parte superior izquierda, y continuando horizontalmente, fila por fila, terminando con el cuadro inferior derecho. Cada uno de los cuadros puede ser designado como una orden particular de AutoCAD, un parámetro o una macro.

La Figura 4.3 muestra la organización típica de un tablero digitalizador dividido en cuatro menús de tablero y un área para señalar la pantalla, y la Figura 4.4 muestra un área de menú del tablero dividida en treinta cuadros (cinco columnas por seis filas).

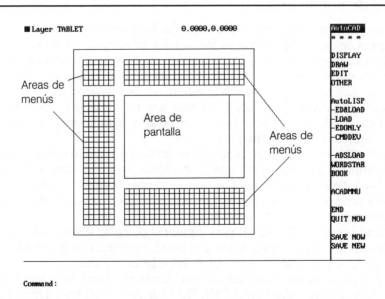

Figura 4.3. Una configuración típica de menús del tablero.

```
■ Layer  TBOXES                    0.0000,0.0000              AutoCAD
                                                              * * * *
                                                              Setup
    ┌────┬────┬────┬────┬────┐
    │ 1  │ 2  │ 3  │ 4  │ 5  │                                BLOCKS
    │    │    │    │    │    │                                DIM:
    ├────┼────┼────┼────┼────┤                                INQUIRY
    │ 6  │ 7  │ 8  │ 9  │ 10 │                                LAYER...
    │    │    │    │    │    │                                MACROS
    ├────┼────┼────┼────┼────┤                                MVIEW
    │ 11 │ 12 │ 13 │ 14 │ 15 │                                PLOT...
    │    │    │    │    │    │                                RENDER
    ├────┼────┼────┼────┼────┤                                SETTINGS
    │ 16 │ 17 │ 18 │ 19 │ 20 │                                SOLIDS
    │    │    │    │    │    │                                SURFACES
    ├────┼────┼────┼────┼────┤                                UCS:
    │ 21 │ 22 │ 23 │ 24 │ 25 │                                UTILITY
    │    │    │    │    │    │                                ASHADE
    ├────┼────┼────┼────┼────┤                                RMAN
    │ 26 │ 27 │ 28 │ 29 │ 30 │                                BONUS
    │    │    │    │    │    │
    └────┴────┴────┴────┴────┘                                3D

                                                              SAVE:


Command:
```

Figura 4.4. Un menú del tablero con cuadros numerados.

Diseño de una plantilla

El primer paso para crear un tablero digitalizador personal es diseñar un modelo de sus áreas de menú del tablero, su localización en el tablero digitalizador, el número de cuadros en cada una y la localización del área para señalar la pantalla.

Una vez que haya establecido una estructura para las áreas y las órdenes de los menús del tablero, puede crear una *plantilla*, un dibujo de su estructura. Rotule cada cuadro del área de menú con la orden o la secuencia de órdenes de AutoCAD pretendida. Puede, si lo desea, hacer unos cuadros más grandes que otros aplicando la misma orden a cuadros adyacentes.

Organice las órdenes en el dibujo de su plantilla de modo que se necesite un número mínimo de desplazamientos de la pluma para ir de una orden a otra, y agrupe las órdenes relacionadas. Las órdenes usadas frecuentemente de un modo secuencial deberían situarse una cerca de otra, si es que no están ya hilvanadas juntas en macros.

Naturalmente, use AutoCAD para dibujar la plantilla. Cuando el diseño de su plantilla sea satisfactorio, imprímalo a la escala correcta. Fije la plantilla a la superficie de su tablero digitalizador. (Para impedir que se despegue su plantilla rápidamente, puede tomar en consideración el laminarla. Si no desea laminarla, otro truco es usar la orden MIRROR (SIMETRIA) de AutoCAD para duplicar la plantilla terminada, imprímala en inverso sobre pergamino limpio y grueso. Entonces invierta el pergamino cuando pegue la plantilla a su tablero digitalizador.)

Configuración del tablero

Cuando su plantilla esté en su lugar, usted estará listo para configurar AutoCAD para que responda a sus menús de tablero personalizado. Usted le dice a AutoCAD la organización de las áreas de menú de su tablero mediante la orden TABLET CFG (TABLERO CFG). Cuando lo haga, AutoCAD le indicará:

```
Enter number of tablet menus desired (0-4)<0>:
```

Después de teclear el número apropiado de menús de tablero, AutoCAD le pide que introduzca la esquina superior izquierda, la esquina inferior izquierda y la esquina inferior derecha de cada área de menú del tablero. Responda digitalizando los puntos requeridos en su dibujo de la plantilla. El conjunto de los tres puntos debe formar un ángulo de 90 grados, si no AutoCAD le pedirá una nueva serie de puntos. Las áreas de menú del tablero no deberán solaparse.

Después de que ha introducido la localización de cada área de menú del tablero, AutoCAD le indica:

```
Enter the number of columns for menu area n:
(Introduzca el número de columnas para el área de menú)
```

Responda con el número de columnas para el área de menú. AutoCAD le indica a continuación:

```
Enter the number of rows for menu area n:
(Introduzca el número de filas para el área de menú)
```

Responda con el número de filas del área de menú. Continúe este proceso hasta haber definido todas las áreas de menú de su tablero. AutoCAD le indica entonces:

```
Digitize lower left corner of screen pointing area:
(Digitalice la esquina inferior izquierda del área de señalar)
```

Responda digitalizando el punto apropiado. AutoCAD le indica:

```
Digitize upper right corner of screen pointing area:
(Digitalice la esquina superior derecha del área de señalar)
```

Responda digitalizando el punto apropiado. No solape la pantalla de señalar con las áreas de menú del tablero.

Poner las órdenes en el tablero digitalizador

Una vez que ha configurado el tablero digitalizador, puede asignar órdenes de AutoCAD, parámetros, macros, y así sucesivamente, a los cuadros rotulados de las áreas de menú. Haga esto editando las secciones principales TABLET1 hasta TABLET4 de CUSTOM.MNU.

Dado que CUSTOM.MNU es una copia del menú estándar de AutoCAD ya tiene asignadas a las secciones TABLET varias órdenes y parámetros de AutoCAD. Estas entradas corresponden a una plantilla estándar proporcionada con AutoCAD. Si está utilizando la plantilla estándar de AutoCAD, sólo debería modificarse TABLET1. Deje las otras solas. Si está usando su propia plantilla, probablemente querrá sobreescribir al menos alguna otra.

En el menú estándar de AutoCAD, TABLET1 tiene espacio para 200 órdenes definibles por el usuario. La Figura 4.4 ilustra un área de menú del tablero considerablemente menor, con cinco columnas y seis filas. Los cuadros en este menú del tablero están numerados del 1 al 30. Usando este ejemplo, la sección de menú TABLET1 contendrá treinta líneas. La primera línea corresponde al cuadro número 1, la segunda línea al cuadro 2, y así sucesivamente.

La Figura 4.5 ilustra una estructura posible para las órdenes y las opciones LAYER de AutoCAD en el ejemplo del área de menú del tablero.

Para corresponder al área de menú ilustrada, la sección TABLET1 del archivo de menú debería verse como sigue:

```
***TABLET1
^C^CLAYER;
^C^CLAYER;
;
;
[]
^C^CRETURN;
^C^CRETURN;
;
;
[]
Set;
COLOR;
CEILING;
```

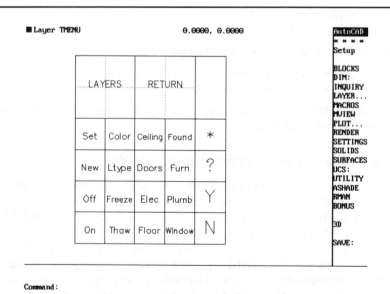

Figura 4.5. Area de menú del tablero con las órdenes y opciones de capa.

```
FOUNDATION;
[ ]*;
New;
LTYPE;
DOORS;
FURNITURE;
?;
OFF;
FREEZE;
ELEC;
PLUMB;
Y;
ON;
THAW;
FLOOR;
WINDOW;
N;
```

Observe cómo en este ejemplo algunos cuadros de órdenes en el menú del tablero fueron ampliados simplemente repitiendo la misma orden en cuadros adyacentes.

Las líneas 5 y 10 de esta sección contienen corchetes vacíos. Este es un modo adecuado para indicar un cuadro vacío, aunque una línea en blanco lo haría igualmente. En un menú de tablero, si AutoCAD encuentra un par de corchetes al principio de una línea, los corchetes más todo lo que esté contenido dentro de ellos se ignora.

La línea 15 contiene un par de corchetes seguidos de un asterisco. Estos corchetes son necesarios para desplazar el asterisco hasta la columna más a la izquierda del archivo. El asterisco es una respuesta correcta para algunas peticiones de la orden layer (capa), pero si aparece en la columna más a la izquierda del archivo de menú, el procesador de menús lo malinterpretará como el comienzo de una nueva subsección. Los corchetes solventan el problema.

Los cuadros de un área de menú del tablero pueden contener macros, como las descritas en el capítulo siguiente. Las secuencias de órdenes largas son ajustadas en varias líneas de texto para facilitar la edición, y toda la sintaxis de los menús personalizados (por ejemplo, los cambios de menú de pantalla) pueden ser utilizados donde se quiera en las secciones del tablero del archivo de menú personalizado.

También son posibles varios diseños de plantillas. AutoCAD guarda la configuración del tablero digitalizador como parte del dibujo, de modo que si desea usar más de un diseño de plantilla, necesitará un dibujo prototipo para cada una. Si usa un diseño de plantilla consistente, puede cambiar las órdenes asignadas a los cuadros cargando diferentes menús personalizados.

Creación de una nueva subsección de menú

En el siguiente capítulo creará macros grandes. Esta sección le muestra la técnica para crear una nueva subsección de menú en la sección principal SCREEN de

CUSTOM.MNU. La subsección creada aquí se llamará MACROS; puede usarla para guardar las macros de menú personalizadas explicadas en el siguiente capítulo.

Con su procesador de textos, vuelva al principio de la sección principal SCREEN
de CUSTOM.MNU. La primera subsección de menú en la sección principal
SCREEN es la subsección S.

Una vez que haya encontrado esta subsección de menú, ponga el cursor en
cualquier línea en blanco adecuada. (La línea 19 de la subsección de menú S está
normalmente en blanco), teclee lo siguiente, comenzando en la columna más a la
izquierda:

```
[MACROS]^C^C$S=X $S=MACROS
```

Esta sintaxis ahora familiar provocará que aparezca la palabra MACROS en la
pantalla. A continuación, se ejecuta un Cancel doble para cancelar cualquier orden
que pudiera estar activa al seleccionar MACROS. Finalmente, son llamadas las referencias de subsección de menú para la subsección de menú X seguida de la subsección de menú MACROS.

El paso siguiente es crear la subsección de menú MACROS. Vaya al final de la
sección principal SCREEN. La sección principal después de SCREEN es TABLET1.
Por consiguiente, puede localizar el rótulo de la sección principal TABLET1 usando
su procesador de textos y saltar hasta el extremo derecho de la línea justo encima
de este rótulo. Pulse ↵. Esto debería de abrir una nueva línea justo encima de
TABLET1, con el cursor situado en la columna más a la izquierda. Si es así, teclee
lo siguiente:

```
**MACROS 3
```

Ahora, pulse ↵ dos o tres veces, grabe el nuevo archivo de menú, y ha terminado.

A medida que sus macros se vayan haciendo más numerosas, puede que desee
trasladarlas o copiarlas en otras subsecciones de menú del archivo de menú personalizado. Esto es correcto, pero recuerde no exceder el número máximo de líneas que permita su pantalla, y recuerde que las subsecciones de menú pueden
combinarse. Cuando añada líneas a una subsección de menú, sea cuidadoso con
no escribir accidentalmente sobre cualquier secuencia de órdenes necesaria mostrada por una subsección de menú previa.

Creación de nuevos menús desplegables

La Figura 4.6 ilustra la barra de menú estándar tal y como la suministra Autodesks.
En esta ilustración, el usuario ha trasladado las líneas en cruz del cursor dentro de
la esquina superior izquierda de la pantalla, activando la barra de menú horizontal, y resaltando la palabra clave Draw (Dibuja). Cuando el usuario pulsó el botón
Select (Selecciona), apareció en pantalla el menú desplegable debajo de esa palabra
clave.

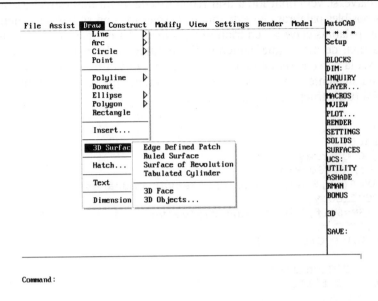

Figura 4.6. Barra de menús desplegables de AutoCAD.

Este menú desplegable permanecerá en su sitio hasta que el usuario realice una de las siguientes cuatro acciones posibles:

1. Selecciona una orden u opción de las presentadas en la pantalla en cualquier área de menú.
2. Selecciona cualquier punto en la pantalla gráfica.
3. Introduzca cualquier cosa por el teclado.
4. Desplaza el dispositivo de señalar hasta el área de menú más a la derecha de la pantalla.

Cualquiera de estas cosas provocará que desaparezca de la pantalla el menú desplegable.

Aunque el aspecto y el comportamiento del menú desplegable es diferente de el del menú de pantalla estándar de AutoCAD, las técnicas para crearlo o modificarlo son similares a las técnicas para crear los menús de pantalla normales y los menús de macros de AutoCAD.

Estructura de los menús desplegables

AutoCAD ajusta automáticamente los menús desplegables para que sean tan anchos como la palabra más larga que contengan. Todas las palabras de un menú desplegable están justificadas a la izquierda dentro de su recuadro. Estas aparecen justo debajo de la palabra clave seleccionada en la barra de menú horizontal.

Puede crear menús desplegables que sean tan anchos como la pantalla, pero a medida que vaya añadiendo menús desplegables y vaya aumentando el número de palabras clave, se verá obligado a usar recuadros de menú más estrechos. Si utiliza todas las posibles palabras clave de menús desplegables en su barra de menú horizontal, las palabras clave se tendrían que promediar a no más de unas cuantas letras cada una, de modo que cupieran. Si no cupiesen las palabras clave, las que están más a la derecha serían ignoradas, y serían por tanto inaccesibles.

La lista siguiente contiene las opciones de menú que se encuentran en la sección POP4 (Construct) de la Versión 12:

```
***POP4
[Construct]
[Array]^C^C_array
[Array 3D]^C^C3darray
[Copy]$M=$(if,$(eq,$(substr,$(getvar,cmdnames),1,4),GRIP),+
_copy,^C^C_copy)
[Mirror]$M=$(if,$(eq,$(substr,$(getvar,cmdnames),1,4),GRIP),+
_mirror,^C^C_mirror)
[Mirror 3D]^C^Cmirror3d
[--]
[Chamfer]^C^C_chamfer
[Fillet]^C^C_fillet
[--]
[Divide]^C^C_divide
[Measure]^C^C_measure
[Offset]^C^C_offset
[--]
[Block]^C^C_block
```

La primera línea después del rótulo de la sección de menú POP4 contiene la palabra clave Construct encerrada entre corchetes. AutoCAD pone esa palabra en la barra de menú horizontal. Cuando el usuario selecciona ese menú, se muestran como un menú desplegable las órdenes que lo siguen en la sección de menú. Si debajo de la palabra clave no aparece ninguna orden, el menú no será utilizable.

Las secuencias de órdenes en los menús desplegables están estructuradas del mismo modo que las órdenes en el menú de pantalla. Cuando el usuario selecciona una de estas órdenes, la secuencia de órdenes que sigue después de los corchetes será ejecutada por AutoCAD como si hubiese sido introducida por el teclado. La secuencia de órdenes puede incluir cambios en la presentación del menú de pantalla original.

Control de la presentación de los menús desplegables

Usted no necesita seleccionar la palabra mostrada en la barra de menú horizontal para provocar la aparición de un menú desplegable. Como se mencionó anteriormente, puede usar una sintaxis de orden especial para provocar la dicha aparición:

$P_n=*

Cuando utilice esta sintaxis, sustituya <u>n</u> por el número de la sección de menú POP<u>n</u> deseada. Por ejemplo, para causar la aparición del menú POP3, use esta sintaxis:

```
P3=*
```

Intercambio de menús (Versión 11 y anteriores)

Puede crear diferentes menús desplegables para que aparezcan en el mismo lugar en la barra de menú. Esta técnica era la única manera de crear submenús en las versiones de AutoCAD previas a la Versión 12, donde ha sido sustituida por la nueva técnica de submenús recién descrita.

Si está utilizando aún una versión anterior de AutoCAD, puede que quiera intercambiar menús desplegables. La sintaxis para presentar estos menús secundarios es similar a la usada para presentar subsecciones de menú en el menú de pantalla original.

Por ejemplo, considere el siguiente menú desplegable simple que contiene las órdenes de presentación:

```
***POP10
[Display]
[Redraw]'redraw
[--]
[Pan:]'PAN
[View:]'VIEW;
[Zoom:]'ZOOM;
[--]
[DView]^C^C$S=X $S=DVIEW dview
[Vpoint 3D  >]^C^C$S=X $S=VPOINT3D $i=3dviews $i=*
```

Esto funcionará bien, pero si el usuario selecciona Zoom en este menú desplegable, las opciones para esta orden (Window, Dynamic, Previous, All y demás) tendrán que ser introducidas manualmente. Si lo deseara, podría incluir todas las diferentes opciones de Zoom en un menú propio, que sustituiría al menú actual cuando se seleccionara Zoom. En el ejemplo siguiente, observe las líneas que se han añadido a este menú desplegable:

```
***POP4
**P4A
[Display]
[Redraw]'redraw
[--]
[Pan:]'PAN
[View:]'VIEW;
]Zoom:]$P4=P4B;$P4=*;
[--]
[DView]^C^C$S=X $S=DVIEW;dview;ca;
[Vpoint 3D  >]^C^C$S=X;$S=VPOINT3D;vpoint;;
**P4B
[Zoom]
```

```
[Window]$P4=P4A;'zoom;w;
[Previous]$P4=$P4A;'zoom;p;
[Dynamic]$P4=$P4A;'zoom;d;
[All]$P4=$P4A;'zoom;a;
[--]
[Display]$P4=$P4A;$P4=*;
```

En el ejemplo de arriba, se han creado dos subsecciones de POP4, rotuladas como P4A y P4B. Estos rótulos de subsección están precedidos por dos asteriscos, para diferenciarlas del rótulo de la sección de menú POP4, precedida por tres asteriscos. La primera subsección, P4A, aparecerá en la pantalla cuando se seleccione en la barra de menú la palabra Display (Presentación).

La Figura 4.7 ilustra cómo aparece en la pantalla este nuevo menú Display (Presentación).

Observe la orden que sigue a [Zoom:]. Esta secuencia cambiará la subsección predeterminada de la P4A a la P4B:

```
$P4=P4B
```

Con el fin de que esta nueva subsección aparezca inmediatamente en pantalla, esta sintaxis va seguida de:

```
$P4=*
```

La Figura 4.8 ilustra el aspecto de la segunda subsección de menú después de seleccionar Zoom.

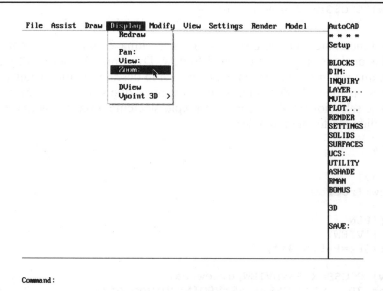

Figura 4.7. El nuevo menú desplegable Display.

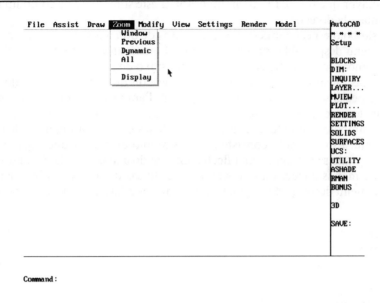

File   Assist   Draw   **Zoom**   Modify   View   Settings   Render   Model

```
                      Window
                      Previous
                      Dynamic
                      All

                      Display      ▶
```

AutoCAD
* * *
Setup

BLOCKS
DIM:
INQUIRY
LAYER...
MVIEW
PLOT...
RENDER
SETTINGS
SOLIDS
SURFACES
UCS:
UTILITY
ASHADE
RMAN
BONUS

3D

SAVE:

Command :

Figura 4.8. El submenú después de seleccionar Zoom.

Esta nueva subsección de menú (incluyendo la palabra Zoom mostrada en la barra de menú horizontal) permanecerá activa hasta que termine la sesión de dibujo o se vuelva a activar la subsección de menú original.

En este ejemplo, la sintaxis de subsección de menú se repite cuando el usuario selecciona una opción encontrada en la nueva subsección P4B. Esta vez la sintaxis se refiere a la subsección original, P4A:

`$P4=P4A`

Esta vez no es necesario forzar la presentación inmediata de la subsección P4A. Aparecerá cuando el usuario resalte, a continuación, la barra de menú horizontal.

Sin embargo, en el caso de que el usuario haya seleccionado la orden Zoom por accidente, o si la subsección de menú Zoom está inactiva, se añade a la subsección de menú P4B la secuencia de órdenes siguiente:

`[Display]$P4=P4A $P4=*`

Esta secuencia asegura que el usuario podrá siempre volver a la subsección de menú predeterminada original. A medida que construya estructuras de menú más complejas, asegúrese de que siempre deja para el usuario una vía de escape como ésta.

Submenús desplegables (Versión 12)

La Versión 12 incluye una forma más elegante de acceder a submenús dentro de los menús desplegables. A los submenús de la Versión 12 se accede mediante una sintaxis especial dentro de indicadores encorchetados: un guión seguido de un símbolo de mayor-que (−>). En un archivo ASCII este símbolo se ve como una flecha que apunta a la derecha.

Este símbolo especial muestra que las líneas de órdenes subsiguientes en la sección de menú desplegable son parte de un submenú, que aparecerá cuando seleccione el indicador encorchetado con un dispositivo de señalar.

Todas las líneas de órdenes dentro de la sección que aparezcan debajo de este símbolo especial serán incluidas en el submenú. Para provocar que, en vez de esto, las líneas de órdenes subsiguientes aparezcan en el menú desplegable principal, ponga un símbolo diferente dentro de los corchetes para la última línea de órdenes de submenú. Este símbolo consiste en un símbolo de menor-que seguido de un guión (<−), que se asemeja a una flecha apuntando a la izquierda. Cuando el procesador de menús encuentra este símbolo, las líneas de órdenes subsiguientes revierten al menú desplegable original. A continuación hay un ejemplo breve de esta técnica:

```
***POP10
[Display]
[Redraw]'redraw
[--]
[Pan:]'PAN
[View:]'VIEW;
[->Zoom]
    [Window]^C^C'zoom;w;
    [Previous]^C^C'zoom;p;
    [Dynamic]^C^C'zoom;d;
    [<-All]^C^C'zoom;a;
[--]
[DView]^C^C$S=X;$S=DVIEW;dview;ca;
[Vpoint 3D    >]^C^C$S=X;$S=VPOINT3D;vpoint;;
```

En el ejemplo anterior, las opciones de Zoom aparecerán cuando seleccione Zoom en el menú desplegable. Puede después seleccionar la opción que desee, y AutoCAD llama a la orden.

Puede anidar menús desplegables en tantos niveles como desee, aunque demasiados anidamientos (más de uno o dos niveles) pueden provocar confusión y restar sencillez de manejo a su interfaz.

Por claridad, las líneas de órdenes de submenús son sangradas en el archivo ASCII. Este sangrado no tiene ningún efecto en el modo de compilación del menú ni sobre la presentación, pero ayuda a hacer la organización global de menús un poco más fácil de entender cuando esté leyendo o modificando el archivo ASCII.

Otras características de los menús desplegables

Dos opciones menores están disponibles para ayudarle en lo relativo al aspecto de sus menús desplegables. La primera es un símbolo compuesto por dos guiones encerrados entre corchetes:

```
[--]
```

Cuando este símbolo ocupa una línea en un menú desplegable, éste presentará una serie de guiones separando las opciones en el menú desplegable.

Puede ajustar la presentación de las palabras dentro de los corchetes usando la segunda opción: cuando una tilde (~) precede a una opción en corchetes, la opción aparecerá en una intensidad menor que una opción entre corchetes normal. Esta técnica de presentación puede usarse para identificar indicaciones cortas o símbolos que no representen órdenes, o para cualquier otro propósito de presentación que desee.

Creación de menús de iconos

Los menús de iconos son probablemente lo más excitante para los usuarios expertos de AutoCAD, ya que representan una mejora significativa cuando se seleccionan bloques, formas, estilos de texto u otras clases de entradas gráficas. Después de todo, a veces es difícil recordar la diferencia exacta entre bloques o formas con nombres como Part51A3 y Part52A3.

Un *menú de iconos* es un medio de ver previamente las opciones de entradas gráficas antes de insertarlas en un dibujo. Cuando se muestra en pantalla un menú de iconos, pueden presentarse al usuario hasta 16 opciones gráficas (20 en la Versión 12), junto con una flecha especial que se mueve para seleccionar la opción deseada. Además, los menús de iconos pueden llamar a su vez a otros menús de iconos, haciendo posible revisar cualquier número de opciones secuencialmente.

La Figura 4.9 ilustra un menú de iconos creado usando el archivo de formas ES suministrado con AutoCAD.

Hay tres pasos para crear un menú de iconos:

1. Crear un archivo de fotos de AutoCAD para cada opción que vaya a ser presentada en el menú de iconos.
2. Opcionalmente, puede usar la utilidad SLIDELIB.EXE de AutoCAD para combinar las fotos en un archivo biblioteca de fotos en el disco duro.
3. Añadir la sintaxis para mostrar el menú de iconos a ACAD.MNU.

Una vez que ha creado la foto y ha cambiado ACAD.MNU, AutoCAD gestiona automáticamente la presentación del menú de iconos. Afortunadamente, la sintaxis del menú de iconos es fácil de aprender, y en la mayoría de los aspectos sigue reglas similares a las presentaciones de los demás menús personalizados.

Creación de archivos de fotos de AutoCAD

Cree fotos para usarlas en los menús de iconos del mismo modo que crearía cualquier otra foto de AutoCAD, usando la orden MSLIDE (SACAFOTO) y dándole al archivo de fotos un nombre exclusivo. He aquí dos sugerencias a tener en cuenta:

- Haga los dibujos tan simples como pueda. No use líneas rellenas, o dibujos complicados. La presentación resultante de su icono será demasiado pe-

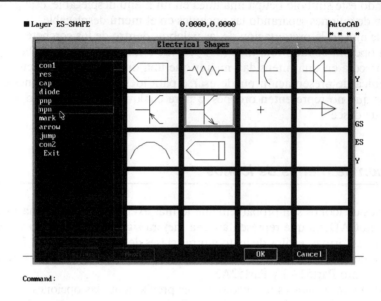

Figura 4.9. Las formas de ES presentadas en un menú de iconos.

queña, y los detalles pequeñitos se perderán. Cuanto más simples sean las fotos más rápida es la presentación de un menú de iconos.

- Cuando haga la foto, amplíe la imagen de modo que ocupe todo el editor de dibujos. Si la imagen no puede llenar el editor, centre el dibujo en el editor tanto como sea posible.

Para crear el menú de iconos del ejemplo anterior, se hicieron fotos de cada forma del archivo de formas estándar de AutoCAD, ES.SHX. A cada foto se le dio el mismo nombre de la forma que representaba.

Una vez creados sus archivos de fotos, está listo para incorporarlos en un menú de iconos. Sin embargo, con el fin de que funcione su menú de iconos, todas las fotos deben estar en disco y disponibles para AutoCAD. Si crea muchos menús de iconos, las docenas (o incluso centenas) de fotos pueden ser demasiado problemáticas de manejar. Puede hacer más sencilla la gestión de grupos de archivos de fotos relacionados combinándolos en un único archivo de disco llamado *biblioteca de fotos*, usando una utilidad especial SLIDELIB.EXE.

Creación de un archivo biblioteca de fotos

Para crear un archivo biblioteca de fotos, use primero su editor o su procesador de textos para crear un archivo ASCII que contenga una lista a un espacio con los nombres de las fotos que pretende combinar en el archivo biblioteca.

Para crear el archivo biblioteca usado en el archivo de iconos del ejemplo, se introdujo la siguiente lista de nombres de archivo de fotos en un archivo ASCII llamado ESNAMES:

```
c:\acad\CON1
c:\acad\RES
c:\acad\CAP
c:\acad\DIODE
c:\acad\PNP
c:\acad\NPN
c:\acad\MARK
c:\acad\ARROW
c:\acad\JUMP
c:\acad\CON2
```

Observe que la extensión SLD se supone para cada uno de los nombres de archivo de fotos. Se incluye el nombre de la ruta del directorio de cada foto (en este ejemplo, C:\ACAD), aunque el nombre de la ruta no será grabado en el archivo biblioteca. (Agrupar las fotos en un único archivo biblioteca hace que los nombres individuales de las rutas sean innecesarios.)

Puede, si lo desea, combinar fotos de varios subdirectorios en un único archivo biblioteca. Asimismo, si sabe que todas las fotos estarán contenidas en el directorio por defecto cuando usted crea el archivo biblioteca, puede omitir en la lista el nombre de la ruta.

El archivo ASCII que contiene la lista de los nombres de las fotos fue arbitrariamente asignado al archivo de nombre ESNAMES. Puede nombrar su propia lista de nombres de fotos del modo que desee.

Después de haber creado ESNAMES, asegúrese de que se copia en el mismo directorio que el archivo SLIDELIB.EXE. Acceda a ese directorio e introduzca la orden siguiente en el indicador del DOS:

```
SLIDELIB ES < ESNAMES
```

El primer parámetro de esta línea de órdenes es el nombre del archivo biblioteca a crear. En este caso, el archivo biblioteca que resulte será llamado ES, y AutoCAD le dará la extensión SLB. No necesita especificar la extensión del archivo en la línea de órdenes. Puede nombrar sus archivos biblioteca del modo que desee, pero será beneficioso para usted mantener nombres cortos para simplificar el tecleo subsiguiente.

El segundo parámetro de la línea de órdenes es el nombre de la lista ASCII de los nombres de fotos que va a ser combinada en el archivo biblioteca. Está precedida del símbolo <, lo que le indica al DOS que el archivo ESNAMES va a ser utilizado como entrada por SLIDELIB.EXE.

Una vez que SLIDELIB.EXE ha completado la ejecución, se habrá creado el archivo biblioteca ES.SLB, conteniendo todas las fotos de la lista. Puede copiar entonces los archivos de fotos originales y la lista de nombres de fotos en un disco de seguridad y borrarlos del disco duro.

No borre los archivos de fotos sin hacer primero una copia de seguridad. Si desea añadir fotos a la biblioteca, el único modo de hacerlo es crear una nueva biblioteca de fotos para sustituir a la vieja. Así pues, puede que necesite usar de nuevo

los archivos de fotos y la lista de nombres. No hay ningún procedimiento para añadir simplemente fotos a un archivo biblioteca existente, ni hay ningún procedimiento para eliminar fotos individuales del archivo biblioteca.

Para ver las fotos de la biblioteca use la orden VSLIDE (MIRAFOTO) de
AutoCAD. En el indicador, referencie simplemente la biblioteca como parte de un
nombre de foto, como en el ejemplo siguiente:

```
ES(CON1)
```

Observe que el nombre de la biblioteca está seguido por el nombre de la foto
contenido entre paréntesis. No se utiliza ningún espacio para separar los nombres.
Puede incluirse también un nombre de ruta en respuesta a la petición de VSLIDE:

```
C:\ACAD\SLIDES\ES(CON1)
```

Cualquier foto que sea parte de una biblioteca puede ser referenciada usando
la anterior sintaxis *biblioteca(nombre de foto)*.

Creación del menú de iconos en ACAD.MNU

Después de que ha creado sus fotos y las ha puesto en un archivo biblioteca de su
elección, está listo para modificar ACAD.MNU para incluir una referencia al nuevo
menú de iconos.

Todos los menús de iconos están contenidos dentro de una sección rotulada
ICON. Cada menú de iconos es una subsección de menú exclusiva dentro de ICON.
En la versión estándar de ACAD.MNU suministrada por Autodesk, la sección de
menú ICON sigue a las secciones de menú POP*n*.

Para añadir a ACAD.MNU el menú de iconos ES, localice primero la sección
de menú ICON. A continuación, inserte un nuevo rótulo de subsección, ES, justo
debajo del rótulo ICON, como sigue:

```
***icon
**ES
```

Observe que el rótulo de subsección está precedido por dos asteriscos, para dis-
tinguirlo del rótulo de sección de menú. El siguiente paso es añadir el título del
menú de iconos en corchetes, en la lista justo debajo de ES, como sigue:

```
***icon
**ES
[Electrical Shapes]
```

Cada línea que sigue a este título comienza con el nombre de una foto entre
corchetes. A continuación de los nombres de las fotos, puede teclear cualquier secuencia de órdenes a su elección, para que se ejecute cuando se seleccione en el
menú de iconos esa foto particular. El siguiente ejemplo ilustra esto. Aquí, la secuencia de órdenes es la orden SHAPE (FORMA), seguida por el nombre de la
forma seleccionada:

```
***icon
**ES
[Electrical Shapes]
```

```
[es(con1)]^C^CSHAPE;CON1;
[es(res)]^C^CSHAPE;RES;
[es(cap)]^C^CSHAPE;CAP;
[es(diode)]^C^CSHAPE;DIODE;
[es(pnp)]^C^CSHAPE;PNP;
[es(npn)]^C^CSHAPE;NPN;
[es(mark)]^C^CSHAPE;MARK;
[es(arrow)]^C^CSHAPE;ARROW;
[es(jump)]^C^CSHAPE;JUMP;
[es(con2)]^C^CSHAPE;CON2;
[ Exit]^C^C
```

Finalmente, observe que la última línea del menú de iconos contiene la palabra Exit (Salida) entre corchetes seguida de una secuencia de cancelación. Esta secuencia se requiere sólo en las versiones anteriores a la Versión 12, la cual añade automáticamente un botón OK al menú de iconos; esto tiene el mismo efecto. En las versiones anteriores, esta línea quitará de la pantalla el menú de iconos si el usuario la ha seleccionado accidentalmente. No hay ninguna foto Exit; esto no es un problema. El primer carácter dentro de los corchetes es un espacio; cuando AutoCAD lee el espacio inicial dentro de los corchetes, entiende que no hay ninguna foto para ser presentada y en su lugar se muestra en el menú de iconos la palabra dentro de los corchetes.

Los menús de iconos son flexibles. Puede combinar diferentes bibliotecas de fotos en el mismo menú de iconos. Puede combinar fotos que no están en archivos biblioteca con fotos que sí lo están. Puede, si lo desea, referenciar nombres de fotos incluyendo el nombre completo de la ruta, como en el ejemplo siguiente:

```
[res2]^C^CINSERT;RES2;
[c:\acad\slides\insul2]^C^CINSERT;INSUL2;
[es(con1)]^C^CSHAPE;CON1;
[es(res)]^C^CSHAPE;RES;
```

En el ejemplo anterior, archivos personalizados de fotos llamados RES2 (en el directorio por defecto) e INSUL2 (en el directorio C:\ACAD\SLIDES) son referenciados junto con fotos que son parte del archivo biblioteca ES.SLB (también del directorio por defecto).

Recuerde que las secuencias de órdenes que siguen a los nombres de fotos deben ser secuencias de órdenes de menú de AutoCAD válidas, y están sujetas a todas las reglas relativas a las órdenes de menús personalizados y a las macros.

Puede incluir hasta 16 secuencias de órdenes individuales (20 en la Versión 12) en un único menú de iconos. (Una técnica para usar más de un menú de iconos para gestionar grandes números de secuencias de órdenes se discute en la sección siguiente.)

Presentación en pantalla del menú de iconos

Una vez que se ha instalado el menú de iconos en ACAD.MNU, el único paso que resta es incluir una referencia hacia él en otra secuencia de órdenes de su elección. La referencia puede ponerse en una sección de menú desplegable, en una sección de menú de pantalla original, o en ambas. Lo siguiente es una referencia de menú típica, usando el menú de iconos ES:

```
[ESHAPES]$i=es  $i=*
```

Observe las similitudes con las referencias de los menús desplegables. La primera referencia provoca que se active la subsección del menú de iconos ES:

```
$i=es
```

Observe que la letra i sigue al signo de dólar, y no se utiliza ningún número porque sólo puede haber una sección de menú de iconos. La letra i va seguida de un signo igual, seguido del nombre de una sección de menú de iconos particular; en este caso, la subsección ES. Esta sintaxis advierte a AutoCAD que la subsección de menú de iconos ES está ahora *activa*, o preparada para ser presentada.

En los menús de iconos, después de que se referencia una subsección de menú, en la mayoría de los casos será inmediatamente presentada en pantalla. La referencia que hace esto es similar a la referencia para la presentación de los menús desplegables, así:

```
$i=*
```

Cuando AutoCAD lee esta sintaxis, la subsección de menú de iconos activa es presentada inmediatamente, y el usuario es libre de escoger una de sus opciones.

Para probar su menú modificado, introduzca el editor de dibujos de AutoCAD y dé la orden MENU, seguida del nombre de su archivo de menú. AutoCAD recompilará su menú personalizado y en un momento o poco más o menos, aparecerá su nuevo menú. Ensaye seleccionando sus nuevas órdenes. Si las cosas no funcionan con suavidad, introduzca su procesador de textos y verifique si las secuencias de órdenes fueron tecleadas correctamente. Vuelva después al editor de dibujos, introduzca de nuevo la orden MENU, y después de que AutoCAD haya recompilado su menú, ensaye de nuevo seleccionando sus nuevas órdenes.

Recuerde, nunca puede dañar a AutoCAD con un menú personalizado. A veces puede tener problemas con secuencias de órdenes que no funcionen como esperaba, pero nunca está lejos la ayuda. En caso de desastre absoluto, siempre puede volver al menú estándar de AutoCAD introduciendo la orden MENU ACAD en el teclado. Así pues, no tenga miedo a experimentar. La experimentación es su mejor herramienta de aprendizaje.

CAPITULO **CINCO**

Macros de menú
personalizados

Una *macro* es una serie de órdenes y de opciones que se ejecutarán secuencialmente desde un menú individual o desde la selección del tablero. Utilizar macros
puede ahorrar tiempo y proporcionar eficacia al dibujar. Por ejemplo, una macro
basada en las órdenes de capa de AutoCAD, podría poner en vigor cualquier capa
existente sin necesidad de realizar todas las secuencias de teclas para cambiar una
capa en el teclado.

    ¿Cuándo necesita una macro? Siempre que se encuentre saltando entre los me-
nús de la misma pantalla o tecleando las mismas cosas repetidamente, estará ante
la oportunidad de crear una potente macro que le ahorre tiempo.

    Este capítulo presenta algunos ejemplos del propósito general de las macros, que
puede añadir al menú de pantalla, o incluir en un cuadro de órdenes o en el menú
del tablero. Utilícelas como la base para construir macros más específicas que incluyan sus necesidades individuales.

Macros de utilidad

Entre las macros de mayor utilidad que usted puede crear están aquéllas relacionadas con el proceso de gestionar sus archivos de dibujo. Capas, bloques, entidades
con nombre y similares, a menudo necesitan una serie de órdenes y laboriosas entradas desde el teclado para procesar. Situando estas secuencias de órdenes de «gestión» dentro de una macro, se puede ahorrar un tiempo considerable y mejorar en
general la eficacia al dibujar.

105

Macros de capa

El cambio de capa es una de esas cosas que puede parecer que se eternizan. He aquí algunas macros que aceleran el desplazamiento entre las capas. Estos ejemplos utilizan capas llamadas Red, Yellow, Blue y Green.

Para empezar, ponga la siguiente referencia de subsección en su menú de dibujo o de edición:

```
[LayerSet]^C^C$S=LSET
```

Esta macro cancela cualquier operación en vigor y hace referencia a una subsección de menú llamada LSET, que contiene macros que establecen cada una de las capas del ejemplo:

```
**LSET 3
[red]LAYER;S;RED;;$S=
[yellow]LAYER;S;YELLOW;;$S=
[blǔe]LAYER;S;BLUE;;$S=
[green]LAYER;S;GREEN;;$S=
[0]LAYER;S;0;;$S=

[LASTMENU]$S=
[ROOTMENU]$S=S
```

Utilizando esta subsección de menú, puede escoger la capa que desee del menú de pantalla; AutoCAD actualiza la capa y usted puede regresar a la subsección de menú en la que estaba. Esto es mucho más rápido que utilizar el salir-del-entorno de AutoCAD. Cuando use esta técnica, el dibujo tiene que contener ya las capas referenciadas. Esta técnica trabaja mejor con capas que se encuentran en un dibujo prototipo.

Tome en cuenta la necesidad de los puntos y coma dobles en estas macros. AutoCAD necesita de un ↵ extra al final de la orden LAYER (CAPA) para restaurar el indicador de AutoCAD.

Puede componer fácilmente variaciones sobre este tema, tales como las siguientes:

```
[LayerOn]^C^C$S=LSON
[LayerOff]^C^C$S=LSOFF
```

Estas macros le llevan a las subsecciones de menú para, respectivamente, activar y desactivar las capas.

La siguiente es la subsección de menú para desactivar las capas (compárela con la subsección LSET):

```
**LSOFF 3
[red]LAYER;OFF;RED;;$S=
[yellow]LAYER;OFF;YELLOW;;$S=
[blue]LAYER;OFF;BLUE;;$S=
[green]LAYER;OFF;GREEN;;$S=

[0]LAYER;OFF;0;;$S=
[ALL]LAYER;OFF;*;;;$S=
[LayerOn]^C$S=LSON
```

```
[LASTMENU]$S=
[ROOTMENU]$S=S
```

Al lado de estas órdenes para activar capas individuales, observe la orden ALL (TODO) de la octava línea; desactiva todas las capas excepto la que está en vigor. La macro rotulada ALL puede decir qué capa está en vigor, porque la respuesta por defecto de AutoCAD al mensaje

```
Really want to turn the current layer off?
(Desea realmente desactivar la capa actual)
```

es No. Un ↵ extra se añade en esta macro como respuesta a este mensaje. El resultado es que la capa en vigor permanece, mientras que las demás desaparecen. La referencia a la subsección LSON se repite en esta presentación porque es conveniente.

La siguiente es la subsección LSON, que utiliza la misma técnica general:

```
**LSON 3
[red]^CLAYER;ON;RED;;$S=
[yellow]^CLAYER;ON;YELLOW;;$S=
[blue]^CLAYER;ON;BLUE;;$S=
[green]^CLAYER;ON;GREEN;;$S=

[0]^CLAYER;ON;O;;$S=
[ALL]^CLAYER;ON;*;;$S=
[LayerOff]^C$S=LSOFF
```

En cada una de estas subsecciones de menú capa, los nombres de las capas aparecen en la misma posición. Esto proporciona consistencia cuando se visualiza el menú y reduce la posibilidad de error.

Si tiene más capas de las que una sola subsección de menú puede acoger, incluya referencias de subsección adicionales rotuladas como *next* (siguiente) y *previous* (anterior). Los ejemplos de estas referencias pueden encontrarse en el Capítulo 4. En tal caso, podría desear alfabetizar los nombres de las capas o presentarlos con la más frecuentemente seleccionada primero y la menos seleccionada la última. Elija una distribución que le ayude a localizar los nombres de las capas lo más rápido posible.

Cuando utilice varias presentaciones de los nombres de las capas, quite $S= de la secuencia de órdenes en las sucesivas listas de los nombres de capas. En su lugar, muestre una referencia directa para subsecciones de menú originadas apropiadamente en cada subsección de menú, tales como

```
[DRAW]^C^C$S=DRAW
[EDIT]^C^C$S=EDIT
[ROOTMENU]^C^C$S=S
```

Usar la sintaxis $S= en las sucesivas listas de nombres de capas sólo hará que regrese a la lista anterior de nombres de capas, lo que no sería conveniente.

Subsecciones de menú para grabar secuencias de teclas

Listar nombres en las subsecciones de menú es una técnica aplicable a varias órdenes que necesiten que se tecleen nombres. Por ejemplo, lo siguiente es una secuencia de órdenes para la orden HATCH (SOMBREA). Esta llama a la orden e inmediatamente hace referencia a la subsección de menú HATCH:

```
[HATCH:]^CHATCH $S=HATCH
```

En el siguiente ejemplo, la referencia de la subsección se cambia a un rótulo de subsección personalizada:

```
[HATCH:]^C^CHATCH $S=HP
```

Cuando llama la orden HATCH (SOMBREA), el primer mensaje que se visualiza es

```
Pattern (? or name/U,style):
(Patrón (? o nombre/U,estilo):)
```

Mientras AutoCAD muestra este mensaje, la nueva subsección de menú, HP, lista los nombres favoritos del patrón de sombreado:

```
**HP 3
[angle ]angle;$S=HATCH
[brick ]brick;$S=HATCH
[concrete]concrete;$S=HATCH
[cork ]cork;$S=HATCH
[cross ]cross;$S=HATCH
[dots ]dots;$S=HATCH
[escher ]escher;$S=HATCH
[grate ]grate;$S=HATCH
[honeycmb]honey;$S=HATCH
[houndsth]hound;$S=HATCH
[net3 ]net3;$S=HATCH
[stars]stars;$S=HATCH
[triang]triang;$S=HATCH
[trihex]trihex;$S=HATCH
[tweed]tweed;$S=HATCH

[continue]$S=HATCH
[ROOTMENU]^C^C$S=S
```

Esta subsección facilita la selección desde un grupo de nombres de patrones de sombreado frecuentemente utilizados y elimina la necesidad de teclearlos. Cada nombre de patrón en la lista, incluye una referencia a la subsección de menú Hatch estándar; así pues, después de seleccionar el nombre, puede continuar con los mensajes restantes como de costumbre. En esta subsección se incluye además una referencia especial [continue], que le lleva a la subsección de menú Hatch sin hacer la selección desde la lista. Esto es necesario para aquellas ocasiones en las que el patrón deseado no aparece en la lista. Una referencia adicional cancela todo y le devuelve al menú raíz, en el caso de que seleccione la orden Hatch (Sombrea) accidentalmente.

Puede utilizar esta técnica para sustituir cualquier secuencia de órdenes que necesite repetidos tecleos de datos estándar, tales como los nombres de formas, visualizaciones guardadas y nombres de bloques.

Deshacer rápidamente

Si está utilizando la Versión 2.5 de AutoCAD o posteriores, tiene una forma rápida de recuperación cuando una orden sale mal accidentalmente. Puede colocar la sencilla macro UNDO siguiente, que deshará de modo inmediato, en todo su menú, la última secuencia de órdenes. Esta macro deshará incluso secuencias de macros complejas.

```
[UNDO]^C^CUNDO;;
```

Activar/desactivar el zoom rápidamente

He aquí dos sencillos pero extremadamente útiles «relampagueos», que se pueden utilizar con muchas órdenes para dibujar y editar:

```
[ZOOMIN]^C^CZOOM;W;\\
[ZOOMOUT]^C^CZOOM;P;
```

La primera cancela cualquier orden en vigor que pudiera estar activa y después llama la orden ZOOM. ZOOMIN continúa seleccionando la opción Window (Ventana) con una W, y después se detiene dos veces para que el usuario pueda marcar la ventana. ZOOMOUT lleva al usuario hasta el modo de visualización anterior. Puede añadir éstos a sus subsecciones de los menús de dibujo y edición, si le interesa. Pueden ahorrarle tiempo si realiza mucho la acción de activar/desactivar el Zoom.

Conforme vaya aumentando su experiencia con los menús personalizados, intente poner estas macros en su propia subsección de menú, similar a la subsección de menú X, lo mismo que combinar esta subsección de menú con varios menús breves de dibujo y edición.

ZOOMIN y ZOOMOUT son ejemplos de los mejores tipos de macros. Son rápidas, fáciles de ejecutar, y realizan un trabajo efectivo y que ahorra tiempo. Se dará cuenta de que, de todas maneras, las macros sencillas como éstas son más válidas que las macros especializadas y complejas.

Borrar la pantalla rápidamente

La siguiente macro borra todas las entidades visibles en un dibujo que mide horizontalmente 1.020 unidades de dibujo y verticalmente 780:

```
[ZAP]^C^CERASE;W;0,0;1020,780;;REDRAW;
[OOPS!!!]^C^COOPS;
```

Esta macro primero llama un borrado de ventana, y después hace referencia a las coordenadas del área de dibujo automáticamente. Esto entonces edita un nuevo dibujo. La orden OOPS (RECUPERA) de AutoCAD, puede restablecer la pantalla; así pues, es una valiosa macro de compañía.

El siguiente ejemplo es la variación más segura de ZAP:

```
[SAVE-ZAP]^C^CSAVE;;ERASE;W;0,0;1020,780;;REDRAW;
```

Esta macro tarda un poco más, pero la orden SAVE (GUARDA) antes de borrar la pantalla, seguido de dos ↵, primero guarda el dibujo en el disco con el nombre actual, y después limpia la pantalla.

La siguiente macro parará para aceptar un nombre, para que el archivo se guarde antes de que se limpie la pantalla:

```
[SAVE-ZAP]^C^CSAVE;\ERASE;W;0,0;1020,780;;REDRAW;
```

En ocasiones esta macro puede resultar bastante útil; por ejemplo, guardando una serie de dibujos sencillos con diferentes nombres de archivo y limpiando la pantalla automáticamente, puede crear rápidamente una serie de varios bloques escritos para sacar archivos de dibujo externos. Esto es mucho más rápido que utilizar las órdenes BLOCK (BLOQUE) y WBLOCK (BLADISCO).

Rotar las líneas en cruz del cursor

La macro siguiente rotará las líneas en cruz del cursor a cualquier ángulo específico de usuario, utilizando el punto 0,0 como el punto base de rotación:

```
[+ ANGLE]^C^CSNAP;R;0,0;\
```

Si rota las líneas en cruz del cursor hacia ángulos de referencia estándar, puede hacerlo colocando macros como las siguientes en su propia subsección de menú:

```
*CHRSHRS 3
[ ROTATE ]
[ CROSS ]
[ HAIRS ]

[ANG-10]^C^CSNAP;R;0,0;10;
[ANG-25]^C^CSNAP;R;0,0;25;
[ANG-30]^C^CSNAP;R;0,0;30;
[ANG-45]^C^CSNAP;R;0,0;45;
[ANG-60]^C^CSNAP;R;0,0;60;
[ANG-80]^C^CSNAP;R;0,0;80;
```

La siguiente macro restablece rápidamente las líneas en cruz del cursor a su posición normal:

```
[+ RESET]^C^CSNAP;R;0,0;0;
```

Macros de procesador de texto

Si ya ha modificado ACAD.PGP para incluir una orden que llame a su procesador de textos (como se vio en el Capítulo 1), las macros siguientes harán el uso de esta orden más fácil:

```
[WORDPROC]^C^CWP;
```

La palabra WORDPROC aparecerá en el área de menú de la pantalla. La secuencia de órdenes cancela cualquier orden en vigor y obtiene como resultado la orden para acceder al procesador de textos (en este caso WP).

Si su procesador de textos permite nombres de documentos en la línea de órdenes, la siguiente variación en esta macro ayuda a editar CUSTOM.MNU:

```
[EDITMENU]^C^CWP;CUSTOM.MNU;MENU;CUSTOM;
```

Esta macro llama a la orden WP seguida inmediatamente de la respuesta para la petición «File to Edit?» (¿Archivo a editar?). Entonces, una vez que haya regresado al editor de dibujo, la macro vuelve a donde lo dejó, llamando a la orden MENU seguida del nombre del menú. Usando esta macro puede completar todo el ciclo de edición con una sencilla selección de menú.

Si su orden del procesador de textos no permite nombres de archivos en la línea de órdenes, la siguiente macro ayudará cuando edite CUSTOM.MNU:

```
[EDITMENU]^C^CWP;MENU;CUSTOM;
```

Macros que ayudan al proceso de edición

El proceso de edición en AutoCAD conlleva frecuentemente varias órdenes en secuencia —seleccionar la orden de edición, seleccionar el objeto (y a veces seleccionar los medios por los que los objetos se pueden seleccionar para edición)—, más varios parámetros de edición que tienen que especificarse después de completar el proceso de selección. Cuando desarrolle su propio estilo para usar AutoCAD, se dará cuenta de que ciertas secuencias de órdenes se repiten. Estas secuencias repetidas pueden y deben combinarse dentro de las macros.

Macros de selección rápida

La siguiente macro del menú estándar de AutoCAD llama la orden ERASE (BORRA) y hace referencia a la subsección Erase:

```
[ERASE:]^C^CERASE;$S=ERASE
```

Si a menudo selecciona objetos para borrar por medio de una ventana, o si a menudo desea borrar el último objeto dibujado, las macros siguientes le ahorrarán una considerable cantidad de tiempo. Pueden añadirse debajo de la orden ERASE (BORRA) estándar de su menú personalizado:

```
[ window]^C^CERASE;W;\\;
[ last]^C^CERASE;L;;
```

Estas macros no hacen referencia a la subsección Erase, porque no es necesario. En su lugar, llaman con la orden al mecanismo de selección deseado. Si selecciona

```
window
```

vuelve a la pantalla y puede ver en ventana los objetos que desea borrar, que desaparecerán inmediatamente. Si selecciona

```
last
```

la última entidad dibujada desaparecerá de la pantalla inmediatamente.

Puesto que ambas macros producen objetos seleccionados para que desaparez-can de la pantalla inmediatamente, requieren un poco de cuidado. Si alguna vez borra más de lo que pretendía, las órdenes OOPS (RECUPERA) o UNDO (RE-VOCA) invertirán el efecto de estas macros.

Observe que los dos puntos y coma son necesarios después de L (por last); in-dican la secuencia extra de ↵, que se necesita para finalizar el proceso de selección del objeto. Resulta fácil olvidar estos caracteres extra.

Las siguientes macros aplican el mismo principio a las órdenes MOVE (DES-PLAZA) y COPY (COPIA):

```
[COPY:]^C^CCOPY;$S=COPY
[ window]^C^CCOPY;W;\\;\\
[ last]^C^CCOPY;L;;\\

[MOVE:]^C^CMOVE;$S=MOVE
[ window]^C^CMOVE;W;\\;\\
[ last]^C^CMOVE;L;;\\
```

Las barras invertidas extra de estas macros, paran y aceptan la introducción por parte del usuario de los puntos de desplazamiento. Las palabras presentadas:

```
window
```

y

```
last
```

están sangradas dentro de los corchetes cuando se añaden debajo de las versiones estándar de estas órdenes, para mejorar el aspecto de la pantalla. La Figura 5.1 muestra la forma en la que estas adiciones podrían aparecer en el menú persona-lizado.

Si está utilizando AutoCAD Versión 2.18 o anteriores, puede añadir sintaxis a estas macros que llamarán automáticamente a la característica de arrastre diná-mico, como se puede ver en las líneas siguientes:

```
[ window]^C^CCOPY;W;\\;\DRAG;\
[ last]^C^CCOPY;L;;\DRAG;\

[ window]^C^CMOVE;W;\\;\DRAG;\
[ last]^C^CMOVE;L;;\DRAG;\
```

Observe que DRAG; aparece inmediatamente después de la barra invertida que permite al usuario seleccionar el punto base de desplazamiento. Una pulsación de ↵, en forma de punto y coma, es necesaria después de la palabra DRAG para cambiar al modo de dibujo de AutoCAD.

En la Versión de AutoCAD 2.5 y posteriores, las órdenes tales como COPY (COPIA) o MOVE (DESPLAZA) arrastran automáticamente, por defecto. Si lo desea, puede incluir todavía la sintaxis DRAG; en la macro, pero no tendrá ningún efecto visible.

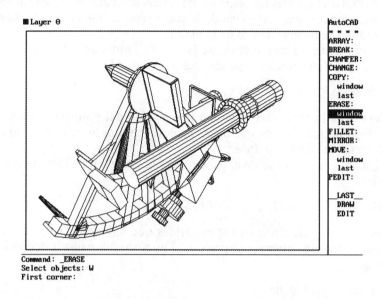

Figura 5.1. Un menú personalizado que incluye macros de edición.

Macros que combinan órdenes para dibujo y edición

La siguiente macro dibuja un segmento de línea y después hace una copia de éste inmediatamente (ayuda a dibujar líneas paralelas):

```
[PARALINE]^C^CLINE;\\;COPY;L;;\\
```

Esto combina algunas órdenes no relacionadas. Después de la cancelación estándar, se llama la orden LINE (LINEA) y se insertan dos barras invertidas, para que el usuario introduzca los puntos de los extremos de la línea. Entonces la orden COPY (COPIA) se llama, y la opción L (por last) se selecciona automáticamente. A continuación, una secuencia extra de ⏎ le dice a AutoCAD que no es necesaria ninguna selección más. Finalmente, la macro se detiene para obtener del usuario los puntos de desplazamiento. Esta macro puede parecer bastante rápida si está acostumbrado a realizar este proceso saliendo del entorno AutoCAD.

Si está usando la Versión 2.18 de AutoCAD o anteriores, puede llamar a la opción de arrastre dinámico, como se ve en la siguiente macro:

```
[PARALINE]^C^CLINE;\\;COPY;L;;\DRAG;\
```

Si está usando la Versión 2.5 de AutoCAD o posteriores, puede volver a trabajar la macro usando la orden OFFSET (EQDIST) de AutoCAD:

```
[WALL]^C^CLINE;\\;$S=OFFSET;OFFSET;
```

Esta macro dibujará un solo segmento de línea e inmediatamente llamará a la orden OFFSET (EQDIST). Cuando la macro finaliza después de llamar a la orden

OFFSET (EQDIST), todas las opciones de orden normales se indicarán como de costumbre, así pues, una referencia de la subsección de menú para la subsección de menú Offset se incluye dentro de la macro.

La macro siguiente saca partido de la opción multi-copia de la orden COPY (COPIA) en las Versiones 2.5 y posteriores de AutoCAD:

```
[MANYLINE]^C^CLINE;\\;COPY;L;;M;
```

Observe que la macro termina con la selección del punto base de desplazamiento. Esto permite al usuario hacer cualquier número de copias inmediatamente después de dibujar la línea.

La siguiente variación sobre el tema utiliza la inserción de bloques con múltiples copias:

```
[MANYBLKS]^C^CINSERT;\\\\\COPY;L;;M;
```

Observe la serie de cinco barras invertidas que hay después de la orden INSERT. Estas barras invertidas permiten que el usuario realice una introducción para seleccionar

- El nombre del bloque.

- El punto de inserción.

- El factor de la escala X.

- El factor de la escala Y.

- El ángulo de rotación.

Las cinco barras invertidas son necesarias. Ninguna ↵ es necesaria para terminar la orden INSERT, así pues, la orden COPY (COPIA) se obtiene como resultado inmediatamente después de las cinco barras invertidas, seguidas de la opción L (por last), de la ↵ extra final y de la opción M (para múltiple). La macro termina después de la selección de la opción M, así el usuario es libre de seleccionar tantas copias del bloque insertado como necesite.

Macros que combinan órdenes de edición y presentación

Cualquier serie de órdenes y de referencias de AutoCAD pueden combinarse dentro de las macros, no sólo aquéllas relacionadas de forma intuitiva. En los siguientes ejemplos las órdenes de edición y de presentación se combinan, eliminando la necesidad de desplazarse por los menús de pantalla.

Limpiar las esquinas

Después de dibujar algunos conjuntos de intersecciones de líneas paralelas, puede usar las macros para ayudar a la limpieza de las esquinas. La macro siguiente utiliza la orden FILLET (EMPALME), para limpiar una sola esquina formada por un conjunto de intersecciones de líneas paralelas. Esta funciona con las versiones de

AutoCAD que tienen la posibilidad OSNAP (REFENT). En la Versión 12, la macro se parece a esto:

```
[CORNER1]^C^CFILLET;R;0;;C;INT;\INT;@;;C;INT;\INT;@;
```

En versiones anteriores toma la siguiente forma:

```
[CORNER1]^C^CFILLET;R;O;;INT;\@;;INT;\@;
```

Las Figuras 5.2 y 5.3 muestran cómo podría trabajar esta orden. Esta macro pone el radio del empalme a cero de forma automática, sólo en el caso de que no estuviera a cero todavía. Entonces la macro repite la orden FILLET (EMPALME) por medio de un ⏎ extra. A continuación, se llama OSNAP (REFENT) INTER, y una barra invertida detiene la macro para que el usuario seleccione una intersección. Una vez que se haya seleccionado la intersección, automáticamente AutoCAD reselecciona el mismo punto para completar el empalme, utilizando el símbolo @, que hace referencia al último punto seleccionado. La orden FILLET (EMPALME) se vuelve a llamar por medio de un ⏎ extra, y el proceso se repite, empalmando la segunda intersección.

Si necesita empalmar líneas que intersecan, puede hacerlo usando una macro ligeramente diferente. La siguiente macro trabajará para ambas líneas de pared intersecadas y no-intersecadas, pero esto necesita dos extremos de línea por empalme, cuatro extremos en total.

```
[CORNER2]^C^CFILLET;R;0;;NEAR;\NEAR;\;NEAR;\NEAR;\
```

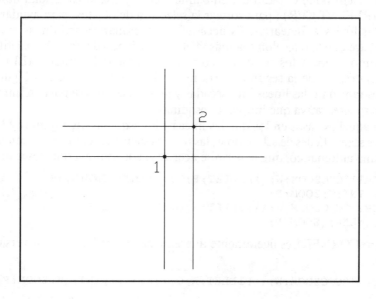

Figura 5.2. Selección de puntos para la macro de limpieza CORNER1.

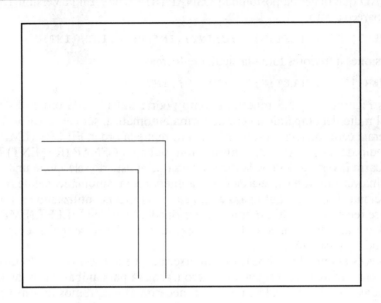

Figura 5.3. La esquina después de ejecutar la macro de limpieza.

Esta macro pone el radio del empalme a cero y usa la capacidad de OSNAP NEAR (REFENT CER), para sortear la selección de objetos, para ayudar a seleccionar las líneas y fileteralas. Es necesario seleccionar cuatro líneas, pero Near (Cerca) hace que la selección sea más fácil, no exigiendo demasiada exactitud. Observe cómo se usan los puntos y comas para repetir la orden FILLET (EM-PALME) después de la segunda barra invertida en esta macro. Las Figuras 5.4 y 5.5 muestran cómo las líneas intersecadas y no intersecadas se pueden unir usando esta macro alternativa que limpia las esquinas.

Para aquellos casos en los que las líneas y las esquinas estén juntas y las intersecciones sean difíciles de seleccionar, las macros siguientes comienzan con un zoom de ventana automático, que le permite acercarse a la esquina que desee limpiar:

```
[CORNER1]^C^CZOOM;W;\\FILLET;R;O;;C;INT;\INT;@;;+
C;INT;\INT;@;ZOOM;P;
[CORNER2]^C^CZOOM;W;\\FILLET;R;O;;NEAR;\NEAR;\+
;NEAR;\NEAR;\ZOOM;P;
```

La macro CORNER1 es ligeramente diferente en la Versión 11 y en versiones anteriores:

```
[CORNER1]^C^CZOOM;W;\\FILLET;R;O;;INT;\@;;INT;\@;ZOOM;P;
```

Cuando terminan, estas macros vuelven automáticamente a la visualización anterior.

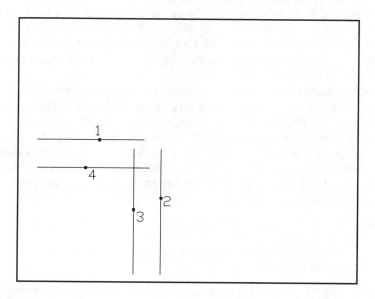

Figura 5.4. Limpieza de las líneas de pared intersecadas y no intersecadas con una macro.

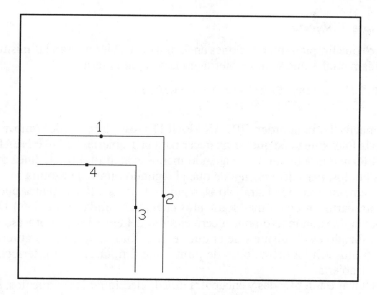

Figura 5.5. Los resultados de la limpieza usando CORNER2.

Al editar un dibujo amplio y complejo, tal vez desee utilizar, sólo en ocasiones, la posibilidad zoom de estas macros. En ese caso, en lugar de colocar los zooms dentro de la ventana, puede colocar las macros ZOOMIN y ZOOMOUT (presentadas con anterioridad en este capítulo) en la misma subsección de menú, como sus macros para limpiar esquinas. Con esta configuración, puede hacer zoom como desee, o no utilizarlo en absoluto.

Una aproximación alternativa para seleccionar objetos en un dibujo complejo, es reducir el tamaño del cuadro de abertura Osnap de forma temporal. Use la orden APERTURE (ABERTURA) de AutoCAD en la macro para reducir la abertura temporalmente y después restáurela de nuevo a la normalidad.

Las macros siguientes demuestran este principio. Suponen que el tamaño actual de abertura Osnap es de diez píxeles; reducen temporalmente el tamaño de abertura a cinco, ejecutan la macro normalmente, y después restituyen el anterior tamaño de diez píxeles de abertura:

```
[CORNER1]^C^CAPERTURE;5;FILLET;R;0;;C;INT;\INT;@;;+
C;INT;\INT;@;APERTURE;10;
[CORNER2]^C^CAPERTURE;5;FILLET;R;0;;NEAR;\NEAR;\+
;NEAR;\NEAR;\APERTURE;10;
```

En la Versión 11 y en versiones anteriores, CORNER1 parece ligeramente diferente:

```
[CORNER1]^C^CAPERTURE;5;FILLET;R;0;;INT;\@;+
;INT;\@;APERTURE;10;
```

Tal vez quiera experimentar con diferentes valores de tamaños.

Limpiar una T abierta

Las macros que limpian intersecciones en forma de T abierta, usan las mismas técnicas fundamentales que se describieron en la sección anterior.

```
[OPEN-T]^C^CBREAK;NEAR;\@;FILLET;R;0;;+
C;INT;\INT;@;;C;INT;\INT;@;
```

Esta macro llama la orden BREAK (PARTE), así pues, puede romper el segmento de la línea que tiene que desaparecer para la T abierta. OSNAP NEAR (REFENT CER) ayudará de nuevo, exigiendo menos exactitud. En esta línea se necesitan dos puntos, pero dése cuenta de que al segundo punto de ruptura se le llama automáticamente usando el símbolo @, seguido de un ↵. (Esta técnica puede utilizarse para partir en dos o más segmentos cualquier entidad rompible.) Después de romper la línea, la macro pone a cero el radio del empalme. El proceso de empalmar utilizado es el mismo que el que se describió en la sección anterior. La Figura 5.6 muestra las selecciones de punto que limpiarán una intersección en forma de T abierta.

Si sus líneas están pegadas y encuentra difícil seleccionar los segmentos, incluso usando OSNAP (REFENT), podría añadir fácilmente los zooms o cambiar el tamaño de la abertura como se describió en la sección anterior. En los siguientes

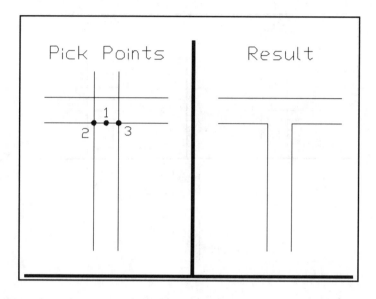

Figura 5.6. Limpieza de una T abierta con una macro.

ejemplos, la macro de T abierta se repite, la primera vez usando zooms añadidos y la segunda vez con cambios de abertura añadidos:

```
[OPEN-T]^C^CZOOM;W;\\BREAK;NEAR;\@;FILLET;R;0;;+
C;INT;\INT;@;;C;INT;\INT;@;ZOOM;P;
[OPEN-T]^C^CAPERTURE;5;BREAK;NEAR;\@;FILLET;R;0;;+
C;INT;\INT;@;;C;INT;\INT;@;APERTURE;10;
```

Observe que ambas macros usan el signo de sumar para unir la secuencia de órdenes con la línea de texto de abajo.

Limpiar una intersección en cruz

Las siguientes dos macros limpian una intersección en forma de cruz abierta. El primer ejemplo trabajará en la Versión 2.5 y posteriores de AutoCAD.

```
[CROSS]^C^CTRIM;C;\\;NEAR;\NEAR;\NEAR;\NEAR;\;
```

Esta macro combina la orden TRIM (RECORTA) con la opción de ventana cruzada, para seleccionar cuatro líneas de pared. Según esto, un toque en cada segmento de línea interno hace que desaparezcan. El punto y coma final en la macro termina el proceso de selección TRIM (RECORTA), puesto que no es necesario seleccionar más puntos. La Figura 5.7 muestra las selecciones de punto que la macro necesita.

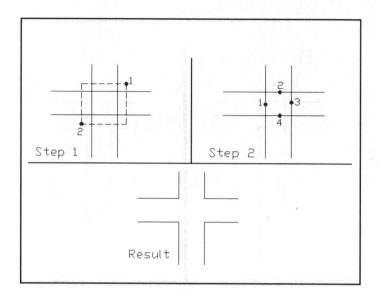

Figura 5.7. Limpieza de una intersección en cruz abierta.

En los siguientes ejemplos se repite la misma macro, una vez usando zooms añadidos, y una segunda vez usando cambios de abertura añadidos:

```
[CROSS]^C^CZOOM;W;\\TRIM;C;\\;NEAR;\NEAR;+
\NEAR;\NEAR;\;ZOOM;P;
[CROSS]^C^CAPERTURE;5;TRIM;C;\\;NEAR;\NEAR;+
\NEAR;\NEAR;\;APERTURE;10;
```

Macros para operaciones de bloques

La inserción de bloques usa siempre numerosas órdenes, requiriendo un nombre de bloque y unos parámetros de inserción. Las macros pueden resultar de gran ayuda a este respecto, como demuestran los ejemplos en esta sección.

Inserción de bloques

Las macros son de gran ayuda a la hora de insertar bloques o formas estándar. El ejemplo siguiente muestra una subsección rotulada Furn, que contiene unas cuantas macros que insertan bloques. Este ejemplo supone que el archivo de dibujo contiene algunos bloques nombrados para unos cuantos muebles estándar (door1, window, sofa, table y chair). Sustitúyalos con sus propios nombres de bloques para usar estas macros:

```
**FURN 3
[doorl]^C^CINSERT;doorl;NEAR;
[window]^C^CINSERT;window;
[sofa]^C^CINSERT;sofa;
[table]^C^CINSERT;table;
[chair]^C^CINSERT;chair;
```

La primera macro presenta el nombre del bloque, door1, en la pantalla. Se llama la orden INSERT y el bloque door1 se deletrea dentro de la secuencia de órdenes, como si lo introdujera por el teclado. OSNAP NEAR (REFENT CER) asegura que la puerta está localizada en un punto de la línea de pared. Los factores de escala X e Y se arrastran automáticamente, pero si lo desea, puede introducir valores exactos para las dimensiones de la puerta.

El bloque door1 usa mucho la misma técnica de hacer a escala que usamos en el Capítulo 3. Cuando el bloque se creó originalmente, se dibujó para medir unidad por unidad de dibujo. El bloque puede verse en la Figura 5.8.

Esta es una puerta muy pequeña, pero también muy fácil para escalarla a una variedad de anchos de puerta. Por ejemplo, usando esta puerta de una unidad si pone las escalas X e Y a 32, insertará una puerta de 32 pulgadas. Después si usa las escalas X e Y a 28, insertará una puerta de 28 pulgadas. Los diferentes factores de escala darán siempre el resultado en un número igual a las pulgadas de la puerta cuando se inserte el bloque. Este proceso puede verse en la Figura 5.9.

Una vez que se haya insertado la puerta, se puede rotar a cualquier ángulo.

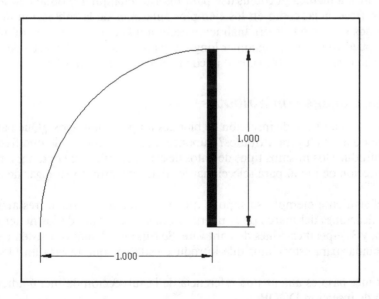

Figura 5.8. El bloque door1 con dimensionamiento añadido.

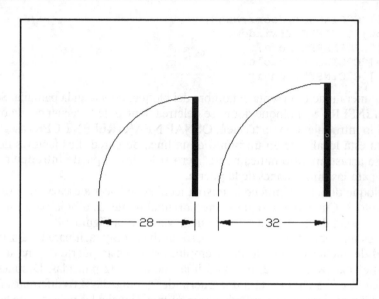

Figura 5.9. El bloque door1 a escalas de 28 y 32 pulgadas.

Siempre que inserte door1 usando esta macro, podrá elegir entre arrastrar la rotación del bloque o introducir con el teclado el ángulo exacto de la pared.

Esta misma técnica puede usarse para insertar cualquier bloque al que se recurra con frecuencia, como en los ejemplos anteriores de la subsección de menú Furn. Todos estos bloques originalmente están unidad por unidad de dibujo; por lo tanto, puede introducir cualquier longitud y anchura específicas que desee. Los bloques chair (sillón) y table (mesa) pueden verse en la Figura 5.10

Insertar bloques con atributos

Puede llevar esta rutina de inserción de bloques un poco más lejos. ¿Qué pasaría si el bloque door1 incluyera atributos? Suponga que se da cuenta de que frecuentemente introduce los mismos tipos de datos de atributo. ¿Por qué entonces, no usar una subsección de menú para seleccionar los datos de atributo en lugar de teclearlos?

En el siguiente ejemplo se supone que el bloque door1 tiene tres atributos: 1) especificaciones del marco de la puerta; 2) especificaciones de los materiales de la puerta, y 3) especificaciones de hardware. Se supone además que usted tiene códigos estándar para estos datos que introduce cada vez que inserta un bloque de puerta.

El primer paso es añadir una referencia de la subsección de menú adicional a la macro de inserción DOOR:

```
[DOOR]^C^CINSERT;door1;NEAR;\\\\$S=DSPECS
```

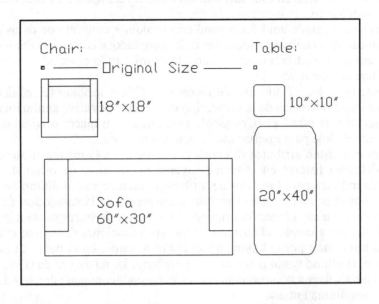

Figura 5.10. Los bloques de mobiliario, a tamaño original y escalados.

Ahora la macro inserta la puerta e inmediatamente hace referencia a una nueva subsección de menú llamada Dspecs. Esta nueva subsección de menú podría parecerse algo a la siguiente:

```
**DSPECS 3
[Hardw:]
[BRASS]brass;
[ALUMINUM]aluminum;
[STAINLSS]stainless steel;
[Door:]
[ALUMINUM]Aluminum;
[OAK]Oak;
[MAPLE]Maple;
[PLYWOOD]Plywood;
[Frame:]
[ALUMINUM]Aluminum;
[OAK]Oak;
[MAPLE]Maple;
[PINE]Pine;
[FURNMENU]^C^C$S=FURN
```

Este menú le permite seleccionar especificaciones estándar con respecto al hardware de la puerta, a las especificaciones del material y a las especificaciones del marco. Usted usará simplemente su puntero para resaltar el atributo específico que desee aplicar a cualquier puerta particular y seleccionarlo. Los datos estándar se introducen en cada atributo sin teclear. La Figura 5.11 muestra el proceso ya completado.

La técnica ilustrada aquí funcionará con cualquier conjunto de datos de atributo estándar, que cualquier bloque lleve. Si algún bloque contuviera datos de atributo no estándar, podría introducir estos datos utilizando el teclado y desplazándolos al atributo siguiente.

En este ejemplo, cuando ha seleccionado el último atributo (especificaciones del marco), una referencia de la subsección de menú le devuelve automáticamente a la subsección de menú Furn original, que contiene su macro original de inserción, disponiéndole para insertar más bloques si lo desea.

Cuando se listen atributos diferentes del bloque en la misma subsección de menú, deberían listarse en el orden inverso de su montaje original, porque AutoCAD indicará para los datos de atributo comenzar por el último atributo y terminar por el primero. Querrá incluir la referencia de la subsección de menú, que le devuelva a su subsección original sólo después de su respuesta a la última petición. En este ejemplo, el atributo de las especificaciones del marco era el primer atributo creado por el bloque dooor1. Por lo tanto, en el menú de datos de atributo, es el último conjunto de datos de atributo. La referencia de la subsección de menú para volver a la subsección Furn viene inmediatamente después de la respuesta a esta última entrada.

A veces puede que necesite colocar una serie de datos de atributo en más de una subsección del menú. Esto está bien; incluya simplemente la apropiada referencia de la subsección de menú en cualquier línea de datos de atributo que lo necesite.

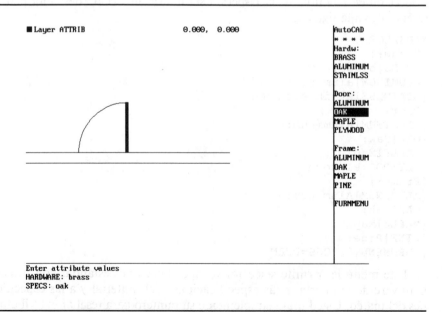

Figura 5.11. Selección de atributos a partir de un menú de pantalla.

Al final de cada subsección de menú de datos de atributo, asegúrese de incluir una referencia independiente de la subsección de menú, que no inserte datos de atributo, sino que haga simplemente referencia a la siguiente subsección de menú. Esta técnica es como la de las referencias «siguiente» y «anterior» que vio antes. De este modo, el usuario será capaz de desplazarse a través de la estructura del menú, incluso cuando introduzca datos no estándar desde el teclado. Además es digno de consideración incluir una referencia independiente para el menú original de inserción de bloques en cada subsección de menú de datos de atributo, en caso de que decida cancelar el proceso completamente.

Finalmente, observe que los puntos y coma que siguen a los datos de atributo no son opcionales; son necesarios. Puesto que AutoCAD permite espacios para que sean considerados como parte de los datos de atributo, el procesador del menú no leerá los espacios como caracteres ↵. El punto y coma es considerado siempre un ↵, cuando aparece en cualquier secuencia de órdenes de menú. También es por esto por lo que no puede incluir un punto y coma como parte de los datos de atributo estándar, a menos que se salte el menú y los introduzca por el teclado.

Edición alrededor del bloque insertado

Una vez que la puerta se haya colocado en la línea de pared, puede usar otra macro para ayudar a ajustar la pared en torno a la puerta:

```
[TRIMDOOR]^C^CLINE;INT;\PERP;\;;+
INT;\PERP;\;TRIM;\\;\\;
```

Esta macro puede parecer complicada, pero sólo combina técnicas que ya ha visto. Primero, llama a la orden LINE (LINEA) para dibujar dos cortos segmentos de línea perpendiculares a las líneas de pared originales. OSNAP (REFENT) INT ayuda a encontrar un punto en una línea de pared, y PERP ayuda a localizar el punto perpendicular en la línea opuesta de la pared. Este proceso se repite; de ahí los dos puntos y coma antes del segundo INT: el primero finaliza la orden LINE (LINEA), y el segundo lo repite. La Figura 5.12 muestra el proceso.

Después de que las líneas se hayan dibujado, la macro utiliza la orden TRIM (RECORTA). En primer lugar los dos pequeños segmentos de línea son seleccionados por el usuario como límites de corte. Entonces los segmentos de línea de pared se seleccionan y se recortan.

Como con las macros anteriores, puede añadir zooms o cambios del tamaño de abertura para hacer más fácil el proceso de selección:

```
[TRIMDOOR]^C^CZOOM;W;\\LINE;INT;\PERP;\;;+
INT;\PERP;\;TRIM;\\;\\;ZOOM;P;
[TRIMDOOR]^C^CAPERTURE;5;LINE;INT;\PERP;\;;+
INT;\PERP;\;TRIM;\\;\\;APERTURE;10;
```

Otras macros de edición y presentación

En la Versión 9 de AutoCAD y posteriores, el proceso de cambiar el color de una entidad y/o el grosor, es un ejemplo de una necesidad de edición que conlleva el

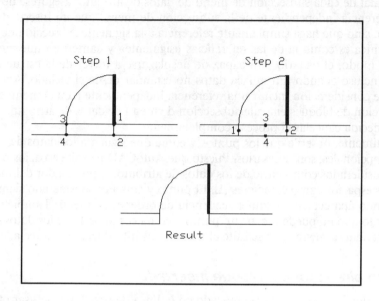

Figura 5.12. Recorte de la pared en torno a la puerta.

avanzar a través de una serie de opciones de órdenes. Las siguientes macros le permiten cambiar el color o el grosor de una entidad individual, seleccionando en primer lugar la entidad, e inmediatamente después introduciendo un nuevo valor:

```
[NEWCOLOR]^C^CCHPROP;\;C;\;
[THICKEN]^C^CCHPROP;\;TH;\;
```

Si desea cambiar un grupo entero de entidades de esta manera, puede añadir un mecanismo de selección de ventana para estas macros como sigue a continuación (para una ventana cruzada, sustituya la letra C por W):

```
[NEWCOLOR]^C^CCHPROP;W;\\;C;\;
[THICKEN]^C^CCHPROP;W;\\;TH;\;
```

Siempre que haga cambios globales como éstos, podrá modificar más entidades de las que pretendía. Sería de gran ayuda mantener la macro UNDO cerca, para revocar los resultados de cualquier error de edición.

Las siguientes macros demuestran además el principio de que las macros pequeñas diseñadas para hacer cosas simples (en este caso, acelerar las ediciones sencillas que traen consigo las opciones de orden), pueden ser a veces de más ayuda. Estas macros instantáneamente convierten una polilínea seleccionada en una curva «splin» o en una curva de ajuste. Cuando llame a estas macros, simplemente seleccione la polilínea, y la curva apropiada se dibujará inmediatamente:

```
[S-CURVE]^C^CPEDIT;\S;;
[F-CURVE]^C^CPEDIT;\F;;
```

Una macro similar deshará la curva:

```
[UNCURVE]^C^CPEDIT;\D;;
```

En la Versión 10 de AutoCAD y en versiones posteriores, la gestión del Sistema de Coordenadas del Usuario (UCS) correcto es de máxima prioridad. La macro siguiente cambiará el Sistema de Coordenadas del Usuario para cualquier entidad existente:

```
[UCS PICK]^C^CUCS;E;\
```

La siguiente macro le devolverá rápidamente a la vista del plano del sistema de coordenadas mundial:

```
[GO HOME]^C^CSETVAR;ELEVATION;0;UCS;W;PLAN;;
```

Si establece un conjunto estándar de Sistemas de Coordenadas de Usuario con nombre en sus dibujos (vía ACAD.DWG o vía un menú personalizado unido a un dibujo particular), puede poner estos Sistemas de Coordenadas de Usuario nombrados en un submenú especial, como en el ejemplo siguiente, que supone la existencia de Sistemas de Coordenadas de Usuario llamados Left, Right, Front, Back, Top y Bottom:

```
***UCSNAMES 3
[USER]
[COORD.]
[SYSTEMS]
[LEFT]^C^CUCS;R;LEFT;
[RIGHT]^C^CUCS;R;RIGHT;
[FRONT]^C^CUCS;R;FRONT;
[BACK]^C^CUCS;R;BACK;
[TOP]^C^CUCS;R;TOP;
[BOTTOM]^C^CUCS;R;BOTTOM;
```

La siguiente macro establece rápidamente el punto de origen del actual UCS para cualquier punto que el usuario seleccione:

```
[ORIG-PT]^C^CUCS;ORIGIN;\
```

Las siguientes macros activan y desactivan el icono UCS:

```
[ICON-ON]^C^CUCSICON;ON;
[ICON-OFF]^C^CUCSICON;OFF;
```

La macro siguiente desplaza el icono UCS a la esquina inferior izquierda de la pantalla (sin tener en cuenta el origen):

```
[ICON-LL]^C^CUCSICON;N;
```

La siguiente macro desplaza el icono UCS al punto de origen:

```
[ICON-ORG]^C^CUCSICON;OR;
```

Las siguientes macros giran el actual Sistema de Coordenadas de Usuario 30 grados a lo largo del eje seleccionado. Reseleccionar una macro incrementa la rotación. Si ha configurado AutoCAD para incrementar las medidas del ángulo en una dirección contraria a las agujas del reloj, el valor positivo girará el Sistema de Coordenadas de Usuario en dirección contraria a la de las agujas del reloj; el valor negativo girará siguiendo la dirección de las agujas del reloj. Puede sustituir cualquier grado del ángulo de rotación que desee. Estas macros se ejecutarán de forma más eficaz si, en primer lugar, desactiva la presentación de la retícula. Intente seleccionar estas macros repetidamente mientras el icono UCS se ve en la pantalla:

```
[UCS-X+30]^C^CUCS;X;30;
[UCS-Y+30]^C^CUCS;Y;30;
[UCS-Z+30]^C^CUCS;Z;30;
[UCS-X-30]^C^CUCS;X;-30;
[UCS-Y-30]^C^CUCS;Y;-30;
[UCS-Z-30]^C^CUCS;Z;-30;
```

CAPITULO SEIS

Introducción a AutoLISP

AutoLISP es un lenguaje de programación utilizado para escribir instrucciones llevadas a cabo por AutoCAD. A un conjunto de instrucciones escritas en AutoLISP se le llama rutina LISP. Las rutinas están contenidas en archivos ASCII llamados archivos LISP. Los archivos LISP pueden tener cualquier nombre que sea válido en DOS, y por convención tienen la extensión de archivo LSP.

Si es un usuario de AutoCAD, lo opuesto a un desarrollador de aplicaciones AutoCAD, AutoLISP es su más potente herramienta para optimizar la ejecución de AutoCAD. Le habilita para «automatizar» AutoCAD incluso más allá de lo que puede llevar a cabo usando macros. Las rutinas AutoLISP tienen muchas aplicaciones posibles, incluida la creación de nuevas y únicas órdenes AutoCAD, la inserción de funciones especiales para dibujar y para calcular en las macros de menú personalizadas, y el desarrollo de aplicaciones que automáticamente llevan a cabo análisis detallados de gráficos y de dibujos dentro del editor de dibujos de AutoCAD.

Las rutinas LISP pueden calcular rápidamente y analizar datos utilizados para generar entidades de dibujo en la pantalla del monitor. Estas analizan las entidades de dibujo existentes o crean nuevas llamando directamente a las órdenes de AutoCAD. Las entidades creadas por las rutinas LISP son iguales a cualquier otra creada por el usuario, sólo que con AutoLISP el proceso es más rápido y más fácil. Las rutinas LISP potencian la producción de dibujos complejos, y eliminan además selecciones de menú innecesarias y entradas repetitivas desde el teclado.

Puesto que AutoLISP es un pequeño lenguaje y de alcance limitado, es fácil de aprender para los no-programadores, quienes al aprender AutoLISP sólo necesitan los conceptos más básicos de programación; por ejemplo, almacenar datos durante el proceso con variables de memoria; procesar datos en una serie de pasos secuenciales; organizar etapas dentro de una rutina definiendo nuevas funciones; elegir entre pasos alternativos (ramificar), y repetir una secuencia de pasos hasta que se encuentre una condición específica (bucles).

Además, AutoLISP trabaja sólo dentro de AutoCAD. Esto significa que el proceso de diseño, y de búsqueda y corrección de errores en una rutina AutoLISP se

129

hace considerablemente más fácil y más rápido por la naturaleza robusta del entorno AutoCAD en el que se realiza.

¿Es ventajoso aprender AutoLISP? Puede que sí. Una pequeña rutina LISP que puede llevarle 10 horas de desarrollo a un principiante, puede ahorrarle varios minutos de dibujo por día, y amortizarse muy rápido, en términos de incremento de la productividad y de una más alta calidad del producto.

Es cierto que programar puede ser a veces frustrante. A menudo el desarrollo de una rutina AutoLISP está marcado por un proceso laborioso de *depuración*, deshaciéndose de los problemas que interfieren en la capacidad de la rutina para conseguir los resultados esperados. La solución a un problema puede revelar otro problema que estuviera debajo. Un programa tal vez tenga que ser comprobado varias veces antes de que se ejecute correctamente. Este proceso, no obstante, es aún irresistiblemente ventajoso para que los usuarios de todos los días aprovechen la potencia de AutoLISP.

Planificación de una rutina AutoLISP

Una vez que haya aprendido la *sintaxis*, o las reglas del lenguaje, de AutoLISP, las rutinas LISP son bastante fáciles de crear y de modificar con su procesador de textos. Sin embargo, una rutina LISP de gran ayuda tiene que pensarse muy bien con antelación.

El proceso de desarrollo de una rutina LISP es similar al de desarrollo de una macro de menú personalizada. En este sentido, una rutina LISP es, en realidad, una macro compleja. Las instrucciones contenidas en una rutina LISP se ejecutan secuencialmente; trabajan unas sobre lo realizado por otras, los resultados de las instrucciones anteriores son usadas para llevar a cabo las instrucciones subsiguientes. Una rutina LISP, sin embargo, puede manejar conjuntos de instrucciones más sofisticados que una sencilla macro.

Como en el desarrollo de una macro, el primer paso al escribir cualquier rutina LISP es sentarse con un papel y un lápiz y describir en español qué es exactamente lo que quiere que haga la rutina LISP. Este ejercicio es extremadamente importante para ahorrarle tiempo y prevenir los errores. Le ayuda a organizar sus pensamientos y deseos, y dirigiéndose a él con posterioridad, puede seguir manteniendo la pista mientras resuelve los detalles. Los programadores se refieren a esta versión de una rutina en español puro como *pseudocódigo*. Es simplemente una buena organización; ningún otro paso tan sencillo le ahorrará más tiempo o prevendrá más errores.

Cuando desarrolle el pseudocódigo para su rutina LISP debería recorrer el proceso manualmente desde el teclado, tanto como sea posible. Puede introducir la mayoría de las instrucciones AutoLISP desde el indicador de órdenes de AutoCAD. Este procedimiento de verificación a priori, le ayudará a reconocer rápidamente los problemas en el proceso de desarrollo, y a ahorrarle mucho tiempo en la depuración. Tome notas de cada paso que dé y de cómo lo llevó a cabo. Anote qué cálculos tuvieron lugar y en qué figuras se basaron; en resumen, anote todo lo que se relacione con el dibujo que desea producir o con el proceso que desea que la rutina LISP lleve a cabo.

Puede recoger ideas de gran ayuda para rutinas LISP manteniendo un cuaderno a mano durante sus sesiones de dibujo. Mantenga un registro de cómo usa AutoCAD. Anote dónde se retrasa en sus cálculos matemáticos, por ejemplo. Anote cualqier tipo de objeto que descubra que dibuja repetidamente. ¿Puede este proceso de dibujo ser automatizado al menos en parte? Estas notas serán el semillero de sus rutinas LISP, las cuales le dirán exactamente cómo obtener beneficio de AutoLISP.

Incluso después de que sus rutinas LISP parezcan trabajar perfectamente tenga el cuaderno a mano para asegurarse de que no habrá sorpresas que puedan aparecer inesperadamente días o incluso semanas después, quizás cuando un nuevo usuario pruebe las mismas rutinas. Anote dónde ocurrieron, bajo qué circunstancias, y qué hace falta para corregir el problema. No se fíe sólo de la memoria para guiarse cuando se desplace entre AutoCAD y su procesador de textos. Cuando aprenda y adquiera más experiencia, el número de errores en sus rutinas LISP ciertamente disminuirá.

Convenciones de sintaxis

La sintaxis de AutoLISP se construye según ciertas formas convencionales de organizar instrucciones de ordenador en archivos ASCII. Estas estructuras son asequibles para AutoCAD, gracias al intérprete de AutoLISP, que lee los archivos ASCII y ejecuta las instrucciones que éstos contienen. Dichas estructuras sintácticas son relativamente pocas, especialmente cuando se comparan con las lenguas habladas más corrientes. Tienden además a ser más rígidas, con pocas excepciones y poca tolerancia a las más ligeras variaciones. Las estructuras sintácticas de AutoLISP están reunidas en esta sección.

Funciones

El formato de instrucción fundamental en AutoLISP se llama *función*. Una función lleva a cabo una serie de procesos con datos que generalmente devuelven algún resultado.

Por ejemplo, imagine que está dibujando una parte mecánica compleja; para dibujar la siguiente curva, necesita conocer el cociente de 84,037 dividido por 2,56. Tiene varias opciones. Podría hacerlo mentalmente si se le dan bien las matemáticas, podría parar lo que está haciendo y resolverlo en un papel, podría recurrir a esa pequeña y segura calculadora que tiene al lado del teclado. Quizás podría traer alguna calculadora residente en memoria, si tiene alguna que trabaje con AutoCAD. Si está utilizando la Versión 12, podría intentar la propia orden CAL de AutoCAD. Otra opción sería utilizar AutoLISP, tecleando lo siguiente en el indicador de órdenes:

```
(/ 84,037 2,56)
```

Después de pulsar ↵, AutoCAD proporcionará la respuesta instantáneamente (redondeando a tres decimales): 32,827.

Cuando utiliza AutoCAD para realizar matemáticas de este tipo, está accediendo al *intérprete de AutoLISP* de AutoCAD, y está ofreciéndole una *función*, que entonces él *evalúa*. Después de que el intérprete de AutoLISP evalúa la función, devuelve un *resultado* —en este ejemplo, 32,827.

AutoCAD puede reconocer las funciones AutoLISP cuando éstas siguen unas ciertas reglas generales. Estas reglas generales son:

- Las funciones de AutoLISP se ponen entre paréntesis. Todos los paréntesis en las rutinas de LISP tienen que estar igualados, o *equilibrados*; es decir, un par de paréntesis tiene que rodear a cada función individual.

- La función lee de izquierda a derecha.

- La primera cosa dentro del paréntesis es el operador de función, que es una orden para que el intérprete de AutoLISP haga algo. En el ejemplo, la orden era para realizar una división. El operador de función para esta orden es el símbolo barra inclinada (/).

- El operador de función va seguido de todos los argumentos de función necesarios. Los argumentos son ítems individuales de información, necesarios para que el intérprete de AutoLISP lleve a cabo el propósito de la función. En el ejemplo, el intérprete AutoLISP necesita dos números para realizar una división, así pues a la barra inclinada le siguen estos dos argumentos.

- El operador de función y sus argumentos están separados al menos por un espacio, así pues el intérprete AutoLISP puede decir dónde termina uno y dónde comienza el otro.

- Los espacios extra y los retornos de carro, dentro y entre las funciones, no son necesarios y por lo tanto son ignorados por el intérprete de AutoLISP. Esto significa que una función puede ocupar muchas líneas en un archivo ASCII.

- Las funciones usan caracteres ASCII estándar. No son sensibles-al-tipo-de-letra; cuando teclee funciones AutoLISP puede usar caracteres en mayúscula o minúscula, o mezclarlos juntos. Con el tiempo, algunas convenciones han evolucionado en cuanto al uso de las mayúsculas en AutoLISP. En general, las funciones predefinidas están escritas en minúsculas, con los nombres de variables en mayúsculas.

El ejemplo de arriba de una función AutoLISP, traducido al español, dice, «Realice una división. Tome 84,037 y divídalo entre 2,56». En todas las funciones de división, el primer número se divide por el segundo; en términos matemáticos, el primer número que sigue al operador es el dividendo y el segundo número es el divisor.

Lo siguiente es una función para sumar utilizando los mismos números para sus argumentos:

```
(+ 84,037 2,56)
```

En español esto significa, «Realice la suma. Tome 84,037 y súmele 2,56». Si teclea esto en el indicador de órdenes de AutoCAD, AutoCAD le devolverá el resultado, 86,597.

La siguiente función realiza la resta. Observe cómo se lleva a cabo:

```
(- 84,037 2,56)
```

En español esto significa, «Realice una resta. Tome 84,037 y réstele 2,56». En todas las funciones de resta, el segundo número es restado del primero. En este caso, el resultado que devuelve AutoCAD es de 81,477.

La siguiente función realiza la multiplicación:

```
(* 84,037 2,56)
```

AutoCAD devuelve 215,135.

AutoLISP contiene docenas de funciones de gran utilidad. Las diferentes funciones necesitan de diferentes tipos y cantidades de argumentos; muchas funciones tienen argumentos opcionales. El siguiente capítulo examinará varias de estas funciones.

Variables de memoria

Las variables de memoria son los medios básicos con los que un ordenador puede organizar, almacenar y, posteriormente, volver a llamar información. Todos los lenguajes de programación dependen de la manipulación de las variables de memoria.

Las variables de memoria AutoLISP trabajan de la siguiente forma:

1. Una porción de la memoria de acceso-aleatorio se aparta como un lugar para contener las variables de memoria de AutoLISP.
2. Cuando se crea una varible de memoria, se le da un *nombre de variable*.
3. Cuando la variable de memoria se ha creado y se le ha dado un nombre, puede entonces recibir un *valor*, la parte de información específica que se asocia con su nombre. Cuando el nombre de la variable de memoria tiene un valor se dice de la variable que está *ligada* a ese valor.
4. Cuando una variable de memoria está ligada a un valor, una función puede hacer uso del valor usando el nombre de la variable de memoria. Cuando se evalúa la función, dondequiera que se encuentre el nombre, el intérprete de AutoLISP sustituye el nombre por el valor.

Las variables de memoria permiten que un conjunto de instrucciones generales utilicen diferentes conjuntos de datos. Sin variables de memoria, las rutinas de AutoLISP tendrían que editarse cada vez que los datos cambiaran.

AutoLISP utiliza una función especial, SETQ, para crear variables de memoria y ligarlas a valores. Esta función requiere un mínimo de dos argumentos. El primer argumento es el nombre de la variable de memoria. El segundo es el valor al cual la variable de memoria se liga. He aquí un ejemplo:

```
(setq x 2)
```

Traducida al español, esta función significa «Cree una variable de memoria. Déle el nombre x. Ella contiene el entero 2».

Una vez que AutoLISP haya evaluado esta función, la siguiente función es válida:

```
(* 2.36 x)
```

AutoLISP sustituirá x por 2 en esta función, y multiplicará 2,36 por 2, devolviendo el resultado de 4,72.

Si lo desea puede usar la función SETQ para asignar un nuevo valor a x:

```
(setq x 3)
```

La variable de memoria x ya ha sido creada. Repetir la función con el mismo nombre y un nuevo valor no crea una segunda variable de memoria con el mismo nombre, sino que simplemente liga x al nuevo valor, 3. Ahora la función de multiplicar devolverá un nuevo resultado:

```
(* 2.36 x)
```

AutoLISP sustituirá x por 3 en esta función y retornará el resultado de 7,08.

Una única función SETQ puede usarse para ligar un grupo de variables de memoria con valores.

La siguiente función liga las variables de memoria a, b y c con los valores 1, 2 y 3:

```
(setq a 1 b 2 c 3)
```

Cuando se utilizan de esta manera los argumentos de SETQ aparecen siempre presentados en pares: primero el nombre de la variable, seguido del valor, otro nombre de variable, otro valor, y así sucesivamente.

Puede averiguar el valor de una variable de memoria de forma rápida si teclea un signo de exclamación seguido del nombre de la variable de memoria en el indicador de órdenes de AutoCAD. Por ejemplo, si ha ligado un valor a la variable de memoria x, teclee lo siguiente en el indicador de órdenes de AutoCAD:

```
!x
```

AutoCAD devolverá el valor actual de la variable de memoria x.

Los nombres de las variables de memoria no contienen ni espacios, ni puntos, ni comillas, ni paréntesis. Comienzan siempre por una letra (no un número) y pueden tener tantos caracteres como desee, hasta el límite de la memoria disponible. Sin embargo, sus rutinas LISP se procesarán más rápidamente y usted conservará espacio en la memoria del ordenador si las mantiene breves, seis o menos caractéres preferiblemente.

En general, los nombres de variables de memoria son descripciones mnemotécnicas del valor al que están ligadas. Por ejemplo, podría elegir almacenar información de ángulos en variables de memoria con nombres tales como ang (así: x_ang, y_ang, ang_1 o ang_2). Asimismo, podría elegir almacenar información de coordenadas de puntos usando variables de memoria con nombres parecidos a pt (tales como x_pt, y_pt, pt_1 o pt_2).

Una variable de memoria cuyo valor no cambia nunca se llama *constante*.

AutoLISP hace uso sólo de una constante predefinida, *pi*. El valor de pi es siempre aproximadamente 3,1415926. La ventaja de designar este valor como una constante, es que **pi** es más fácil de teclear que **3,1415926**. Además, porque el valor de la constante pi se computa hasta un número infinito de decimales, usar la constante es más preciso que usar el valor decimal.

Anidamiento

Los resultados devueltos por las funciones pueden utilizarse como argumentos de otras funciones en un proceso llamado *anidamiento*. Por ejemplo, he aquí una función válida AutoCAD:

```
(+ 1 1)
```

Como ya ha visto, el signo más es el operador de función para la adición, y los argumentos son 1 y 1. La función retornará un valor de 2. Ahora observe la siguiente función anidada:

```
( * 2,36 (+ 1 1) )
```

Observe cómo la función de adición se anida dentro de una función de multiplicación. Estas funciones combinadas devuelven un resultado de 4,72. La función que suma 1 y 1 existe en lo que se llama *segundo nivel* de anidamiento, porque se anida sólo dentro de otra función. Observe cómo el paréntesis que rodea la función de multiplicar rodea también la función completa de sumar, incluyendo su pareja de paréntesis.

Puede construir niveles profundos de funciones dentro de otras funciones. El intérprete de órdenes de AutoLISP puede seguir la pista a funciones anidadas hasta a 100 niveles de profundidad. El intérprete de AutoLISP evaluará funciones anidadas comenzando por el nivel más profundo. He aquí un ejemplo de la función de sumar anidada en tres niveles de profundidad:

```
(-(* 2,36 (+ 1 1)) 2)
```

Esta función devuelve el resultado de 2,72 después de tres niveles de cálculo. En primer lugar, el entero 1 se suma al 1, que da como resultado 2. A continuación, 2 se multiplica por 2,36, que devuelve el resultado 4,72. Finalmente, 2 se sustrae de 4,72, y el resultado final es 2,72.

Los paréntesis están organizados en pares igualados rodeando cada función. Una cuidadosa organización de estos paréntesis requiere un poco de práctica y de atención, ya que puede llegar a ser bastante complicado en rutinas más enrevesadas.

Las rutinas LISP a menudo realizan un cálculo y almacenan el resultado en una variable de memoria. Por ejemplo, considere la siguiente función AutoLISP:

```
(setq m (/ 4 2))
```

Esta función divide cuatro entre dos y asigna el resultado de este cálculo a la nueva variable de memoria m. Este ejemplo demuestra una estructura bastante común para las funciones básicas de AutoLISP.

Variables de sistema

AutoLISP hace uso de ciertas variables de memoria llamadas variables de sistema. Estas contienen valores relacionados con el entorno de dibujo de AutoCAD y con el estado del dibujo actual. AutoLISP viene provisto con docenas de variables de sistema predefinidas.

Por ejemplo, la variable de sistema ORTHOMODE contiene un valor de 0 o de 1. Cuando el valor de ORTHOMODE es 0, el modo ortogonal de AutoCAD está inactivo. Cuando el valor de ORTHOMODE es 1, el modo ortogonal de AutoCAD está activado.

Las variables de sistema se pueden cambiar por medio de la función SETVAR de AutoLISP. Por ejemplo,

```
(setvar "ORTHOMODE" 1)
```

establece el valor de ORTHOMODE en 1. Cuando ORTHOMODE tiene un valor de 1, el modo ortogonal de AutoCAD se activa, como si usted abriera el modo Ortho con una tecla de función del teclado (F8 en la mayoría de los sistemas).

La función de AutoLISP GETVAR está relacionada con SETVAR; ésta da cuenta del valor actual de una variable de sistema. Por ejemplo,

```
(getvar "ORTHOMODE")
```

retornará el valor actual de la variable de sistema ORTHOMODE, pero no lo cambiará. Esto es de gran utilidad cuando una rutina LISP necesita averiguar el valor de una variable de sistema.

Las variables de sistema son extremadamente valiosas cuando está creando rutinas LISP que cambian los parámetros de dibujo de AutoCAD.

Radianes

AutoLISP no utiliza los grados para medir los ángulos; en su lugar usa un sistema de radianes. Afortunadamente, los grados del ángulo se pueden convertir en radianes usando una sencilla fórmula: dividir los grados de los ángulos por 180 y multiplicar el resultado por pi. En AutoLISP, las matemáticas se expresan de la siguiente forma:

```
(* pi (/ angle 180))
```

Convertir un amplio conjunto de ángulos en grados a radianes no resulta tan arduo como parece, porque puede definir una función especial de AutoLISP que lo hará automáticamente. El Capítulo 7 presenta funciones que convierten los grados en radianes y los radianes en grados. Muchas de las rutinas utilizadas como ejemplo en este libro dependen de dicha función.

Tipos de datos fundamentales de AutoLISP

Los datos utilizados por AutoLISP pueden agruparse dentro de *tipos de datos*, categorías de datos diferenciables por lo que pueden y no pueden hacer cuando se usan dentro de las rutinas LISP. Lo que sigue son breves descripciones de los tipos de datos de AutoLISP.

Nombres de entidad

Cada entidad de dibujo creada en AutoCAD se lista en una base de datos especial con toda la información necesaria para reproducir esa entidad. Una línea recta, por ejemplo, se almacena como una *entidad de línea* con la información que describe su punto inicial, su punto final y la localización de la capa de dibujo. Entidades más complejas tienen listas de información asociadas a ellas más largas.

Usando AutoLISP, puede seleccionar una entidad de la base de datos de dibujo. El *nombre de entidad* es un tipo de dato reservado para manejar la lista de definiciones y distinguirla de otras entidades seleccionadas. Una vez que se haya seleccionado una entidad y se le haya asignado un nombre, cualquier ítem en la lista de información lo puede extraer y manipular AutoLISP. Esta técnica se muestra en el Capítulo 8.

Descriptores de archivo

AutoLISP tiene funciones que pueden abrir un archivo en el disco, para almacenar o leer la información contenida en los archivos del disco. Cuando un archivo se abre bajo AutoLISP, se le asigna un tipo de dato especial llamado un *descriptor de archivo*, el cual actúa como un puntero para ese archivo, manteniendo la pista de la localización física en el disco para almacenamiento y acceso, y distinguiéndolo de cualquier otro archivo seleccionado.

Números enteros y reales

AutoLISP reconoce dos formas de datos numéricos: números enteros y reales. Los enteros nunca llevan comas decimales *. Pueden procesarse rápidamente, pero están limitados en extensión. El rango de los enteros válidos depende del sistema que esté utilizando. En un sistema de 16 bits, los enteros son todos números desde el −32.768 al +32.767. En un sistema de 32 bits, los enteros se extienden desde el −2.147.483.648 hasta el +2.147.483.647. Aunque AutoCAD usa el procesamiento interno de 32 bits, AutoLISP sólo pasa a AutoCAD enteros de 16 bits. Por lo tanto, si está trasladando valores enteros desde AutoLISP a AutoCAD, asegúrese de que estos valores están entre −32.768 y +32.767.

El resultado de usar enteros es, además, un entero. Por ejemplo, la siguiente función usa enteros:

```
(/ 35 2)
```

---

* En toda la explicación siguiente se habla de «comas» decimales, como es usual en los países hispanohablantes. Sin embargo, como el lector podrá ver, en las instrucciones de AutoLISP, la «coma» viene sustituida por el «punto» decimal, habitualmente utilizado por los anglosajones en sus escritos y, lógicamente, en su software.

El resultado devuelto por esta función es 17, no 17,5. Esto es porque tanto 35 como 2 están expresados como enteros, por lo tanto, el resultado tiene que ser otro entero.

Los números reales son más flexibles, aunque se procesan un poco más lentamente. Aquí, la misma función usa dos reales en lugar de dos enteros:

```
(/ 35.0 2.0)
```

El resultado devuelto por esta función es matemáticamente correcto: 17,5, otro número real.

Los números reales se identifican fácilmente porque incluyen siempre una coma decimal; los enteros nunca lo hacen. Si un número real tiene un valor menor de 1, su coma decimal tiene que estar precedida por un cero. Por ejemplo, 0,5 es un número real válido, pero ,5 no lo es.

Puede combinar los enteros y los reales en la misma función:

```
(/ 35.0 2)
```

El resultado retornado por esta función es también de 17,5. Cuando se combinan enteros y reales dentro de la misma función, el resultado siempre es un número real.

Una buena regla de manejo en cuanto a los enteros y reales es ésta: Use los enteros cuando esté seguro de que sólo necesita números redondos en su procesamiento, y de que estos números (al igual que los resultados de los cálculos al utilizarlos) estarán dentro del rango permitido para los enteros. Haga esto en aras de la rapidez y eficiencia de la memoria. En todos los demás casos, o cuando haya duda, utilice números reales.

Listas

En AutoLISP, una *lista* es todo grupo de ítems individuales de información, encerrados entre un par de paréntesis. Estos ítems están separados de los demás, al menos, por un espacio. Los ítems en una lista pueden ser números, caracteres, operadores de función, argumentos o, incluso, otras listas. Su significado se deriva de la naturaleza de sus contenidos y del contexto en el que aparecen. Así, una función es una lista compuesta de un operador de función y de sus argumentos. La longitud de una lista es el número de ítems individuales que contenga. Las listas pueden tener cualquier longitud.

Aunque una función puede verse como un tipo de lista, no todas las listas son funciones. AutoLISP trata la información de las coordenadas X-Y como una lista de dos números, indicando un punto de coordenada. Por ejemplo, dada la lista

```
(1.25 2.75)
```

AutoLISP supone que el primer número es la coordenada X y que el segundo número es la coordenada Y. En la Versión 2.6 y posteriores, un tercer número en la lista se consideraría como la coordenada Z de un punto 3-D.

Cadenas

Las *cadenas* son secuencias de uno o más caracteres (letras, números y signos de puntuación) que no requieren un procesamiento matemático. Una cadena siempre está entrecomillada. Por ejemplo, considere la siguiente función SETQ de Auto-LISP:

```
(setq x "Esto es una cadena")
```

Esta función toma la secuencia de caracteres «Esto es un cadena» y la almacena en la variable de memoria x.

Puede poner un máximo de 132 caracteres entre un par de comillas. Si es necesario puede crear cadenas de cualquier longitud uniendo las cadenas más cortas. AutoCAD les asigna memoria si lo necesitan. Las cadenas largas pueden realmente retardar el procesamiento, porque ocupan una gran cantidad de memoria que, por otra parte, podría estar disponible para procesar. Acorte sus cadenas tanto como le sea posible.

Las cadenas a menudo se utilizan como mensajes para el usuario, razón por la que pueden llegar a ser tan misteriosos a veces.

Los programas de ordenador intentan establecer un equilibrio entre la velocidad de procesamiento y la facilidad de uso, a menudo con resultados mezclados.

Intente teclear la función del ejemplo anterior en el indicador de órdenes de AutoCAD. Teclee después **!x** y pulse ⏎. Observe que AutoCAD devuelve el valor de la variable. Puede utilizar el signo de exclamación más el nombre de la variable, para ver los contenidos de cualquier variable de AutoLISP en el indicador de órdenes. Practique utilizando varias cadenas. **Recuerde incluir las comillas.**

Símbolos

El término *símbolo* se usa para describir los caracteres ASCII que representan algo más. Los nombres de las variables de memoria son símbolos; también lo son los operadores de función. Una cadena es diferente de un símbolo porque es un literal que se representa a sí mismo. De este modo, un número es diferente de un símbolo porque sólo puede representar su propio valor.

Los caracteres que constituyen un símbolo pueden incluir cualquier combinación de letras, números y signos de puntuación, excepto los siguientes

```
( ) . ' " ;
```

Estos signos de puntuación tienen un significado especial en AutoLISP, y se verán después.

Conjuntos de selecciones

AutoLISP le permite seleccionar grupos de entidades de dibujo. A un grupo de entidades se le puede dar un nombre, llamado *conjunto de selecciones*, y entonces pueden actuar como un grupo. El manejo de los conjuntos de selecciomes se verá en el Capítulo 8.

Gestión de rutinas de AutoLISP en AutoCAD

Las rutinas de AutoLISP están contenidas en diferentes archivos del disco; así pues, necesitan una sencilla organización antes de que puedan utilizarse dentro de AutoCAD. Los contenidos del archivo deben cargarse antes de ser ejecutados, y tiene que asignarse memoria suficiente para su uso.

Carga de rutinas de AutoLISP

Una rutina LISP se puede ejecutar cuando su archivo está cargado dentro del área de memoria reservada con este propósito por AutoCAD. Para cargar un archivo use la función LOAD de AutoLISP, como en el ejemplo siguiente:

```
(load "nomarch")
```

Esta función haría que AutoCAD buscara el archivo NOMARCH.LSP en el subdirectorio por defecto. Si lo encontrase, todos los contenidos de NOM-ARCH.LSP se cargarían en la memoria y las expresiones que contiene se evaluarían. Si necesita cargar una rutina LISP desde un subdirectorio diferente, utilice el nombre completo de la ruta del archivo. Por ejemplo, si el archivo NOM-ARCH.LSP está localizado en otro subdirectorio \ACAD\LISPFILE, podría cargarse de la forma siguiente:

```
(load "c:/acad/lispfile/nomarch")
```

Observe que en la sintaxis de arriba la barra inclinada (/) se utiliza para separar los nombres de subdirectorio en el nombre completo de la ruta del archivo LISP. Esto se hace así porque la barra invertida (\) tiene un significado propio en AutoLISP: se reserva para designar caracteres de control especiales en las cadenas.

Gestión de la memoria

Las últimas versiones de AutoCAD han automatizado progresivamente su asignación de memoria. Si está usando la Versión 11 o posteriores con un hardware y una instalación del sistema operativo normales, no tiene necesidad de esforzarse con los métodos de AutoCAD para el manejo de la memoria disponible.

Por ejemplo, la memoria para AutoLISP se asigna a medida que se cargan nuevas funciones y rutinas. Las funciones y las rutinas se almacenan en estructuras de memoria de 12 bytes llamadas *nodos*. Los nodos están asignados en grupos, llamados *segmentos*. Cada segmento contiene 514 nodos, o 6.168 bytes. Sin embargo, cuantas más rutinas de AutoLISP cargue, menos memoria quedará disponible para otros procesos de AutoCAD. En cierto momento, dependiendo de la cantidad de memoria de su sistema, del tamaño de su archivo de dibujo, y del número de rutinas externas que haya cargado, AutoCAD empezará a usar su disco duro como *memoria virtual* (almacenamiento temporal para datos de la memoria de acceso aleatorio). La memoria virtual retarda bastante el procesamiento de AutoCAD.

Aunque el AutoCAD para el DOS 386 trabajará con tan sólo 4 megabytes de memoria de acceso aleatorio, su sistema personalizado con muchas rutinas de AutoLISP o ADS puede que trabaje más eficientemente con un mínimo práctico de ocho megabytes.

El área de la memoria disponible asignada a AutoLISP se usa para almacenar nombres de variables, funciones, cadenas de petición, así como datos generados durante el procesamiento de las rutinas de AutoLISP. Si intenta ejecutar una rutina que necesite más espacio total de memoria de la que está disponible, recibirá, procedentes del intérprete de AutoLISP mensajes de error tales como los siguientes:

```
error: insufficient node space
error: insufficient string space
error: LISPSTACK overflow
```

Algunas veces estos errores surgen de un problema en el código fuente. Esto pasa especialmente con los mensajes relativos al espacio para la cadena. Si recibe un mensaje que indique que hay un problema con la longitud de la cadena, primero compruebe que está seguro de no haber dejado fuera, inadvertidamente, una comilla. A veces los paréntesis y las comillas no emparejadas pueden ser motivo de problemas.

Si está utilizando la Versión 10 o anteriores, puede dejar más espacio para sus rutinas LISP, incluyendo las dos siguientes órdenes del DOS en su archivo AUTOEXEC.BAT o en un archivo por lotes que use para iniciar AutoCAD:

```
SET LISPHEAP=40000
SET LISPSTACK=5000
```

El total de estos dos números no puede exceder de 45.000. Tal vez no necesite utilizar números tan grandes como éstos, o puede que de forma eventual se encuentre con que tiene que reajustar estos valores. El valor de LISPHEAP se establece a menudo como el valor más amplio de los dos, especialmente si define montones de funciones y variables de memoria. Si anida sus funciones profundamente, quizá necesite incrementar el número de LISPSTACK. Esto mismo pasa, si sus rutinas LISP repiten el mismo cálculo muchas veces antes de dar un resultado final, o si ha definido funciones que requieren una larga lista de argumentos.

Establecer estos valores en el DOS no tiene ningún efecto en otros programas que no sean AutoCAD, y de igual manera no tienen efecto alguno en la Versión 11 y posteriores.

AutoLISP extendido (Versión 10 para 286)

Si está usando la Versión 10 de AutoCAD y tiene al menos 500K de memoria extendida, que no está siendo usada actualmente por discos virtuales o por cualquier otro software, puede sacar ventaja de la opción *AutoLISP extendido* de la Versión 10. AutoLISP extendido trabaja sólo con memoria extendida; no trabajará con memoria expandida (compruebe la documentación de su hardware si no está seguro de qué tipo de memoria extra tiene).

Para usar AutoLISP extendido, tiene que tener en su disco duro los tres archivos siguientes: 1) ACADLX.OVL (ponga este archivo en su subdirectorio de sistema AutoCAD); 2) EXTLISP.EXE; y 3) REMLISP.EXE.

AutoCAD tiene que configurarse especialmente para usar AutoLISP extendido. Para hacer esto seleccione la opción 5, Configure AutoCAD (Configurar AutoCAD), del menú principal de AutoCAD. Desde el menú de configuración, seleccione la opción 8, Configure Operating Parameters (Configuración de los parámetros operativos). Entonces seleccione la opción 7, AutoLISP Feature (Posibilidad de AutoLISP). Responda Y (Sí) a ambas cuestiones: *Do you want AutoLISP enabled?* (¿Quiere usted habilitar AutoLISP?), y *Do you want to use extended AutoLISP?* (¿Quiere usted utilizar AutoLISP Extendido). Y entonces salga de AutoCAD.

Una vez que haya configurado AutoCAD para usar AutoLISP Extendido, introduzca la orden EXTLISP en el indicador del DOS antes de introducir AutoCAD. Puede introducir esta orden desde el teclado o colocarla en un archivo por lotes. Necesita introducir EXTLISP cada vez que apaga o enciende el ordenador. Puede borrar EXTLISP de la RAM por medio de la orden REMLISP.

Uso de variables de memoria locales

Cuando crea las funciones y rutinas de AutoLISP, tiene la opción de definir sus variables de memoria como *locales* o *globales*. La técnica para hacer esto se explica detalladamente en el Capítulo 7.

Ambos tipos de variables de memoria tienen sus ventajas. Las variables locales se reinician siempre al final de una función, en la que están ligadas a un valor. Si estuviesen ligadas a un valor antes de que se llamase a la función, se reiniciarían con ese valor. En otro caso, se reinician como nulo (que en AutoLISP significa «ningún valor»), liberando así la memoria que ocupaban. Las variables globales, por el contrario, nunca se reinician; sus valores se pueden pasar entre funciones y rutinas diferentes. Para reiniciar una variable global como un nulo se necesita una función SETQ específica; por ejemplo:

```
(setq x nil)
```

Usted dejará espacio de memoria adicional disponible para el procesamiento de AutoLISP, reiniciando las variables como nulo cuando ya no sean necesarias. Por lo tanto, use variables locales siempre que pueda.

Escribir un código eficiente

Sus rutinas de AutoLISP ocuparán menos espacio en la memoria si tiene en mente los siguientes principios:

- **Mantenga sus cadenas de caracteres tan cortas como sea posible**. Esto resulta más fácil de decir que de hacer. Una indicación o un mensaje de error críptico no es particularmente de gran ayuda y puede ser bastante molesto también; por otra parte, las cadenas de caracteres largas necesitan mucha memoria. Si sus rutinas de AutoLISP van a ser usadas y/o estudiadas por otros, puede que tenga que encontrar una solución de compromiso entre claridad, accesibilidad para el usuario, y el espacio nodal necesario. Si en cambio está escribiendo rutinas para su uso personal exclusivamente, puede hacer esas cadenas tan cortas como desee.

- **Anule las funciones cuando ya no sean necesarias.** Si no va a usar más una función particular en una sesión de dibujo, puede recuperar el espacio nodal utilizado por esa función, ligando el nombre de la función con el valor nulo, como sigue:

```
(setq FUNCTION nil)
```

- **Mantenga sus nombres de variables con seis caracteres o menos de longitud.** AutoLISP asigna un cantidad fija de memoria para cada nombre de variable; los nombres de variables que tienen más de seis caracteres de longitud necesitan espacio de cadena adicional para mantener el nombre. Así pues, es muy importante que acorte los nombres. Los nombres de variables abreviados pueden hacer que sus códigos sean menos comprensibles para los demás, o incluso para usted mismo si trata de modificar el código después de abandonarlo algunas semanas. Para ayudarle a recordar lo que significan los nombres, puede considerar hacer dos copias de su código, una con nombres de variables largos para leerlo y depurar los errores más fácilmente, y una segunda con nombres de variables abreviados para cargarlo y procesarlo. La mayoría de los procesadores de texto tienen una opción de sustitución global que puede simplificar el proceso de convertir los nombres de variables. Otra posibilidad es listar el significado de todos sus nombres de variables en una sección de comentario dentro del archivo LISP. (Ver «Comentarios», más adelante.)

- **Comparta los nombres de variables siempre que sea posible.** Dentro de una rutina particular, a las variables se les tiene que dar nombres únicos. Sin embargo, es una buena práctica volver a usar un nombre de variable cuando la variable no se va a necesitar más dentro de una rutina; o para variables locales entre rutinas que no tengan relación.

    Reciclar las variables de memoria requiere del programador seguir la pista del valor de una variable a través de todas las fases de una rutina AutoLISP dada. Esto puede ser tedioso y ocupar mucho tiempo; y abrir su rutina a errores imprevistos. Sin embargo, dado que la cantidad de memoria disponible está a menudo limitada, esta técnica puede ser la única forma de llenar la memoria con una rutina sin que afecte al rendimiento máximo. La saturación de la memoria es la razón por la que se usan duplicados de los nombres de variables locales. Si la claridad de su código es más importante que todo el rendimiento, o si está dotado con grandes cantidades de RAM, no necesita reciclar los nombres de las variables.

    Hasta el momento no hay ningún sistema estándar para nombrar las variables de AutoLISP, pero si adopta por su parte un sistema consistente para nombrar variables, será recompensado con códigos más compactos. De nuevo, si su código va a ser leído por otros, quizás encuentre por sí mismo un compromiso entre la claridad de lectura y el espacio nodal.

- **Comparta funciones siempre que sea posible**. En el Capítulo 7 aprenderá cómo crear sus propias funciones AutoLISP. Si dos o más de sus rutinas usan la misma secuencia de procesos, puede definir la secuencia como una función separada, y llamarla desde cualquier rutina que la necesite. Esto no sólo acelera la carga de las rutinas individuales, sino que además previene el desperdicio inadvertido del espacio nodal, que puede suceder cuando las rutinas usan idénticas secuencias de procesamiento.

   Debería cargar sólo aquellas funciones compartidas a las que esté seguro que va a llamar con frecuencia. Puede cargar las funciones llamadas de forma poco frecuente, conforme son requeridas. Como aprenderá en los capítulos siguientes, AutoLISP proporciona los medios de comprobación, para ver si una función está actualmente cargada, y para cargarla si es necesario.

Hacer un archivo LISP más legible

El intérprete de AutoLISP leerá y ejecutará cualquier rutina LISP siempre que la sintaxis de las funciones sea correcta. Sin embargo, el usuario que lea un listado de la rutina tiene que ser capaz también de comprender qué pretende llevar a cabo; no siempre es fácil de descifrar qué está sucediendo entre las diversas funciones, argumentos, símbolos y paréntesis de AutoLISP. Afortunadamente, hay dos formas de hacer que una rutina LISP sea más fácil de entender por un lector humano, al igual que por el intérprete de AutoLISP: los comentarios y el sangrado.

Comentarios

Puede poner explicaciones y comentarios en español dentro de sus rutinas LISP que el intérprete de AutoLISP ignorará. Para hacer esto, preceda simplemente cada línea del comentario con un punto y coma. He aquí un ejemplo:

```
; Esta función asigna el valor 2 a la variable x:
(setq x 2)
```

AutoLISP leerá la función, pero ignorará el comentario anterior a ella, porque un punto y coma precede al comentario. Los comentarios pueden comenzar en cualquier parte de una línea; todo lo que siga al punto y coma en cada línea, se ignora.

   Como regla general, coloque los comentarios en un archivo LISP para explicar los significados y operaciones de las funciones que aparentemente no sean legibles, y como una ayuda para usted mismo para editar o corregir errores del archivo LISP en fechas posteriores. No hay límite en el número de comentarios dentro de un archivo LISP, pero éstos amplían el archivo y retardan el proceso de cargarlo dentro de la memoria del ordenador. De nuevo, puede desear trabajar con dos copias de su archivo LISP, una con extensos comentarios (al igual que con nombres de variables más descriptivos) para editar o corregir errores, y otra sin comentarios para cargar y ejecutar.

Sangrado

Cuando varias funciones anidadas se juntan en un archivo LISP, puede llegar a ser difícil de leer. Una forma de ordenar las cosas es distribuir los paréntesis dentro del archivo LISP, para aislar funciones específicas, como en las siguientes funciones AutoLISP válidas:

```
(setq m
    (/ (+ x y)
       2
    )
)
```

Distribuidos de esta manera, el paréntesis derecho de la función más externa se ha situado en una línea diferente, directamente debajo de su correspondiente paréntesis izquierdo. La función anidada se ha sangrado en la página, y su correspondiente paréntesis derecho también se ha sangrado debajo de su paréntesis izquierdo. La función más profunda se ha dejado sola. Teniendo paréntesis compañeros que comparten el mismo grado de sangrado, esta distribución ayuda al ojo, a aislar funciones específicas y sus argumentos, y a ver qué conjunto de paréntesis están juntos. Si accidentalmente se ha omitido un paréntesis, será más fácil observarlo, haciendo la búsqueda y corrección de errores mucho más sencilla.

El intérprete de AutoLISP no tiene ningún problema con esta estructura siempre que al menos haya un espacio que separe los datos en cualquier línea de texto dada. El siguiente ejemplo repite el anterior, mostrando los espacios requeridos como espacios subrayados.

```
(setq_m
    (/
       (+_x_y)
       2
    )
)
```

Este tipo de distribución de las funciones es opcional y de alguna forma subjetivo. Por ejemplo, puede que no desee sangrar sus archivos LISP, a menos que la función esté a más de dos o tres niveles de profundidad o implique análisis especiales y complejos. La clave del asunto aquí es hacer los archivos tan fáciles de leer y de analizar como sea posible. Cuando adquiera más experiencia, sin duda optará por un método de organización que trabaje mejor para usted. Sin embargo, si sus archivos LISP van a ser leídos por alguien más, debería esforzarse todo lo posible por mantenerlos claros.

Resolución de problemas

No todas las rutinas LISP funcionan la primera vez. Algunas funcionarán, pero no obtendrán los resultados que se pretendían; otras, puede que simplemente no funcionen. La documentación de AutoLISP proporciona una lista completa de mensajes de error y de sus significados. Las dos técnicas siguientes, interrupción con la consola y el indicador de funciones no equilibradas, le ayudan a manejar una rutina LISP que se ejecute de una forma inesperada.

Interrupción con la consola mediante Ctrl-C

En medio de la ejecución de una larga rutina LISP, quizá desee interrumpir el procesamiento si, por ejemplo, la rutina ofrece resultados incorrectos o ininteligibles, o si parece que se detiene totalmente el procesamiento. Puede interrumpir una rutina LISP pulsando Ctrl-C o Ctrl-Break. Esto hará que la rutina LISP cese la ejecución después de haber evaluado la función actual. AutoCAD presentará también un mensaje semejante a uno de los siguientes:

```
Error: Console Break
Error: Function Canceled
*Cancel*
```

Una vez que haya interrumpido una rutina LISP, será devuelto al indicador de órdenes de AutoCAD donde puede realizar cualquier acción correctora necesaria.

Indicador de función no equilibrada

Conforme vaya construyendo funciones más y más complejas con niveles de anidamiento cada vez más profundos, puede que olvide accidentalmente uno o dos paréntesis. Esto hará que su rutina AutoLISP dé resultados extraños. En tal caso, el siguiente indicador sustituirá al familiar indicador de órdenes de AutoCAD:

n>

La *n* será el número de paréntesis derechos que se necesitan, con el fin de tener un número igual de paréntesis izquierdos y derechos en la rutina LISP.

Si se encuentra constantemente este extraño y persistente pequeño indicador, sólo hay una forma de quitarlo de en medio y volver al indicador de órdenes de AutoCAD: teclee en el teclado el mismo número de paréntesis derechos y pulse ↵. Desde el indicador de órdenes de AutoCAD, vuelva a su procesador de textos, y añada paréntesis derechos o elimine paréntesis izquierdos si fuera necesario. Entonces vuelva a AutoCAD y cargue de nuevo el archivo LISP. Esto asegurará que su rutina LISP se ejecute adecuadamente.

Si se da cuenta de que este indicador persiste incluso después de que haya tecleado el número correcto de paréntesis derechos, la causa probablemente será una comilla que ha desaparecido. Una vez que el intérprete de AutoLISP encuentre una comilla, todo lo que sigue, incluidos los paréntesis derechos, se tratarán como parte de una cadena. Esto incluye los paréntesis que introduce por el teclado. Para volver al indicador estándar de AutoCAD y así poder solucionar el problema, teclee una serie de comillas seguidas del número correcto de paréntesis derechos.

Esto le ayudará si utiliza poco los niveles de anidamiento al principio, hasta que tenga la rutina AutoLISP funcionando. Una vez que el archivo esté funcionando, puede retroceder y anidar las funciones para reducir el número de variables de memoria necesarias, y usar la memoria de su ordenador más eficientemente.

CAPITULO SIETE

Creación de rutinas de AutoLISP

Como ha visto en el Capítulo 6, una rutina LISP es un conjunto de funciones de AutoLISP relacionadas que, cuando se evalúan en secuencia, realizan una tarea dada. Este conjunto de funciones de AutoLISP está contenido en un archivo AS-CII llamado *archivo LISP*. Los archivos LISP se pueden denominar con cualquier nombre de archivo válido del DOS. Por convención tienen una extensión LSP. Utilizando su procesador de textos, puede crear archivos LISP como crearía cualquier otro archivo ASCII.

Los archivos LISP están cargados en una parte de la memoria reservada por AutoCAD para este propósito. Una vez cargados, el intérprete AutoLISP de AutoCAD evalúa todas las funciones en el archivo LISP. Las funciones se evalúan una después de otra, desde arriba hasta abajo dentro del archivo. La evaluación se realiza desde el nivel más profundo de anidamiento hasta los niveles más superficiales.

Una buena rutina LISP debería llevar a cabo sus tareas tan rápida y eficazmente como le sea posible. También debería estar bien organizada y estructurada, de esta manera cualquier modificación posterior se podría hacer fácilmente. Aunque todas las funciones del archivo se evalúan cuando se carga, es una buena práctica estructurar una rutina LISP de forma que en lugar de ejecutar simplemente las funciones, defina la marca de las nuevas funciones, que entonces podrán ser llamadas en cualquier momento durante la sesión de dibujo. Como verá en este capítulo, es posible definir funciones que se pueden llamar desde el indicador de órdenes de AutoCAD como a cualquier otra orden del programa.

Hay varias buenas razones para escribir rutinas LISP basadas en nuevas funciones definidas:

- Definir funciones da como resultado una mejor organización del programa, con un procesamiento complejo descompuesto en pasos, con cada paso manejado por una función definida.

- Definida con propiedad una función es *portátil* —las funciones definidas en una rutina LISP se pueden usar en otras rutinas LISP que se cargarán después.

- Cuando una rutina LISP está basada en funciones definidas, sus problemas son más fáciles de localizar, haciendo el proceso de depuración más rápido.

- Las funciones definidas se guardan en memoria y se puede acceder a ellas repetidamente, sin volver a cargar el archivo LISP cada vez.

Defun

AutoLISP utiliza una función especial, Defun, para crear nuevas funciones a partir de las predefinidas. Defun utiliza la siguiente estructura:

```
(defun function_name( arguments / local_variables)
     ...(other_functions)...
)
```

Defun necesita que usted facilite un nombre exclusivo para la nueva función, al que sigue una lista de argumentos y de variables locales. Los argumentos son las variables utilizadas dentro del cuerpo de la nueva función. El cuerpo de la nueva función contiene otras funciones que son procesadas secuencialmente cuando se llama a la nueva función. Por ejemplo, considere la siguiente función simple:

```
(defun example(x)
     (1+ x)
)
```

Esta función acepta un número y utiliza una función predefinida AutoLISP, 1+, para incrementar ese número en uno. Una vez que se haya definido y cargado, puede llamar a esta función con la sintaxis:

```
(example 1)
```

y la función retornará 2.

Las funciones que defina serán más complicadas que ésta. Por ejemplo, la siguiente función comprueba que el argumento es realmente un número, y devuelve un nulo si el argumento no es un número:

```
(defun example(x)
     (if (or (= (type x) 'INT)
             (= (type x) 'REAL)
         )
         (1+ x)
     )
)
```

Este ejemplo comprueba el tipo de dato en el argumento x. Si el tipo de dato es o un entero o un número real, se incrementa en uno. En caso contrario, no pasa nada y la función devuelve un nulo, Así,

```
(example 1)
```

aún devuelve 2, pero

```
(example "X")
```

retorna un nulo. Si definió la función sin comprobar el tipo de dato, el último ejemplo daría un mensaje de error de AutoLISP, y el procesamiento se pararía.

Variables globales y locales

AutoLISP trata las variables recién declaradas como globales, a menos que indique que son locales cuando defina la función. Por ejemplo, considere la siguiente función simple:

```
(defun example()
    (setq G:X 1)
)
```

Esta función simple tiene el efecto de crear una variable llamada G:X y le da un valor de 1. La variable G:X en este caso es global, y puede ser utilizada por otras funciones llamadas después de ésta. Ahora considere lo siguiente:

```
(defun example( / X)
    (setq X 1)
)
```

En el segundo ejemplo, la variable X es local, porque se lista dentro del paréntesis que sigue al nombre de la función. Cuando una variable es local, sólo es visible mientras la función está activa, y otras funciones no serán capaces de hacer uso de ésta. Si una variable de nombre X existía antes de que esta función fuese llamada, la función local existe independientemente de ella. El valor anterior de X se retiene cuando la función del ejemplo completa el procesamiento.

Observe también la barra inclinada que aparece entre paréntesis antes de la declaración de la variable local. Puesto que el nombre de la variable se declara a continuación de la barra inclinada, el intérprete AutoLISP sabrá que esta variable local no es un argumento necesario para la función. Compare el ejemplo anterior con el siguiente:

```
(defun example(Z / X)
    (setq X Z)
)
```

Ambas variables, Z y X, son locales porque están declaradas entre paréntesis a continuación del nombre de la función. Sin embargo, la variable Z se necesita como un argumento para la función, porque se declara antes de la barra inclinada. La variable X no es un argumento de función. Para ejecutar esta función tiene que llamar a la función con un argumento, tal como:

```
(example 1)
```

Esto haría que el valor 1 se almacenara en la variable local X.

En general, las variables locales son más eficientes y seguras de usar. Hay menos probabilidad de conflicto entre las variables del mismo nombre en diferentes rutinas cuando las variables se declaran locales. A menos que tenga una buena razón para hacer variables globales, intente hacerlas locales como regla general.

Es de gran ayuda adoptar una denominación consistente de las variables globales, de forma que éstas se puedan distinguir fácilmente en su código. Las funciones de este capítulo identifican las variables globales por el prefijo G:, que hace que sobresalgan claramente en el código. Tenga mucho cuidado cuando manipule las variables globales, siga la pista de cerca de todas las que estén sueltas en la memoria de su sistema. Tenga especial cuidado con que los valores de las variables globales no sean sobreescritos inadvertidamente por otras rutinas AutoLISP.

Programación paramétrica

Al principio, sus rutinas AutoLISP probablemente seguirán un modelo paramétrico. El modelo paramétrico conlleva tres pasos básicos:

1. La rutina indica al usuario que suministre información o parámetros del programa. Alternativamente, estos parámetros pueden venir de otra fuente, tal como un archivo del disco. Este archivo es normalmente otro archivo ASCII, creado por una base de datos, una hoja electrónica o un programa de un tercero.
2. La rutina usa estos parámetros para completar alguna forma de procesamiento interno, tal como hacer cálculos complicados, aplicando datos a las fórmulas o escogiendo entre pasos alternativos que se basan en el tipo de información proporcionada.
3. Antes de completar su procesamiento, la rutina proporciona alguna forma de resultado final, como las entidades de dibujo de AutoCAD, algún conjunto de datos que tienen significado para el usuario, u otro tipo de información que pueda presentarse en la pantalla, ser impresa o ser almacenada en el disco en otro archivo.

Cada uno de estos pasos debe llevarse a cabo de acuerdo con ciertos principios básicos de buena organización:

1. Cuando el usuario tenga que suministrar parámetros, la rutina debería pararse y presentar indicaciones claras y concisas sobre ellos. La rutina debería contener tanto procesamiento como fuese posible, de forma que rechace y vuelva a inquirir cuando se introduzcan claramente datos erróneos: la rutina debe pedir la cantidad mínima de información necesaria. Puesto que el objetivo de una rutina LISP es ahorrar tiempo y simplificar AutoCAD, al usuario se le pide que proporcione la menor información posible. Las funciones predefinidas de AutoLISP para introducir puntos, distancias, ángulos, y demás, hacen el proceso de escribir esta parte de la rutina LISP bastante sencillo.
2. El procesamiento interno debe basarse en las funciones predefinidas. Estas funciones descomponen el procesamiento en pasos sencillos y discretos. Sea cual sea la extensión posible, debe crear funciones pequeñas y sencillas para

cada paso del proceso. Las funciones sencillas y simples tienen mayor posibilidad de volverse a usar como bloques construidos en otras rutinas que usted escriba.

3. Si la rutina lee o escribe archivos de disco, éstos deben abrirse justo antes de leer o escribir, y cerrarse inmediatamente, cuando ya no sean necesarios. Así minimiza cualquier posibilidad de dañar los datos por problemas imprevistos con el hardware (por ejemplo, una interrupción de corriente mientras lee o escribe en un archivo). El acceso a los archivos y el procesamiento interno debería hacerse mediante pasos diferentes siempre que sea posible.

4. Cuando el procesamiento es largo, es de gran ayuda presentar alguna información que permita al usuario ver durante él qué progresos se han hecho. Sin este tipo de retroalimentación, el usuario podría preguntarse si el ordenador está trabajando todavía o si actualmente el proceso está suspendido por causa de algún error interno.

5. Cualquier rutina buena contará con la posibilidad de un final prematuro del procesamiento, bien porque la información suministrada no sea adecuada para la culminación, o bien porque el usuario voluntariamente cancele el proceso. Los usuarios puede interrumpir una rutina AutoLISP introduciendo Ctrl-Break o Ctrl-C antes de que la rutina tenga la posibilidad de finalizar.

Un arte tan exigente como el de programar, es además una cuestión de estilo individual. A menudo programadores diferentes hacen aproximaciones únicas a la solución del mismo problema. Las excepciones a la regla a menudo surgen de circunstancias individuales y de las metas de cada rutina particular. Pero los principios listados arriba son una buena base para una buena práctica de programación, y no deben ser violados sin una razón convincente.

Una rutina básica LISP

El siguiente ejemplo demuestra cómo una rutina se junta. Esta rutina fundamental crea una nueva orden AutoCAD que dibuja un engranaje, basándose en las fórmulas encontradas en un libro de mecánica. Tenga en mente que este ejemplo no pretende ser una aplicación completa para producir engranajes en AutoCAD, sino un ejemplo de cómo un programa paramétrico puede usarse para producir un objeto que podría ser mucho más difícil de producir sin AutoLISP. Mientras vaya dando los pasos que conlleva producir esta rutina, observe cómo los principios generales se aplican a la solución del problema.

Si parte de su propia tarea de dibujar está basada en cálculos matemáticos, construirla dentro de una rutina LISP hará mucho más sencillo su trabajo. Hablando en general, si está utilizando una calculadora para ayudar a crear dibujos a AutoCAD, considere el colocar estos cálculos en una rutina LISP.

Al principio, la rutina GEAR.LSP producirá el engranaje pidiendo al usuario, secuencialmente, la información necesaria, en el área del indicador de órdenes de AutoCAD. Para los usuarios de la Versión 12, la rutina es mejorada después añadiendo un cuadro de diálogo personalizado que solicita los mismos parámetros.

Exposición del problema

Comience produciendo una rutina AutoLISP escribiendo primero un informe claro y conciso del *problema*; en otras palabras, qué metas específicas pretende alcanzar usando la rutina. GEAR.LSP, por ejemplo, intenta solucionar el siguiente problema: la necesidad de dibujar la forma de un engranaje, basándose en cierta información fundamental proporcionada por el usuario:

1. El punto del centro.
2. La separación (elevación) del radio del círculo.
3. El número de dientes.
4. El radio del agujero central, si lo hay.
5. Las dimensiones de una muesca añadida al agujero central, si la hay.

Después de que el usuario haya respondido a las peticiones de información, la rutina comprobará si es posible un engranaje, y si es así, lo dibujará en AutoCAD. He aquí algunos ejemplos de algunos criterios que deberían comprobarse antes de dibujar:

1. El punto central tiene que ser un punto válido de AutoCAD.
2. El número de dientes tiene que ser al menos de 14.
3. El radio del agujero central, si se proporciona, tiene que ser menor que el del engranaje global.
4. Las dimensiones de la muesca, si se proporciona, tienen que ser proporcionales al radio del agujero central.

Escritura del pseudocódigo

Como vio en el Capítulo 6, el siguiente paso a desarrollar después de exponer el problema, es especificar, en español, los pasos seguidos por la rutina para solucionar el problema. Recuerde que esta especificación se llama *pseudocódigo*, porque sigue la pista lógica del código AutoLISP, sin escribir en realidad el AutoLISP. Este paso es importante porque ayuda a aclarar el procesamiento lógico que conlleva la solución del problema. El pseudocódigo descompone la tarea global en una serie de pasos pequeños y sencillos que conducen a la solución deseada. Es mucho mejor descomponer la tarea de esta forma antes de que se vea envuelto en las complejidades del lenguaje, la depuración y la comprobación. El pseudocódigo evitará muchos problemas y, generalmente, le llevará a una rutina más limpia, más segura y eficiente. Además a la larga ahorra tiempo.

He aquí una posible forma de escribir el pseudocódigo para GEAR.LSP.

Pseudocódigo para GEAR.LSP

La rutina GEAR.LSP en español se define con estos pasos:

1. Pida al usuario el punto central. Si se proporcionó con anterioridad un punto central, use el punto anterior por defecto.

2. Pida al usuario el radio del círculo. Si se ha dado con anterioridad, use la respuesta anterior por defecto.

3. Pida al usuario el número de dientes del engranaje. Repita la petición mientras que el número de dientes sea menor de 14. Si se ha dado con anterioridad, use la respuesta anterior por defecto.

4. Pida al usuario el radio del agujero central. Permita cero, indicando que no hay agujero central. Repita la petición mientras el radio del agujero central sea igual o mayor que la amplitud del círculo. Si el radio se ha dado con anterioridad, use la respuesta por defecto.

5. Si el usuario indica un agujero central, pida la profundidad y la anchura de una muesca. Permita cero, indicando ninguna muesca. Compruebe que la profundidad y la anchura de la muesca sean posibles, dados la actual amplitud del círculo y los parámetros del agujero central. Repita la petición mientras las dimensiones de la muesca sean mayores o iguales que el diámetro del agujero central. Si las dimensiones de la muesca se hubieran dado con anterioridad, use la respuesta anterior por defecto.

6. Calcule la amplitud diametral del engranaje.

7. Calcule la longitud de la mitad de un diente.

8. Calcule la distancia entre la amplitud del círculo y el extremo de un diente.

9. Calcule la longitud del lado de un diente.

10. Dibuje la mitad de un diente usando los resultados de estos cálculos.

11. Refleje lo que se haya dibujado para crear un diente entero.

12. Realice una hilera circular basada en el número de dientes especificado por el usuario.

13. Añada el agujero central, si no es de radio cero.

14. Añada la muesca, si sus dimensiones no son cero. Ajuste el agujero central a la muesca, si es necesario.

Las Figuras 7.1 y 7.2 muestran el proceso de dibujar un engranaje de 6 pulgadas con 36 dientes.

La rutina GEAR.LSP

La rutina GEAR.LSP en su totalidad se muestra en el Listado 7.1. La rutina comienza con la función Getp, que pide los parámetros necesarios. La interacción con el usuario es un elemento clave en muchas rutinas LISP, así pues, muchas características de esta función son dignas de ser examinadas en detalle.

Recuerdo de los valores por defecto

Una de las características de GEAR.LSP es su capacidad para «recordar» las respuestas anteriores a las peticiones del usuario y ofrecerlas como opciones para la próxima vez. Esto es de gran ayuda cuando el usuario está dibujando más de un objeto y algunos de los parámetros permanecerán sin cambios. Las variables locales se usan para almacenar esta información.

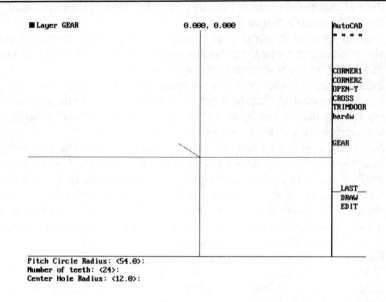

Figura 7.1. El comienzo de GEAR.LSP

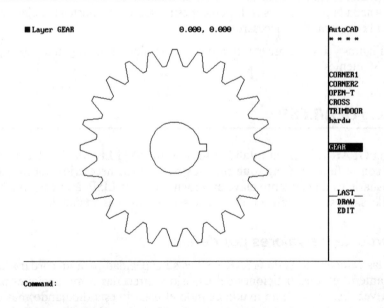

Figura 7.2. El engranaje final creado con GEAR.LSP

Listado 7.1. La rutina GEAR.LSP

```lisp
; NOMBRE DE ARCHIVO:       GEAR.Lsp — AutoCAD Versión 9+
; Escrito por:,    Bob Thomas
;
; -----------------------------------------------------------------
; G:DTR function:
;
(defun g:dtr(a)
   (* pi (/ a 180.0))              ; convert degrees to radians
)
;
; -----------------------------------------------------------------
; G:STR function:
;
(defun g:str( string default )    ; format string w/default variable
   (princ string)
   (princ " <")
   (princ default)
   (princ ">:")
   (princ "")
)
;
; -----------------------------------------------------------------
; G:PT function: — Formatted Getpoint
;
(defun g:pt(pt prmpt default / temp)
   (if default                                    ; if default exists
      (if pt                                      ; if pt exists
         (setq temp (getpoint pt (g:str prmpt default)))  ; prompt
         (setq temp (getpoint (g:str prmpt default)))
      )                                           ; if default doesn't exist
      (if pt                                      ; if pt exists
         (setq default (getpoint pt prmpt))       ; prompt
         (setq default (getpoint prmpt))
      )
   )
   (if temp                       ; if temp exists (response was given)
      (setq default temp)         ; set new default
      default                     ; otherwise, return existing default
   )
)
;
; -----------------------------------------------------------------
; G:DIST function: — Formatted Getdist
;
(defun g:dist(pt prmpt default / temp)
   (if default                                    ; if default exists
      (if pt                                      ; if pt exists
         (setq temp (getdist pt (g:str prmpt default))) ; prompt
         (setq temp (getdist (g:str prmpt default))))
```

```
          )                                      ; if default doesn't exist
      (if pt                                     ; if pt exists
          (setq default (getdist pt prmpt))   ; prompt
          (setq default (getdist prmpt))
      )
  )
  (if temp                           ; if temp exists (response was given)
      (setq default temp)            ; set new default
      default                        ; otherwise, return existing default
  )
)
;
; --------------------------------------------------------------------------
; G:INT function: - Formatted Getint
;
(defun g:int(prmpt default / temp)
  (if default                                    ; if default exists
      (setq temp (getint (g:str prmpt default)))     ; prompt
      (while (not default)                       ; while default doesn't exist
          (setq default (getint prmpt))      ; prompt
      )
  )
  (if temp                           ; if temp exists (response was given)
      (setq default temp)            ; set new default
      default                        ; otherwise, return existing default
  )
)
;
; --------------------------------------------------------------------------
; GETP function: - Get gear parameters
;
(defun getp( / temp)
  (if g:cp                        ; if global center point
      (setq g:cp (g:pt nil "\nCenter of Gear:" g:cp)) ; prompt
      (while (not g:cp)     ; while not global
          (setq g:cp (g:pt nil "\nCenter of Gear:" g:cp))   ; prompt
      )
  )
  (if g:pc                        ; if global pitch circle
      (setq g:pc (g:dist g:cp "\nPitch Circle Radius:" g:pc)) ; prompt
      (while (not g:pc)     ; while not global
          (setq g:pc (g:dist g:cp "\nPitch Circle Radius:" g:pc)) ; prompt
      )
  )
  (while (< temp 14)              ; while teeth (temp) is less than 14
      (setq temp (g:int "\nNumber of teeth:" g:teeth)) ; prompt
      (if (>= temp 14)              ; if valid
          (setq g:teeth temp)     ; set global
      )
  )
```

```
; Prompt for center hole:

(setq g:hole (g:dist g:cp "\nCenter Hole Radius:" g:hole))
(if (not g:hole) (setq g:hole 0))    ; if not given, reset to zero


; Prompt for notch:

(cond ( (/= g:hole 0)      ; case: center hole given
         (setq g:nd (g:dist g:cp "\nNotch Depth:" g:nd)) ; get notch depth
         (if (not g:nd) (setq g:nd 0)) ; if not given, reset to zero

         (if (/= g:nd 0))   ; if notch depth given,
             (setq g:nw (g:dist g:cp "\nNotch Width:" g:nw)) ; get width
         )
         (if (and (/= g:nd 0) (/= g:nw 0) ; if notch data was given
             (setq g:setn 1)              ; set notch flag on
             (setq g:setn 0)              ; otherwise, set off
         )
       )
       ( T (setq g:setn 0))     ; default case: set notch flag off
)                               ; end case

   (if (or (not g:nd) (not g:nw)) ; if notch data still doesn't exist
       (setq g:setn 0) )          ; set notch flag off
)
;
; ----------------------------------------------------------------------
; CALCP function:
;
(defun calcp()
       (setq pcpt   (polar g:cp 0 g:pc)        ; pitch circle point
             dpitch (/ g:teeth (* 2.0 g:pc))   ; diametral pitch
             htooth (/ 0.32 dpitch)            ; tooth height
             xtooth (/ 1.0 dpitch)             ; tooth extension
             side   (* (/ 2.257 dpitch) 1.0642) ; length of a tooth side.
       )
)
;
; ----------------------------------------------------------------------
; DRAW function:
;
(defun draw()
   (command "ZOOM" "C" g:cp (* 2.5 g:pc)       ; move view to gear center
            "PLINE" (polar pcpt 0 xtooth) "A"  ; draw half-tooth
                    "CE" g:cp "L" htooth "L"
                    (polar (getvar "lastpoint") (g:dtr 160) side)
                    "Arc" "CE" g:cp "L" htooth "")

   (setq ssl (ssadd (entlast)))                ; create to selection set

   (command "MIRROR" ssl "" pcpt g:cp "n" )    ; mirror half-tooth
```

```
(setq ss1 (ssadd (entlast) ss1))              ; add to selection set

(command "ARRAY" ss1 "" "polar" g:cp g:teeth "360" "yes") ; array teeth

(if (/= g:hole 0)                             ; if center hole not zero
    (progn
        (command "CIRCLE" G:CP G:HOLE)        ; draw center hole
        (setq ss1 (ssadd (entlast)))          ; create new selection set

        (if (and (= g:setn 1) (/= g:nd 0) (/= g:nw 0)) ; if notch data OK
            (notch)                                    ; create notch
        )
    )
)
)
;
; -----------------------------------------------------------------------
; NOTCH function:
;
(defun notch(/ np1 np2 np3 np4 np5)

    (setq np1 (polar g:cp (g:dtr 270) (/ g:nw 2.0))   ; define points for notch
          np2 (polar np1 0 (+ g:hole g:nd))
          np3 (polar g:cp (g:dtr 90) (/ g:nw 2.0))
          np4 (polar np3 0 (+ g:hole g:nd))
          np5 (polar g:cp 0 g:hole)
    )
    (command "PLINE" np1 np2 np4 np3 "")              ; draw notch

    (setq ss1 (ssadd (entlast) ss1))                  ; add to selection set

    (command "TRIM" ss1 "" np1 np3 np5 "")            ; trim excess
)
;
; -----------------------------------------------------------------------
; COMMAND FUNCTION: GEAR
;
(defun C:GEAR (/ oldblp oldech olderr oldpbx pcpt dpitch htooth
                 xtooth side ss1)

    (setq oldblp (getvar "BLIPMODE")   ;  Set up environment
          oldech (getvar "CMDECHO")
          oldpbx (getvar "PICKBOX")
          olderr *ERROR*
    )
    (setvar "BLIPMODE" 0)
    (setvar "CMDECHO" 0)
    (setvar "PICKBOX" 0)

    (defun *ERROR* (msg)                ; define new error handler
        (princ " \n") (princ msg)       ; print message
```

```
    (setvar "BLIPMODE" oldblp)       ; restore environment
    (setvar "CMDECHO"  oldech)
    (setvar "PICKBOX"  oldpbx)
    (setq *ERROR* olderr)
    (princ)
 )

 (getp)                ; get gear information
 (calcp)               ; calculate
 (draw)                ; draw gear
 (setvar "BLIPMODE" oldblp) ; Restore environment
 (setvar "CMDECHO" oldech)
 (setvar "PICKBOX" oldpbx)
 (setq *ERROR* olderr)
 (princ)
)

; Eof: GEAR.lsp.   223 líneas.   Bob Thomas
```

Las variables locales en GEAR.LSP son las siguientes:

G:CP	punto central por defecto
G:PC	amplitud del radio del círculo
G:HOLE	radio del agujero central
G:ND	profundidad de la muesca
G:NW	anchura de la muesca

Asegúrese de que estas variables no entran en conflicto con ninguna otra variable global utilizada por otras rutinas AutoLISP de su sistema. Si lo hacen, tendrá que renombrarlas.

Funciones globales

Cinco son las funciones de GEAR.LSP diseñadas para ser utilizadas en una amplia variedad de rutinas. Una convierte los grados en radianes; las otras cuatro piden al usuario información: puntos, distancias y enteros. Se pueden cargar separadamente, si lo desea, y utilizarse en otras rutinas que necesiten datos introducidos por el usuario.

G:DTR

G:DTR es una función común que convierte grados en radianes. Se usa para hacer el desarrollo más fácil, permitiéndole aceptar información del ángulo en un formato de grados, y convertirlo al que necesita AutoLISP. Además se puede usar para aclarar el código fuente, si está más acostumbrado a leer ángulos en grados en vez de en radianes. Así es cómo se utiliza en GEAR.LSP. Se llama con la sintaxis:

```
(g:dtr grados)
```

donde *grados* es un número que representa los grados del ángulo. Se define así:

```
(defun g:dtr(a)
   (* pi (/ a 180.0))
)
```

Aunque no se usa en GEAR.LSP, un equivalente de esta función es también común. Esta convierte radianes en grados. La sintaxis es:

```
(g:rtd radianes)
```

donde *radianes* es un número que representa radianes, tales como el resultado de la función Angle de AutoLISP. La función se define como:

```
(defun g:rtd(a)
   (* (/ a pi) 180.0)
)
```

Ambas funciones se usan tan a menudo que quizá desee incluirlas en ACAD.LSP, cargándolas cada vez que inicie AutoCAD. Hay más información sobre ACAD.LSP al final de este capítulo.

G:STR

G:STR es una función que da formato a una cadena de petición para incluir una respuesta por defecto. Se puede usar en cualquier función que tenga una cadena de petición como uno de sus argumentos. Se llama con la sintaxis:

```
(g:str cadena predefinida)
```

donde *cadena* es la cadena de petición presentada al usuario, y *predefinida* es un valor por defecto insertado, después de la cadena, entre corchetes angulares. Por ejemplo:

```
(g:str "\nEnter a number" 1)
```

devolverá

```
Enter a number <1>:
(Introduzca un número <1>)
```

Esta función es de gran ayuda, puesto que el argumento por defecto puede ser ligado a una variable, y por otra parte, podría cambiar durante el curso de la sesión de dibujo. Puede insertar esta función como argumento de petición en varias funciones GET de AutoLISP. Por ejemplo, considere la siguiente función:

```
(defun example( / TEMP)
   (if (not G:X)
      (setq G:X 1)
   )
   (setq TEMP (getint (g:str "\nEnter an integer" G:X)))
   (if TEMP
      (setq G:X TEMP)
   )
   G:X
)
```

Esta función parará, presentará la petición formateada y ofrecerá la respuesta por defecto. Si el usuario no introduce un valor, Temp es nulo, y G:X permanece sin cambiar. Si el usuario introduce un valor, G:X se iguala a ese valor. La función siempre devuelve el valor de G:X. Si introduce un nuevo valor para G:X, la cadena de petición cambiará la próxima vez que llame a la función durante su sesión de dibujo.

Observe que la función G:STR es simplemente una serie de funciones Princ, y retorna un espacio, de forma que puede aceptarse como un argumento de cadena para una función GET de AutoLISP.

G:INT

La función G:INT es una versión ligeramente más elaborada del ejemplo anterior. Pide un entero y permite variaciones en la cadena de petición, dependiendo de si se ha asignado ya por defecto:

```
(defun g:int(prmpt default / temp)
   (if default
       (setq temp (getint (g:str prmpt default)))
       (while (not default)
           (setq default (getint prmpt))
       )
   )
   (if temp
       (setq default temp)
       default
   )
)
```

Esta función devuelve el valor por defecto o una respuesta introducida por el usuario. En GEAR.LSP, esta función se usa para pedir al usuario el número de dientes del engranaje. El código adicional se usa para comprobar si el usuario ha introducido al menos 14:

```
(while (< temp 14)
   (setq temp (g:int "\nNumber of teeth:" teeth))
   (if (>= temp 14)
      (setq teeth temp)
   )
)
```

Al definir Temp como local al principio de la función, asegura que la variable Temp estará siempre ligada a nulo antes del inicio del bucle. La función While crea un bucle que hace que la función G:INT se repita hasta que el usuario introduzca una respuesta válida (o acepte el valor por defecto). Si existe una respuesta por defecto, no se cambia hasta que el usuario introduce una nueva respuesta válida.

G:DIST

La función G:DIST es una versión más elaborada de G:INT. Pide un punto y permite variaciones de la cadena de petición dependiendo de si ya se ha establecido por defecto. Además comprueba si existe una variable del punto de partida, y si la encuentra, la usa para crear una línea a manera de goma elástica en la pantalla.

```
(defun g:dist(pt prmpt default / temp)
   (if default
      (if pt
          (setq temp (getdist pt (g:str prmpt default)))
          (setq temp (getdist (g:str prmpt default)))
      )
      (if pt
          (setq default (getdist pt prmpt))
          (setq default (getdist prmpt))
      )
   )
   (if temp
      (setq default temp)
      default
   )
)
```

G:PT

La función G:PT es una versión aún más elaborada del ejemplo anterior. Pide un punto y permite variaciones en la cadena de petición dependiendo de si se ha establecido ya por defecto. Además comprueba si existe la variable del punto de partida, y la usa si la encuentra:

```
(defun g:pt(pt prmpt default / temp)
   (if default
      (if pt
          (setq temp (getpoint pt (g:str prmpt default)))
          (setq temp (getpoint (g:str prmpt default)))
      )
      (if pt
          (setq default (getpoint pt prmpt))
          (setq default (getpoint prmpt))
      )
   )
   (if temp
      (setq default temp)
      default
   )
)
```

En GEAR.LSP, la variable del punto de partida se pone siempre en nulo, porque la característica línea elástica de la función Getpoint de AutoLISP no se necesita en esta rutina.

GETP

Estas funciones globales son llamadas dentro de una función diferente que es exclusiva para GEAR.LSP, llamada GETP, que pide los parámetros necesarios para dibujar el engranaje. Por ejemplo, observe cómo GETP utiliza la función G:PT para pedir el punto central del engranaje:

```
(if g:cp
    (setq g:cp (g:pt nil "\nCenter of Gear:" g:cp))
    (while (not g:cp)
       (setq g:cp (g:pt nil "\nCenter of Gear:" g:cp))
    )
)
```

Si existe algún valor por defecto (ligado a la variable G:PT), la rutina pedirá del modo usual. Si no se ha establecido por defecto, la petición se repetirá hasta que se dé una respuesta válida, estableciéndose de ese modo una por defecto para la próxima vez. Cuando GETP pida el valor del agujero central, tiene que permitir que el usuario no introduzca ningún valor si no se desea ningún agujero central.

Así la línea:

```
(setq g:hole g:dist g:cp "\nCenter Hole Radius:" g:hole))
```

es seguida por el código que pone la variable G:hole a cero si no se introduce ningún valor:

```
(if (not g:hole) (setq g:hole 0))
```

Si se estableció con anterioridad un valor por defecto, el usuario tiene que introducir cero si no desea ningún agujero central. Si se ha dado el valor de un agujero central, GETP pedirá una muesca opcional en el agujero:

```
(cond ( (/= g:hole 0)
       (setq g:nd (g:dist g:cp "\nNotch Depth:" g:nd))
```

Si se da una profundidad de muesca, la función GETP pedirá una anchura de muesca. En caso contrario, la función pone el valor de la anchura de la muesca a cero y no pide la anchura de la muesca:

```
            (if (not g:nd) (setq g:nd 0))
            (if (/= g:nd 0)
                (setq g:nw (g:dist g:cp "\nNotch Width:" g:nw))
            )
```

GEAR.LSP usa una variable global adicional llamada G:SETN, para comprobar si se han introducido valores de muesca válidos. Si existen, G:SETN se liga al 1; en otro caso, se liga a 0 (cero):

```
            (if (and (/= g:nd 0) (/= g:nw 0))
                (setq g:setn 1)
                (setq g:setn 0)
            )
        )
```

Si el usuario no introduce ningún valor para el agujero central, G:SETN se pone automáticamente a cero:

```
( T    (setq g:setn 0))
```

Vale la pena hacer una digresión por un momento, para darse cuenta de cómo se usa el símbolo T en el ejemplo de arriba. En la función Cond, esta línea será un caso por defecto porque siempre se evaluará. Esta línea siempre se evaluará porque la condición lógica que la provoca es el símbolo T. Este símbolo se evalúa siempre como un valor no nulo en AutoLISP, y las funciones que le siguen, por lo tanto, se ejecutarán siempre, siempre que ningún caso anterior, dentro de la función Cond, haya sido evaluado para un valor no nulo. Si una condición anterior dentro de la función Cond se evalúa para un valor que no sea nulo, esta línea por defecto sería pasada por alto.

Cuando use funciones condicionales en sus propias rutinas, puede, cuando sea apropiado, utilizar esta técnica para añadir un valor por defecto como en el último caso; esto es, use el símbolo T como la última función condicional del caso.

De forma alternativa, puede que haya veces en las que no quiera crear un caso por defecto dentro de una función Cond. En algunas situaciones, puede resultar apropiado que la función Cond no tenga valor por defecto y devuelva un nulo, después de todo sus funciones condicionales han devuelto un nulo.

Si el usuario ha introducido un valor para el agujero central, pero manualmente ha puesto los valores de la muesca a cero, la variable G:SETN tendrá que ajustarse todavía:

```
(if (or (not g:nd) (not g:nw))
   (setq g:setn 0) )
```

La variable G:SETN se convertirá en una de gran ayuda cuando, posteriormente en este capítulo, añada un cuadro de diálogo a esta rutina.

CALCP

Una vez que el usuario haya introducido los parámetros, la rutina estará preparada para calcular los valores necesarios basados en algunos de estos parámetros. Este trabajo es manejado por la función CALCP:

```
(defun calcp()
    (setq pcpt     (polar g:cp 0 g:pc)          ; pitch circle
                                                   point
          dpitch   (/ teeth (* 2.0 g:pc))       ; diametral
                                                   pitch
          htooth   (/ 0.32 dpitch)              ; tooth height
          xtooth   (/ 1.0 dpitch)               ; tooth
                                                   extension
          side     (* (/ 2.257 dpitch) 1.0642)  ; tooth side.
    )
)
```

Estas variables no se definen como locales para la función CALCP, porque serán utilizadas por otra función de la rutina. En lugar de esto, se definirán como locales para la función C:GEAR, que llama a CALCP. Dejarán de existir cuando las órdenes C:GEAR completen el proceso.

DRAW

La función DRAW produce el engranaje en el editor de dibujo. Llama a la orden Pline (Plínea), usando las variables calculadas para dibujar el engranaje. A medida que crea entidades, construye un conjunto de selecciones, almacenado en una variable llamada SS1. Ella hace referencia a ese conjunto de selecciones, cuando llama a las órdenes Mirror (Simetría) y Array (Matriz) para construir el engranaje.

Si el radio del agujero central no es cero, la función llama a la orden Circle (Círculo). Si G:SETN (la marca de la muesca) es igual a 1 y los valores de la muesca no son cero, Draw (Dibuja) llama a la función Notch.

NOTCH

La función Notch sólo es llamada si G:SETN es igual a cero y los valores no cero existen para una muesca en el agujero central. La función Notch calcula la situación de los puntos necesarios basándose en las variables locales para el punto central, y para la profundidad y anchura de la muesca, y después dibuja las líneas. Añade las líneas al conjunto de selecciones y hace referencia a este conjunto dentro de la orden Trim (Recorta), para recortar el excedente. La función es de gran ayuda para estudiarla al igual que es sencilla de explorar, y muestra cómo calcular los puntos utilizando la orden Polar (Polar), entonces ejecuta las órdenes de AutoCAD después de calcular todos los puntos:

```
(defun notch(/ np1 np2 np3 np4 np5)
   (setq np1 (polar g:cp (g:dtr 270) (/ g:nw 2.0))
         np2 (polar np1 0 (+ g:hole g:nd))
         np3 (polar g:cp (g:dtr 90) (/ g:nw 2.0))
         np4 (polar np3 0 (+ g:hole g:nd))
         np5 (polar g:cp 0 g:hole)
   )
   (command "PLINE" np1 np2 np4 np3 "")

   (setq ss1 (ssadd (entlast) ss1))

   (command "TRIM" ss1 "" np1 np3 np5 "")
)
```

C:GEAR

Finalmente, cuando todas las funciones se han definido están preparadas para ser reunidas dentro de una orden de AutoCAD. Las órdenes de AutoCAD se definen igual que las funciones, pero sus nombres siempre comienzan por C:. Esta técnica especial de denominación indica a AutoCAD que estas funciones se pueden llamar directamente desde el indicador de órdenes. Por consiguiente, definiendo una función nombrada C:GEAR, creará una nueva orden llamada Gear.

En su forma más simple, C:GEAR se puede definir como:

```
(defun C:GEAR (/ dpitch htooth xtooth side ssl)
    (getp)
    (calcp)
    (draw)
)
```

Observe que las variables usadas en la función CALCP están definidas como locales para C:GEAR. Esto les permite a ambas ser usadas por CALCP y DRAW, y ser desechadas cuando C:GEAR concluya el proceso. Además, tenga presente que hay varias maneras para hacer que esta orden sea más eficiente y elegante.

Mejoras para GEAR:LSP

Muchas rutinas AutoLISP, incluida GEAR:LSP, hacen cambios en el entorno de dibujo. Estos cambios mejoran el aspecto de la pantalla durante el proceso, al tiempo que hacen la orden más exacta y segura.

En general, los cambios de entorno dentro de las rutinas de AutoLISP siguen estos principios generales:

1. Guardar los parámetros actuales del entorno en variables locales de la orden.
2. Redefinir el entorno según se desee.
3. Al final del proceso, restablecer el entorno en los parámetros almacenados.
4. Finalizar la nueva orden con una llamada a la función Princ (sin argumentos), que hará que vuelva el indicador de órdenes sin presentar ninguno de los valores retornados por las funciones.

GEAR:LSP introduce los siguientes cambios:

```
(setq oldblp (getvar "BLIPMODE") ; screen blips
      oldech (getvar "CMDECHO")  ; echoing of commands on
                                          screen
      oldpbx (getvar "PICKBOX")  ; pick box size
)
```

Entonces, establece los siguientes valores:

```
(setvar "BLIPMODE" 0)    ; turn off screen blips
(setvar "CMDECHO" 0)     ; turn off command echoing
(servar "PICKBOX" 0)     ; set the pick box to zero
```

Apagar los blips (parpadeos) de la pantalla y el eco de órdenes, reduce el desorden innecesario en la pantalla. Poniendo el cuadro de opciones a cero, se mejora la precisión de la selección de entidades, cuando las entidades están muy juntas en el monitor. Para estudiar, debería intentar editar GEAR:LSP con otros valores válidos para estas variables del sistema, para observar el efecto que tales cambios tienen.

Detección de errores en GEAR:LSP

GEAR:LSP usa las funciones Get de AutoLISP para obtener los valores de parámetros; estas funciones incluyen algunos detectores de errores para prevenir datos incorrectos (por ejemplo, Getpoint no permitirá la introducción de enteros o de cadenas). Además, es posible que el usuario introduzca datos que produzcan un engranaje «imposible», por ejemplo, una muesca más grande que el propio engranaje. Este tipo de errores se manifestarán cuando el engranaje sea dibujado.

Una consideración más seria es la de la posibilidad de que el usuario quiera cancelar tempranamente el procesamiento, pulsando Ctrl-C en el teclado. Normalmente, esto hará que AutoCAD presente una larga lista de funciones, indicando en qué punto se interrumpió el procesamiento. Tal información es de gran ayuda cuando se corrigen los errores de la rutina, pero puede que desee ahorrarse o ahorrar a sus usuarios la necesidad de soportar este procesamiento una vez que la función esté completamente depurada. Puede cambiar el tratamiento que de los errores hace AutoLISP, redefiniendo una función especial llamada *Error* (los asteriscos son parte del nombre de la función). Este proceso de redefinición usa los siguientes principios generales:

1. Almacenar la función en vigor en una variable local.
2. Redefinir *Error* usando la función Defun.
3. Restaurar la función original *Error* al final del procesamiento.

GEAR:LSP añade las siguientes líneas a sus cambios del entorno:

```
(setq oldblp (getvar "BLIPMODE")
      oldech (getvar "CMDECHO")
      oldpbx (getvar "PICKBOX")
      olderr *Error*
)
```

Esto guarda la función *Error* en vigor en la variable Olderr. A continuación, GEAR.LSP crea una nueva rutina de errores que se ejecutará si el usuario introduce Ctrl-C:

```
(defun *ERROR* (msg)
   (princ " \n") (princ msg)
   (setvar "BLIPMODE" oldblp)
   (setvar "CMDECHO"  oldech)
   (setvar "PICKBOX"  oldpbx)
   (setq *ERROR* olderr)
   (princ)
)
```

Esta nueva función *Error* imprime un sencillo mensaje de error devuelto automáticamente por el intérprete de AutoLISP, entonces se restauran los parámetros del entorno cambiados por GEAR:LSP. Además, restaura la versión anterior de la función *Error*. Observe que estos mismos cambios se hacen al final de la función, de forma que los parámetros originales vuelven cuando la función concluye normalmente.

Estudie atentamente el código para la función C:GEAR, como se ve en el Listado 7.1. La posición de la línea que restaura la función original *Error* es importante. Siempre es la segunda para la última función llamada en la rutina, justo antes de la llamada final a Princ, para una salida suave.

Introducción de parámetros usando cuadros de diálogo (sólo Versión 12)

Es casi axiomático que, cuando usted está programando, cuanto más fáciles hace las cosas para el usuario, más duro resulta su trabajo como programador. Este es el caso cuando elige un cuadro de diálogo para añadirlo a su rutina, como permite la Versión 12. Un cuadro de diálogo hace esto mucho más fácil, para que el usuario cree una larga lista de los parámetros del programa, pero usted tiene que añadir un código extra a su rutina para permitirlo.

Hay dos pasos extra en el desarrollo, necesarios para añadir cuadros de diálogo a las rutinas AutoLISP:

1. Tiene que escribir un archivo ASCII diferente, de código de instrucción, llamado *archivo DCL*. Estos archivos pueden tener cualquier nombre e incluyen la extensión .DCL. DCL (Dialog Control Language = Lenguaje de Control de Diálogo), es un lenguaje aparte, diferente de AutoLISP. Un archivo DCL contiene especificaciones de diseño que instruyen a AutoCAD sobre el formato de su cuadro de diálogo personalizado. Afortunadamente, el lenguaje es poco denso, y con un poco de práctica, mucho más fácil de dominar que AutoLISP.

2. Una vez que haya creado la especificación de diseño, tiene que añadir funciones extra a su rutina AutoLISP, que inicien la presentación de su cuadro de diálogo, que controlen su comportamiento mientras esté en la pantalla, que gestionen la forma en la que acepta información del usuario, que validen los datos introducidos y que los almacenen en las variables que usará su rutina.

Los cuadros de diálogo están compuestos por secciones llamadas *mosaicos*, que están colocadas en filas y columnas dentro del cuadro de diálogo. Un mosaico puede contener cualquiera de los diversos tipos de mecanismos de introducción de datos estándar, dependiendo de cuál sea el mecanismo más fácil para manejar cualquier ítem individual. Puede «mezclar y emparejar» los diversos mecanismos según su voluntad.

Afortunadamente, AutoCAD maneja todos los detalles del diseño implicados en la transferencia de su especificación de diseño del archivo DCL a la pantalla. Usted sólo necesita especificar la organización del mosaico, los mecanismos que contienen y cualquier característica opcional que desee asignar a un mosaico dado.

La validación de datos es extremadamente importante cuando usa cuadros de diálogo. Por ejemplo, AutoCAD maneja los datos introducidos a través de cuadros de diálogo sólo como cadenas de caracteres. Si su rutina usa datos numéricos, las cadenas de caracteres tomadas del cuadro de diálogo tienen que convertirse en números antes de que pasen a la parte del procesamiento de su rutina. Si el usuario, accidentalmente, introduce caracteres que no puedan convertirse en números, su rutina tiene que dar cuenta del error de una forma que haga la realización de las correcciones fácil e intuitiva.

La mejor manera de aprender cómo diseñar buenos cuadros de diálogo es estudiar los cuadros de diálogo estándar en AutoCAD. Estos son excelentes modelos a seguir cuando está resolviendo sus especificaciones de diseño personalizadas. Además, el Lenguaje de Control de Diálogo contiene varias configuraciones de mosaico estándar, que puede incluir con una sola línea de código en su archivo DCL. Debería hacer uso de estas configuraciones estándar (llamadas elementos de composición de cuadro) siempre que sea posible, para simplificar su proceso de diseño y mantener sus especificaciones consistentes con el resto de AutoCAD.

Diseño de un cuadro de diálogo

El Listado 7.2 es un archivo DCL que contiene las especificaciones para el cuadro de diálogo que se ve en la Figura 7.3

Figura 7.3. El cuadro de diálogo presentado por GEAR.DCL

Listado 7.2. Un archivo DCL para GEAR.LSP —GEAR.DCL

```
// GEAR.DCL - Cuadro de diálogo DDGEAR.LSP
// Escrito por: Bob Thomas

gear : dialog {
```

```
label = "Gear Parameters";

: row {                                    // Row 1

  : boxed_column {                         // Column 1 of 3:
      :button {                            // Button for picking points
          key = "pickpoint";
          label = "Pick Point <";
          mnemonic = "P";
          fixed_width = true;
          alignment = left;
      }
      : edit_box {                         // Edit box for X coordinate
          key = "x_pt";
          label = "X:";
          mnemonic = "X";
      }
      : edit_box {                         // Edit box for Y coordinate
          key = "y_pt";
          label = "Y:";
          mnemonic = "Y";
      }
  }                                        // End Column 1
  : boxed_column {                         // Column 2 of 3:
    : edit_box {                           // Edit box for pitch circle
          key = "pitch";
          label = "Pitch Circle:";
          mnemonic = "P";
          edit_width = 8;
    }
    : edit_box {                           // Edit box for number of teeth
          key = "teeth";
          label = "Teeth:";
          mnemonic = "T";
          edit_width = 8;
    }
    : edit_box {                           // Edit box for center hole
          key = "hole";
          label = "Center Hole:";
          mnemonic = "C";
          edit_width = 8;
    }
  }                                        // End Column 2
  : boxed_column {                         // Column 3 of 3:
    : toggle {                             // Toggle for notch data
          label = "Notch:";
          mnemonic = "N";
          key = "notch";
    }
```

```
      : edit_box {                        // Edit box for notch depth
         key = "depth";
         label = "Depth:";
         mnemonic = "D";
      }
      : edit_box {                        // Edit box for notch width
         key = "width";
         label = "Width:";
         mnemonic = "W";
      }
   }                                      // End Column 3
}                                         // End Row 1

spacer_1;                                 // Row of space for appearance
ok_cancel;                                // Widget - OK and Cancel buttons
errtile;                                  // Widget _ Error message line

}                                         // End Gear Dialog

// EOF: GEAR.DCL   Líneas: 80
```

La primera línea de GEAR.DCL, inicializa el cuadro de diálogo y le da el nombre clave; en este caso, engranaje (gear):

```
gear : dialog {
```

La llave de apertura, al final de esta línea, se emparejará con una llave de cierre al final del archivo. A través del archivo, las parejas de llaves se usan para separar los diversos bloques construidos, que completan la totalidad de la especificación. Estos bloques construidos se pueden anidar dentro de otros si es necesario.

La primera especificación en el diálogo es una etiqueta. Esta se resaltará automáticamente y se centrará en la línea superior del cuadro de diálogo cuando se presente en la pantalla. La línea de órdenes para establecer la etiqueta es como sigue:

```
label = "Gear Parameters";
```

Esta línea, como todas las líneas de órdenes en un archivo DCL, está seguida de punto y coma, indicando que es una sola unidad de información de diseño para ser procesada por AutoCAD, cuando lea el archivo DCL. Observe que el punto y coma se usa para marcar líneas de órdenes a través del archivo. (Las líneas que terminan con llaves no usan puntos y comas.)

Puesto que los mosaicos están distribuidos en filas y columnas, la siguiente línea indica el contenido de la primera fila en el cuadro de diálogo. En efecto, este cuadro de diálogo tiene sólo una fila, con tres columnas de información. Observe como la llave de apertura está emparejada con una llave de cierre cerca del final de la línea. Además, observe cómo la sintaxis para la especificación empieza con dos puntos:

```
      : row {
```

La primera columna en el cuadro de diálogo es de un tipo especial, llamado *columna recuadrada*. Una columna recuadrada es simplemente una columna de mosaicos de entrada de datos con una línea dibujada alrededor para enfatizar. De nuevo, una llave abierta se emparejará con un llave de cierre después de la lista de mosaicos de datos de entrada de la columna:

```
: boxed_column {
```

La primera entrada de datos es un *botón*, un mecanismo que aparece en la pantalla, en forma de un pequeño rectángulo resaltado. Cuando el usuario desplaza el puntero hasta él en la pantalla y lo selecciona con el puntero, la rutina de control AutoLISP activará una función especificada:

```
: button {
        key = "pickpoint";
        label = "Pick Point <";
        mnemonic = "P";
        fixed_width = true;
        alignement = left;
}
```

Las líneas de órdenes dentro de las llaves que marcan la especificación inferior enlazan ciertos elementos de control con el final. Estos elementos son:

- *key* (clave)—Una cadena de caracteres que se usa para identificar este mosaico de datos de entrada dentro de la rutina de control AutoLISP.

- *label* (etiqueta)—Una cadena de caracteres que se presentará en la pantalla como una etiqueta sobre el botón.

- *mnemonic* (mnemónico)—Un solo carácter de la etiqueta que, cuando se pulsa en el teclado mientras se presenta el cuadro de diálogo, resaltará el botón. Cuando se resalte el botón, pulsar la Barra espaciadora, es lo mismo que escogerlo con el puntero. No todas las plataformas sostienen mnemónicos; compruebe la documentación de AutoCAD de su plataforma para asegurarse.

- *fixed_width* (ancho_fijado)—Se establece como *verdadero*, esto indica que el tamaño del botón está controlado por el tamaño de la etiqueta, no por el de la columna.

- *alignment* (alineación)—Este elemento indica que el botón está alineado a la izquierda dentro de la columna, en oposición a las demás alineaciones posibles, *centrado* o a la *derecha*.

Los dos siguientes mecanismos de entrada de datos en la columna son *cuadros de edición* (edit_boxes). Un cuadro de edición permite al usuario introducir datos desde el teclado. Las etiquetas se utilizan como mensajes para indicar qué datos se deben introducir. Al igual que otros mecanismos de entrada de datos, a éstos se les da una única tecla y un mnemónico opcional:

```
:   edit_box {
        label = "X:";
        mnemonic = "X";
        key = "x_pt";
    }
:   edit_box {
        label = "Y:";
        mnemonic = "Y";
        key = "y_pt";
    }
}
```

La llave de cierre extra, emparejada con la llave de apertura de la especificación de la columna recuadrada, indica que no hay más mosaicos en esta columna en particular.

La siguiente especificación de columna recuadrada indica tres cuadros de edición más, similares a los encontrados en la primera columna. Tienen sus propias etiquetas, teclas únicas de identificación y mnemónicos opcionales.

La última especificación de columna recuadrada contiene más cuadros de edición, y además un mosaico especial llamado conmutador. Un conmutador es un cuadrado pequeño en el que aparecerá o desaparecerá una X, según seleccione el usuario con el puntero (o resaltándolo usando el carácter mnemónico y pulsando Barra espaciadora). Cuando la X aparece en el cuadrado, el conmutador se considera activo. Cuando el cuadrado está vacío, el conmutador se considera inactivo. Ciertas funciones de control de AutoLISP, pueden ser llamadas o ignoradas dependiendo del estado del conmutador:

```
: toggle {
      label = "Notch:";
      mnemonic = "N";
      key = "notch";
}
```

Las llaves de cierre adicionales (en las líneas que siguen a este ejemplo) indican el final de la tercera columna recuadrada, así como el final de la primera fila en el cuadro de diálogo. Finalmente, el archivo DCL concluye con tres especificaciones auto-contenidas, cada una llamada con una sola línea de código:

```
spacer_1;
ok_cancel;
errtile;
```

Estas especificaciones se llaman *elementos de composición de cuadro.* Un elemento de composición de cuadro es un conjunto predefinido de mosaicos, que AutoCAD añadirá al cuadro de diálogo. Estos mosaicos incluyen sus propias teclas, etiquetas y mnemónicos.

Spacer_1 presenta una línea de texto en blanco. Uselo para ayudar a equilibrar el aspecto de los elementos en el cuadro de diálogo insertando un espacio entre los mosaicos definidos.

Ok_cancel presenta una fila con dos botones centrales en el cuadro de diálogo:

un botón OK y un botón Cancel. La clave del botón OK es «aceptar», y la del botón Cancel es «cancelar».

Errtile, presenta una línea en blanco, pero a diferencia de la línea en blanco creada por «spacer», ésta puede usarse para presentar mensajes de texto como situaciones autorizadas. La clave de este mosaico es «error».

Los elementos de composición de cuadro son de gran ayuda. Observe cómo especificaciones estándar y complejas se pueden llevar a cabo con sólo una sencilla línea de órdenes en el archivo DCL. Los elementos de composición de cuadro estándar DCL son:

Elemento	Incluye
errtile	Línea en blanco (clave: «error») para presentar texto.
ok_only	Botón OK (clave: «aceptar»).
ok_cancel	Botón OK, más botón Cancel (clave: «cancelar»).
ok_cancel_help	Botones OK y Cancel, más el botón Help (clave: «ayuda»).
ok_cancel_help_info	Botones OK, Cancel y Help, más el botón Info (clave: «info»).
ok_cancel_help_errtile	Botones OK, Cancel, Help, más la línea en blanco para texto (clave: «error»).

Control de entrada de datos por medio de un cuadro de diálogo

La rutina AutoLISP DDGEAR usa las funciones encontradas en GEAR.LSP para dibujar el engranaje, más las funciones adicionales para manejar el cuadro de diálogo de entrada de datos, para convertir los datos según sea necesario, y verificar que se han introducido los datos correctos. El Listado 7.3 contiene la rutina completa.

Listado 7.3. La rutina DDGEAR.LSP

```
; NOMBRE DE ARCHIVO:     DDGEAR.Lsp - AutoCAD Versión 12
; Escrito por:    Bob Thomas
;
; --------------------------------------------------------------------
; SETLOC function:
;
(defun setloc()
    (if g:cp                                   ; Center point exists
        (setq x_pt (rtos (car g:cp) 2 4)       ; create X-Y variables
              y_pt (rtos (cadr g:cp) 2 4)
        )
        (setq g:cp (list                            ; otherwise,
                    (distof (setq x_pt "0.0000"))   ; create new X-Y
                    (distof (setq y_pt "0.0000"))
```

```
            )
          )
        )
    (set_tile "x_pt" x_pt)                       ; place X-Y in tiles
    (set_tile "y_pt" y_pt)
    (if (not g:pc)                               ; if no pitch circle,
        (setq g:pc 1.0) )                        ; create
    (set_tile "pitch" (setq pc (rtos g:pc 2)))   ; set tile

    (if (not g:teeth)                            ; if no teeth value,
        (setq g:teeth 14) )                      ; create
    (set_tile "teeth" (setq teeth (itoa g:teeth))) ; set tile

    (if (not g:hole)                             ; if no center hole,
        (setq g:hole 0.0) )                      ; set default 0
    (set_tile "hole" (setq hole (rtos g:hole 2 4))) ; set tile

    (if (not g:setn)                             ; if no notch flag,
        (setq g:setn 0) )                        ; set default 0
    (set_tile "notch" (itoa g:setn))             ; set tile

    (get_notch)                                  ; adjust dialog tiles

    (if (not g:nw)                               ; if no notch width;
        (setq g:nw 0.0) )                        ; set default 0
    (set_tile "width" (setq nw (rtos g:nw 2)))   ; set tile

    (if (not g:nd)                               ; if no notch depth;
        (setq g:nd 0.0) )                        ; set default 0
    (set_tile "depth" (setq nd (rtos g:nd 2)))   ; set tile

    (verify)                                     ; verify data
)
;
; ----------------------------------------------------------------
; RS_ERROR function:
;
(defun rs_error()
  (set_tile "error" "")      ; erase error tile
)
;
; ----------------------------------------------------------------
; OK_REAL function:
;
(defun ok_real (var vartype)
    (cond ( (distof var 2)       ; case: tile variable converts to real
            (rs_error)           ; clear error tile
            var )                ; return tile variable

          ( T                                    ; otherwise,
            (set_tile "error"                    ; display message
```

```
                    (strcat "Invalid " vartype " value.") )
            nil )                                          ; return nil
    )                              ; end case
)
;
; -----------------------------------------------------------------------
; OK_INT function:
;

(defun ok_int (var)
    (cond ( (atoi var)      ; case: tile variable converts to integer
            (rs_error)      ; clear error tile
            var )           ; return tile variable
          ( T nil)          ; otherwise, return nil
    )                       ; end case
)
;
; -----------------------------------------------------------------------
; GO function:
;
(defun go()
   (cond ( (verify)         ; case: data verifies OK
           (calcp)          ; calc gear parameters
           (draw)           ; draw gear
         )
         ( T (setq what_next 3) )  ; otherwise, bind what_next to 3
    )                              ; end case
)
;
; -----------------------------------------------------------------------
; VERIFY function:
;
(defun verify( / ok_para)
   (rs_error)                                 ; clear error tile
   (if (and (setq ok_para T)
            (/= (type g:cp) 'LIST) )    ; if no valid
       (progn (set_tile "error"         ; center point,
                  "Invalid center point.")   ; display message and
              (setq ok_para nil)  )  )   ; disable further checks

   (if (and ok_para (not (> g:pc 0)))   ; if no valid
       (progn (set_tile "error"         ; pitch circle,
                  "Invalid pitch circle.")   ; display message and
              (setq ok_para nil) )  )    ; disable further checks

   (if (and ok_para (< g:teeth 14))           ; if no valid
       (progn                                 ; teeth value,
          (set_tile "error"                   ; display message and
          "Invalid value for teeth (14 or more).")
          (setq ok_para nil)  )  )            ; disable further checks
```

```
      (if (and ok_para
              (or (>= g:hole g:pc)              ; if center hole too big,
                  (< g:hole 0)                  ; or less than zero,
                  (and (= g:hole 0) (= g:setn 1))))  ; or zero w/ notch flag up,
          (progn (set_tile "error"             ; display message and
                    "Invalid center hole parameter.")
                  (setq ok_para nil)   )   )    ; disable further checks

      (if (and ok_para (= g:setn 1)            ; if notch flag is up and
              (> g:nw (* 2 g:hole)))            ; notch width too big,
          (progn
            (set_tile "error"                  ; display message and
              "Invalid notch width parameter.")
            (setq ok_para nil)   )   )          ; disable further checks

      (if (and ok_para (= g:setn 1)            ; if notch flag is up and
              (>= g:nd (- g:pc g:hole)))        ; notch depth too big,
          (progn
            (set_tile "error"                  ; display message and
              "Invalid value for notch depth.")
            (setq ok_para nil)   )   )          ; disable further checks

   ok_para                                     ; return ok_para value
)
;
; -------------------------------------------------------------------------
; GET_X function:
;
(defun get_x()
   (rs_error)                                  ; clear error tile
   (if (ok_real                                ; if converted to real
          (setq x_pt (get_tile "x_pt"))
             "X coordinate")
       (setq g:cp (list (distof x_pt) (distof y_pt)))  ; set G:CP to point
   )
   nil                                         ; return nil
)
;
; -------------------------------------------------------------------------
; GET_Y function:
;
(defun get_y()
   (rs_error)                                  ; clear error tile
   (if (ok_real                                ; if converted to real
          (setq y_pt (get_tile "y_pt"))
             "Y coordinate")
       (setq g:cp (list (distof x_pt) (distof y_pt)))  ; set G:CP to point
   )
   nil                                         ; return nil
)
```

```
;
; --------------------------------------------------------------------
; GET_PC function:
;
(defun get_pc()
    (rs_error)                              ; clear error tile
    (if (ok_real                            ; if converted to real
             (setq pc (get_tile "pitch"))
             "pitch radius")
        (setq g:pc (distof pc))             ; set G:PC to pitch circle
    )
    nil                                     ; return nil
)
;
; --------------------------------------------------------------------
; GET_TEETH function:
;
(defun get_teeth()
    (rs_error)                              ; clear error tile
    (if (or (not (ok_int                    ; if converted to
                    (setq teeth (get_tile "teeth"))))  ; integer
            (< (setq g:teeth (atoi teeth)) 14)  ; and valid number,
    )
        (verify)                            ; verify data
    )
    nil                                     ; return nil
)
;
; --------------------------------------------------------------------
; GET_HOLE function:
;
(defun get_hole()
    (rs_error)                              ; clear error tile
    (if (ok_real                            ; if converted to real,
             (setq hole (get_tile "hole"))
             "center hole")
        (setq g:hole (distof hole))         ; set G:HOLE to center hole
    )
    (if (and (> g:hole 0) (>= g:hole g:pc)) ; if valid data,
        (verify)                            ; verify data
    )
    nil                                     ; return nil
)
;
; --------------------------------------------------------------------
; GET_NOTCH function:
;
(defun get_notch()
    (rs_error)                                        ; clear error tile
    (cond ( ( = 0 (setq g:setn (atoi (get_tile "notch"))))  ; notch flag up?
```

```
            (mode_tile "width" 1)                             ; activate
            (mode_tile "depth" 1)                             ; tiles
         )
         ( T                                                  ; otherwise,
            (mode_tile "depth" 0)                             ; deactivate
            (mode_tile "width" 0)                             ; tiles
         )
      )
   (verify)                                                   ; verify data
)
;
; ---------------------------------------------------------------------------
; GET_WIDTH function:
;
(defun get_width()
   (rs_error)                                      ; clear error tile
   (if (ok_real                                    ; if converted to real
           (setq nw (get_tile "width"))
             "notch width")
       (setq g:nw (distof nw))            ; set G:NW to notch width
   )
   (if (and (> g:hole 0) (> g:nw (* 2 g:hole)))       ; if valid data,
       (verify)                                        ; verify data
   )
   nil                                             ; return nil
)
;
; ---------------------------------------------------------------------------
; GET_DEPTH function:
;
(defun get_depth()
   (rs_error)                                          ; clear error tile
   (if (ok_real                                        ; if converted to real
           (setq nd (get_tile "depth"))
             "notch depth")
       (setq g:nd (distof nd))            ; set G:ND to notch depth
   )
   (if (and (> g:hole 0) (>= g:nd (- g:pc g:hole)))     ; if valid data,
       (verify)                                          ; verify data
   )
   nil                                                 ; return nil
)
;
; ---------------------------------------------------------------------------
; RESTORE function:
(defun restore()
   (setvar "BLIPMODE" oldblp)              ; restore environment
   (setvar "CMDECHO" oldech)               ; on normal exit or early abort
   (setvar "PICKBOX" oldpbx)
   (setq *ERROR* olderr)
```

```
)
;
; ----------------------------------------------------------------------------
; COMMAND FUNCTION: DDGEAR
;

(defun C:DDGEAR (/ oldblp oldech oldpbx olderr pcpt dptich htooth xtooth
                   ssl side what_next dcl_id pc x_pt y_pt teeth hole nd nw)
   (setq oldblp (getvar "BLIPMODE")          ;  Set up environment
         oldech (getvar "CMDECHO")
         oldpbx (getvar "PICKBOX")
         olderr *ERROR*
   )
   (setvar "BLIPMODE" 0)
   (setvar "CMDECHO" 0)
   (setvar "PICKBOX" 0)

   (defun *ERROR* (msg)                      ; define custom error message
      (princ " \nERROR: ") (princ msg)       ; print message
      (unload_dialog dcl_id)                 ; unload dialog
      (restore)                              ; restore environment
      (princ)                                ; traditional "quiet" exit
   )

   (if (or (not g:str) (not g:dtr)           ; load Gear.Lsp functions
           (not g:pt)  (not calcp)           ; if required
           (not draw)  (not notch)
       )
       (if (findfile "gear.lsp")                      ; display error if not
           (load "GEAR")                              ; loaded
           (progn (princ "\nGEAR.LSP not found.")
                  (restore)                           ; restore environment
                  (exit)  )                           ; abort processing
       )                                              ; end if
   )                                         ; end if
   (setq dlc_id (load_dialog "gear.dcl"))    ; load dialog

   (setq what_next 5)                        ; initialize loop

   (while (< 2 what_next)

      (if (not (new_dialog "gear" dcl_id))   ; exit if no dialog found
          (progn (restore)                   ; restore environment
                 (exit)  )                   ; abort processing
      )

      (setloc)                               ; set defaults o current data

      (action_tile "pickpoint" "(done_dialog 4)")  ; link functions to tiles
      (action_tile "x_pt"      "(get_x)")
```

```
(action_tile "y_pt"      "(get_y)")
(action_tile "pitch"     "(get_pc)")
(action_tile "teeth"     "(get_teeth)")
(action_tile "hole"      "(get_hole)")
(action_tile "notch"     "(get_notch)")
(action_tile "depth"     "(get_depth)")
(action_tile "width"     "(get_width)")
(action_tile "accept"    "(done_dialog 1)")
(action_tile "cancel"    "(done_dialog 0)")


(set what_next (start_dialog))       ; start dialog, return value to
                                     ; what_next

(cond ( (= what_next 1)              ; case: "accept" button picked,
       (go)                          ; create gear
     )
     ( (= what_next 4)               ; case: "pickpoint" button picked,
                                     ; prompt for center point
       (if g:cp
         (setq g:cp (g:pt nil "\nCenter of Gear:" g:cp))
         (while (not g:cp)
            (setq g:cp (g:pt nil "\nCenter of Gear:" g:cp))
         )
       )
     )
   )                                 ; end Case
 )                                   ; end what_next loop

(unload_dialog dcl_id)
(restore)                            ; restore environment
(princ)                              ; traditional "quiet" exit
)
;
; ------------------------------------------------------------------------
;
; EOF: DDGEAR.LSP    354 Líneas
```

Observe que, puesto que comparte funciones con GEAR.LSP, necesita también que GEAR.LSP se cargue antes de ejecutar DDGEAR.

Varias funciones en DDGEAR.LSP merecen ser examinadas con más detalle.

Setloc

La función Setloc está diseñada para inicializar las variables locales que contienen o bien los valores por defecto de los parámetros del engranaje la primera vez que se ejecuta la rutina, o bien los valores globales en vigor del anterior proceso. Observe que una serie de funciones If comprueba la existencia de valores globales, e inicializan las variables locales de acuerdo con esto. Además, observe cómo los datos numéricos se convierten en datos de cadena, usando las funciones Rtos e Itoa, antes de asignar los datos a las variables locales.

Rs_error

La función Rs_error es una función global de gran ayuda que asigna a cualquier mosaico la clave «error» para una línea en blanco. Simplemente llama a la función Set_tile estándar de AutoLISP con los argumentos fijados.

Ok_real

La función Ok_real es otra función general, de una gran ayuda para comprobar los datos de cadena antes de convertirlos en datos numéricos reales. Si la cadena no puede convertirse, se presenta un mensaje de error en la línea «errtile». Se necesitan dos argumentos: los datos a convertir y la cadena que indica el tipo de parámetro (por ejemplo, «dimensión del círculo», «agujero central», y demás datos necesarios para dibujar el engranaje). Este segundo argumento se inserta dentro del mensaje de error, si es que se presenta. Devuelve el primer argumento sin cambiarlo si tiene éxito.

OK_int

Ok_int es una versión simplificada de OK_real; comprueba que los datos de la cadena puedan convertirse en enteros, pero no presenta un mensaje de error si no tiene éxito. Se necesita únicamente un argumento, y devuelve el argumento sin cambiarlo si tiene éxito. En caso contrario, devuelve un nulo.

Verify

La función Verify examina los datos que se han introducido hasta que encuentra alguna forma de dato no válido. Presenta un mensaje en la «errtile» si encuentra datos no válidos. Una variable local especial, OK_para, se pone en nulo cuando se encuentra un error, lo que hace que se pase por alto la siguiente comprobación de error. En caso contrario, se queda como T (símbolo que indica «True (verdadero)» en AutoLISP). Esta función devuelve el valor de OK_para. La rutina DDGEAR.LSP no dibujará un engranaje hasta que esta función no devuelva el valor «True» (verdadero).

Get_Functions

Varias funciones que empiezan con los caracteres «Get_» están diseñadas para ser activadas cuando el usuario selecciona varios mosaicos de entrada de datos en el cuadro de diálogo. Estas reasignan la línea «errtile»; controlan la entrada de datos de cadena; comprueban que se pueden convertir, cuando sea apropiado, usando las funciones OK_real u OK_int, y devuelven nulo. Por ejemplo, la función Get_pc se activa cuando el usuario selecciona el cuadro de edición Pitch Radius. Comprueba la entrada, la almacena en una variable local, y si la entrada se puede convertir a números reales, asigna a la variable local G:pc un valor numérico. Cuando el engranaje está dibujándose, este valor se usa para la amplitud del círculo.

Get_notch

La función Get_notch es de un interés especial. Comprueba el *status* del conmutador de la muesca, y lo activa, liga la variable global G:setn a 1, y activa los mosaicos de los parámetros de la muesca. Observe cómo la función Mode_tile se usa para llevar a cabo esto. Si el conmutador no está activo, liga la variable global G:setn a cero y desactiva los mosaicos de los parámetros de la muesca. Si G:setn está ligada a cero, la muesca no se dibuja, incluso aunque en las variables G:nw y G:nd se hayan guardado valores por defecto.

Go

La función Go ejecuta la función Verify, y si devuelve verdadero, ejecuta las funciones Calcp y Draw, que producen el engranaje. Si Verify devuelve un nulo, hay errores en los datos y la función Go asignará a la variable What_next un 3. Esta variable se usa para controlar el bucle principal de la rutina, que continua mientras What_next tenga un valor mayor que cero. Así pues, cuando What_next esté establecida en 3, el programa volverá a presentar el cuadro de diálogo.

C:DDGEAR

La función principal, C:DDGEAR, usa muchas de las funciones encontradas en GEAR.LISP, con algunos importantes elementos extra añadidos. Primero, se añade el código para cargar en memoria el archivo DCL:

```
(setq dcl_id (load_dialog "gear.dcl"))
```

La función Load_dialog retorna un número entero exclusivo ID, cuando se ha cargado bien, y un nulo si no es así. En sus propias rutinas, debería almacenar este valor en una variable y usarla para comprobar si la carga se ha hecho bien.

La siguiente línea inicializa una variable usada para controlar el bucle del programa:

```
(setq what_next 5)
(while (< 2 what_next) ...
```

What_next se ligará a varios valores dependiendo de la acción del usuario. Cada vez que se pasa por el bucle, la rutina comprueba la existencia de la especificación correcta del cuadro de diálogo:

```
(if (not (new_dialog "gear" dcl_id))
    (progn (restore)
           (exit)   )
)
```

La rutina se interrumpe si algo ha salido mal.

Si la rutina no se interrumpe, establece los valores iniciales para el cuadro de diálogo usando la función Setloc. Después, indica qué funciones se van a llamar cuando el usuario seleccione los diferentes mosaicos. Observe cómo se identifican los mosaicos por su expresión clave desde el archivo GEAR.DCL. Además, observe cómo las funciones que van a ser llamadas son pasadas como *argumentos de cadena*, no simplemente como funciones, para cada función Action_tile:

```
(setloc)
(action_tile "pickpoint" "(done_dialog 4)")
(action tile "x_pt"       "(get_x)")
(action_tile "y_pt"       "(get_y)")
(action_tile "pitch"      "(get_pc)")
(action_tile "teeth"      "(get_teeth)")
(action_tile "hole"       "(get_hole)")
(action_tile "notch"      "(get_notch)")
(action_tile "depth"      "(get_depth)")
(action_tile "width"      "(get_width)")
(action_tile "accept"     "(done_dialog 1)")
(action_tile "cancel"     "(done_dialog 0)")
```

Finalmente, usted está preparado para presentar el cuadro de diálogo en la pantalla. La función Start_dialog maneja la presentación. Al final del diálogo, la función devuelve un entero que se almacena en la variable What_next:

```
(setq what_next (start_dialog))
```

El usuario tiene varios métodos para finalizar el diálogo: pulsar el botón OK, el botón Cancel, Ctrl-C o ESC. Los dos últimos tienen el mismo efecto que el botón Cancel. Observe que pulsando el botón Cancel (action_tile:"cancel") se llama a la función Done_dialog con un argumento de cero. Esto tiene el efecto de salir de la función Start_dialog, y pasar ese cero a la variable What_next. Pulsando Ctrl-C o ESC también se devuelve un valor de cero para la variable What_next.

Pulsando el botón OK ejecutará la función Done_dialog, pasando 1 a la variable What_next. Observe que seleccionar el mosaico «pickpoint» pasará un 4 a What_next. Las líneas siguientes del código evalúan el valor de What_next, y se ramifican de acuerdo con esto:

```
(cond ( (= what_next 1)
        (go)
     )
     ( (= what_next 4)
        (if g:cp
          (setq g:cp (g:pt nil "\nCenter of Gear:" g:cp))
          (while (not g:cp)
             (setq g:cp (g:pt nil "\nCenter of Gear:" g:cp))
          )
        )
     )
)
```

Si What_next se liga a 1, la función Go se ejecuta.

Observe cómo esta función es llamada sólo después de una llamada a Done-_dialog. Go no puede ser llamada mientras esté activa la Start_dialog, porque la función Command llamada desde dentro de Go no se puede llamar mientras esté activa Start_dialog. Después de Done_dialog, sin embargo, se convierte en una función legal otra vez.

(Aparte, observe que varias funciones predefinidas de AutoLISP no son llamadas «legales» desde dentro de Start_dialog; éstas incluyen a Command, Prompt, y a la Ssget interactiva, más todas las funciones Get*xxxx*: las funciones de control de presentación, las de gráficos de pantalla, y las funciones que manejan las entidades. Consulte el manual de personalización de AutoCAD para una lista completa de las funciones no permitidas mientras Start_dialog está activa.)

Si la variable What_next se une al valor de 4, el usuario escogería el mosaico «pickpoint». Si es este el caso, la rutina devuelve las funciones desde GEAR.LSP, que piden el punto central del engranaje. Puesto que el valor de What_next es 4, el bucle continuará, y el cuadro de diálogo se volverá a presentar después de que el usuario escoja un punto. Observe cómo, cuando el bucle continúa, las funciones Setloc y Verify son llamadas de nuevo, y esta acción sitúa a las coordenadas X e Y del punto seleccionado en sus respectivos mosaicos de edición.

Sumario-GEAR.LSP

El trabajo que ha hecho con las rutinas GEAR y DDGEAR, elaborar trabajosamente todos los códigos necesarios para crear un engranaje usando cuadros de diálogos programables, le dará, como a un principiante, los fundamentos que necesita para construir interfaces de cuadro de diálogo de gran ayuda para sus rutinas AutoLISP. Además le dará un contexto efectivo para una más detallada exploración y experimentación con otras características de los cuadros de diálogo personalizados de AutoCAD. Después de explorar el código en GEAR.DCL y en DDGEAR.LSP, encontrará que la documentación del cuadro de diálogo personalizado es mucho más fácil de comprender, y potenciará con creces sus posibilidades de personalización.

Colocación de las rutinas AutoLISP en un menú personalizado

Puede simplificar el proceso de cargar las rutinas AutoLISP si incluye la función LOAD como parte de una macro del menú personalizado:

```
[GEAR]^C^C(if (not C:GEAR) (load "GEAR"));GEAR;
```

La función NOT devolverá verdadero si el nombre de la orden C:GEAR no se liga a ningún valor. Si es así, GEAR.LSP no se ha cargado y la función LOAD se evalúa. Después de que GEAR.LSP se haya cargado la orden se ejecuta. La próxima vez que se seleccione esta macro, la función de cargar no se evaluará, porque C:GEAR tiene un valor, y la función NOT devolverá un nulo.

Compartir funciones ACAD.LSP

Siempre que sea posible, puede ahorrar memoria y reducir el tiempo de desarrollo y de carga, teniendo rutinas que compartan funciones comunes. Es de gran ayuda, si usa estas rutinas regularmente, colocar sus funciones comunes en el archivo ACAD.LSP. Este archivo especial se cargará automáticamente al principio de cada sesión de dibujo. Esto puede incrementar el tiempo que tiene que gastar al principio de cada sesión de dibujo, mientras el mensaje «loading acad.lsp...» aparece en el área del indicador de órdenes. Sin embargo, no necesitará incluir estas funciones comunes en otras rutinas que las usen. Las rutinas específicas pueden entonces cargar sólo aquellas funciones exclusivas de la rutina, lo que le ahorrará tiempo.

Es de gran ayuda, sin embargo, comprobar la existencia de funciones comunes antes de llamarlas, como se ha demostrado en DDGEAR.LSP. Por ejemplo:

```
(if (not g:str)          ; function not found
    (load "GEAR")        ; load file containing function
)
```

Este factor de seguridad previene cualquier efecto no deseado producido por llamadas desde rutinas que necesiten funciones que, por cualquier razón, no estén presentes.

CAPITULO **OCHO**

Listas de asociación
de entidades

AutoCAD guarda todas las entidades en una base de datos de entidades especializada. La Versión 10 y posteriores incluyen varias funciones poderosas de AutoLISP que le permiten acceder directamente y modificar la base de datos de entidades de AutoCAD, seleccionando los ítems que va a modificar, bien individualmente o en grupos. Esto puede acelerar su trabajo reduciendo el tiempo invertido en el proceso de selección, o liberándole para hacer otro trabajo mientras AutoCAD ejecuta por usted rutinas complejas de selección y edición.

Nombres de entidades y listas de asociación

Durante una sesión de dibujo, AutoCAD asigna un nombre exclusivo de entidad a cada una de las que forman la base de datos. El nombre de la entidad es un número de ocho dígitos en notación hexadecimal. La estructura interna de los nombres de entidades y sus asignaciones a entidades es completamente transparente al usuario.

Un nombre de entidad es un tipo exclusivo de dato de AutoLISP. Cuando usted recupera un nombre de entidad de la base de datos subyacente por medio de varias funciones predefinidas, será mostrada con el formato:

```
<Entity name: nnnnnnnn>
(Nombre de la entidad)
```

donde *nnnnnnnn* representa los números que constituyen el nombre de la entidad. Varias funciones aceptan un nombre de entidad como argumento, pero debe estar primero ligado a una variable de memoria o, si no se necesita almacenar el nombre de la entidad en la memoria, puede usar una función que devuelva un nombre de entidad como un argumento para una función que lo acepte.

Ligada a cada nombre de entidad está la información requerida para producir esa entidad en la pantalla o en el trazador (plotter). AutoCAD extrae esa información para que usted la use como una *lista de asociación*. Una lista de asociación es una lista compuesta de otras listas menores llamadas *sublistas*.

Por ejemplo, una nueva línea de dibujo en AutoCAD recibiría automáticamente un nombre exclusivo de entidad, y asociada con ese nombre, habría una lista de asociación conteniendo sublistas que indicarían:

1. El tipo de entidad que es («LINE»).
2. El nombre de la capa sobre la que está la entidad.
3. El tipo de línea (si no es la predefinida para la capa).
4. El punto de partida.
5. El punto de terminación.
6. La elevación, si la hay (en la Versión 10 y anteriores).
7. El grosor de la orientación Z, si lo hay.
8. El color (si no es el predeterminado para la capa).
9. El punto del vector de extrusión (utilizado para la manipulación 3D).

El primer miembro de cada sublista es un entero especial llamado *código de grupo*, que identifica una propiedad particular de la entidad. Por ejemplo, la primera sublista en cualquier lista de asociación es el propio nombre de la entidad. El nombre de la entidad siempre tiene un código de grupo de -1. Dado un nombre de entidad de 60000014, la sublista para el nombre de la entidad se vería del modo siguiente:

```
(-1 . <Entity name: 60000014>)
```

Como ejemplo adicional, el código de grupo para la posición de la capa de una entidad es el 8. Además, si la entidad existe en la capa 0, la sublista para la posición de la capa aparecería del modo siguiente:

```
(8 . "0")
```

La mayoría de las sublistas de las listas de asociación, como en el ejemplo anterior, contienen sólo dos miembros: el código de grupo y el ítem específico de la información de dibujo asociada con ese código de grupo. Cuando la sublista contiene sólo dos miembros, será presentada mostrando los miembros separados por un espacio, un punto y otro espacio, como en los ejemplos anteriores. Tales sublistas son llamadas *parejas de puntos*. Las listas de asociación usan parejas de puntos porque usan menos memoria que las listas ordinarias.

Las sublistas que contienen información de coordenadas de puntos no pueden ser parejas de puntos, ya que contienen tres o cuatro miembros: el código de grupo, una coordenada X, una coordenada Y y, a menudo, una coordenada Z. Una pareja de puntos no es posible aquí, de modo que estas sublistas aparecen como listas de datos ordinarias. Los códigos de grupo utilizados actualmente para la información de coordenadas de puntos son códigos del 10 al 16. Tales sublistas de coordenadas de puntos aparecen en el ejemplo siguiente, que muestra un punto en

12,12,0 (los ceros a la cola quizás aparezcan o quizás no en su configuración de presentación):

```
(10 12.000000 12.000000 0.000000)
```

El uso de códigos de grupo le permite a AutoCAD identificar cualquier sublista particular, sin que importe el orden en el que aparezca en la lista de asociación. Los siguientes códigos de grupo son comunes a todas las entidades:

-1   *nombre de la entidad*
0   *tipo de la entidad*
5   *rótulo* (si está habilitada la orden Handles [Rótulos])
6   *tipo de línea* (si no es la predefinida para la capa)
8   *nombre de la capa*
38   *elevación* (cuando no es cero, en Versión 10 y anteriores)
39   *grosor paralelo al eje Z* (cuando no es cero)
62   *color* (si no es el predefinido para la capa)
210   *vector de dirección de extrusión* (utilizado en el trabajo 3D para tra-ducir el sistema de coordenadas de la entidad al sistema de coordenadas mundial).

Rótulos de entidades

Los *rótulos de entidades* son otros medios para identificar entidades, disponibles en la Versión 10 y posteriores. Mientras que un nombre de entidad puede cambiar de una sesión de edición a otra, un rótulo de entidad está asociado permanentemente con una entidad particular mientras ella exista en el dibujo. Los rótulos de entidades son cadenas alfanuméricas asignadas a las entidades cuando son creadas, y que se ponen dentro de la lista de asociación para cada entidad. Los rótulos de entidades son útiles cuando se crean funciones de AutoLISP que deban acceder automáticamente al mismo conjunto de entidades de un dibujo a lo largo de muchas sesiones de edición. Para utilizar rótulos de entidades tendrá que instruir explícitamente a AutoCAD con el fin de asignarlos por medio de la orden Handles (Rótulos). Los rótulos de entidades no deberían usarse a menos que sean requeridos por una aplicación de AutoCAD (como la interfaz SQL), ya que pueden aumentar significativamente el tamaño de la base de datos de dibujo de AutoCAD.

Funciones de acceso a entidades

Como se mencionó anteriormente, las listas de asociación son largas listas que contienen sublistas, encerradas todas dentro de series adecuadas de paréntesis. Dado que todas siguen esta estructura, pueden ser usadas y modificadas por las funciones de AutoLISP. Algunas funciones han sido predefinidas para actuar exclusivamente sobre listas de asociación. Las funciones de AutoLISP predefinidas que actúan sobre listas de asociación de entidades, comienzan con las letras «ENT» y se resumen en este capítulo.

Creación de entidades con Entmake

Es posible crear entidades directamente, sin reordenar las órdenes de dibujo de AutoCAD. El siguiente fragmento de códigos crea un segmento de línea entre dos puntos y lo añade al dibujo:

```
(entmake (list (cons 0 "LINE")
               (cons 10 '(0 0 0))
               (cons 11 '(5 5 0))
          )
    )
```

Observe que el argumento para la función Entmake es una lista de asociación, creada por la función List de AutoLISP. La función List tiene tres argumentos, cada uno una sublista creada usando la función Cons:

1. El argumento

   ```
   (cons 0 "LINE")
   ```

   devuelve

   ```
   (0 . «LINE»)
   ```

   un par de puntos indicando el tipo de entidad.

2. El argumento

   ```
   (cons 10 '(0 0 0))
   ```

   devuelve

   ```
   ( 10 0.000 0.000 0.000 )
   ```

   una lista indicando el punto inicial.

3. El argumento

   ```
   (cons 11 '(5 5 0))
   ```

   devuelve

   ```
   ( 11 5.000 5.000 0.000 )
   ```

   una lista indicando el punto final.

La sublista anterior se combina para formar el mínimo de información requerida por AutoCAD para crear una línea. Este ejemplo produce una línea en el editor de dibujo desde los puntos 0,0,0 al 5,5,0. Dado que otra información, como el nombre de la capa o el color, no fue incluida, AutoCAD supone los valores por defecto para estos aspectos cuando crea el segmento de línea; éstos incluyen la capa actual más el color y el tipo de línea de la capa actual, y el grosor predefinido a lo largo del eje Z actual.

AutoCAD asigna automáticamente el nombre de la entidad de línea (código de grupo −1), el rótulo de entidad (código de grupo 5 si está habilitado handles [rótulos]), y el vector de dirección de extrusión (código de grupo 210). Por consiguiente, estos códigos de grupo no se usan nunca en una función List que sea pasada a Entmake. Puede incluir la información opcional restante asociada con la línea para proporcionar los argumentos necesarios para List. Por ejemplo,

```
(entmake (list (cons 0 "LINE")
               (cons 10 '(0 0 0))
               (cons 11 '(5 5 0))
               (cons 62 3)
               (cons 8 "Floor_Plan")
        )
)
```

crearía la misma línea, de color verde (código de grupo 62; código de color 3) en la capa «Floor_Plan» (código de grupo 8, más el nombre de la capa).

Tenga en cuenta las siguientes sugerencias cuando use Entmake para crear entidades:

1. Construya sublistas, especialmente pares de puntos, usando la función Cons, para garantizar su legibilidad por AutoCAD.
2. Encierre todas las sublistas dentro de una lista global, usando la función List. Esto crea una lista de asociación.
3. Todos los códigos de grupo y valores asociados deberán ser válidos para el tipo de entidad que cree.
4. Para una mayor precisión, incluya las coordenadas Z para los puntos que pasen a Entmake, incluso aunque sean cero.

Cuando AutoCAD es capaz de crear la entidad, satisfactoriamente, la función Entmake devuelve la lista de asociación de la nueva entidad (sin incluir el nombre de la nueva entidad o el rótulo). Si AutoCAD no puede crear la entidad por cualquier razón, Entmake devuelve un nulo.

La lista siguiente muestra el mínimo de información requerido para crear entidades de dibujo estándar de AutoCAD con Entmake. Las sublistas adicionales de códigos de grupo pueden ser añadidas para hacer más completas las definiciones de entidades. Para sublistas adicionales, siga el formato ilustrado aquí. La negrita indica los valores que usted deberá proporcionar, tales como cadenas, puntos o ángulos. Los valores de cadena están indicados por comillas. Los valores numéricos son números reales, excepto donde se indiquen específicamente como enteros. Los ángulos están expresados en radianes.

1. Para crear un Punto (Point), la función Entmake requiere la siguiente sintaxis:

```
(entmake (list (cons 0 "POINT")
               (cons 10 punto)
        )
```

2. Para crear una Línea (Line), Entmake requiere lo siguiente:

```
(entmake (list (cons 0 "LINE")
               (cons 10 punto inicial)
               (cons 11 punto final)
        )
)
```

3. Para crear un Arco (Arc), Entmake requiere lo siguiente:

```
(entmake (list (cons 0 "ARC")
               (cons 10 punto central)
               (cons 40 factor de curvatura)
               (cons 50 ángulo inicial)
               (cons 51 ángulo final)
        )
)
```

4. Para crear un Círculo (Circle), Entmake requiere lo siguiente:

```
(entmake (list (cons 0 "CIRCLE")
               (cons 10 punto central)
               (cons 40 radio)
        )
)
```

5. Para crear un Trazo (Trace), Entmake requiere lo siguiente:

```
(entmake (list (cons 0 "TRACE")
               (cons 10 1er punto de esquina)
               (cons 11 2o punto de esquina)
               (cons 12 3er punto de esquina)
               (cons 13 4o punto de esquina)
        )
)
```

6. Para crear una Forma (Shape), Entmake requiere lo siguiente:

```
(entmake (list (cons 0 "SHAPE")
               (cons 2 "nombre del perfil")
               (cons 10 punto de inserción)
        )
)
```

7. Para crear un Sólido (Solid), Entmake requiere lo siguiente (si la figura es de tres lados, dos puntos adyacentes tendrán que ser el mismo):

```
(entmake (list (cons 0 "SOLID")
               (cons 10 1er punto de esquina)
               (cons 11 2o punto de esquina)
               (cons 12 3er punto de esquina)
               (cons 13 4o punto de esquina)
        )
)
```

8. Para crear un 3D Cara (3D Face), Entmake requiere lo siguiente (si la figura es de tres lados, dos puntos adyacentes tendrán que ser el mismo):

```
(entmake (list (cons 0 "3DFACE")
               (cons 10 1er punto de esquina)
               (cons 11 2o punto de esquina)
               (cons 12 3er punto de esquina)
               (cons 13 4o punto de esquina)
          )
)
```

9. Para crear una entidad Text, Entmake requiere lo siguiente:

```
(entmake (list (cons 0 "TEXT")
               (cons 1 "Cadena de texto")
               (cons 10 punto inicial)
               (cons 40 altura del texto)
          )
)
```

10. Para crear una definición de Bloque (Block), Entmake requiere lo siguiente (las sublistas de códigos de grupo para una definición de Bloque [Block definition] serían suministradas en este orden: 0, 2, 70, 10):

```
(entmake (list (cons 0 "BLOCK")
               (cons 2 "nombre del bloque")
               (cons 70 entero identificador de bloque)
               (cons 10 punto de inserción)
          )
)
```

11. Para crear una Definición de atributo (Attribute Definition), Entmake requiere lo siguiente:

```
(entmake (list (cons 0 "ATTDEF")
               (cons 1  "Valor por defecto")
               (cons 2  "Etiqueta del atributo")
               (cons 3  "Indicador")
               (cons 10 punto de inserción)
               (cons 40 altura del texto)
               (cons 70 identificador del atributo)
          )
)
```

12. Para crear una Definición de fin de bloque (Block End-of-Definition), Entmake requiere lo siguiente:

```
(entmake (list (cons 0 "ENDBLK")
          )
)
```

13. Para crear un Inserción de bloque normal (Normal Block Insertion), Entmake requiere lo siguiente:

```
(entmake (list (cons 0 "INSERT")
```

```
                    (cons 2 nombre del bloque)
                    (cons 10 punto de inserción)
              )
        )
```

14. Para crear una Inserción con atributos (Insert with attributes), Entmake requiere lo siguiente:

```
(entmake (list (cons 0 "INSERT")
               (cons 2 nombre del atributo)
               (cons 10 punto de inserción)
               (cons 66 1)
         )
   )
```

15. Para crear un Atributo de inserción de bloque (Insert Block Atribute), Entmake requiere lo siguiente:

```
(entmake (list (cons 0 "ATTRIB")
               (cons 1 "Valor del atributo")
               (cons 2 "Etiqueta del atributo")
               (cons 10 punto de inserción)
               (cons 40 altura del texto)
               (cons 70 identificador del atributo
                        entero)
         )
   )
```

16. Para crear una cabecera 2D Polilínea (2D Polyline), Entmake requiere lo siguiente:

```
(entmake (list (cons 0 "POLYLINE")
         )
   )
```

17. Para crear un vértice 2D Polyline, Entmake requiere lo siguiente:

```
(entmake (list (cons 0 "VERTEX")
               (cons 10 punto)
         )
   )
```

18. Para crear una cabecera 3D Polyline, Entmake requiere lo siguiente:

```
(entmake (list (cons 0 "POLYLINE")
               (cons 70 8)
         )
   )
```

19. Para crear un vértice 3D Polyline. Entmake requiere lo siguiente:

```
(entmake (list (cons 0 "VERTEX")
               (cons 10 punto)
               (cons 70 32)
         )
   )
```

20. Para crear un Final de secuencia (End-of-Sequence), Entmake requiere lo siguiente:

```
(entmake (list (cons 0 "SEQEND")
          )
)
```

Recuperación de entidades desde la base de datos

Una vez que las entidades están almacenadas dentro de la base de datos, puede recuperarlas y modificar sus propiedades. Recuperar y actuar sobre listas de asociación de entidades es un proceso de tres pasos:

1. Se recupera el nombre de la entidad a partir de la base de datos.
2. Las sublistas asociadas con ese nombre de entidad son recuperadas y modificadas referenciando el código de grupo apropiado.
3. La lista de asociación entera es actualizada en la base de datos de dibujos para incluir las entidades modificadas.

Se pueden usar varias funciones para recuperar entidades. Considere el ejemplo siguiente que recuperará la última entidad de la base de datos, guardándola en la variable Ent:

```
(setq ent (entlast))
```

Puede pedirle a AutoCAD que se detenga y que espere que el usuario seleccione una entidad individual:

```
(entsel)
```

Esta función presenta la petición de AutoCAD «Select objects» (Seleccione objetos). Cuando el usuario selecciona una entidad, retorna a una lista conteniendo el nombre de la entidad y el punto usado para seleccionarla. Por ejemplo:

```
((-1 . <Entity name: 60000014>) (5.000000 5.000000 0.000000))
```

Tal estructura es útil dentro de rutinas que requieren ambos tipos de información. Para aislar el nombre de la entidad, ponga la función Entsel con la función Car:

```
(car (entsel) )
```

Asimismo, puesto que probablemente desea guardar la entidad en una variable, añada la función Setq:

```
(setq ent (car (entsel) ) )
```

Una vez que haya ligado una variable con el nombre de una entidad, puede recorrer la base de datos utilizando la función Entnext, con el nombre de la entidad como argumento. La siguiente función toma la entidad con la que está ligada Ent, y vuelve a guardar la siguiente entidad en la base de datos dentro de Ent:

```
(setq ent (entnext ent))
```

Podría recorrer la base de datos, empezando con una entidad seleccionada, usando el código siguiente:

```
(setq ent (car (entsel)))
(while ent
   ; añada código aquí para procesar la entidad ligada a Ent
   (setq ent (entnext ent)) ; bucle para la siguiente entidad
)
```

En el ejemplo de arriba, después de que ha seleccionado una entidad en la base de datos, el bucle While provocará que AutoCAD acceda a cada entidad siguiente, hasta que no se encuentre ninguna más, punto en el cual Ent se ligaría con un nulo, y el bucle terminará.

Una vez que se ha recupeado un nombre de entidad de la base de datos, puede extraer la lista de asociación y modificarla, usando una serie de funciones. La función Entget devuelve la lista de asociación para una entidad seleccionada:

```
(setq alist (entget ent))
```

Por ejemplo, suponga que el dibujo contiene una línea verde que comienza en el punto 0,0,0 y termina en el punto 5,5,0. Está localizada en la capa Zero. Si esta entidad está ligada a la variable Ent, el ejemplo anterior devolvería una lista de asociación similar a la siguiente, y la ligaría a la variable Alist:

```
(
      (-1 . <Entity name: 60000014>)
      ( 0 . "LINE")
      ( 8 . "0")
      (10   0.000000 0.000000 0.000000)
      (11   5.000000 5.000000 0.000000)
      (210  0.000000 0.000000 0.000000)
      (62 . 3)
)
```

Si experimenta con esto usando AutoCAD, hallará que la lista de asociación es devuelta como una corriente continua de caracteres. Aquí está sangrada y formateada en aras de la claridad.

Habiendo extraído la lista de asociación de una entidad, puede ahora aislar una o más de sus sublistas, referenciándolas por sus códigos de grupo. Por ejemplo,

```
(setq color (assoc 62 alist) )
```

devuelve la sublista del código de color

```
(62 . 3)
```

y liga la sublista con la variable Color. Si no existe ninguna sublista de código de color, la entidad es del color asignado a su capa y la función Assoc devuelve un nulo.

Si la variable de color no es nula, puede además aislar el valor del color de la sublista usando la función Cdr:

```
(setq cvalue (cdr color))
```

(Cdr color) devuelve 3, guardándolo en la variable Cvalue. Suponga que quiere usar AutoLISP para cambiar el color de la entidad seleccionada de 3 (verde en la mayoría de los sistemas) a 1 (rojo en la mayoría de los sistemas).

Después de extraer la sublista de color usando la secuencia anterior, use la función Subst para cambiar la lista de asociación entera:

```
(setq alist        ; Alist será religada con la lista modificada
  (subst           ; Esta función retorna las listas modificadas
    (cons 62 1)    ; Nueva sublista para el valor de color (62 . 1)
    color          ; La sublista actual (62 . 3)
    alist          ; La lista de asociación actual
  )
)
```

Después de que ejecuta esta función, la variable Alist contiene una lista de asociación modificada, prácticamente idéntica a la que estaba ligada previamente a Alist, excepto que ahora contiene la sublista del nuevo valor de color. A continuación, llame a la función

```
(entmod alist)
```

la cual actualiza la entidad en la base de datos de dibujo.

Esta secuencia funciona bien cuando la sublista que pretende cambiar existe ya en la lista de asociación. La secuencia es diferente si la sublista nueva tuviera que ser añadida a la lista de asociación.

En el ejemplo siguiente suponga que usted creó un valor para Alist como hizo en el ejemplo anterior, excepto que Alist no contiene una sublista para el color. En vez de la función Subst, use la función Append para añadir la nueva sublista a la lista de asociación:

```
(setq alist        ; se ligará un nuevo valor a Alist
  (append          ; combina listas en una lista. Incluye:
    alist                ; la lista de asociación actual,
    (list (cons 62 1)) ; con una lista conteniendo la nueva
                         sublista
  )
)
```

En este ejemplo, la variable Alist se liga a una lista de asociación modificada. Observe que la función Append acepta sólo listas como argumentos y combina los miembros de cada lista en una lista.

Aunque el par de puntos devuelto por la función Cons es una lista, éste no puede ser proporcionado directamente como argumento para la función Append. Si lo hace así, sólo serían añadidos los datos emparejados, en vez de la sublista como una unidad. Por consiguiente, la pareja de puntos retornada por la función Cons deberá estar contenida dentro de una lista antes de que pueda pasarla como un

argumento para la función Append. De esta forma, la pareja de puntos entera es
añadida como una unidad, no sólo los datos de sus miembros.

Si desea cambiar los colores frecuentemente usando AutoLISP, todas las funciones de la secuencia anterior podrían combinarse en una función compacta:

```
(defun newcolor( ent newc / alist)
    (if     ; test for existence of a current color sublist
      (setq sublst                       ; set sublst variable
        (assoc 62                        ; seek color sublist
          (setq alist (entget ent))   ; set current assoc list
          )
        )
      (entmod     ; if there's a current color sublist, modify
        (subst
          (cons 62 newc)        ; create new color sublist
          sublst                ; instead of current sublist
          alist                 ; in current assoc list
          )                     ; end Subst function
        )                       ; end Entmod function
      (entmod     ; if there's no current color sublist, modify
        (append                 ; Append function merges lists
          alist                 ; take current assoc list
          (list (cons 62 newc)) ; combine new color sublist
          )                     ; end Append function
        )                       ; end Entmod function
      )                         ; end If function
    )                           ; end Defun function
```

Después de definir esta función, experimente la sintaxis siguiente:

```
(newcolor (car (entsel)) 1)
(newcolor (entlast) 1)
```

El primer ejemplo tendrá el efecto de cambiar el color de una entidad simple
que usted seleccione, a menos que ya sea el color representado por el código de
color 1 en su sistema. El segundo ejemplo provocará que cambie la última entidad
de la base de datos al color 1.

Este modelo puede ser aplicado para cambiar cualquier sublista en el dibujo,
excepto nombres y rótulos de entidades.

WALLS.LSP

La extracción de listas de asociación y la actuación sobre ellas, así como la adición
de nuevas entidades al dibujo vía Entmake, requiere alguna práctica. En esta sección estudiará una rutina paramétrica compleja que hace uso de las funciones de
acceso a entidades para aumentar la rapidez y la veracidad.

WALLS.LSP es una rutina que dibuja paredes tridimensionales usando caras
3D. Tiene la posibilidad adicional de permitirle introducir parámetros para dar a

las paredes un grosor específico, y para situar aberturas rectangulares en las paredes, para ventanas y puertas, a medida que las crea.

De una manera similar a las órdenes Line (Línea) y Pline (Plínea), puede crear una serie de paredes conectadas, y a medida que añade secciones de pared adicionales, las esquinas de intersección son trazadas con cartabón. Finalmente, puede cerrar los segmentos de pared introduciendo «C» o «Close» (cerrar) cuando se le pida un nuevo segmento de pared.

Esto supone varios problemas para la rutina de AutoLISP. Primero, la rutina deberá guardar toda la información de entidad necesaria acerca de la primera sección de pared, en el caso de que el usuario introduzca «C» o «Close». La rutina deberá, en esa circunstancia, cuadrar la esquina formada por las secciones de pared inicial y final. A continuación, la rutina deberá registrar siempre, no sólo la sección de pared actual, sino también la sección previa, de modo que pueda realizar los cambios necesarios en las esquinas, dependiendo del ángulo formado por las dos secciones.

Finalmente, la rutina deberá tener en cuenta varias aberturas en una única sección. Esto lo hace mediante el sencillo expediente de requerir sólo una abertura por pared, pero permitiéndole al usuario que introduzca secciones de pared que sean adyacentes unas a otras, y modificando su aspecto en el aire, para presentar la ilusión de una pared simple conteniendo varias aberturas.

A continuación está el pseudocódigo para WALLS.LSP:

1. Pida el grosor y la altura de la pared.
2. Pida el punto inicial y el punto final de la sección de pared.
3. Trace una línea de referencia para el segmento de pared a nivel del suelo.
4. Pida el lado de la línea de referencia en el que desplazar el grosor de la pared.
5. Pida un punto de inserción de ventana en la línea de referencia.
6. Si no se introduce ningún punto de ventana, sáltese los pasos 7 y 8.
7. Pida el ancho y el alto de la ventana.
8. Pida la elevación de la ventana respecto del nivel del suelo. Una elevación cero indica que se va a trazar una puerta.
9. Borre la línea de referencia.
10. Calcule todos los puntos necesarios para dibujar las caras de intersección 3D que representen la sección de la pared (y de la abertura si la hay).
11. Cree las caras usando los puntos calculados, incluyendo los bordes invisibles para proporcionar la ilusión de que la pared es un segmento simple.
12. Grabe la información necesaria acerca de las caras para modificar la intersección de esta pared y de la siguiente sección de pared en la serie, si es que la hay.
13. Si ésta es la primera pared de la serie, guarde la información acerca de sus caras, en el caso en que las secciones de pared estén cerradas al final.
14. Si ésta no es la primera pared de la serie, después de completar la sección de pared actual, determine si las secciones de pared actual y previa están formando ángulo o están adyacentes.
15. Si están en ángulo, modifique las caras en ambas secciones de pared de modo que se interseccionen en la esquina.

16. Si están adyacentes, modifique los bordes de intersección de modo que sean invisibles, proporcionando así la ilusión de una sección de pared ampliada.
17. Para cada nueva sección de pared de la serie, repita los pasos del 2 al 16.
18. Si al menos se trazan dos paredes y el usuario introduce «C» o «Close» en respuesta a una petición para la siguiente sección de pared, trace la línea de referencia desde el punto final de la sección de pared previa hasta el punto inicial de la primera sección de pared. Pida una abertura como antes, y actualice las esquinas en ambos extremos de la sección de pared final.

La Figura 8.1 muestra el resultado usual de WALLS.LSP.

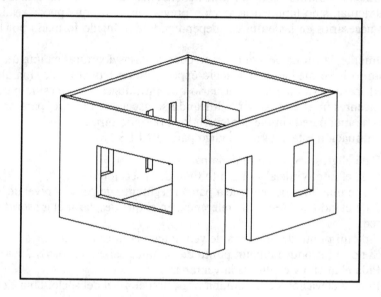

Figura 8.1. Resultado de WALLS.LSP.

El listado 8.1 contiene el código fuente completo para la rutina.

Listado 8.1. Código fuente de WALLS.LSP.

```
; NOMBRE DE ARCHIVO:     WALLS.Lsp
; Escrito por:    Bob Thomas
(Prompt "\nLoading WALLS.LSP (2.0) ...")     ; standard loading prompt
; ----------------------------------------------------------------------
; C:WALLS Function:
(defun C:WALLS(/ c_sp c_ep o_sp o_ep z_sp z_osp z_ep z_oep        ; local vars
                l_left wll wlr wul wur o_wll o_wlr o_wul o_wur
                np z_np i_sp i_osp i_oep i_zosp i_zoep
```

```
                    c_osp c_oep c_zosp c_zoep p_osp p_oep p_zosp p_zoep
                    entl uline c_top i_top p_top f1 f2 f3 f4 i_f1 p_f3
                    i_of1 i_of2 i_of3 p_of1 p_of2 p_of3 p_of4
                    c_of1 c_of2 c_of3 c_of4 t_angl wset)
(setq oldblp (getvar "BLIPMODE")               ; store current environment
     oldech (getvar "CMDECHO")    oldos  (getvar "OSMODE")
     ce    (getvar "ELEVATION")    olderr *ERROR*
     wset (ssadd)

     start T      ; set flag to indicate starting wall section

)                 ; end setq

(setvar "CMDECHO" 0)                       ; set up environment
(command ".undo" "g")
(setvar "BLIPMODE" 0)

(defun *ERROR* (msg)                       ; define error-handler

  (setvar "BLIPMODE" oldblp) (setvar "OSMODE" oldos)
  (command ".undo" "e") (command ".u")
  (setvar "CMDECHO" oldech)
  (princ msg) (setq *ERROR* olderr)
  (princ)

)
(cond ( (or (not G:STR)           ; check for global functions
            (not G:DIST)
        )
        (prompt
           "\n*ERROR*: Global functions G:STR or G:DIST not loaded.\n")
        (exit)
      )
)


setq g:ww (g:dist nil "\nWall width: " g:ww))    ; prompt for wall width
(while (not g:ww)
   (setq g:ww (g:dist nil "\nWall width: " g:ww))
)

(setq g:wh (g:dist nil "\nWall height: " g:wh))  ; prompt for wall height
(while (not g:wh)

   (setq g:wh (g:dist nil "\nWall height: " g:wh))
)

(initget 1)
(setq c_sp (getpoint "\nStart point: "))    ; prompt for start point
(initget 1)
(setq c_ep (getpoint c_sp "\nTo point: "))  ; and first end point
```

```
(setq uline (makeline c_sp c_ep) )              ; draw first reference line
                              ; save it to erase later

(getoffset)                           ; get wall offset side

(wdraw)                               ; draw the first wall

(setq i_sp c_sp                       ; update drawing variables
      c_sp c_ep)

(while (and (not (equal c_ep nil))       ; loop while user enters
            (not (equal c_ep i sp))      ; new wall points
            (not (equal c_ep "Close"))
      )

      (initget "Close")
      (setq c_ep (getpoint c_sp "\nTo Point: "))  ; prompt for wall end

      (cond
            ( (equal c_ep nil)              ; Enter key pressed (no close)
              (makeface c_sp o_ep z_oep    ; draw end face only
                  (list (car c_sp)
                        (cadr c_sp)
                        (+ ce g:wh)
                  )
                  0
              )
            )                                    ; end case no close

            ( (or (equal c_ep i_sp)        ; closing walls up
                  (equal c_ep "Close")
              )
              (closeup)
            ) ; end case closing

            ( T                                  ; otherwise, continue
              (if (< tang pi)
                        (wallpt '+)
                  (wallpt '-)
              )
              (wdraw)
              (wedit)
              (setq c_sp c_ep)
            )                                ; end case continuing
      )                              ; end cond

)                                    ; end while

  (setvar "BLIPMODE" oldblp) (setvar "OSMODE" oldos)   ; restore environment
  (command ".undo" "e")        (setvar "CMDECHO" oldech)
  (setq *ERROR* olderr)
```

```
    (princ)                      ; quiet


)                                ; End C:WALLS


; ------------------------------------------------------------------------
; WDRAW function:

(defun wdraw()

    (if (< tang pi)              ; calculate offset points for wall
        (wallpt '+)
        (wallpt '-)
    )
    (setq z_sp  (list (car c_sp) (cadr c_sp) (+ ce g:wh))
          z_ep  (list (car c_ep) (cadr c_ep) (+ ce g:wh))
          z_osp (list (car o_sp) (cadr o_sp) (+ ce g:wh))
          z_oep (list (car o_ep) (cadr o_ep) (+ ce g:wh))
    )

; if not the first wall, draw a reference line for the user:

    (if (not start)
        (setq uline (makeline c_sp c_ep) )
    )

    (getwindow)

    (entdel uline)

; if this is not the first wall in the series, test the angle formed
; by the walls to determine if beveling is necessary:

    (if (not start)
        (if (< (setq t_angl (- (angle c_sp c_oep) (angle c_sp o_sp))) 0)
            (setq t_angl (+ t_angl (* 2 pi)))
        )
    )

    (cond ( start                          ; drawing walls -- setup
            (setq entl (makeface c_sp o_sp z_osp z_sp 0))
            (addset wset)
          )
    )

    (if (not l_left)                ; if plain wall (no window)
        (d_pwall)                   ; draw plain wall faces
        (d_wwall)                   ; draw wall faces with opening
    )

    (setq c_top (makeface z_sp z_ep z_oep z_osp 0))   ; top off
    (addset wset)
```

```
    (if start (setq i_top c_top p_top c_top start nil))

) ; End WDRAW

; -----------------------------------------------------------------------
; WEDIT Function:

(defun wedit()

    (cond ( (>= t_angl 0.003)                    ; if angle is wide enough, bevel
            (prompt "\nBeveling walls...")
            (setq np    (inters p_osp p_oep c_osp c_oep nil)
                  z_np (inters p_zosp p_zoep c_zosp c_zoep nil)
            )
            (modify p_of3 11 np)
            (modify p_of3 12 z_np)
            (modify c_of1 10 np)
            (modify c_of1 13 z_np)
            (modify p_top 12 z_np)
            (modify c_top 13 z_np)
            (if c_of2
                (modify c_of2 13 z_np)
            )
            (if c_of4
                (modify c_of4 10 np)
            )
            (if p_of2
                (modify p_of2 12 z_np)
            )
            (if p_of4
                (modify p_of4 11 np)
            )
            (rdwset wset)
          )
          ( T               ; otherwise, hide edges to look like one wall
            (accum p_of3 70 2)
            (accum c_of1 70 8)
            (accum p_top 70 2)
            (accum c_top 70 8)
            (accum f1 70 8)
            (accum p_f3 70 2)
          )
    ) ; end cond

    (setq p_top c_top        ; update entities that may be edited next time
          p_f3 f3
          p_of2 c_of2
          p_of3 c_of3
          p_of4 c_of4
          p_osp c_osp
          p_oep c_oep
```

```
              p_zosp c_zosp
              p_zoep c_zoep
   )
) ; End WEDIT


; --------------------------------------------------------------------
; ** UTILITY FUNCTIONS
; ADDSET Function:

(defun addset( s_set )
      (if (= (type s_set) 'PICKSET)    ; add entity to selection set
            (ssadd (entlast) s_set)
      )
)


; --------------------------------------------------------------------
; WALLPT Function:

(defun wallpt( x )            ; calculate base offset points
      (if (= x '+)
            (setq o_sp (polar c_sp (+ (angle c_sp c_ep) 1.570796) g:ww)
                  o_ep (polar c_ep (+ (angle c_sp c_ep) 1.570796) g:ww))
            (setq o_sp (polar c_sp (- (angle c_sp c_ep) 1.570796) g:ww)
                  o_ep (polar c_ep (- (angle c_sp c_ep) 1.570796) g:ww))))


; --------------------------------------------------------------------
; MODIFY Function:

(defun modify( ent code nvalue / cvalue alist)
   (if (and (= (type ent) 'ENAME)
            (= (type code) 'INT)
       )
       (if (setq cvalue
                   (assoc code                     ; if sublist exists,
                      (setq alist (entget ent))
                   )
           )
           (entmod (subst (cons code nvalue)    ; change existing sublist
                      cvalue
                      alist
                   )
           )
           (entmod (append alist                ; otherwise, add new sublist
                      (list (cons code nvalue))
                   )
           )
       )
   )
)


; --------------------------------------------------------------------
```

```
; RDWSET Function:

(defun rdwset( s_set / i ss_len)
   (cond ( (and (= (type s_set) 'PICKSET)
                (= (type (setq ss_len (sslength s_set))) 'INT)
           )
           (setq i -1)
           (repeat ss_len                         ; loop through set
              (redraw (ssname s_set               ; redrawing each entity
                         (setq i (1+ i))           ; update index
                 )
              )
           )
         )
      )
)


; ---------------------------------------------------------------------------
; ACCUM Function:

(defun accum( ent code acc / x )
   (if (and (= (type ent) 'ENAME)                          ; if existing sublist
            (setq x (cdr (assoc code (entget ent))))   ; get current value
       )
       (modify ent code (+ x acc))                        ; modify, adding new value
   )
)


; ---------------------------------------------------------------------------
; MAKEFACE Function:

(defun makeface(p0 p1 p2 p3 edges)
   (if (< edges 0)                      ; set edges=0 if nil
      (setq edges 0)
   )
   (if (entmake (list (cons 0  "3Dface")   ; Build the face.  IF built,
                 (cons 10 p0)
                 (cons 11 p1)
                 (cons 12 p2)
                 (cons 13 p3)
                 (cons 70 edges)
            )
       )
       (entlast)                          ; return the entity name
   )
)


; ---------------------------------------------------------------------------
; MAKELINE Function:

(defun makeline(p0 p1)
```

```
    (if (entmake (list (cons 0 "LINE")     ; Build the line. IF built,
                       (cons 10 p0)
                       (cons 11 p1)
                 )
       )
       (entlast)                           ; return the entity name
    )
)


; -------------------------------------------------------------------------
; GETLL Function:

(defun getll()
    (setvar "OSMODE" 512)           ; set Osnap "Near" on
    (setq l_left                    ; get insertion point for window
      (getpoint "\nWindow insert point on wall line (RETURN=no window): ")
    )
    (setvar "OSMODE" 0)             ; set Osnap "None"
    l_left          ; return point value
)


; -------------------------------------------------------------------------
; GETWINDOW Function:

(defun getwindow( / valid)

    (while (not valid)                        ; while valid response flag=nil

       (while ( and (getll)                           ; get insertion point
                    (not (inters c_sp c_ep l_left l_left) )  ; check if on
              )                                             ; reference line
                (prompt
                   "\n*ERROR*: Window insert point not on wall line.")
       )

       (cond ( l_left                        ; OK insertion point

              (setq g:w_wid (g:dist l_left "\nWindow width: " g:w_wid ))
              (while (not g:w_wid)
                 (setq g:w_wid (g:dist l_left "\nWindow width: " g:w_wid ))
              )
              (if (> (+ (distance c_sp l_left) g:w_wid) (distance c_sp c_ep))
                     (prompt (strcat "\n*ERROR*: Window width is greater "
                             "than wall length,\nor insert point "
                             "is too close to wall end point. "))

                         (setq valid T)    ; set flag if window insert OK
              )
             )
             ( T (setq valid T) )          ; otherwise, no insertion point
```

```
        )                              ; end case window insert picked

)                                      ; end while not valid response

(cond ( l_left                    ; continue, if insert point was picked
          (setq valid nil)        ; set valid response flag nil
          (while (not valid)

              (setq g:w_ht (g:dist l_left "\nWindow height: " g:w_ht ))
              (while (not g:w_ht)
                 (setq g:w_ht (g:dist l_left "\nWindow height: " g:w_ht ))
              )
              (setq g:w_el (g:dist l_left "\nWindow elevation: " g:w_el ))
              (while (not g:w_el)
                 (setq g:w_el (g:dist l_left "\nWindow elevation: " g:w_el ))
              )

              (if (> (+ g:w_ht g:w_el) g:wh)
                  (prompt (strcat "\n*ERROR*: Window height+elevation "
                       "exceeds wall height."))
                  (setq valid T)
              )

          )                       ; end while

; set window point variables:

          (setq lr (polar l_left (angle c_sp c_ep) g:w_wid)
                wll (list (car l_left) (cadr l_left) (+ ce g:w_el))
                wlr (list (car lr) (cadr lr) (+ ce g:w_el))
                wur (list (car lr) (cadr lr) (+ ce g:w_el g:w_ht))
                wul (list (car l_left) (cadr l_left) (+ ce g:w_el g:w_ht))
          )
          (if (< tang pi)
              (setq o_wll (polar wll (+ (angle c_sp c_ep) 1.570796) g:ww)
                    o_wlr (polar wlr (+ (angle c_sp c_ep) 1.570796) g:ww)
                    o_wul (polar wul (+ (angle c_sp c_ep) 1.570796) g:ww)
                    o_wur (polar wur (+ (angle c_sp c_ep) 1.570796) g:ww))
              (setq o_wll (polar wll (- (angle c_sp c_ep) 1.570796) g:ww)
                    o_wlr (polar wlr (- (angle c_sp c_ep) 1.570796) g:ww)
                    o_wul (polar wul (- (angle c_sp c_ep) 1.570796) g:ww)
                    o_wur (polar wur (- (angle c_sp c_ep) 1.570796) g:ww)
              )
          )
        )                         ; end case window insert picked
    )                             ; end cond
)

; ------------------------------------------------------------------------
; D_PWALL Function:
(defun d_pwall()
```

```
    (prompt "\nDrawing plain wall...")
    (setq f1 (makeface c_sp c_ep z_ep z_sp 0)      ; draw and store faces
          f3 f1
    )
    (addset wset)
    (if start (setq i_f1 (entlast)                 ; store if first section
                    p_f3 i_f1
              )
    )
    (setq c_of1 (makeface o_sp o_ep z_oep z_osp 0))  ; draw and store offset
    (addset wset)
    (if start (setq i_osp o_sp                      ; store points if first
                    i_oep o_ep                      ; wall section
                    i_zosp z_osp
                    i_zoep z_oep
                    i_of1 c_of1
                    i_of2 nil
                    i_of4 nil
                    p_osp o_sp
                    p_oep o_ep
                    p_zosp z_osp
                    p_zoep z_oep
              )
    )
    (setq c_osp o_sp                                ; store points for
          c_oep o_ep                                ; current wall section
          c_zosp z_osp
          c_zoep z_oep
          c_of3 c_of1
          c_of2 nil
          c_of4 nil
    )
    (if start (setq p_of3 c_of3) )
)

; --------------------------------------------------------------------------
; D_WWALL Function:

(defun d_wwall()

    (prompt "\nDrawing window/wall...")
    (setq f1 (makeface c_sp wll wul z_sp           ; draw and store face
                (if (<= g:w_el 0) 4 5 )            ; set invisible edge(s)
             )                                      ; based on window elevation
    )
    (addset wset)                                  ; add to selection set
    (if start (setq i_f1 f1))                       ; store face if first wall

    (makeface wul wur z_ep z_sp 10)                ; draw and store face
    (addset wset)                                  ; add to selection set
    (setq f3 (makeface wlr c_ep z_ep wur           ; draw and store face
```

```
             (if (<= g:w_el 0) 4 5 )          ; set invisible edge(s)
        )                                 ; based on window elevation
)
(addset wset)                             ; add to selection set
(if start (setq p_f3 f3))                 ; store face if first wall

(cond ( (> g:w_el 0)                      ; if window elevation not zero
        (makeface c_sp c_ep wlr wll 10)   ; draw and store last face
        (addset wset)                     ; add to selection set
      )
)

(setq c_ofl (makeface o_sp o_wll o_wul z_osp ; draw and store offset face
             (if (<= g:w_el 0) 4 5 )          ; set invisible edge(s)
        )                                     ; based on window elevation
)
(addset wset)                             ; add to selection set

(if start
    (setq i_osp o_sp                ; store points if first wall section
          i_oep o_ep
          i_zosp z_osp
          i_zoep z_oep
          i_ofl c_ofl
          p_osp o_sp
          p_oep o_ep
          p_zosp z_osp
          p_zoep z_oep
    )
)
(setq c_osp o_sp                    ; store points for current wall section
      c_oep o_ep
      c_zosp z_osp
      c_zoep z_oep
)
(setq c_of2                               ; draw and store
      (makeface o_wul o_wur z_oep z_osp 10)   ; offset face
    )
   (addset wset)                          ; add to selection set
   (if start                              ; store face if first wall
       (setq i_of2 c_of2
             p of2 c_of2
       )
   )

(setq c_of3
      (makeface o_wlr o_ep z_oep o_wur      ; draw and store offset face
            (if (<=g:w_el 0) 4 5 )          ; set invisible edge(s)
      )                                     ; based on window elevation
)
(addset wset)                             ; add to selection set
```

```
   (if start (setq p_of3 c_of3))              ; store face if first wall

   (cond ( (> g:w_el 0)
          (setq c_of4                           ; draw and store
               (makeface o_sp o_ep o_wlr o_wll 10)    ; last offset face
            )
          (addset wset)                          ; add to selection set
        )
        ( T (setq c_of4 nil) )   ; otherwise, set last face variable nil
   )
   (if start
      (setq i_of4 c_of4                    ; store face if first wall
           p_of4 c_of4
      )
   )
   (makeface wll o_wll o_wul wul 0)         ; draw window faces
   (makeface wul o_wul o_wur wur 0)
   (makeface wlr o_wlr o_wur wur 0)
   (if (> g:w_el 0)                            ; if window elevation not zero
      (makeface wll o_wll o_wlr wlr 0)      ; draw bottom window face
   )
)
; ------------------------------------------------------------------------
; GETOFFSET Function:

(defun getoffset( / op)

   (iniget 1)
   (setq op (getpoint "\nPick side to offset: "))
   (setq tang (- (angle c_sp op)           ; setup test angle
             (angle c_sp c_ep)
          )
   )
   (if (< tang 0)                            ; correct angle to determine offset
      (setq tang (+ tang (* 2 pi)))          ; if less than zero
   )

)


; ------------------------------------------------------------------------
; CLOSEUP Function:

(defun closeup()
   (if (equal c_ep "Close")     ; if entered "C" or "Close"
      (setq c_ep i_sp)          ; set current end point=initial start point
   )

   (if (< tang pi)              ; calculate base offset points
      (wallpt '+)
      (wallpt '-)
   )
```

```
(wdraw)              ; draw wall
(wedit)              ; update faces

(if (< (setq t_angl              ; check angle of new wall.
           (- (angle i_sp o_ep)  ; If not tangent,
              (angle i_sp i_osp) ; angle trim is in order...
           )
        )
        0
    )
    (setq t_angl (+ t_angl (* 2 pi)))
)                        ; end if

(entdel ent1)                        ; delete starting face

(cond ( (< t_angl 0.003)             ; if angle indicates wall extension,
          (accum i_f1 70 8)          ; hide edges to smooth wall
          (accum i_of1 70 8)
          (accum f3 70 2)
          (accum c_of3 70 2)
          (accum c_top 70 2)
          (accum i_top 70 8)
        )                        ; end case: not beveling

      ( T        ; otherwise, bevel closing intersection
        (setq np
           (inters i_osp i_oep c_osp c_oep nil)    ; calc intersection
        )
        (setq z_np
           (inters i_zosp i_zoep c_zosp c_zoep nil)
        )
        (modify i_of1 10 np)                ; update initial faces
        (modify i_of1 13 z_np)
        (if i_of2
            (modify i_of2 13 z_np)
        )
        (if i_of4
            (modify i_of4 10 np)
        )
        (modify i_top 13 z_np)
        (modify c_top 12 z_np)
        (modify c_of3 11 np)
        (modify c_of3 12 z_np)
        (if c_of2
            (modify c_of2 12 z_np)
        )
        (if c_of4
            (modify c_of4 11 np)
        )
        (rdwset wset)                ; redraw selection set
    ) ; end case beveling
```

```
    ) ;   end cond
)

; -----------------------------------------------------------------------

(princ " Loaded.")            ; prompt indicates file was loaded
(princ)              ; quiet: finished loading

; -----------------------------------------------------------------------
; EOF: WALLS.LSP Ver 2.0
```

Trazado de las caras

Hasta trece caras pueden necesitarse para dibujar una sección de pared con una abertura de ventana. Para simplificar las materias, cada cara 3D en WALLS.LSP se construye consistentemente. Si estuviera trazando las caras de la sección de pared con el punto inicial a su izquierda y el punto final a su derecha, los puntos de las caras son siempre introducidos empezando por la esquina inferior izquierda, después la inferior derecha, después la superior derecha, y finalmente la superior izquierda. La Figura 8.2 ilustra cómo se construyen las caras alrededor de una ventana y de una puerta. Observe que cuando la elevación de ventana es cero, la cara número 4 no se dibuja.

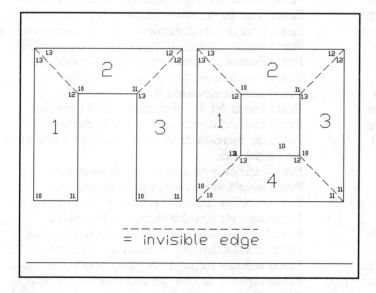

Figura 8.2. Trazado de caras alrededor de una ventana y de una puerta.

Gestión de nombres de variables

Gran parte del código de WALLS.LSP está tomando datos manejados por el usuario e intercambiando datos entre variables en memoria. Ciertas convenciones son observadas al nombrar las variables, para hacer la codificación tan legible como sea posible. Lo que sigue son listas de nombres de variables globales y locales en WALLS.LSP, y sus significados:

Variable global	Significado
g:ww	Anchura de la pared (lo mismo que grosor de pared o distancia de desplazamiento)
g:wh	Altura de pared
g:w_wid	Anchura de la ventana
g:w_ht	Altura de la ventana
g:w_el	Elevación de la ventana

Si estos nombres globales entran en conflicto con los de otras rutinas suyas, deberá cambiarlos por nombres exclusivos que no entren en conflicto. Use la posibilidad de búsqueda y sustitución de su editor de textos y modifique el código fuente cuidadosamente.

Variable local	Significado
c_sp	Punto inicial de la pared actual
c_ep	Punto final de la pared actual
c_osp	Punto inicial del desplazamiento de la pared actual
c_oep	Punto final del desplazamiento de la pared actual
c_zosp	Punto final del desplazamiento de la elevación de la pared
o_sp	Punto inicial del desplazamiento para los cálculos
o_ep	Punto final del desplazamiento para los cálculos
z_sp	Punto inicial de elevación para los cálculos
z_ep	Punto final de elevación para los cálculos
z_osp	Punto inicial del desplazamiento de la elevación
z_oep	Punto final del desplazamiento de la elevación
l_left	Punto de inserción de ventana (pared cara inferior izquierda) a nivel del suelo
wll	Punto inferior izquierdo elevación de ventana
wlr	Punto inferior derecho elevación de ventana
wul	Punto superior izquierdo elevación de ventana
wur	Punto superior derecho elevación de ventana
o_wll	Punto inferior izquierdo desplazamiento ventana
o_wlr	Punto inferior derecho desplazamiento ventana
o_wul	Punto superior izquierdo desplazamiento ventana
o_wur	Punto superior derecho desplazamiento ventana
np	Punto de intersección de las paredes a nivel del suelo
z_np	Punto de intersección del alto de la pared

i_sp	Guarda el primer punto inicial de pared
i_osp	Guarda el primer punto inicial del desplazamiento de pared
i_oep	Guarda el primer punto final del desplazamiento de pared
i_zosp	Guarda primer punto inicial elevación de pared
i_zoep	Guarda el primer punto final elevación de pared
p_osp	Guarda el punto inicial del desplazamiento de pared anterior
p_oep	Guarda el punto final del desplazamiento de pared anterior
p_zosp	Punto inicial del desplazamiento de la elevación de la pared anterior
p_zoep	Punto final del desplazamiento de la elevación de la pared anterior
uline	Línea de referencia a nivel del suelo
ent1	Cara final en pared primera
c_top	Cara superior pared actual
i_top	Cara superior pared primera
p_top	Cara superior pared anterior
f1	Cara número 1 pared actual
f2	Cara número 2 pared actual
f3	Cara número 3 pared actual
f4	Cara número 4 pared actual
i_f1	Cara número 1 pared primera
p_f3	Cara número 3 pared anterior
c_of1	Desplazamiento cara número 1 pared actual
c_of2	Desplazamiento cara número 2 pared actual
c_of3	Desplazamiento cara número 3 pared actual
c_of4	Desplazamiento cara número 4 pared actual
i_of1	Desplazamiento cara número 1 pared primera
i_of2	Desplazamiento cara número 2 pared primera
i_of3	Desplazamiento cara número 3 pared primera
i_of4	Desplazamiento cara número 4 pared primera
p_of1	Desplazamiento cara número 1 pared anterior
p_of2	Desplazamiento cara número 2 pared anterior
p_of3	Desplazamiento cara número 3 pared anterior
p_of4	Desplazamiento cara número 4 pared anterior
t_angl	Angulo de prueba para dirección de trazado
wset	Conjunto de selecciones de caras 3D para redibujar

Funciones globales

Dado que WALLS.LSP le pide al usuario las distancias (los parámetros de paredes y ventanas), y le ofrece valores predefinidos para cada una, WALLS.LSP usa las funciones globales G:DIST y G:STR, explicadas en el Capítulo 7. Puede cargar GEAR.LSP para activar estas funciones, o cargarlas separadamente. En cualquier caso, WALLS.LSP no funcionará sin ellas.

Funciones de acceso a entidades en WALLS.LSP

Las funciones más importantes en WALLS.LSP son las que crean y modifican entidades, manipulando directamente la base de datos de dibujo.

Makeline

La más simple de éstas es la función Makeline, que dibuja la línea de referencia usada por WALLS.LSP. La sintaxis es:

```
( makeline punto punto )
```

Makeline está definida dentro de WALLS.LSP, y la definición se repite como referencia rápida:

```
(defun makeline(p0 p1)
   (if (entmake (list (cons 0 "LINE")
                 (cons 10 p0)
                 (cons 11 p1)
              )
       )
       (entlast)
   )
)
```

Makeline crea un segmento de línea sencilla y requiere dos puntos como argumentos. Makeline devuelve el nombre de entidad de la línea, que puede estar almacenado en una variable.

Makeface

Makeface crea caras 3D con aristas invisibles opcionalmente. Los cinco argumentos son requeridos. Si ninguna arista es invisible, el cuarto argumento, aristas (edges), deberá ser cero o nulo. La sintaxis es:

```
( makeface punto punto punto punto aristas)
```

La definición de Makeface se repite aquí:

```
(defun makeface( p0 p1 p2 p3 edges )
   (if (< edges 0)
      (setq edges 0)
   )
   (if (entmake (list (cons 0 "3Dface")
                (cons 10 p0)
                (cons 11 p1)
                (cons 12 p2)
                (cons 13 p3)
                (cons 70 edges)
             )
       )
```

```
      (entlast)
   )
)
```

El argumento *edges* (aristas) se combina con el código de grupo 70 para determinar aristas invisibles en la cara. El valor del código de grupo 70 en la lista de asociación 3Dface es un código en bits que determina qué aristas son visibles. Puede crear cualquier combinación de aristas invisibles totalizando uno de los valores siguientes:

1 =Primera arista (punto p0 a p1)
2 =Segunda arista (punto p1 a p2)
4 =Tercera arista (punto p2 a p3)
8 =Cuarta arista (punto p3 a p0)

Makeface usa un código adicional que permite a los argumentos de arista ser nulos. Si es nulo, es reasignado como cero dentro de la función, haciendo todas las aristas visibles. La función devuelve el nombre de la entidad de la cara recién creada.

Modify

La función Modify cambia las listas de asociación de entidades y actualiza el dibujo. Es una versión más generalizada de la función Newcolor, descrita anteriormente en este capítulo. Cuando tiene éxito, devuelve la lista de asociación revisada. La sintaxis es:

```
( modify entidad grupo código nuevo valor)
```

WALLS.LSP usa esta función para empalmar las esquinas de las paredes a medida que se van añadiendo nuevas secciones de pared. WALLS.LSP usa esta función exclusivamente para caras 3D. Dentro de la rutina la sintaxis es:

```
(modify <cara> <código de grupo del punto> <punto nuevo> )
```

usando solamente códigos de grupo válidos para los puntos de caras 3D: 10, 11, 12 o 13.

Modify se escribe, generalmente, con sólo un mínimo de control de errores. Cualquier entidad puede ser pasada a Modify, pero si usted pasa valores incorrectos para el código de grupo o el valor asociado, Modify fallará, retornando un nulo o un mensaje de error de AutoLISP. Si el código de grupo especificado no se encuentra en la lista de asociación actual, Modify tratará de añadirlo a la lista de asociación de la entidad.

Antes de llamar a Modify, WALLS.LSP usa la función Inters para calcular los puntos de intersección para las líneas formadas por las aristas horizontales de las caras actual y previa. Después de eso, es fácil usar la función Modify para actualizar las caras que sea necesario, en el dibujo, usando los puntos de intersección calculados como argumentos para Modify.

Modify se define como sigue:

```
(defun modify( ent code nvalue / cvalue alist)
```

```
(if (and (= (type ent) 'ENAME)
         (= (type code) 'INT)
    )
    (if (setq cvalue (assoc code
                    (setq alist (entget ent)
                    )
         )
         (entmod (subst (cons code nvalue)
                     cvalue
                     alist
               )
         )
         (entmod (append alist
           (list (cons code nvalue))
                 )
         )
    )
  )
)
```

Accum

En WALLS.LSP, cuando las secciones de pared añadidas son adyacentes, las aristas adicionales de las caras deberán hacerse invisibles. La función Accum es una variación de Modify, y su propósito es añadir, en vez de meramente sustituir, el valor del código bit existente para las aristas invisibles en caras 3D. Requiere que la función Modify esté cargada en memoria. La sintaxis es:

```
(accum cara código de grupo añadido al valor del código bit)
```

Accum se define como sigue:

```
(defun accum( ent code acc / x )
   (if (and (= (type ent) 'ENAME)
            (setq x (cdr (assoc code (entget ent)))))
       )
       (modify ent code (+ x acc))
   )
)
```

Accum está escrita para aplicarse a cualquier entidad para la cual usted pueda querer acumular valores en las listas de asociación. Retornará la lista de asociación revisada cuando tenga éxito y un nulo si el código de grupo no está presente explícitamente en la lista de asociación de la entidad.

Addset

Addset es una función rápida que añade la última entidad dibujada en la base de datos a un conjunto de selecciones existente. Es útil cuando esté dibujando entidades y añadiéndolas simultáneamente a conjuntos seleccionados. El argumento

del conjunto seleccionado para Addset deberá existir antes de que se llame a Addset. La sintaxis es:

```
( addset conjunto de selecciones)
```

Es fácil crear un conjunto de selecciones sin entidades en AutoLISP. Simplemente
ejecute:

```
(setq wset (ssadd))
```

El fragmento de código anterior almacena un conjunto de selecciones vacío en
la variable Wset. Una vez creado, puede ser pasado como argumento para Addset:

```
(addset wset)
```

Addset se define como sigue:

```
(defun addset( s_set )
     (if (= (type s_set) 'PICKSET)
          (ssadd (entlast) s_set)
     )
)
```

Rdwset

Rdwset es una función rápida que redibuja sólo las entidades de un conjunto de
selecciones. Esto es conveniente para el usuario porque, dependiendo del ángulo
de visión, las líneas que se solapan pueden desaparecer cuando se modifican caras
3D. Esta imagen de pantalla es equívoca —las caras aparecerán normalmente después de llamar a una orden Redraw (Redibuja) o una orden Regen.

WALLS.LSP añade continuamente entidades a un conjunto de selecciones
usando la función Addset, entonces las redibuja después de las modificaciones,
usando esta función. La función siempre devuelve un nulo. La sintaxis es:

```
(rdwset conjunto de selecciones)
```

Rdwset es útil tambien como una demostración de una forma rápida para bu-
clear a través de un conjunto de selecciones de AutoLISP:

```
(defun rdwset( s_set / i ss_len)
   (cond ( (and (= (type s_set) 'PICKSET)
               (= (type (setq ss_len (sslength s_set)))'INT)
          )
          (setq i −1)
          (repeat ss_len
               (redraw (ssname s_set (setq i (1 + i)))))
          )
        )
   )
)
```

Rdwset comprueba primero que el argumento sea un conjunto de selecciones.
Entonces comprueba que no haya más de 32.535 entidades en el conjunto. Si hay
demasiadas, el número devuelto por Sslength es un número real, no un entero, y

en aras de la rapidez la función usa enteros, no números reales. Devuelve un nulo si no puede procesar el conjunto de selecciones. En cualquier caso, esta función probablemente sería de escaso uso en conjuntos de selecciones de más de 32.000 entidades.

Observe cómo la función Repeat es llamada usando el número de las entidades en el conjunto de selecciones como su primer argumento (el número de repeticiones). Cada vez que se repite la función Redraw, el índice del conjunto de selecciones se incrementa en uno.

El índice del conjunto de selecciones es una variable inicializada como menos uno, de modo que la primera vez de repetir-redibujar, el índice sería puesto a cero, el valor del índice para la primera entidad del conjunto.

Otras funciones de WALLS.LSP

Las demás funciones de WALLS.LSP se usan para organizar el código y gestionar la interfaz de usuario. Ellas son brevemente resumidas aquí.

C:WALLS

C:WALLS es la función que reúne a todas las demás en una orden que puede ser dada desde el indicador de órdenes de AutoCAD. Usa técnicas muy similarse a las usadas en GEAR.LSP, descritas en el capítulo anterior. Esta función establece las variables locales compartidas con otras funciones, establece el entorno de dibujo, define un mecanismo para la gestión de errores, y comienza pidiendo los parámetros de pared generales (anchura y altura de pared). Establece un bucle principal durante el cual el usuario puede continuar para añadir secciones de pared sobre la sección previamente dibujada. El bucle termina cuando el usuario hace una de las cosas siguientes:

- Pulsa ↵ en vez de introducir un nuevo punto de extensión de pared.

- Selecciona el punto inicial original.

- Introduce «C» o «Close» en respuesta a la petición de un nuevo punto de extensión de pared. Esto tiene el mismo efecto que introducir el punto inicial original.

Wdraw

La función Wdraw pide los parámetros para la abertura de ventanas, calcula los puntos necesarios para producir paredes lisas o paredes con aberturas, y llama a otra función para el tipo de pared específica. Añade una cara de cobertura horizontal en la parte superior de la pared después de que se dibujan las paredes verticales.

Wedit

La función Wedit organiza las funciones de edición que cambian las caras a medida que se van añadiendo nuevas secciones de pared. Lleva a cabo comprobaciones que determinan cuáles son los cambios necesarios. Después de modificar, transfiere los valores de los puntos a las variables existentes, para hacer uso de ellos para cambios adicionales, que pueden ser requeridos la vez siguiente que sea llamada.

Wallpt

La función Wallpt es una pequeña utilidad que calcula los puntos de partida básicos para los cálculos más complejos realizados por Wdraw y Wedit. Puede partir desde cualquier lado de la línea de referencia existente dependiendo del argumento (+ o −) que se le pase. Un signo más parte en dirección de las manecillas del reloj, un signo menos parte en dirección contraria.

Getll

La función Getll pide un punto en la línea de referencia, sobre o alrededor del cual se pondrá la esquina inferior izquierda de la puerta o de la ventana. Cuando tiene éxito, devuelve el punto seleccionado, para ser utilizado como un punto básico para subsiguientes cálculos de puntos.

Getwindow

La función Getwindow comprueba primero que el punto devuelto por la función Getll está sobre la línea de referencia. Observe cómo usa la función Inters dentro de un bucle «while» (mientras) para llevar a cabo esto. Después pide un ancho, un alto y una elevación de ventana respecto del nivel del suelo (si la hay). Contiene mecanismos de verificación de errores para indicarle al usuario si los parámetros de ventana provocarán que la abertura de puerta o de ventana no quepa en la pared. Si los parámetros de ventana son correctos, esta función calcula los puntos necesarios para dibujar la puerta o la ventana.

D_pwall y D_wwall

La función D_pwall usa los puntos calculados para trazar una ventana sin una abertura de puerta o de ventana. La función D_wwall usa los puntos calculados para dibujar la pared con una abertura de puerta o de ventana. Ambas funciones mantienen una pista de las caras almacenadas en variables e inicializan variables especiales si ésta es la primera pared dibujada.

Getoffset

La función Getoffset pide al usuario que seleccione un lado de la primera línea de referencia. Usa la relación entre el punto seleccionado y la línea para calcular el ángulo básico para determinar los desplazamientos de las paredes subsiguientes.

Closeup

La función Closeup es similar a la función Wdraw, pero ella vuelve a llamar adicionalmente a las funciones de edición, para dar cuenta de las modificaciones extra necesarias para cerrar las secciones de pared primera y última cuando el usuario introduce «C» o «Close», o selecciona el punto inicial original.

Acceso directo a entidades versus la función Command

WALLS.LSP, además de proporcionar una aplicación útil, demuestra cómo crear entidades, guardarlas en la memoria, añadirlas a los conjuntos de selecciones y modificarlas después de haberlas añadido a la base de datos. La manipulación directa de la base de datos normalmente es más rápida y más precisa que la llamada a órdenes de AutoCAD desde dentro de una rutina de AutoLISP; sin embargo, el trabajo de programación es más complejo.

¿Cuándo debería usar la función Command para llamar a las órdenes de AutoCAD, y cuándo debería manipular la base de datos directamente? Use la función Command cuando la alternativa conduzca a una enorme sobrecarga de trabajo. Por ejemplo, hacer una matriz polar o recortar líneas curvas requiere matemáticas complejas. No es necesario «reinventar la rueda» cuando están a su disposición órdenes como Array (Matriz) y Trim (Recorta). A medida que practique y gane en experiencia, llegará a un equilibrio entre el tiempo que quiere emplear en el desarrollo y depuración, y la elegancia y rapidez de las rutinas.

Uso de WALLS.LSP

El siguiente ejercicio de AutoCAD producirá las paredes mostradas en la Figura 8.1. La negrita indica peticiones de AutoCAD; las letras normales indican sus entradas con el teclado. Algunas peticiones y valores por defecto pueden variar, dependiendo de la configuración de su pantalla y de la versión de AutoCAD. Observe que las unidades arquitecturales se usan ampliamente. Sea cuidadoso cuando introduzca valores en pies y en pulgadas.

```
Command: (cargue "WALLS")
Loading WALLS.LSP (2.0) ... Loaded.
Command: SPLFRAME
New value for SPLFRAME: 0
Command: UNITS
```

```
Enter choice 1 to 5: 4
```

(Nota: Pueden utilizarse todas las respuestas por defecto para las demás peticiones de AutoCAD en la orden UNITS.)

```
Command: LIMITS
ON/OFF/<Lower left corner>: 0,0
Upper right corner: 26',30'
Command: VPOINT
Rotate/<View point>: 3,-3,1

Command: WALLS

Wall width: 6"
Wall height: 10'
Start point: 6',12'
To point: 22',12'
Pick side to offset: 13',14'
Window insert point on wall line (RETURN=no window): 10',12'
Window width: 8'
Window height: 50"
Window elevation: 30"
Drawing window/wall...

To point: 22',20'
Window insert point on wall line (RETURN=no window): 22',14'
Window width: 40"
Window height: 80"
Window elevation: 0
Drawing window/wall...
Beveling walls...

To point: 22',28'
Window insert point on wall line (RETURN=no window): 22',22'
Window width: 30"
Window height: 50"
Window elevation: 30"
Drawing window/wall...

To point: 6',28'
Window insert point on wall line (RETURN=no window): 12',28'
Window width: 48"
Window height: 20"
Window elevation: 60"
Drawing window/wall...
Beveling walls...

To point: C
Window insert point on wall line (RETURN=no window): (press ↵)
Drawing plain wall...
Beveling walls...

Command: HIDE
Regenerating drawing.
Hiding lines: done
```

CAPÍTULO **NUEVE**

Introducción a ADS

El Sistema de Desarrollo de AutoCAD (ADS) es una biblioteca especial de funciones, macros y constantes predefinidas que proporciona a los desarrolladores y usuarios de AutoCAD la capacidad de añadir ampliaciones personalizadas a AutoCAD utilizando las posibilidades más potentes del lenguaje de programación C. Este capítulo presenta una introducción y una visión general del proceso de desarrollo de ADS.

¿A quiénes va destinado este capítulo?

El material de este capítulo está pensado para los usuarios de AutoCAD que:

- Comprenden ampliamente las características fundamentales de AutoCAD y la estructura de su base de datos subyacente.

- Tienen una comprensión práctica del lenguaje de programación C, y tienen experiencia escribiendo y compilando programas en C.

- Buscan un revisión concreta del proceso de desarrollo con ADS para ayudarles a comprender los requerimientos particulares y los fallos en el proceso de desarrollo con ADS.

- Buscan una revisión descriptiva del proceso de desarrollo con ADS para comprobar si merece la pena invertir tiempo y recursos adicionales en el desarrollo de programas ADS privados.

Si ha echado una ojeada a la documentación de ADS proporcionada con AutoCAD, y encuentra que es difícil de entender, este capítulo quizás le ayude. Aunque no lo va a volver de la noche a la mañana un programador experto de C, obtendrá una sólida visión de cómo funciona la programación ADS. Después de que haya trabajado a su modo la muestra de código fuente para una aplicación

225

ADS y haya leído la explicación de varias funciones, encontrará que puede volver a la documentación ADS de AutoCAD y encontrarla mucho más fácil de comprender.

Características de ADS

ADS ofrece tres ventajas fundamentales al usuario que busca personalizar el conjunto de posibilidades de AutoCAD:

- Dado que los programas ADS están escritos y compilados en C, tienden a ejecutarse a una mayor velocidad que los programas AutoLISP comparables. Esto hace ADS adecuado para programas más grandes y complejos que tengan que llevar a cabo cálculos elaborados.

- El lenguaje C ofrece funciones especiales que pueden acceder directamente a la memoria, a los dispositivos de almacenaje y a los periféricos de la máquina. Esto significa que las aplicaciones escritas en ADS pueden hacer todo lo que puede hacer un programa en lenguaje C, además de controlar el editor de dibujo de AutoCAD.

- Dado que los programas ADS son compilados, puede distribuir programas ADS de trabajo y mantener el código fuente original a salvo de accesos indeseados; también puede impedir revisiones no autorizadas de su material distribuido.

La potencia adicional, la flexibilidad y la seguridad de una aplicación ADS tiene, sin embargo, un precio. Tendrá que invertir más dinero en la adquisición de un compilador y un enlazador C, así como depuradores y constructores (builders) opcionales para ayudarle a aumentar la velocidad del proceso de desarrollo.

Los programas ADS son más difíciles de escribir y depurar, ya que usted, como desarrollador del programa, es el reponsable de programar las tareas de gestión de los recursos críticos que son el fundamento de un programa robusto y digno de confianza. ADS proporciona varias funciones predefinidas y un marco fuerte para enlazar su programa con AutoCAD. Sin embargo, la responsabilidad sobre la utilización de la memoria y del almacenaje, más la integridad de sus datos, están enteramente en sus manos.

Así pues, tendría que considerar la programación en ADS si sus necesidades particulares de personalización son lo bastante inusuales como para justificar el tiempo y el coste de su propio desarrollo. Si no está experimentado y puede encontrar un producto de un tercero que se adecue a sus necesidades, esta opción es probablemente más efectiva.

Si no puede encontrar un producto que responda adecuadamente a sus necesidades, y AutoLISP carece de suficiente velocidad o potencia para conseguir que el trabajo se realice de un modo preciso, considere la contratación de un desarrollador experimentado, que haga el trabajo por usted. Si su proyecto es verdaderamente complejo y no es usted un experimentado programador de C, hay una gran probabilidad de que el coste de desarrollo propio llegue a ser enventualmente superior al de contratar un desarrollador experimentado y responsable.

Tome en consideración un desarrollo ADS propio si dispone de mucho tiempo para desarrollar, depurar, probar y refinar su solución, y puede asimilar el ciclo de desarrollo en su rutina de trabajo diaria. La decisión es similar a aquella a la que se enfrentaría si decidiese hacer renovaciones importantes en su hogar: ¿Puede aceptar el tiempo, los gastos y la calidad del trabajo de contratarse usted mismo como remodelador, o es mejor dirigirse a los servicios de un profesional más experimentado? ¿Está preparado para aceptar los resultados, cualesquiera que sean, obteniendo como beneficio la adquisición de una experiencia valiosa y una destreza adicional? No hay ninguna respuesta correcta o incorrecta; cada abordaje tiene sus ventajas y sus inconvenientes, y es cosa suya examinar sus circunstancias, realizar la comparación y decidir finalmente.

Programar para obtener productividad, provecho y diversión

Puede que quiera considerar el desarrollo privado de ADS si confía en que hay un mercado lo suficientemente amplio para su solución propuesta y tiene una razón para creer que puede recuperar los costes de su trabajo, o quizás obtener un provecho, vendiendo su solución a otros. Para desarrolladores a tiempo parcial, esta es una empresa arriesgada. Para mejorar sus opciones de éxito, haga un cuidadoso análisis del mercado antes de invertir sus recursos. Asegúrese de que su solución ofrece una aproximación original y única para resolver el problema, que tiene un mercado fácilmente identificado, y que tiene suficientes recursos adicionales para emplearlos en promover efectivamente en su solución en ese mercado. El campo del software comercial no es fácil y tendrá que tener algo verdaderamente especial para alcanzar el éxito.

Para vender su trabajo provechosamente, tiene que mantener su mercado tan grande como sea posible. Los programas ADS son transportables entre diferentes plataformas de AutoCAD sólo a nivel del código fuente. A menos que pretenda distribuir el código fuente (cosa no recomendable), quizás quiera invertir en compiladores para plataformas de AutoCAD diferentes de la suya.

Estas advertencias y avisos tal vez suenen horrendos y descorazonadores, pero no están para serlo. Como la remodelación del hogar hecha-por-sí-mismo, el desarrollo de software hecho-por-uno-mismo puede ser excitante, así como gratificante personal y profesionalmente. Si está interesado, no vacile en probarlo; pero evite las prisas en el proceso. Esto no puede hacerse imprudentemente.

Por último, sea consciente de que hay un gran número de formas de escribir un mismo programa; que ninguno tiene todas las respuestas; que hay unos cuantos absolutos que aprender, y sólo unas pocas indicaciones para hacer un buen programa, desde la perspectiva del usuario final:

1. Un buen programa debería ser digno de confianza, y enfocado a la realización de tareas específicas, concretas.
2. Debería ser fácil de aprender y de usar por otros.

3. Debería ser tan rápido como fuese posible.
4. Debería gestionar la memoria y el almacenaje eficientemente.

Cuando trate de crear un programa que cumpla estas ideas generales, recuerde que es absolutamente libre de experimentar tanto como le guste o como le permitan sus recursos. La mejor forma de aprender es profundizando y cometiendo docenas de errores. Proteja sus datos haciendo docenas de copias de seguridad.

Requisitos para el desarrollo de ADS

Más allá del software necesario adicional, tiene que tener un conocimiento práctico del lenguaje de programación C y del sistema operativo de su máquina antes de tratar de meter sus manos en el desarrollo de ADS. En particular, debería estar familiarizado con los tipos de datos, los punteros y las estructuras, ya que ADS descansa ampliamente sobre esto. Si los tipos de datos, los punteros y las estructuras no están claras para usted, es mejor que estudie algo más de C antes de bucear en ADS.

Es difícil imaginar que aprende o programa algo en C sin un conocimiento amplio del sistema operativo de su sistema, ya que como mínimo, deseará regular con precisión su sistema operativo para hacer los procesos de compilación y enlace tan eficientes como sea posible. Esto implica procedimientos tales como cambiar la ruta de búsqueda de archivos, establecer las variables del sistema operativo y escribir archivos por lotes. Si no conoce todavía su sistema operativo, invierta algo de tiempo en aprender lo más básico antes de avanzar.

Compiladores compatibles con ADS

Teóricamente, ADS puede soportar cualquier lenguaje de alto nivel si la biblioteca de funciones está disponible. Sin embargo, de un modo práctico, se soportan los siguientes compiladores de lenguaje C:

- En sistemas basados en OS/2 o en UNIX, puede usar el compilador, el enlazador y el depurador proporcionados con su sistema operativo.

- Para sistemas 80386 y 80486 basados en DOS, puede usar MetaWare High C Versión 1.7, MetaWare High C/C++ (que incluye bibliotecas especiales y opciones para el desarrollo de ADS), el compilador WATCOM C 386, o el compilador Zortech C++ Versión 3.0. Los archivos objeto en modo protegido, producidos por estos compiladores, deben ser enlazados usando el enlazador Phar Lap 386. Este enlazador esta disponible en Phar Lap como parte de un paquete especial llamado Phar Lap 386\DOS Extended Developer's Kit.

- Para los desarrollos en sistemas 80386 y 80486 basados en DOS, puede que encuentre útiles otras herramientas opcionales. Estas incluyen el depurador

Phar Lap 386-DEBUG; el gestor de memoria virtual Phar Lap 386-VMM; y el ensamblador Phar Lap 386-ASM.

- También para los sistemas 80386 y 80486 basados en DOS, puede usar Microsoft C Versión 5.1 o posteriores, o Borland C Versión 2.0 o posteriores. Estos paquetes de compilador/enlazador pueden producir archivos de objetos ADS en modo real de 16 bits, utilizando bibliotecas especiales proporcionadas con AutoCAD. Estos compiladores de 16 bits sacrifican la ejecución en modo protegido, puesto que sólo pueden ejecutar en las primeras 640K de RAM. Sin embargo, son más económicos que sus contrincantes de modo protegido.

- Las versiones VAX o 80286 de AutoCAD no soportan ADS.

Compilación de programas ADS de muestra para AutoCAD

AutoCAD se vende con códigos fuente para varios programas ADS ilustrativos de muestra. Aunque AutoCAD proporciona versiones ejecutables de estos programas, deberá compilarlos usted mismo usando el compilador que haya escogido. Puesto que el código para los programas de muestra ha sido ampliamente probado y depurado, puede usarlo para probar cualquier cambio de configuración y opción que deba incluir para compilar y enlazar programas ADS para su sistema. Una vez que haya compilado con éxito un programa muestra, estará preparado para compilar sus propios programas.

En particular, consulte el archivo de texto ASCII proporcionado con AutoCAD para su compilador ADS escogido. Los archivos para los compiladores soportados pueden encontrarse en el subdirectorio \ADS\DOCS, anidado dentro del subdirectorio de sistema de su AutoCAD.

Los programas muestra de este capítulo fueron compilados y comprobados usando MetaWare High C/C++, y enlazados usando el enlazador Phar Lap 386-Link, en una máquina 80386 con DOS ejecutando la Versión 12 de AutoCAD. Los productos MetaWare y Phar Lap fueron instalados usando todas las opciones por defecto, y las variables del sistema operativo fueron establecidas de acuerdo con la documentación de los productos. Se ha hecho todo lo posible para escribir un código transferible a través de las plataformas ADS existentes, pero si está usando un compilador y un enlazador diferentes, puede que necesite hacer ligeras modificaciones para acomodar su propia plataforma.

Usando MetaWare High C/C++, se dio la orden siguiente para compilar y enlazar una aplicación ADS:

```
hc386 nombrearchivo -I\highc\inc -Hloclib -Hads -lads.lib
```

Aquí, *nombrearchivo* es el nombre del archivo de código fuente C.

Observe que esta orden es diferente de la orden estándar usada para compilar y enlazar aplicaciones ADS en la versión 1.7 de MetaWare High C:

```
hc386 -Hads nombrearchivo -f287 -I\highc\inc -Hpro=sample.pro
-lads.lib
```

Los programas ADS son compilados usando cuatro archivos de cabecera:

Archivo	Propósito
adslib.h	Define las constantes, las macros y los programas de control dependientes del sistema, de propósito general.
adscodes.h	Define las constantes manifiestas para códigos de control enteros estándar usados por ADS. Aunque los valores de código pueden cambiar con plataformas o versiones diferentes de ADS, el uso de estas constantes asegura que el código ADS sea tan transferible como sea posible.
ads.h	Define las funciones de biblioteca de ADS y las declaraciones de tipos de datos.
ol_errno.h	Define las constantes manifiestas para los códigos de error enteros retornados por las funciones de biblioteca y guardadas en la variable ERRNO del sistema de AutoCAD. Este archivo es opcional. Está incluido en aplicaciones que analizan ERRNO para el control de flujo y la depuración.

Todas las aplicaciones ADS incorporan la siguiente directiva:

```
#include <adslib.h>
```

Esta directiva incluye automáticamente los archivos relacionados ads.h y adscodes.h.

No es necesario conocer los contenidos de estos archivos para programar en ADS, pero es útil revisarlos después de que se haya familiarizado con la programación ADS. El conocimiento de estos archivos puede profundizar su comprensión de ADS.

Todos los programas ADS son enlazados con un archivo de biblioteca especial que es un archivo objeto de ADS. El nombre y los contenidos de este archivo dependen del sistema. Diríjase al texto de instrucción del subdirectorio \ADS\DOCS para más información sobre el archivo biblioteca de su sistema.

El proceso de desarrollo de ADS. Pasos básicos

El desarrollo de un programa ADS incluye los pasos de programación básicos que ha visto en los capítulos previos, más unas cuantas técnicas añadidas para la gestión del entorno ADS especializado. Como con cualquier proyecto de programación, deberá comenzar con una declaración clara de los objetivos de la aplicación y mantener el diseño tan simple como sea posible. Después, traduzca su diseño a pseudocódigo, dividiéndolo en procesos «paso a paso».

Después de detallar los pasos elementales en su pseudocódigo, escriba funciones en lenguaje C para ejecutar esos pasos. A medida que las funciones sean escritas, incorpórelas en su programa ADS usando el archivo muestra TEMPLATE.C como su modelo para ajustarlas en una aplicación ADS. Este proceso será descrito con mayor detalle posteriormente en este capítulo.

Es muy probable que su proceso de desarrollo incluya varios pases a través del compilador, a medida que vaya corrigiendo problemas y añadiendo refinamientos y mejoras. Cualquiera que sea su capacidad, trate de ensayar su aplicación de un modo función por función, añadiendo nuevas funciones después de que las presentes hayan pasado la revista. Esto es más eficiente a la larga que escribir varias funciones y probar la aplicación completa de una vez.

Este proceso debería ser flexible. Algunas funciones dependerán unas de otras, y tendrán que probarse juntas. Puede que encuentre, mientras desarrolla la aplicación, que merece la pena escribir funciones separadas cuyo único propósito sea medir los resultados de la función de trabajo que está desarrollando. Aunque este proceso pueda parecer largo y tedioso, es generalmente más eficiente a la larga, especialmente cuando se trabaja con lenguajes tan altamente estructurados como el C.

Creación de una función ADS a partir de FPROMPT.C

En esta sección recorrerá paso a paso cada estadio del desarrollo de una función ADS simple.

Muchas órdenes de AutoCAD se detienen y piden al usuario que introduzca algo. Esta función de ejemplo está diseñada para presentar una petición, parar entonces y esperar la introducción de un carácter.

La función aceptará sólo una serie limitada de respuestas válidas del operador, y guardará la respuesta más reciente como un valor por defecto para la siguiente ocasión. Si el operador pulsa ↵, la función pasará a AutoLISP la respuesta por defecto, y a ADS un código entero indicando su éxito o su fallo.

Finalmente, la función formateará los caracteres de la petición de una manera consistente. Así pues, si usa esta función para una variedad de entradas de caracteres y de peticiones, puede usar en su programa sólo los requisitos mínimos para una respuesta, y asegurarse de que sus mensajes de petición mostrarán un estilo consistente en la pantalla.

Llame *fprompt* a la función, por «formatted prompt» (petición formateada). Si prefiere usar otro nombre, es libre de hacerlo.

Como verá, la mayoría del código ADS de esta función está dedicado a «overhead» —esto es, a gestionar el enlace entre AutoCAD y ADS. El código para la función en sí misma es comparativamente pequeño.

Para comenzar, he aquí una descripción en pseudocódigo de la función:

- Si es ésta la primera vez que se llama a la función, no se establecerá todavía una respuesta por defecto. En este caso, se presenta sólo el mensaje de petición.

- Si se ha establecido una respuesta por defecto, incluir ese parámetro en el mensaje de petición, entre corchetes, y presentar el mensaje.

- Si se ha establecido una respuesta por defecto, permitir al operador introducir el valor por defecto pulsando ↵ solamente.

- Si el operador introduce otra respuesta válida diferente a de la por defecto, guardar esta respuesta como valor por defecto para usarlo en la siguiente ocasión.

Unas cuantas características más se incluyen por conveniencia cuando se incluye este código en sus programas:

- Si el usuario introduce una respuesta válida, la función devuelve el entero RTNORM.

- Si el operador cancela pulsando Ctrl-C, la función devuelve el entero RTCAN.

Habiendo esbozado las características de la función, está listo para traducir la función a código C. Aquí está el prototipo:

```
int fprompt(char *keywds, char *mess, char *defresp);
```

El Listado 9.1 contiene el código para la función fprompt() de ADS.

Listado 9.1. La función fprompt().

```
int fprompt( keyw , message , defres)  {
    int val;
    char temp[6];
    char prmt[35];
    strcpy( temp, defres);
    strcat( strcpy( prmt , "\n" ) , message );
    if ( strcmp( temp , "" ) != 0 )  {
       strcat( strcat( strcat( prmt , " <") , temp ) , ">" );
       ads_initget( 0 , keyw );
    } else
       ads_initget( 1 , keyw );
    if ( (val=ads_getkword( strcat( prmt , ": " ) , defres )) == RTCAN ) {
       ads_printf("\nFunction cancelled.");
       ads_retvoid();
    } else  {
      if ( strcmp( defres , "" ) == 0 )  {
           val=RTNORM;
           strcpy( defres , temp );
      }
      ads_retstr(defres);          /* Send response to AutoLISP */
    }
    return val;                 /* Function return code */
}
```

El código de la función comienza declarando algunas variables necesarias: una variable entera para almacenar los códigos devueltos por las funciones de biblioteca de ADS y la función fprompt(), y dos matrices locales para guardar los caracteres de las respuestas. La primera matriz, temp, tiene seis caracteres de largo, lo suficiente para contener la respuesta del operador más grande posible en este ejemplo. La segunda es de 35 caracteres de largo, más de lo necesario para contener la petición más larga de este ejemplo, incluyendo los caracteres por defecto y de formato.

Como programador, debería declarar matrices de caracteres que sean bastante grandes como para contener la cadena de caracteres más larga que pudiera generar la función, o usar punteros de carácter para evitar tediosas declaraciones de matrices. Si reescribe la función usando argumentos de cadena más largos, asegúrese de que incrementa el espacio de memoria disponible para estas matrices. Si reescribe la función usando argumentos de cadena más largos, asegúrese de que aumenta el tamaño de estas matrices. (El límite teórico en matrices de caracteres —usadas por las funciones de biblioteca ads_init() y ads_getkword()— varía de sistema a sistema, pero está alrededor de quinientos caracteres. Para la mayoría de los propósitos prácticos, un número inferior a éste debería ser suficiente.)

La variable de respuesta, defres, debería declararse externamente y ser bastante grande como para guardar la respuesta del usuario más grande posible a partir de cualquier llamada a esta función, por ejemplo:

```
char defres[6]="No";
```

Esto asegura que se reserva suficiente memoria para la cadena de respuesta antes de que sea llamada la función. En este ejemplo, la respuesta por defecto es inicializada como No, pero son posibles Sí, No y Quizá. Además, la variable de la respuesta por defecto debería ser una matriz de al menos seis caracteres, bastante grande para contener «Quizá», más el carácter nulo de terminación.

Cuando fprompt() es llamada, primero recoge el valor por defecto en un sitio a salvo, desde donde pueda ser posteriormente rellamado. Si es la primera vez que se llama a la función, reserva una cadena nula, lo que es correcto:

```
strcpy( temp, defres);
```

A continuación, la función añade un salto de línea al principio de la cadena del mensaje, haciéndolo más legible en pantalla, y si el valor por defecto es diferente del nulo, añade la cadena por defecto al mensaje entre corchetes angulares.

A continuación, la función comprueba el valor de la cadena por defecto. Si el valor por defecto es actualmente una cadena nula, el programa llama a ads_initget() con un código bit de 1, impidiendo la entrada de un nulo por el operador. Esto le obliga a introducir una de las palabras claves válidas de la función. Si el valor por defecto es una cadena, el programa llama a ads_initget() con un código bit de 0, permitiendo al usuario pulsar ↵ sin suministrar datos.

La función llama entonces a ads_getkword(). Al mismo tiempo que llama a esta función, añade dos puntos al final de la cadena de petición. La respuesta del operador, que está gobernada por la llamada anterior a ads_initget(), es copiada en la variable que contiene la respuesta por defecto.

Finalmente, la función comprueba el valor de la respuesta por defecto. Si es una cadena nula (""), el usuario pulsó ↵. La función vuelve a copiar entonces el valor que reservó en la variable de respuesta por defecto.

Si el usuario introduce una respuesta diferente de una cadena nula, esta respuesta es ya almacenada en la variable de respuesta por defecto, y no es necesario ningún procesamiento adicional.

Si la función concluye normalmente, envía la cadena de respuesta a AutoLISP, y retorna RTNORM. En otro caso, devolverá otro valor almacenado en la variable val, que puede ser probado y procesado como se requiera.

Por ejemplo, la función está escrita de modo que si el usuario introduce Ctrl-C mientras la función es activada, ésta devuelve un mensaje indicando que el usuario canceló el programa, y devuelve un valor nulo a AutoLISP. En este caso, la variable val estará ligada al valor RTCAN.

Para usar esta función, considere lo que sucede con el siguiente fragmento de código:

```
char defre[6]="No";
char key[]="Yes No Maybe";
char message[]="Yes, No, or Maybe";
fprompt( key , message , defres);
```

AutoCAD indicaría:

```
Yes, No, or Maybe <No>:
```

y espereraría una de las respuestas aceptables. Si el usuario introdujese M (Maybe = Quizás), por ejemplo, la siguiente vez que se invocase la misma función, AutoCAD presentaría

```
Yes, No, or Maybe <Maybe>:
```

Si defres se inicializa primero con una cadena vacía con la línea

```
char defres[6]="";
```

AutoCAD indicaría:

```
Yes, No, or Maybe:
```

Cualquiera que fuese la respuesta del usuario, podría usarse como variable por defecto la próxima vez.

Esta función puede usarse en cualquier programa que pida al operador cadenas de caracteres. En el ejemplo, se han suministrado cadenas literales como argumentos a la función.

Ejecución de funciones en ADS

Habiendo visto en detalle el funcionamiento oculto de la función fprompt(), puede ahora examinar cómo ADS lleva a cabo el enlace de la función con AutoCAD. El proceso es siempre el mismo y es gestionado en un segundo plano, sin la intervención del operador:

1. Cada aplicación ADS comienza llamando a la función ads_init(), que inicializa la interfaz entre AutoCAD y la aplicación ADS.

2. Después de inicializar la interfaz, la aplicación ADS llama a ads_link(), que establece en memoria el enlace de comunicación necesario entre AutoCAD y ADS.

3. La primera vez que la función llama a ads_link(), AutoCAD devuelve un entero, indicando que espera que la aplicación ADS llame a la función ads__defun(), que define cada función externa de la aplicación. Ads_defun() será llamada para cada función que pretenda definir. En el ejemplo tuvo que escribir una llamada a ads_defun() para definir la función fprompt().

Por lo tanto, subsiguientes llamadas a ads_link() devolverán otros códigos enteros indicando que AutoCAD espera una llamada a otras funciones de la aplicación. La función concreta es controlada por las instrucciones recibidas desde fuera de la aplicación ADS. Estas instrucciones pueden provenir de las órdenes introducidas por el operador con el teclado, una pantalla o un menú de tablero, u otra secuencia de órdenes, tal como una función que llame dentro de una aplicación AutoLISP.

Los códigos enteros que controlan la secuencia de los pasos en una aplicación ADS no están escritos literalmente en el código fuente. Por el contrario, están representados por varias *constantes manifiestas*, como RQXLOAD o RQSUBR. Debería usar estas constantes estándar siempre que sea posible. Esto permite que el mismo código fuente sea compilado por una serie de plataformas o versiones diferentes de ADS, con poca o ninguna recodificación. No es necesario que usted sepa qué valores actuales están representados por estas constantes, pero si es usted curioso, puede encontrar sus definiciones en el archivo de biblioteca ADSCODES.h.

Por ejemplo, el primer código enviado por AutoCAD después de recibir una llamada desde ads_link() es RQXLOAD. La aplicación ADS, tras recibir este entero, respondería llamando a ads_defun() para cada función externa del programa.

Por consiguiente, siempre que sea llamada una función externa, AutoCAD enviará un entero RQSUBR para la aplicación definida, a lo cual ésta responderá ejecutando las instrucciones de la función definida.

TEMPLATE.C

ADS proporciona un archivo especial llamado TEMPLATE.C, que contiene el código necesario para llamar a ads_link() y ads_defun() en la secuencia correcta, más un poco de control de errores si algo fuese mal durante el proceso de carga y enlace. Puede usar una copia de este archivo como la plataforma de base para sus aplicaciones ADS personalizadas.

TEMPLATE.C gestiona el proceso de recibir códigos AutoCAD y enviar respuestas ADS dentro de un bucle continuo. Este bucle es la función «Main» (Principal), estándar de C, de la aplicación ADS. Sus funciones personalizadas serían llamadas desde dentro de este bucle cuando AutoCAD envíe un código RQSUBR.

El Listado 9.2 muestra cómo escribir la función fprompt() dentro de una versión modificada de TEMPLATE.C, formando la aplicación completa. Tome nota especialmente de los comentarios de este listado, que describe los trabajos del programa.

Listado 9.2. Código fuente completo para FPROMPT.C.

```
/* NOMBRE DE ARCHIVO:     FPROMPT.c
   Escrito por:    Bob Thomas   */

/* Include files: */

#include  <stdio.h>
#include  <string.h>    /* Must include string.h for fprompt() */
#include  "adslib.h"

/* Establish space for the default response */

static char defres[6]="";

/* function prototypes here: */

static int loadfuncs();
int fprompt( char *keyw , char *message , char *defres);

/* Main routine here. This is from TEMPLATE.C */
void main(argc, argv)

  int argc;
  char *argv[];

{
    int stat;
    short scode = RSRSLT;    /* This is the default result code */
    ads_init(argc, argv);    /* Initialize the interface */

/* Endless loop condition set up here: */

    for ( ;; ) {

/* Each time through the loop, call ads_link().
   If return value is less than zero,
   the link failed for some reason.
   Store integer return from ads_link to stat variable.    */

      if ((stat = ads_link(scode)) < 0) {
          printf("FPROMPT: bad status from ads_link() = %d\n", stat);
          fflush(stdout);
          exit(1);
```

```
        }
        scode = RSRSLT;    /* Return default value */

        /* Check for the value of stat returned by ads_link() */

        switch (stat) {

        case RQXLOAD:

    /* ACAD expects ADS to define its external functions.
       You must define functions for each application.
       This is handled with a call to the loadfuncs() function.
       This function is also found in TEMPLATE.C, and is standard
       for handling this task
       If loadfuncs() returns RSRSLT, the external functions were
       loaded normally. Otherwise, loadfuncs() returns RSERR.  */

            scode = loadfuncs() ? RSRSLT : RSERR;
            break;

        case RQSUBR:

    /* Functions were defined in a previous pass. Now AutoCAD
       expect ADS to execute an external function. In this
       case, there is only one function to execute, fprompt.
       So here it is, with appropriate arguments.
       Notice that the initial default response is
       a null string (""). */

            fprompt( "Yes No Maybe" ,
                     "Enter Yes, No, or Maybe" ,
                     defres);
            break;

        default:
            break;

        }   /* End Switch  */
    }       /* End for(;;) */
}           /* End MAIN    */

/* LOADFUNCS -- Define external functions
   Call ads_defun() once for each external program to be loaded.
   This can be handled using a loop - refer to the sample ADS
   programs supplied with AutoCAD for examples of different ways
   you can re-write loadfuncs() to handle multiple functions.
   In this example, only one function is being defined; this
   keeps loadfuncs() simple: */

static int loadfuncs() {
```

```
         if (ads_defun("fprompt", 0) == RTNORM)  {
            return 1;
         } else
            return 0;


}   /*  End LOADFUNCS   */



/* FPROMPT  --  Format Prompting for Keywords.    */

int fprompt( keyw , message , defres)  {

/*  Set up variables for temporary default storage
    and the formatted prompt string:  */
    int val;
    char temp[6];
    char prmt[35];

/* Store current default response: */

    strcpy( temp, defres);

/* Put line feed at the top of the message   */

    strcat( strcpy( prmt , "\n" ) , message );

/* If default isn't null, add default to prompt string,
   and allow null (press Enter) response                */

    if ( strcmp( temp , "" ) != 0 )  {
       strcat( strcat( strcat( prmt , " <" ) , temp ) , ">" );
       ads_initget( 0 , keyw );

/* Otherwise, do not allow null response  */

    } else
       ads_initget( 1 , keyw );

/* Prompt operator:
   If response is Ctrl-C, display message and return nil to AutoLISP.
   If response is null, copy default to response.
   If a valid response is other than null, it is stored to
   default automatically  */

    if ( (val=ads_getkword( strcat( prmt , ": " ) , defres )) == RTCAN )  {
       ads_printf("\nFunction cancelled.");
       ads_retvoid();

    } else  {
```

```
    if ( strcmp( defres , "" ) == 0 )  {
        val=RTNORM;
        strcpy( defres , temp );
    }

    ads_retstr(defres);        /* Send response to AutoLISP */
}
    return val;                /* Function return code  */
}   /* eof: FPROMPT.C   157 Líneas  */
```

Comprobación de la función

Aunque fprompt() es una función útil, con un potencial de aplicación práctica y de inclusión en otros programas, por sí misma es muy limitada. Sin embargo, observe cómo, dado que incluye código especial para devolver cadenas de caracteres a AutoLISP, puede ser comprobada en sí misma. Así pues, puede comprobar esta función separadamente y asegurarse de que tiene un código sólido antes de adaptarlo dentro de otras aplicaciones.

Después de compilar con éxito FPROMPT.C, cárguela en AutoCAD con la orden siguiente:

```
(xload "fprompt")
```

AutoCAD responde:

```
"fprompt"
```

Ahora llame a la nueva función como sigue:

```
(fprompt)
```

AutoCAD responde:

```
Enter Yes, No, or Maybe:
```

Ensaye repetidamente llamando a las funciones e introduciendo diferentes respuestas a la petición. Esto le dará una buena idea de lo que hace la función.

CUTOUT.C

Después de producir esta simple y única función, producirá ahora una aplicación más compleja que hace un mejor uso de la potencia de ADS. El objetivo de esta función es recortar una porción rectangular del dibujo y trasladarla a otra parte.

Esta aplicación de la Versión 12 crea una orden llamada CUTOUT. La orden CUTOUT le pide que trace un rectángulo usando las dos esquinas opuestas, después trata ese rectángulo como los bordes de un recorte para la orden TRIM (RECORTA). CUTOUT recorta entidades que interseccionan con el borde (suponiendo que esas entidades puedan recortarse), crea un bloque a partir de las entidades encerradas en el rectángulo, y le permite trasladarlas o copiarlas en una parte diferente del dibujo. Si copia estas entidades, el original permanece en su posición y en su condición previa. Si traslada las entidades, queda un espacio donde trazó el rectángulo.

Después de trasladar el recorte a otra parte, puede escalarlo, rotarlo, estallarlo, o manipularlo de cualquier otra manera. En pro de la simplicidad, estos cambios postproceso no fueron incluidos en este ejemplo de aplicación ADS, aunque usted es libre de incluirlos si lo desea.

Hay dos razones por las cuales es útil escribir esta aplicación en ADS en lugar de en AutoLISP:

1. La rapidez de ADS la hace más veloz y más eficiente que AutoLISP, especialmente en lo que se refiere a grandes cantidades de información gráfica.
2. El programa crea un archivo externo temporal en el disco duro. Dado que el programa está escrito en C, puede usar funciones C estándar para limpiar este archivo temporal después de que haya terminado con él, sin tener que recurrir a artificios inmanejables e incómodos como la orden SHELL, que es lenta y obliga a relanzar la pantalla en sistemas de pantalla única.

CUTOUT.C crea archivos de dibujo temporales en el disco que comienzan con las letras CUT, seguidas de un número, empezando por el cero. Sin embargo, no existen válvulas de salvación que impidan a CUTOUT.C sobreescribir un archivo de dibujo existente ya en el disco con el mismo nombre. Si tiene archivos de dibujo con nombres que comienzan con las letras CUT seguidas de un número, debe reescribir el código de CUTOUT.C para usar nombres que no entren en conflicto. Para afrontar más de un desafío, experimente escribiendo una función que comprobará la existencia de un archivo gráfico y no escribirá el conjunto de selecciones en el disco hasta que encuentre un nombre exclusivo.

Varias entidades presentan problemas cuando se recortan, especialmente las polilíneas continuas y gruesas. Es posible incluir un procedimiento para dar cuenta de estas entidades, pero en aras de la simplicidad, y para mantenerle atento a las instrucciones de programación ADS en vez de a procesamientos complicados, hay unas cuantas limitaciones impuestas a esta versión de ejemplo de la aplicación.

1. Los bloques y las dimensiones son descompuestas antes de llevar a cabo el recorte. Si elige la opción de copiar de CUTOUT.C, las entidades originales se dejarán sin descomponer, pero las copias son trasladadas como las entidades primarias.
2. Varias entidades de AutoCAD no son recortables normalmente. Estas entidades incluyen puntos, sólidos, caras 3D, definiciones de atributos, formas, trazos, ventanas de visualización y texto. En esta aplicación de ejemplo, las entidades de texto que tengan cualquier porción dentro del rectángulo recortado son trasladadas o copiadas en su integridad. Otras entidades no recortables son ignoradas. Después de estudiar este ejemplo, puede que decida refinar y mejorar CUTOUT.C para manejar estas entidades.
3. Las polilíneas presentan problemas especiales. La localización de los vértices en una polilínea, respecto de la localización del rectángulo de corte, tiene

influencia sobre cómo será recortada. La forma más simple de asegurarse un recorte exacto de polilíneas es descomponerlas en segmentos antes de recortar. Sin embargo, cuando descompone una polilínea gruesa, pierde su información de grosor. Este ejemplo sacrifica la información de grosor en aras de un recorte exacto. Después de que se haya quedado usted mismo con los conceptos de programación ADS usados en CUTOUT.C, quizás elija añadir funciones más complicadas para tener en cuenta en sus dibujos las polilíneas gruesas.

El ejemplo está escrito de modo que pueda aislar y cambiar aquellas partes del código que le gustaría mejorar. Por ejemplo, podría tratar otras entidades no recortables igual que el texto, si lo desea, o que las entidades de texto fueran ignoradas cuando se recortasen.

Alternativamente, podría elegir gestionar las entidades no recortables de maneras más complejas. Es posible recortar entidades de texto. Para hacerlo, debe primero exportarlas a un archivo DBX, e importarlas después de nuevo. Esto convierte el texto en una serie de pequeños segmentos de línea recortables. Para más información acerca de los archivos DBX y del texto, diríjase al Capítulo 3.

Los sólidos pueden ser «recortados» redibujándolos. Tiene que analizar su orientación y localización relativa en el rectángulo de corte, y redibujarlos usando nuevos puntos de intersección. De un modo similar, los trazos pueden ser transformados en sólidos y procesados apropiadamente. Cada segmento de una polilínea gruesa puede ser convertido en un sólido, y procesado como un sólido. Las funciones que realizan estos procesos pueden encontrarse en el Apéndice B.

Incluso dentro de las limitaciones impuestas aquí, esta orden puede ser útil y potente simplemente como está escrita. Pruébela primero en su forma actual, después siéntase libre para experimentar, y modificarla para adecuarla a sus propios requisitos.

Pseudocódigo para CUTOUT.C

Habiendo definido los objetivos de CUTOUT.C, está listo para desarrollar su pseudocódigo. Como verá, el objetivo de la aplicación, aunque limitado en su alcance, implica muchos pasos. Aquí está un ejemplo de la forma que podría tomar su pseudocódigo:

1. Guardar algunas selecciones actuales del entorno gráfico de AutoCAD y hacer posibles ciertos cambios en él:
   a. Para depurar: leer el valor actual de la variable USERI1.
   b. Establecer el grosor de la polilínea en cero.
   c. Establecer la variable EXPERT en 5 (la indicación mínima de la orden ACAD).
   d. Activar UNDO.
   e. En función del valor de la variable USERI1: desconectar el eco de órdenes, el parpadeo (blips) y el resaltado de entidades.
2. Poner una marca en el registro auditado de deshacer.

3. Indicar al operador que elija Move (Mover) o Copy (Copiar) el recorte. Guarde la respuesta como valor por defecto para la siguiente ocasión. Cancelar si el operador pulsa Ctrl-C.
4. Pida al operador los puntos opuestos de un rectángulo. Cancelar si se introducen puntos no válidos o si el operador pulsa Ctrl-C.
5. Definir las cuatro esquinas del rectángulo introducido por el operador. No importa en qué orden se hubieran introducido los puntos, guardarlos como inferior izquierdo, inferior derecho, superior derecho, superior izquierdo. Usar estos puntos para formar el rectángulo de corte.
6. Definir los puntos del rectángulo adicionales partiendo de los puntos de las esquinas del rectángulo de corte, interior y exterior a los puntos del rectángulo de corte.
7. Trazar el rectángulo de corte usando polilíneas cerradas.
8. Crear un conjunto de selecciones usando el rectángulo cortado como una ventana cruzada.
9. Descomponer todos los bloques en el conjunto de selecciones (incluyendo los bloques encajados), más las dimensiones y las polilíneas.
10. Excluir todas las selecciones no recortables del conjunto de selecciones.
11. Las entidades recortadas permanecen en el conjunto de selecciones. Usar la orden TRIM (RECORTA) con el rectángulo recortado, la opción «acercar» y los puntos de desplazamiento del contorno.
12. Crear un conjunto de selecciones de entidades que permanezca dentro del rectángulo, y el rectángulo mismo.
13. Excluir las entidades no recortables del conjunto de selecciones, excepto el texto. Guardar los nombres de las entidades a medida que son excluidas.
14. Seleccionar un nombre de bloque no existente en la tabla de nombres de bloque actual.
15. Escribir el conjunto de selecciones en un archivo temporal en el disco usando la orden WBLOCK (BLADISCO) y el nuevo nombre del bloque.
16. Llamar a UNDO MARK (REVOCA MARCA) en la marca, restaurando las entidades originales.
17. Si el operador selecciona la opción «Move», repetir los pasos del 7 al 10.
18. Si el operador selecciona la opción «Move», cortar las entidades dentro del rectángulo, usando los puntos de desplazamiento interiores.
19. Crear un conjunto de selecciones de entidades que permanezcan dentro del rectángulo.
20. Eliminar las entidades no recortables de este conjunto de selecciones que no fueron escritas en el disco anteriormente.
21. Si el operador selecciona la opción «Move», borrar las entidades que permanezcan dentro del rectángulo.
22. Llamar a la orden INSERT con el nombre del dibujo, para leer, como un bloque, las entidades recortadas dentro del dibujo.
23. Pedir al usuario un único punto de inserción, y poner las entidades con una escala uno-a-uno y un ángulo de rotación cero.
24. Limpiar el disco, borrando el archivo gráfico temporal.
25. Restaurar los valores por defecto para el entorno gráfico.

El código fuente completo para CUTOUT.C aparece en el Listado 9.3. CU-TOUT.C ha sido estructurado del tal modo que una función, cutout(), llama a todas las demás funciones del programa. Esta se define mediante ads_defun() como una orden de AutoCAD, mediante la adición de «C:» al nombre de la función pasado a ads_defun, lo cual es similar a la técnica de AutoLISP para nombrar las órdenes de AutoCAD.

Listado 9.3. Código fuente para CUTOUT.C

```
/* NOMBRE DE ARCHIVO:      CUTOUT.C
   Escrito por:    Bob Thomas    */
/* Include files:  */

#include   <stdio.h>
#include   <string.h>
#include   <adslib.h>

/* Define Constants: */

#define CUT_OFFSET 0.05

/* MACROS:    */

#define count( array ) ( sizeof(array) / sizeof( (array)[0] ) )

/* Prototypes: */

static int  loadfunc( void );
static int  cutout( void );

   static void cut_setup( void );
   static int  undo_setup( int val );
   static int  undo_reset( int val );
   static void cut_reset( int val );

   static int  fprompt( char *keyw , char *message , char *defres);
   static int  cut_setpts( ads_real offset );

   static int  cut_expset( void );
   static void cut_adjset( ads_name ss );
   static int  cut_etype( ads_name entity , char *ename );
   static int  cut_drwln( ads_point p1 , ads_point p2 ,
                          ads_point p3 , ads_point p4 );
   static void cut_okblk( char *pf , char *blkname );
   static int  cut_rcut( void );
   static int  cut_rtrim( ads_name t1  , ads_point p1 , ads_point p2 ,
                          ads_point p3 , ads_point p4 );

/* Externals: */
```

```
/* static char blank[2];    */

struct { char *cmdname; int (*cmdfunc)(); }

  cmdtab[] = {
                 /* Command Name ,   Function Name    */
                 { "CUTOUT"        ,   cutout }

              } ;

static char mc_resp[] = "Copy";

static struct resbuf oldcmd , oldexp , oldblp ,
                      oldund , oldhlt , oldplw;

static ads_point p0 , p0a ,
                 pt1 , pt2 , pt3 , pt4 ,
                 i_pt1 , i_pt2 , i_pt3 , i_pt4 ,
                 o_pt1 , o_pt2 , o_pt3 , o_pt4 ;

static ads_name ssx;

/* * * * * * * * * * * * * * * * * * * * * * * * * * * * * * * * * * * * * * */

/* MAIN */

void main( argc , argv )

   int argc;
   char *argv[];

{
    int stat,cindex;
    short scode = RSRSLT;

    ads_init( argc , argv );

    for ( ;; ) {

        if ( ( stat = ads_link( scode ) ) < 0 ) {
        printf( "CUTOUT: bad status from ads_link() = %d\n" , stat );
            fflush( stdout );
            exit( 1 );
        }

        scode = RSRSLT;

        switch ( stat ) {

        case RQXLOAD:
```

```
                scode = loadfunc() ? RSRSLT : RSERR;
                break;

        case RQSUBR:

                if ( (cindex = ads_getfuncode()) >= 0)
                   (*cmdtab[cindex].cmdfunc) ();
                else
                   ads_retvoid();
                break;

        default:
                break;
    }
   }
}

/* * * * * * * * * * * * * * * * * * * * * * * * * * * * * * * * * * * * * * */

int loadfunc()  {

    char cmdbuf[40];
    int i, val;
    strcpy(cmdbuf, "C:");
    for (i = 0; i < count(cmdtab); i++)    {
     strcpy(cmdbuf + 2, cmdtab[i].cmdname);
     if ( ( val=ads_defun(cmdbuf, i) ) != RTNORM)
        break;
    }
    return val;
}

/* * * * * * * * * * * * * * * * * * * * * * * * * * * * * * * * * * * * * * */

int cutout()  {

    int val;
    cut_setup();
    if ( ( val=fprompt( "Move Copy" ,
                        "Move or Copy" ,
                        mc_resp ) ) == RTNORM )   {
       if ( ( val=cut_setpts( CUT_OFFSET ) ) == RTNORM )
          val=cut_rcut();
    }

    switch ( val )   {

    case RTNORM:

        break;
```

```
    case RTCAN:
        ads_prompt( "\n \nCUTOUT: Cancelled. \n" );
        break;
    default:
        ads_printf( "\nCUTOUT: Internal error. Bad value returned: %d"
                    , val );
        break;
    }
    cut_reset(val);
    ads_retvoid();
    return val;
}
/* * * * * * * * * * * * * * * * * * * * * * * * * * * * * * * * * * * * * * * */

void cut_setup()  {

    struct resbuf rb, user4;
    ads_getvar( "CMDECHO"   , &oldcmd );
    ads_getvar( "BLIPMODE"  , &oldblp );
    ads_getvar( "EXPERT"    , &oldexp );
    ads_getvar( "UNDOCTL"   , &oldund );
    ads_getvar( "HIGHLIGHT" , &oldhlt );
    ads_getvar( "PLINEWID"  , &oldplw );
    ads_getvar( "USERI4"    , &user4 );
    rb.rbnext       = NULL;
    rb.restype      = RTSHORT;

    if ( user4.resval.rint == 5120 )  {
        rb.resval.rint = 1;
        ads_prompt("\nDEBUG on.");
    } else
        rb.resval.rint = 0;
    ads_setvar( "CMDECHO"   , &rb );
    ads_setvar( "BLIPMODE"  , &rb );
    ads_setvar( "HIGHLIGHT" , &rb );

    rb.resval.rint = 5;
    ads_setvar( "EXPERT" ,      &rb );
    undo_setup( oldund.resval.rint );

    ads_command(
            RTSTR , "_.UNDO" , RTSTR , "GROUP" ,
            RTSTR , "_.UNDO" , RTSTR , "MARK" ,
            0 );

    return;

}
/* * * * * * * * * * * * * * * * * * * * * * * * * * * * * * * * * * * * * * */

/* FPROMPT  --  Format Prompting for Keywords.    */
```

```
int fprompt( keyw , message , defres)  {

    int val;
    char temp[6];
    char prmt[35];

    strcpy( temp, defres);
    strcat( strcpy( prmt , "\n" ) , message );
    if ( strcmp( temp , "" ) != 0 )  {
       strcat( strcat( strcat( prmt , " <" ) , temp ) , ">" );
       ads_initget( 0 , keyw );
    } else
       ads_initget( 1 , keyw );

    if ((val=ads_getkword( strcat(prmt,": ") , defres )) == RTCAN )  {
       ads_printf("\nFunction cancelled.");
       ads_retvoid();
    } else  {
       if ( strcmp( defres , "" ) == 0 )  {
            val=RTNORM;
            strcpy( defres , temp );
       }

       ads_retstr(defres);
    }
    return val;
}

/* * * * * * * * * * * * * * * * * * * * * * * * * * * * * * * * * * * * * * * * * * * */

int cut_setpts( offset )  {

    int val=0;
    ads_initget( 1 , NULL);
    if ((val=ads_getpoint(NULL,"\nFirst corner:",p0))==RTNORM) {

        ads_initget( 1 , NULL);
        if ((val=ads_getcorner(p0,"\nOpposite corner:",p0a))== RTNORM) {

            ( p0[X] < p0a[X] ) ? pt1[X] =  p0[X] : pt1[X] = p0a[X];
            ( p0[Y] < p0a[Y] ) ? pt1[Y] =  p0[Y] : pt1[Y] = p0a[Y];
            ( p0[X] > p0a[X] ) ? pt3[X] =  p0[X] : pt3[X] = p0a[X];
            ( p0[Y] > p0a[Y] ) ? pt3[Y] =  p0[Y] : pt3[Y] = p0a[Y];

            pt2[X] = pt3[X];  pt2[Y] = pt1[Y];
            pt4[X] = pt1[X];  pt4[Y] = pt3[Y];

            i_pt1[X] = pt1[X]+offset;  i_pt1[Y] = pt1[Y]+offset;
            i_pt2[X] = pt2[X]-offset;  i_pt2[Y] = pt2[Y]+offset;
            i_pt3[X] = pt3[X]-offset;  i_pt3[Y] = pt3[Y]-offset;
            i_pt4[X] = pt4[X]+offset;  i_pt4[Y] = pt4[Y]-offset;
```

```
            o_pt1[X] = pt1[X]-offset;  o_pt1[Y] = pt1[Y]-offset;
            o_pt2[X] = pt2[X]+offset;  o_pt2[Y] = pt2[Y]-offset;
            o_pt3[X] = pt3[X]+offset;  o_pt3[Y] = pt3[Y]+offset;
            o_pt4[X] = pt4[X]-offset;  o_pt4[Y] = pt4[Y]+offset;
        }
    }
    return val;
}
/* * * * * * * * * * * * * * * * * * * * * * * * * * * * * * * * * * * * * * */

int cut_rcut()  {

    int val;
    ads_name trimln, ssl, ent;
    long     *total;
    long     index=1;
    char     bname[32];

    ads_ssadd( NULL , NULL , ssx );
    ads_ssadd( NULL , NULL , ssl );
    if ( ( val=cut_expset() ) == RTNORM )  {
        if ( ( val=cut_drwln( pt1 , pt2 , pt3 , pt4 ) ) == RTNORM )
            ads_entlast( trimln );
    }
    if ( ( val == RTNORM ) &&
         ( val=cut_rtrim( trimln , o_pt1 , o_pt2 ,
                          o_pt3 , o_pt4 ) ) == RTNORM )  {

    ads_ssget( "C" , i_pt1 , i_pt3 , NULL , ssl );
    ads_ssadd( trimln , ssl , ssl );
    cut_adjset( ssl );

    ads_sslength( ssl , total );

    if ( index < *total ) {
        cut_okblk( "cut" , bname );
        val=ads_command(
                RTSTR , "_.WBLOCK" , RTSTR , bname , RTSTR , "" ,
                  RTPOINT , pt1 , RTPICKS , ssl , RTSTR , "" ,
                RTSTR , "_.UNDO" , RTSTR , "BACK" ,
                0 );
        ads_ssfree( ssl );
    } else {
          ads_ssfree( ssl );
          val=RTERROR;
    }
 }

if ( val == RTNORM )  {
   if ( strcmp( mc_resp , "Move" ) == 0 )  {
      cut_expset();
```

```
      if ( ( val=cut_expset() ) == RTNORM )  {
         if ( ( val=cut_drwln( ptl , pt2 , pt3 , pt4 ) ) == RTNORM )
            ads_entlast( trimln );
      }
      if ( ( val == RTNORM ) &&
            (val=cut_rtrim( trimln , i_ptl , i_pt2 ,
                            i_pt3 , i_pt4 ) ) == RTNORM )  {
         ads_entdel( trimln );
         ads_ssadd( NULL , NULL , ssl );
         ads_ssget( "C" , i_ptl , i_pt3 , NULL , ssl );
         cut_adjset( ssl );
         ads_sslength( ssl , total );
         for ( index=0; index < *total; index++ )  {
            ads_ssname( ssl , index , ent );
            ads_entdel( ent );
         }
         ads_ssfree( ssl );
         ads_sslength( ssx , total );
         for ( index=0; index < *total; index++ )  {
            ads_ssname( ssx , index++ , ent );
            ads_entdel( ent );
         }
            ads_ssfree( ssx );
            ads_prompt( "\nInsert cutout:" );
         }
      }
      if ( ( val == RTNORM ) &&
            ( val=ads_command(
                        RTSTR , "_.INSERT" , RTSTR , bname , RTSTR , "\\" ,
                           RTSTR , "" , RTSTR , "" , RTSTR , "" ,
                        0 ) ) == RTNORM )  {

         strcat( bname , ".DWG" );
         if ( remove( bname ) == -1 )
            ads_printf( "\nCould not erase %s" , bname );
         else
            ads_printf( "\nErased %s" , bname );
      }
   } else {
      ads_prompt( "\nNothing to cut." );
      val=ads_command(
                     RTSTR , "_.UNDO" , RTSTR , "BACK" ,
                     0 );
   }
   return val;
}


/* * * * * * * * * * * * * * * * * * * * * * * * * * * * * * * * * * * * * * */

int cut_expset()  {
```

```
int            val=RTNORM;
char           etype[20];
ads_name       ss0, ent;
int            redo=RTNORM, first=RTNONE;
long           *total;
long           index;

while ( (redo==RTNORM) && (val==RTNORM)) {
   redo=RTNONE;
   ads_ssget( "C" , pt1 , pt3 , NULL , ss0 );
   ads_sslength( ss0 , total );
   index=0;

   while ( index < *total && val==RTNORM) {
      ads_ssname( ss0 , index++ , ent );
      cut_etype( ent , etype );
      if ( strncmp( etype ,"INSERT" , 6 )    == 0 ||
            strncmp( etype ,"POLYLINE" , 8 ) == 0 ||
            strncmp( etype ,"DIMENSION" , 9 )== 0 ) {
         if ( first!=RTNORM )
            first=ads_prompt( "\nExploding blocks/polylines..." );
         redo=RTNORM;
         val=ads_command(
                      RTSTR , "_.EXPLODE" , RTENAME , ent ,
                      0 );
      }
      if ( val==RTNORM )  {
         if ( strcmp( etype , "3DFACE" )    == 0 ||
               strcmp( etype , "ATTDEF" )    == 0 ||
               strcmp( etype , "POINT" )     == 0 ||
               strcmp( etype , "SHAPE" )     == 0 ||
               strcmp( etype , "SOLID" )     == 0 ||
               strcmp( etype , "TRACE" )     == 0 ||
               strcmp( etype , "VIEWPORT" ) == 0 ) |{

            ads_ssadd( ent , ssx , ssx );
            ads_entdel( ent );
         }
      }
   }
   ads_ssfree( ss0 );
}
return val;
}
/* * * * * * * * * * * * * * * * * * * * * * * * * * * * * * * * * * * * * */

int cut_etype( entity , etype )  {

   int val;
   struct resbuf *ebuf, *eb;
```

```
    if ( ( ebuf = ads_entget( entity ) ) != NULL )  {
        for ( eb = ebuf; ( eb!=NULL && eb->restype!=0 ); eb=eb->rbnext );

        if ( eb != NULL && eb->restype == 0 )  {
            val=RTNORM;
            strcpy( etype , eb->resval.rstring );
        } else
            val=RTERROR;
    } else
        val=RTERROR;
    ads_relrb( ebuf );
    return val;
}
/* * * * * * * * * * * * * * * * * * * * * * * * * * * * * * * * * * * * * * * * */


int cut_drwln( p1 , p2 , p3 , p4 )  {

    int check , i;
    struct resbuf *cutrec;
    ads_real *vertices[] = { p1 , p2 , p3 , p4 };

    if ( (cutrec = ads_buildlist(RTDXFO, "POLYLINE",
                                    66, 1,
                                    70, 1,
                                    NULL ) ) == NULL ) {
        ads_fail("\nError building polyline.");
        return RTERROR;
    }
    check = ads_entmake(cutrec);
    ads_relrb(cutrec);
    if (check != RTNORM)  {
        ads_fail("\nERROR continuing polyline.");
        return RTERROR;
    }
    for ( i = 0 ; i < 4 ; i++) {
        cutrec = ads_buildlist(RTDXFO, "VERTEX",
                                10, vertices[i],
                                NULL );
        if (cutrec == NULL )  {
            ads_printf("\nREC: Error building vertex %d.", (i+1));
            return RTERROR;
        }
        check = ads_entmake(cutrec);
        ads_relrb(cutrec);
        if ( check != RTNORM ) {
            ads_printf("\nREC: Error creating vertex %d.", (i+1));
            return RTERROR;
        }
    }
}
```

```
        cutrec = ads_buildlist(RTDXFO, "SEQEND",
                                NULL );
      if (cutrec == NULL )  {
         ads_printf("\nREC: Error building SEQEND.");
         return RTERROR;
      }

      check = ads_entmake(cutrec);
      ads_relrb(cutrec);

      if ( check != RTNORM ) {
         ads_printf("\nREC: Error finishing polyline.");
         return RTERROR;
      }
      return check;
}
/* * * * * * * * * * * * * * * * * * * * * * * * * * * * * * * * * * * * * * */
int cut_rtrim( tl , pl , p2 , p3 , p4 )  {
      return (ads_command(
              RTSTR , "_.TRIM" , RTENAME , tl , RTSTR , "" ,
              RTSTR , "F" , RTPOINT , pl , RTPOINT , p2 , RTSTR , "" ,
              RTSTR , "F" , RTPOINT , p2 , RTPOINT , p3 , RTSTR , "" ,
              RTSTR , "F" , RTPOINT , p3 , RTPOINT , p4 , RTSTR , "" ,
              RTSTR , "F" , RTPOINT , p4 , RTPOINT , pl , RTSTR , "" ,
              RTSTR , "" ,
              0 ));
}

/* * * * * * * * * * * * * * * * * * * * * * * * * * * * * * * * * * * * * * */

void cut_okblk( pf , blkname )  {

      char prefix[32];
      char c_index[32];
      long index=0;
      do {  strcpy( blkname ,
                    strcat(  strcpy( prefix , pf ) ,
                             ltoa( index++ , c_index , 10 )
                          )
                  );
         } while ( ads_tblsearch( "BLOCK" , blkname , 0 ) );
      return;
}
/* * * * * * * * * * * * * * * * * * * * * * * * * * * * * * * * * * * * * * */

void cut_adjset( ss )  {

      ads_name ent;
      long *total;
      long index=0;
      char etype[20];
```

```
     ads_sslength( ss , total );
     while ( index < *total {
        ads_ssname( ss , index , ent );
        cut_etype( ent , etype );
        if ( strcmp( etype , "3DFACE" )   == 0   ||
              strcmp( etype , "ATTDEF" )   == 0
              strcmp( etype , "POINT" )    == 0
              strcmp( etype , "SHAPE" )    == 0
              strcmp( etype , "SOLID" )    == 0
              strcmp( etype , "TRACE" )    == 0   ||
              strcmp( etype , "VIEWPORT" ) == 0 )   {
           ads_ssdel( ent , ss );
           --*total;
        } else
           ++index;
     }
     return;
}
/* * * * * * * * * * * * * * * * * * * * * * * * * * * * * * * * * * * * * * * * */
void cut_reset( val )  {

   if ( val != RTNORM )
      ads_command(
                    RTSTR , "_.UNDO" , RTSTR , "END" ,
                    RTSTR , "_.U" ,
                    0 );

   undo_reset( oldund.resval.rint );

   ads_setvar( "CMDECHO"   , &oldcmd );
   ads_setvar( "BLIPMODE"  , &oldblp );
   ads_setvar( "HIGHLIGHT" , &oldhlt );
   ads_setvar( "PLINEWID"  , &oldplw );
   ads_setvar( "EXPERT"    , &oldexp );

   return;

}

/* * * * * * * * * * * * * * * * * * * * * * * * * * * * * * * * * * * * * * * * */

int undo_setup( val )  {
   int uval=RTNORM;

   switch ( val ) {
      case 0:
         uval=ads_command(
               RTSTR , "_.UNDO" , RTSTR , "ALL" ,
               RTSTR , "_.UNDO" , RTSTR , "AUTO" , RTSTR , "OFF" ,
               0 );
         break;
```

```
        case 3:
            uval=ads_command(
                    RTSTR , "_.UNDO" , RTSTR , "CONTROL" , RTSTR , "ALL" ,
                    RTSTR , "_.UNDO" , RTSTR , "AUTO" , RTSTR , "OFF" ,
                    0 );
            break;
        case 5:
            uval=ads_command(
                    RTSTR , "_.UNDO" , RTSTR , "AUTO" , RTSTR , "OFF" ,
                    0 );
            break;
        default:
            break;


    }
    return uval;
}

/* * * * * * * * * * * * * * * * * * * * * * * * * * * * * * * * * * * * * * */

int undo_reset( val ) {

    int uval=RTNORM;

    switch ( val ) {
        case 0:
            uval=ads_command(
                RTSTR , "_UNDO" , RTSTR , "CONTROL" , RTSTR , "NONE" ,
                0 );
            break;

        case 1:
            uval=ads_command(
                    RTSTR , "_.UNDO" , RTSTR , "END" ,
                    0 );
            break;
        case 3:
            uval=ads_command(
                RTSTR , "_.UNDO" , RTSTR , "END" ,
                RTSTR , "_.UNDO" , RTSTR , "CONTROL" , RTSTR , "ONE" ,
                0 );
            break;

        case 5:
            uval=ads_command(
                RTSTR , "_.UNDO" , RTSTR , "END" ,
                RTSTR , "_.UNDO" , RTSTR , "AUTO" , RTSTR , "ON" ,
                0 );
            break;

        default:
```

```
        break;
    }

    return uval;
}
```

```
/* * * * * * * * * * * * * * * * * * * * * * * * * * * * * * * * * * * * */
   eof - CUTOUT.c    660 Líneas.    */
```

Tablas de funciones

Técnicamente, CUTOUT.C sólo necesita definir esta única función con ads_defun. Todas las demás funciones son locales para esta función de orden, y serán llamadas por ella. Sin embargo, en aras de la ilustración, este código fuente utiliza una técnica más general que puede usar con aplicaciones que definan más de una orden o función. La técnica de CUTOUT.C está basada en la técnica de la «tabla de funciones» usada en el programa de muestra de ADS, GRAVITY.C, y sería conveniente que comparase las dos.

La tabla de funciones es establecida externamente, y consiste en una estructura ilustrada en el siguiente fragmento de código:

```
struct { char *cmdname; int (*cmdfunc)();  }
  cmdtab[] = {
                /* Command Name ,   Function Name    */
                { "CUTOUT"       ,   cutout }
            } ;
```

La función loadfunc() en CUTOUT es más sofisticada que la usada en FPROMPT.C, en que puede enlazar cada función almacenada en esta tabla y llamar a ads_defun para cada una:

```
int loadfunc()  {
    char cmdbuf[40];
    int i, val;
    strcpy(cmdbuf, "C:");
    for (i = 0; i < count(cmdtab); i++)   {
        strcpy(cmdbuf + 2, cmdtab[i].cmdname);
        if ( ( val=ads_defun(cmdbuf, i) ) != RTNORM)
          break;
    }
    return val;
}
```

Tenga en cuenta, sin embargo, que la estructura de la tabla de funciones es rígida. Los valores de retorno y la estructura de argumentos debe ser la misma para cada función de la tabla. No trate de mezclar funciones con valores de retorno y argumentos requeridos diferentes en la misma tabla. Si necesita definir funciones con diversos parámetros, cree diferentes tablas de órdenes para acomodarlos o llame explícitamente a ads_defun() para cada uno.

Macros y constantes

La generalidad de las funciones loadfunc() se basa en una macro conocida como count()', que devuelve los elementos de una matriz:

```
#define count(array) (sizeof(array)/sizeof( (array)[0] ) )
```

Esta macro debe ser definida en cada programa que use loadfunc().

CUTOUT.C define también una única constante manifiesta, llamada CUT_OFFSET:

```
#define CUT_OFFSET 0.10
```

Esta constante almacena la distancia (actualmente un décimo de una unidad de dibujo) entre los lados del rectángulo cortado y la línea de cercar usada por la orden Recortar. Usando una constante es fácil cambiar el valor en todo el programa modificando una única línea. Como una alternativa, tal vez desee otorgarle al usuario esta opción almacenando este valor en una variable externa y añadiendo otra llamada a fprompt().

Funciones en CUTOUT.C

Las siguientes funciones aparecen en CUTOUT.C. Varias de ellas son de propósito general, y pueden ser aplicadas a otros programas con poca o ninguna modificación:

Nombre de la función	Propósito
cut_adjset()	Elimina las entidades no recortables de un conjunto de selecciones.
cut_drwln()	Traza una polilínea cerrada entre cuatro puntos.
cut_etype()	Extrae el tipo de entidad (p.ej. «LINE», «INSERT») de una tabla de definiciones de entidades.
cut_expset()	Descompone los bloques y las dimensiones de un conjunto de selecciones.
cut_okblk()	Busca la tabla de definiciones de bloques y liga a *blkname un nombre no usado actualmente.
cut_recut()	Hace el trabajo real del programa. Llama a las funciones de recorte, escribe entidades en el disco, opcionalmente borra entidades dentro del rectángulo recortado y pide la inserción de entidades recortadas en el dibujo.
cut_reset()	Restaura el estado grabado del entorno del programa.
cut_rtrim()	Corta entidades usando puntos argumento para recortar, bien por dentro o por fuera del rectángulo de corte.
cut_setpts()	Pide al operador las esquinas del rectángulo de corte y establece los puntos de análisis necesarios.

cut_setup()   Almacena las variables actuales del entorno y establece el estado de este último para la orden CUTOUT.

cutout()   Se convierte en la orden C:CUTOUT.

fprompt()   Pide al operador la entrada de una palabra. Tomada de FPROMPT.C

loadfunc()   Una función estándar, define funciones externas en una tabla de funciones.

undo_setup()   Establece el estado UNDO requerido por el programa.

undo_reset()   Restaura el estado previo de UNDO para el programa.

Variables externas en CUTOUT.C

CUTOUT.C emplea unas cuantas variables con la finalidad de simplificar y hacer más funcional la programación:

Nombre de la variable externa	Propósito
static char mc_resp[]	Contiene la respuesta por defecto para la petición Move/Copy.
static struct resbuf oldcmd, oldexp, oldblp, oldund, oldhlt, oldplw	Estas estructuras almacenan los parámetros del entorno compartidos por las funciones cut_setup() y cut_reset().
static ads_point p0, p0a, pt1, pt2, pt3, pt4, i_pt1, i_pt2, i_pt3, i_pt4, o_pt1, o_pt2, o_pt3, o_pt4	Estas variables contienen los puntos compartidos por las funciones cut_setpts() y cut_rcut().
static ads_name ssx	Este es un conjunto de selecciones temporales compartidas por las funciones cut_rcut() y cut_expset().

Uso de Ads_ssfree() y Ads_relrb()

En el momento en que un conjunto de selecciones deja de ser necesario, CUTOUT.C llama a ads_ssfree() para liberar el espacio de memoria del conjunto de selecciones. Igualmente, CUTOUT.C llama a ads_relrb() para liberar la memoria usada por los «buffers» de resultados. Este es un hábito importante para adquirirlo, porque ADS no proporciona ningún mecanismo interno para limpiar la memoria ocupada por los conjuntos de selecciones y por los «buffers» de resultados. En sus propios programas debería liberar siempre la memoria usada por los conjuntos de selecciones y los «buffers» de resultados que ya no sean necesarios. Si usted no libera esta memoria explícitamente, tarde o temprano se bloqueará el programa o se colgará AutoCAD.

Puede encontrar ejemplos de ads_ssfree() en las funciones cut_rcut() y cut_expset(), y ejemplos de ads_relrb() en las funciones cut–etype() y cut_drwln().

Manejo del comportamiento del programa

A todo lo largo de CUTOUT.C, observará varias instrucciones If que comprueban los valores devueltos por las funciones, y que cancelan el seguir adelante si los valores no son correctos por alguna razón. Esto es importante, no sólo para propósitos de depuración, sino para que el programa se comporte bien si el operador introduce cosas no válidas, o pulsa Ctrl-C mientras se procesa.

CUTOUT.C está estructurado de modo que las funciones subsiguientes no sean procesadas cuando se detectan situaciones anormales. Si no termina de modo normal, CUTOUT.C llama a la orden UNDO BACK (REVOCA RETORNO) y restaura el dibujo al estado en que estaba cuando se invocó UNDO MARK (REVOCA MARCA). Así pues, si por ejemplo el operador cancela el procesamiento mientras está teniendo lugar el recortado, el programa lo trata como una orden de cancelación completa, restaurando el dibujo a su condición en el momento en que se introdujo la orden CUTOUT.

Manejo de puntos

Los puntos en ADS son simplemente una matriz de tres números reales, de un tipo definido como ads_point. CUTOUT.C usa sólo puntos 2D, lo que significa que el tercer punto de la matriz simplemente no se tiene en cuenta.

Los valores de los puntos son almacenados en matrices. La biblioteca ADS predefine un tipo de dato llamado ads_point, que es simplemente una matriz de tres números reales. La manera más sencilla de asignar puntos a variables con este tipo de datos es asignando las coordenadas con el uso de bloques de códigos, como en el siguiente ejemplo:

```
ads_point origin = { 0.0 , 0.0 , 0.0 };
```

Este fragmento de código almacena el punto 0,0,0 en un valor matricial llamado origen.

Las coordenadas también pueden ser asignadas a matrices de puntos de una en una:

```
ads_point origin;
origin[X] = 0.0;
origin[Y] = 0.0;
origin[Z] = 0.0;
```

Las mayúsculas X, Y y Z son constantes manifiestas en ADS que representan la localización para las coordenadas X, Y y Z en matrices de puntos. Utilícelas siempre que manipule puntos en ADS. Esto hace más fáciles de leer las matrices de puntos en el código fuente ADS y ayuda a asegurar la transferibilidad.

CUTOUT.C contiene un ejemplo de manipulación de coordenadas de puntos. Para hacer las cosas más sencillas al operador, el programa aceptará cualquiera de las dos esquinas para definir el rectángulo de corte, guardándolas entonces en las variables p0 y p0a. Una vez que ha recibido estos puntos, los usa para establecer la esquina inferior izquierda (pt1) y la esquina superior derecha (pt3) del rectángulo:

```
( p0[X] < p0a[X] ) ? pt1[X] = p0[X] : pt1[X] = p0a[X];
( p0[Y] < p0a[Y] ) ? pt1[Y] = p0[Y] : pt1[Y] = p0a[Y];
( p0[X] > p0a[X] ) ? pt3[X] = p0[X] : pt3[X] = p0a[X];
( p0[Y] > p0a[Y] ) ? pt3[Y] = p0[Y] : pt3[Y] = p0a[Y];
```

El fragmento de código anterior encuentra cuál de los puntos especificados por el operador tiene las coordenadas X e Y inferiores, y almacena los valores en la variable inferior izquierda. Y almacena los valores superiores de X e Y en la esquina superior derecha. Una vez que estos puntos han sido definidos consistentemente, otros procesos se simplifican.

Establecer y re-establecer el entorno AutoCAD

La mayoría, si no todos, los programas ADS realizan cambios temporales en el entorno gráfico extraordinariamente flexible de AutoCAD. CUTOUT.C usa dos funciones, cut_setup() y cut_reset(), para gestionar estos cambios. Puede modificar estas funciones para gestionar los cambios en sus propios programas ADS.

Para cada cambio del entorno, cut_setup() usa una variable externa declarada como un bufer de resultados para guardar los parámetros actuales del entorno, como demuestra el siguiente fragmento de código:

```
struct resbuf rb, user4;    /* Declare variables */
ads_getvar( "USERI4" , &user4 ); /* Reference while proces-
sing */
```

Estas líneas almacenan el valor actual de la variable del sistema USERI4. Tomando prestada una idea mostrada en el capítulo sobre AutoLISP, este valor puede ser probado y usado para afectar a otras selecciones:

```
if ( user4.resval.rint == 5120 ) {
   rb.resval.rint = 1;
   ads_prompt("\nDEBUG on.");
} else
   rb.resval.rint = 0;
ads_setvar( "CMDECHO"   , &rb );
ads_setvar( "BLIPMODE"  , &rb );
ads_setvar( "HIGHLIGHT" , &rb );
```

Este fragmento de código activará las órdenes echo, blips y highlighting si el valor de la variable del sistema USERI4 es 5120; en otro caso, el programa inactiva estas opciones. USERI4 y el número 5120 fueron escogidos como una combinación de variable de sistema y de valor almacenado que es improbable que entren en conflicto con los programas de un tercero. Si este valor entra en conflicto con otros programas de su sistema, debería cambiarlo por un valor no conflictivo.

Uso de UNDO

CUTOUT.C utiliza la opción Undo de AutoCAD para simplificar el proceso. Sin embargo, para usar Undo de manera satisfactoria debe primero aprender sobre su estado, recordarlo, volverlo del revés completamente y restaurarlo de nuevo a su estado anterior cuando el proceso se haya interrumpido o completado.

El siguiente fragmento de código almacena el estado de la opción Undo y la activa si es necesaria:

```
struct resbuf oldund;                    /* Define result buffer */
ads_getvar( "UNDOCTL" , &oldund );  /* Store status */
undo_ setup( oldund.resval.rint );   /* Turn UNDO on */
/* ...Some other processing... */
undo_reset( oldund.resval.rint );    /* Restore previous UNDO */
```

La función undo_setup(), definida en CUTOUT.C, usa el valor almacenado en la variable de sistema UNDOCTL para llamar a la orden UNDO (REVOCA) con la secuencia correcta de parámetros.

Posteriormente, el mismo valor es usado por la función undo_reset() (definida también en CUTOUT.C) para llamar a la orden UNDO de nuevo y restaurar la opción a su estado previo, ya se interrumpa la orden CUTOUT o se complete normalmente.

Diríjase al listado completo del código fuente de CUTOUT.C para la definición completa de estas funciones. Observe que el búfer de resultados de oldund se define externamente.

Cut_setup() y cut_reset() hacen un uso diferente de UNDO: para establecer un marcador de Undo Group al comienzo del procesamiento y un marcador de Undo End a la conclusión del procesamiento. Si el operador elije la orden CUTOUT para Undo, estos marcadores desharán la orden CUTOUT en un solo paso.

Creación de entidades en programas ADS

Muchos programas ADS crearán entidades gráficas. Este proceso se simplifica usando las funciones de biblioteca ads_buildlist() y ads_entmake(). CUTOUT.C usa estas funciones para construir el rectángulo de corte como una polilínea cerrada. El proceso completo está contenido en la función cut_drwln(), encontrada en el listado del código fuente para CUTOUT.C.

La cabecera de la polilínea, cada vértice y el pie, deben crearse individualmente mediante llamadas diferentes a ads_buildlist() y a ads_entmake(). El siguiente fragmento de código crea la cabecera de la polilínea:

```
int check;
struct resbuf *cutrec;
if ( (cutrec = ads_buildlist(RTDXFO, "POLYLINE",
                             66, 1,
                             70, 1,
                             NULL ) ) == NULL ) {
```

```
      ads_fail("\nError building polyline.");
      return RTERROR;
}
```

Ads_buildlist() retorna un búfer de resultados que contiene los elementos requeridos para crear una entidad. El búfer de resultados puede entonces ser pasado a una llamada ads_entmake(), añadiéndolo a la base de datos de dibujo:

```
check = ads_entmake(cutrec);
ads_relrb(cutrec);
if (check != RTNORM)  {
   ads_fail("\nERROR adding polyline.");
   return RTERROR;
}
```

Observe que esta secuencia incluye una llamada a ads_relrb() inmediatamente después de llamar a ads_entmake(). Esto libera la memoria ocupada por el búfer de resultados, un paso importante.

Puesto que cada vértice de la polilínea debe ser añadido con una llamada diferente a estas funciones, esta secuencia es más eficientemente manejada dentro de un bucle:

```
ads_real *vertices[] = { p1 , p2 , p3 , p4 };
for ( i = 0 ; i < 4 ; i++) {
   cutrec = ads_buildlist(RTDXFO, "VERTEX",
                          10, vertices[i],
                          NULL );
   if (cutrec == NULL )  {
      ads_printf("\nREC: Error building vertex %d.", (i+1));
      return RTERROR;
   }
   check = ads_entmake(cutrec);
   ads_relrb(cutrec);
   if ( check != RTNORM ) {
      ads_printf("\nREC: Error creating vertex %d.", (i+1));
      return RTERROR;
   }
}
```

El bucle se hace posible predefiniendo una matriz llamada *vertices[], la cual contiene punteros para cada variable ads_point. El bucle que crea los vértices pasa después por cada elemento de la matriz vertices[], añadiéndolos a la base de datos de dibujo (y liberando la memoria cada vez).

La función cut_drwln() concluye utilizando la misma secuencia para añadir la lista SEQEND a la base de datos de dibujo. Cuando se añade esta última lista, el rectángulo de corte aparece en la pantalla.

Diríjase al código fuente de CUTOUT.C para estudiar ahora cómo están organizados estos fragmentos en una función de trabajo.

Trabajando con entidades

Muchos programas ADS incluirán funciones para analizar entidades. La información de entidad se almacena en un tipo de dato especial llamado un *búfer de resultados*. Varios búferes de resultados, cada uno conteniendo una parte de la información de entidad, pueden ser analizados secuencialmente. Cuando los búferes de resultados son agrupados de esta manera, son llamados una *lista enlazada*. Así pues, una lista enlazada es simplemente una serie de búferes de resultados.

Cada búfer de resultados en una lista enlazada contiene un código entero (*restype*) indicando el tipo de dato y una unión (*esval*) que puede contener cualquier tipo de dato indicado por el código entero. Además, el búfer de resultados contiene un puntero (*rbnext*) para la localización en memoria del siguiente búfer de resultados en la lista. El final de la lista se alcanza cuando el puntero *rbnext* es NULL.

A continuación está la definición de biblioteca ADS de la estructura del búfer de resultados:

```
struct resbuf {
    struct resbuf *rbnext;
    short restype;
    union ads_u_val resval;
}
```

El tipo de dato de unión referenciado en la estructura del búfer de resultados es una serie de tipos de datos que pueden acomodar varios tipos de información de entidad:

```
union ads_u_val {
    ads_real rreal;
    ads_real rpoint[3];
    short rint;
    char *rstring;
    long rlname[2];
    long rlong;
    struct ads_binary rbinary;
}
```

Es útil conocer cómo están organizados los búferes de resultados, y cómo pueden concatenarse en una lista enlazada. Cuando comprende este concepto, puede llevar a cabo sofisticados análisis de entidades y realizar cambios en sus datos.

El siguiente fragmento de código muestra la secuencia básica para almacenar información de entidad en ADS:

```
ads_name entity;          /* Declare variables */
struct resbuf *ebuf;
/* Get an entity (e.g., last in database) */
ads_entlast( entity );
/* Store entity information in result buffer ebuf */
ebuf = ads_entget( entity );
```

La función ads_entget() tiene cuidado de establecer la lista enlazada de la información de entidad, y retorna el primer búfer de resultados de la lista. Una vez que la información de entidad ha sido extraída de esta manera, puede volver reiteradamente a la lista enlazada hasta encontrar cualquier dato deseado.

Ebuf señala un búfer de resultados que contiene el primer ítem del dato asociado de la entidad. Este es el nombre de la entidad, que debería dejar solo. Ebuf ->rbnext señalará la posición de memoria del siguiente búfer de resultados que contenga más información de esta entidad.

Por ejemplo, CUTOUT.C necesita encontrar tipos de entidades. El siguiente fragmento de código es un bucle que buscará en la lista enlazada empezando con ebuf hasta que consiga el tipo de entidad, que está asociado con un código de tipo de cero:

```
int val;
struct resbuf *ebuf, *eb;
for ( eb = ebuf; ( eb!=NULL && eb->restype!=0 ); eb=eb->rbnext );
   if ( eb != NULL && eb->restype == 0 )  {
      val=RTNORM;
      strcpy( etype , eb->resval.rstring );
   }  else
      val=RTERROR;
ads_relrb( ebuf );
```

Este fragmento utiliza una instrucción For para inicializar una copia del puntero para el búfer de resultados almacenado en ebuf. El programa hace iteraciones sobre cada búfer de resultados en la lista enlazada eb, hasta que encuentra un valor eb->restype de cero. Cuando eb->restype es igual a cero, eb->resval.rstring es igual al tipo de entidad, y el programa copia el valor de eb->resval.rstring en la matriz de caracteres etype[]. Esta condición termina también el bucle.

Si el bucle recorre la lista enlazada entera sin encontrar un eb->restype de valor cero, la variable val se igualará a RTERROR. El procesamiento subsiguiente puede comprobar val para asegurarse de que se encontró un tipo de entidad, antes de procesar la matriz etype.

Diríjase a la función cut_etype() en el listado del código fuente de CUTOUT.C para estudiar cómo están ensambladas estas técnicas en una función de trabajo ADS.

Trabajando con conjuntos de selecciones

Muchos programas ADS incluirán funciones para analizar y modificar conjuntos de selecciones. Los conjuntos de selecciones pueden ser manejados usando funciones ADS que son similares a las funciones de conjuntos de selecciones de AutoLISP.

Por ejemplo, CUTOUT.C crea un conjunto de selecciones usando el rectángulo de corte como una ventana de cruce. El código para hacer esto es el que sigue:

```
ads_name ssl;
ads_point i_ptl, i_pt3;
ads_ssadd( NULL , NULL , ssl );
ads_ssget( "C" , i_ptl, i_pt3 , NULL , ssl );
```

El fragmento de código anterior declara la variable ssl usando el tipo de dato ads_name, que es un par de enteros largos. La variable ssl es, por lo tanto, un puntero para el primer elemento de la matriz.

La llamada a ads_ssadd() con argumentos NULL crea un conjunto de selecciones vacío; esto es, uno que no contiene ninguna entidad. Después de crear explícitamente el conjunto de selecciones vacío y de almacenar un puntero en la variable ssl, el fragmento de código llama a ads_ssget() para añadir entidades al conjunto.

El argumento NULL en ads_ssget() indica que el conjunto de selecciones resultante no está filtrado de acuerdo con ningún elemento común entre las entidades seleccionadas; en otras palabras, que todas las entidades están para ser incluidas en el conjunto de selecciones ssl.

En el ejemplo de arriba, la "C" seguida de dos matrices de puntos crea un conjunto de selecciones de todas las entidades encerradas en o cortadas por un rectángulo con esquinas opuestas en los puntos almacenados en las variables i_pt1 e i_pt3.

Cuando ha almacenado entidades en conjuntos de selecciones, puede fácilmente acceder mediante un bucle para procesar sus contenidos. El siguiente fragmento de código se reitera por el conjunto declarado y creado en el ejemplo previo, sin realizar ningún cambio:

```
ads_name ent;
long     *total, index;
ads_sslength( ssl , total );
for ( index=0; index < *total; index++ ) {
      ads_ssname( ssl , index , ent );
/* ...performs some processing on entity in variable ent...*/
}
ads_ssfree( ssl );
```

La función ads_sslength() requiere un conjunto de selecciones y un puntero para un entero largo que almacene el número de entidades en el conjunto de selecciones. La documentación ADS de AutoCAD enfatiza que las variables que guardan el número de entidades en un conjunto de selecciones deberían declararse como enteros largos. Si no declara estas variables como enteros grandes, y el número de entidades almacenadas excede a 65.535, su aplicación fallará de un modo impredecible.

El bucle del fragmento de código anterior simplemente extrae cada entidad de un conjunto de selecciones al mismo tiempo que incrementa la variable del índice en uno cada vez que recorre el bucle, para extraer la siguiente entidad disponible en el conjunto. En sus propias aplicaciones, debería pasar, dentro del bucle, por varios pasos de procesamiento de entidades, dependiendo de los objetivos de la aplicación.

Siempre que termine de usar un conjunto de selecciones, quítelo de la memoria con una llamada a ads_ssfree(). Si no libera explícitamente la memoria utilizada por conjuntos de selecciones tan pronto como sea posible, puede que eventualmente su aplicación se quede sin memoria, provocando el bloqueo del programa y otras sorpresas desagradables.

CUTOUT.C contiene una función, cut_expset(), que toma un conjunto de selecciones y lo descompone en bloques, polilíneas y dimensiones. El siguiente fragmento de código ilustra este proceso:

```
int             val=RTNORM;
char            etype[20];
ads_name        ss0 ent;
long            *total;
long            index;
ads_ssget( "C" , ptl , pt3 , NULL , ss0 );
ads_sslength( ss0 , total );
index=0
while ( index < *total && val==RTNORM) {
    ads_sname( ss0 , index++ , ent );
    cut_etype( ent , etype );
    if ( strncmp( etype ,"INSERT" , 6 )    == 0  ||
         strncmp( etype ,"POLYLINE" , 8 ) == 0  ||
         strncmp( etype ,"DIMENSION" , 9 )== 0 )
      val=ads_command(
              RTSTR , "_.EXPLODE" , RTENAME , ent ,
              0 );
}
ads_ssfree( ss0 );
```

Observará que este fragmento incluye una llamada a la función cut_etype() de CUTOUT.C, que almacena el tipo de entidad en una variable de cadena.

Diríjase a la función cut_expset() en el listado del código fuente de CUTOUT.C para el desarrollo completo de este proceso.

Búsqueda de la tabla de bloques

Algunas aplicaciones ADS manejarán bloques, tipos de líneas, sistemas de coordenadas nombradas por el usuario, visualizaciones u otros datos encontrados en la tabla de símbolos del dibujo. CUTOUT.C, por ejemplo, requiere que un conjunto de selecciones sea escrito en el disco con la orden WBLOCK (BLADISCO), que sea llamada la orden UNDO (REVOCA) para restaurar el dibujo a su estado previo, y que el conjunto de selecciones sea vuelto a llamar con la orden INSERT. Con el fin de cumplir esta simple conveniencia para trabajar, el dibujo en el disco tiene que recibir un nombre que no se encuentra en la tabla de nombres de bloque del dibujo. El siguiente fragmento de código busca en la tabla de símbolos, comprobando nombres hasta que tiene uno no presente:

```
char pf[]="CUT"
char prefix[32];
```

```
char c_index[32];
long index=0;
do {
  strcpy( blkname , strcat(  strcpy( prefix , pf ) ,
      ltoa( index++ , c_index , 10 ) ) );

  } while ( ads_tblsearch( "BLOCK" , blkname , 0 ) );
```

El ejemplo anterior ilustra un proceso en dos etapas:

1. El programa ensambla un nombre, conviertiendo un valor entero en una cadena y añadiéndole las letras «CUT». Así, la primera cadena creada es «CUT0».
2. El programa llama a la función ads_tblsearch(), buscando en la tabla de bloques un nombre que se adecue a la cadena.

Tan pronto como se encuentra la cadena en la tabla, el programa lo intenta de nuevo, incrementando el entero cada vez, hasta que ads_tblsearch() devuelve NULL, y sale del bucle.

Cuando ads_tblsearch() tiene éxito, devuelve un puntero al primer búfer de resultados de una lista enlazada. Dependiendo de los objetivos de su programa, este valor puede ser usado en funciones de entidad que analicen y procesen listas enlazadas, como se explicó anteriormente en este capítulo.

El argumento cero (llamado el argumento *symnext*) en este ejemplo, indica que la llamada a ads_tblsearch() no ha tenido ningún efecto sobre las llamadas subsiguientes a la función ads_tblnext(). Sin embargo, CUTOUT.C nunca llama a ads_tblnext(), de modo que no hay ninguna preocupación en este sentido. Sin embargo, usando un argumento diferente de cero podría tener un efecto indeseado sobre otros programas que accedan a la misma tabla.

He aquí como funciona el argumento symnext: es útil en situaciones en las que desearía extraer varias entidades a partir de una larga tabla de símbolos, sin tener que iterar sobre la tabla, buscando en cada entrada individualmente. Por ejemplo, imagine que este argumento fuese establecido en otro valor distinto de cero. Después de localizar una entidad en la tabla y de procesarla de algún modo, podría hallar la siguiente entidad en la tabla llamando a ads_tblnext(), y dependiendo de los argumentos que use usted en esa función, podría continuar hasta localizar las siguientes entidades mediante llamadas repetidas a ads_tblnext(). Este proceso ahorra tiempo permitiéndole empezar en cualquier parte de la tabla antes de acceder con un bucle a las entradas.

Avanzando

ADS es una rica biblioteca de funciones que probablemente llegue a ser más rica y compleja en versiones próximas de AutoCAD. Los entusiastas del lenguaje C, los usuarios con necesidades especiales y los desarrolladores profesionales, recibirán bien su potencia adicional y su flexibilidad, pero ADS no suplantará a AutoLISP.

AutoLISP tendrá siempre la ventaja de un desarrollo más sencillo y más rápido, con un pequeño sacrificio de potencia y velocidad.

Con el tiempo que ha trabajado sobre las funciones de CUTOUT.C, tendrá una base sólida para crear sus propias aplicaciones ADS. Este propósito de este capítulo no va a hacer de usted un programador C de la noche a la mañana, pero le permitirá hacerse una idea de cómo trabaja ADS; además encontrará que la documentación de ADS proporcionada con AutoCAD es ahora mucho más fácil de comprender. Otórguese a sí mismo mucho tiempo para experimentar y conseguir sus modestos objetivos a medida que avance.

A medida que escriba en ADS, trate de desarrollar funciones que, siempre que sea necesario, puedan ser usadas en otras aplicaciones diferentes a la que esté trabajando en ese momento. Haciendo esto encontrará que sus aplicaciones no solamente son más fáciles de probar y depurar, sino que rápidamente desarrollará una biblioteca de funciones ADS dignas de confianza y verificadas, que puede utilizar repetidamente en una variedad de programas. Aunque el proceso pueda parecer lento al principio, irá ganando velocidad a medida que avance, ya que no tendrá que empezar desde cero cada vez que desarrolle un nuevo objetivo.

APENDICE **A**

AutoLISP/ADS: Referencia rápida de funciones

Este apéndice lista las funciones de AutoLISP de la Versión 12, con un resumen de la sintaxis de cada función y notas generales acerca de su uso. Está pensado como una «referencia rápida» para la información esencial; más detalles pueden encontrarse consultando la *Referencia del programador* de AutoLISP.

Si existe una función ADS que se corresponda con una función AutoLISP, se incluye su sintaxis y un resumen de los tipos de datos de los argumentos debajo del listado de la función AutoLISP. Por ejemplo, si desea ver la función Ads_done_dialog, mire debajo de *Done_dialog*.

Las declaraciones de las funciones de ADS están definidas en los archivos de cabecera ADSLIB.H y ADS.H. Las funciones para los cuadros de diálogo están definidas en el archivo de cabecera ADSDLG.H.

A diferencia de los argumentos de las funciones de AutoLISP, los argumentos ADS nunca son opcionales. En aquellos casos en que un argumento ADS posiblemente no sea usado (por ejemplo, una petición de cadena en las funciones Ads_get), pasar un indicador NULL en su lugar.

A menos que se indique otra cosa, las funciones ADS retornan un código RTNORM cuando tienen éxito, y un código de error cuando fallan. Los resultados del procesamiento de las funciones ADS son normalmente puestos en variables suministradas como argumentos adicionales a la función; las variables de resultados y las excepciones son puntualizadas. Los valores de retorno de las funciones AutoLISP se especifican en el listado de cada función.

269

Símbolos usados como funciones

+

Suma números.

Sintaxis

`(+ n1 n2 ...)`

Valor retornado: Suma de todos los argumentos numéricos.

Los argumentos deben ser números. Esta función acepta cualquier número de argumentos. Si todos los argumentos son enteros, devuelve un entero. Si alguno de los argumentos es un número real, devuelve un número real.

—

Sustrae números.

Sintaxis

`(− n1 n2 ...)`

Valor retornado: La diferencia entre el primer argumento y la suma de los restantes argumentos.

Los argumentos tienen que ser números. Esta función acepta cualquier número de argumentos. Si todos los argumentos son enteros, devuelve un entero. Si alguno de los argumentos es un número real, devuelve un número real. Si se proporciona un único argumento se resta de cero.

*

Multiplica números.

Sintaxis

`(* n1 n2 ...)`

Valor retornado: El producto de todos los argumentos.

Los argumentos tienen que ser números. Esta función acepta cualquier número de argumentos. Si sólo se suministra un argumento es multiplicado por 1. Si todos los argumentos son enteros, devuelve un entero. Si alguno de los argumentos es un número real, devuelve un número real.

/

Divide números.

Sintaxis

```
(/ n1 n2 ...)
```

Valor retornado: El cociente del primer argumento dividido por el producto de los demás argumentos.

Los argumentos tienen que ser números. Esta función acepta cualquier número de argumentos. Si se proporciona un solo argumento, es dividido por 1. Si se suministran dos, el primero es dividido por el segundo. Si todos los argumentos son enteros, devuelve un entero. Si alguno de los argumentos es un número real, devuelve un número real.

=

Comprueba la igualdad numérica.

Sintaxis

```
(= arg1 arg2 ...)
```

Valor retornado: T si todos los argumentos se evalúan como iguales numéricamente; nulo en otro caso.

Los argumentos pueden ser números o cadenas. Las cadenas son comparadas en base a su equivalencia numérica. Esta función acepta cualquier número de argumentos.

/=

Comprueba la desigualdad numérica.

Sintaxis

```
(/= arg1 arg2 ...)
```

Valor retornado: T si todos los argumentos no son iguales numéricamente; nulo si todos los argumentos son numéricamente iguales.

Los argumentos pueden ser números o cadenas. Las cadenas son comparadas en base a su equivalencia numérica. Esta función acepta cualquier número de argumentos.

<

Comprueba la relación menor que entre los argumentos.

Sintaxis

```
(< arg1 arg2 ...)
```

Valor retornado: T si cada argumento es numéricamente menor que el argumento a su derecha.

Los argumentos pueden ser números o cadenas. Las cadenas son comparadas sobre la base de su valor numérico. Esta función acepta cualquier número de argumentos.

<=

Comprueba la relación menor o igual que entre los argumentos.

Sintaxis

(<= arg1 arg2 ...)

Valor retornado: T si cada argumento es numéricamente menor o igual que el argumento a su derecha.

Los argumentos pueden ser números o cadenas. Las cadenas son comparadas sobre la base de su valor numérico. Esta función acepta cualquier número de argumentos.

>

Comprueba la relación mayor que entre los argumentos.

Sintaxis

(> arg1 arg2 ...)

Valor retornado: T si cada argumento es numéricamente mayor que el argumento a su derecha.

Los argumentos pueden ser números o cadenas. Las cadenas son comparadas sobre la base de su valor numérico. Esta función acepta cualquier número de argumentos.

>=

Comprueba la relación mayor o igual que entre los argumentos.

Sintaxis

(>= arg1 arg2 ...)

Valor retornado: T si cada argumento es numéricamente mayor o igual que el argumento a su derecha.

Los argumentos pueden ser números o cadenas. Las cadenas son comparadas sobre la base de su valor numérico. Esta función acepta cualquier número de argumentos.

~

Retorna el complemento bit a bit de su argumento.

Sintaxis

(~ *n*)

Valor retornado: El complemento bit a bit de *n* (no es el mismo que cero menos *n*). *N* debe ser un entero.

1+

Incrementa un número en uno.

Sintaxis

(1+ *n*)

Valor retornado: El argumento incrementado en uno.

N debe de ser un número. Si es un entero, se devuelve un entero. En otro caso, se retorna un número real.

1–

Disminuye en uno un número.

Sintaxis

(1– *n*)

Valor retornado: El argumento disminuido en uno.

N debe ser un número. Si es un entero, se devuelve un entero. En otro caso, devuelve un número real.

Funciones listadas alfabéticamente

ABS

Convierte un número en su valor absoluto.

Sintaxis

(abs *n*)

Valor retornado: El valor absoluto de *n*.

N debe ser número. Si es un entero, devuelve un entero. En otro caso, devuelve un número real.

ACTION_TILE

Asigna funciones a los mosaicos de los cuadros de diálogo.

Sintaxis

(action_tile *mosaico función*)

Valor retornado: Nulo.

La función Action_tile requiere dos argumentos. Ambos son suministrados como cadenas de caracteres; esto es, están encerrados entre comillas. Diríjase a la rutina DDGEAR.LSP del Capítulo 7 para ver ejemplos de cómo se suministran los argumentos a Action_tile.

El argumento *mosaico* es el nombre de un mosaico de un cuadro de diálogo. *Función* es la función que se va a llamar cuando el usuario active el mosaico especificado.

Equivalente de ADS

```
int ads_action_tile(hdlg, mosaico, función)
    ads_hdlg hdlg;
    char *mosaico;
    CLIENTFUNC function;
```

El argumento *función* es un puntero para una función que será llamada cuando el usuario seleccione el nombre del mosaico en *mosaico*. El argumento *hdlg* es un rótulo de cuadro de diálogo del tipo almacenado en la función Ads_new_dialog.

ADD_LIST

Añade un ítem a un cuadro de lista o a una lista instantánea.

Sintaxis

(add_list *ítem*)

Valor retornado: Nulo.

El argumento *ítem* requerido es una cadena de caracteres que será añadida al cuadro de lista o a la lista instantánea especificada en una llamada previa a la función Start_list. Start_list debe ser llamada antes de que esta función pueda trabajar.

Equivalente de ADS

```
int ads_add_list(ítem)
char *item;
```

Añade *ítem* a la lista actual especificada por ads_start_list().

ADS

Lista las aplicaciones ADS cargadas.

Sintaxis

```
(ads)
```

Valor retornado: Una lista de cadenas. Cada cadena es el nombre de una aplicación ADS cargada.

Equivalente de ADS

```
struct resbuf *ads_loaded()
```

Devuelve un puntero a una lista enlazada de los búferes de resultados conteniendo las aplicaciones ADS. Si ninguna aplicación ADS está cargada, esta función retorna NULL.

ALERT

Presenta un cuadro de diálogo con un mensaje de aviso.

Sintaxis

```
(alert cad)
```

Valor retornado: Nulo.

El argumento *cad* puede ser cualquier cadena de caracteres válida que aparecerá en el cuadro de alerta. Se necesita el argumento.

Equivalente de ADS

```
int ads_alert(cad)
    char *cad;
```

Si Ads_alert falla, retorna un código RTERROR.

ALLOC`

Restablece el número de nodos en un segmento de memoria de AutoLISP.

Sintaxis

```
(alloc n)
```

Valor retornado: El número previo de nodos por segmento (valor por defecto: 514). Restablecer el número de nodos por segmento puede mejorar la eficiencia de aplicaciones grandes. Esta función está pensada para programadores experimentados que desean reservar manualmente memoria en sus aplicaciones. Para detalles, consultar la *Referencia del programador* de AutoLISP.

AND

Comprueba los valores de una serie de expresiones.

Sintaxis

(and *exp1 exp2* ...)

Valor retornado: T si todos los argumentos se evalúan como un valor no nulo; en caso contrario, devuelve un nulo.

Los argumentos de esta función pueden ser cualquier expresión AutoLISP válida —por ejemplo, otra función o una variable de memoria. Esta función se usa a menudo para comprobar criterios complejos en funciones condicionales, tales como las funciones If o While.

ANGLE

Calcula el ángulo formado por dos puntos, en relación a un ángulo cero predefinido por AutoCAD.

Sintaxis

(angle *pt1 pt2*)

Valor retornado: El ángulo formado por dos puntos, en radianes.

Son requeridos ambos argumentos. Deben ser listas o números que puedan ser interpretados por AutoCAD como puntos 2D o 3D. El ángulo aumenta en la dirección de las agujas del reloj a partir del ángulo cero. AutoCAD supone que la línea que pasa por los dos puntos está en el plano en construcción actual. Si los puntos no caen dentro del plano actual en construcción, son proyectados sobre ese plano.

Equivalente de ADS

```
ads_real ads_angle(pt1, pt2)
    ads_point pt1, pt2;
```

Ads_angle devuelve un número real, indicando el valor del ángulo en radianes.

ANGTOF

Convierte una cadena de caracteres en un número que representa a un ángulo.

Sintaxis

```
(angtof cad modo)
```

El argumento *cad* debe ser una cadena de caracteres que expresa un valor numérico. El argumento *modo* es un entero que indica el formato del ángulo actual de la cadena. Los valores de *modo* válidos son:

```
0 = grados sexagesimales
1 = grados/minutos/segundos
2 = grados centesimales
3 = radianes
4 = unidades del perito
```

Por ejemplo:

```
(angtof "90.0" 0)
```

indica que la cadena «90.0» expresa noventa grados.

El argumento *modo* es opcional. Si no se suministra, se utiliza la selección actual para la variable de sistema AUNITS.

Equivalente de ADS

```
int ads_angtof(cad, unid, result)
    char *cad;
    int unid;
    ads_real *result;
```

La conversión resultante se sitúa en el argumento *result*.

ANGTOS

Convierte un número (que representa un ángulo en radianes) en una cadena de caracteres.

Sintaxis

```
(angtos n modo prec)
```

Valor retornado: Una cadena de caracteres representando el ángulo.

El argumento *modo* es un entero y es opcional. Si se suministra, la cadena se retorna formateada en el sistema de unidades angulares mostrado en la función Angtof. Si se suministra el *modo*, también puede suministrarse el argumento *prec*. *Prec* es un entero que indica el número de decimales a incluir en la cadena del ángulo. Si no se proporciona ninguno de estos argumentos, AutoCAD usa las selecciones actuales de AUNITS y AUPREC para *modo* y *prec*.

Equivalente de ADS

```
int ads_angtos(n, unid, prec, cad)
    ads_real n;
    int unid, prec;
    char *cad;
```

El resultado se almacena en *cad*, que deberá ser inicializada con suficiente longitud como para contener el modo formateado y la precisión; se recomienda 15 caracteres.

APPEND

Construye una lista a partir de cualquier número de listas.

Sintaxis

(append *list1 list2* ...)

Valor retornado: Una única lista.

Append puede aceptar cualquier número de argumentos, pero cada uno debe ser una lista AutoLISP válida.

APPLY

Evalúa una función aplicando una lista de argumentos.

Sintaxis

(apply *func list*)

Valor retornado: El devuelto por el argumento de la función.

El argumento *func* puede ser o bien una función AutoLISP predefinida o bien una función definida por el usuario. El argumento *list* debe ser una lista de argumentos válidos para la función especificada. La lista debe contener todos los argumentos requeridos por la función específica. Apply se usa para llamar funciones en los casos en que la rutina AutoLISP ha creado una lista de argumentos válidos.

ASCII

Convierte un carácter en su código numérico ASCII.

Sintaxis

(ascii *cad*)

Valor retornado: Un entero representando el código ASCII.

La función ASCII requiere como argumento una cadena de caracteres. La cadena puede ser de cualquier longitud, pero sólo se convierte el primer carácter de la cadena.

ASSOC

Localiza sublistas en una lista de asociación de entidades.

Sintaxis

(assoc *clave list*)

Valor retornado: La primera sublista encontrada en *list*, en la que *clave* sea el primer ítem.

Se requieren ambos argumentos. El argumento *clave* puede ser cualquier expresión válida susceptible de aparecer como primer elemento de una sublista. El argumento *list* debe ser una lista de sublistas, como una lista de asociación de entidades de AutoCAD.

ATAN

Calcula la arcotangente.

Sintaxis

(atan *n1 n2*)

Valor retornado: La arcotangente de sus argumentos, en radianes.

La función requiere al menos un número. Si se proporciona un número, Atan proporciona la arcotangente de ese número. Si se suministra un segundo número, Atan propociona la arcotangente del cociente del primer número dividido por el segundo.

Si *n2* es cero, Atan retorna 1.570796 (90 grados en radianes) si *n1* es positivo, o −1.570796 si *n1* es negativo.

ATOF

Convierte una cadena de caracteres en un número real.

Sintaxis

(atof *cad*)

Valor retornado: Un número real.

La función Atof requiere un único argumento de cadena de caracteres que representa un valor numérico.

ATOI

Convierte una cadena de caracteres en un entero.

Sintaxis

(atoi *cad*)

Valor retornado: Un entero.

La función Atoi requiere un único argumento de cadena de caracteres que representa un valor entero válido. Si la cadena representa un número real, la porción decimal es truncada.

ATOM

Comprueba si su argumento es algo diferente a una lista.

Sintaxis

(atom *arg*)

Valor retornado: T si el argumento no es una lista; en otro caso, devuelve un nulo.

ATOMS-FAMILY

Busca símbolos de AutoLISP.

Sintaxis

(atoms—family *formato lista*)

Valor retornado: Una lista de símbolos de AutoLISP.

El argumento *formato* se requiere y debe ser 1 o 0. Si es 1, los símbolos de la lista proporcionada son formateados como cadenas; si es 0, la lista contiene simplemente los nombres de los símbolos. El argumento *lista* es opcional. (Es una lista de nombres de símbolos específicos que la función puede buscar.) Si un símbolo de la lista no está definido, aparece un nulo en la lista devuelta por Atoms-family.

BOOLE

Compara bits binarios con enteros.

Sintaxis

(boole *bfunc int1 int2* ...)

Valor retornado: Un entero que representa un número binario compuesto de bits de resultados lógicos.

Los argumentos *bfunc*, *int1* e *int2* son requeridos. Todos son enteros. Argumentos enteros adicionales pueden ser opcionalmente suministrados. Las comparaciones binarias entre el segundo hasta el último de los argumentos son realizadas entre los bits en la primera posición de cada uno, después los de la segunda posición y así sucesivamente. En cada caso se crea un *bit resultante* en la misma posición y se establece como cero o uno. Cuando todas las posiciones han sido comparadas, el resultado da un número binario. El entero equivalente de este número es devuelto por la función.

El argumento *bfunc* es un entero entre 1 y 15 indicando qué bits de los restantes argumentos establecerán cada bit resultante en uno. El argumento *bfunc* puede ser uno de los enteros siguientes o la suma de cualquier combinación:

1 = Establece el bit resultante en 1 si los bits comparados son ambos 1.
2 = Establece el bit resultante en 1 si el primer bit = 1 y el segundo bit = 0.
4 = Establece el bit resultante en 1 si el primer bit = 0 y el segundo bit = 1.
8 = Establece el bit resultante en 1 si el primer bit = 0 y el segundo bit = 0.

BOUNDP

Comprueba si un símbolo está ligado a un valor.

Sintaxis

(boundp *sím*)

Valor retornado: T si *sím* está ligado a un valor; nulo en otro caso.

CAR

Extrae el primer elemento de una lista.

Sintaxis

(car *list*)

Valor retornado: El primer elemento de la lista.

La función Car requiere como argumento una lista. Si la lista está vacía (lo mismo que nulo), la función devuelve nulo. Si el primer elemento es una sublista, se retorna la sublista.

CADR

Extrae el segundo elemento de una lista.

Sintaxis

(cadr *list*)

Valor retornado: El segundo elemento de la lista.

La función Cadr requiere una lista como argumento. Si la lista está vacía (lo mismo que nulo), la función devuelve nulo. Si el segundo elemento es una sublista, se retorna la sublista.

CADDR

Extrae el tercer elemento de una lista.

Sintaxis

(caddr *list*)

Valor retornado: El tercer elemento de la lista.

La función Caddr requiere una lista como argumento. Si la lista está vacía (lo mismo que nulo), o no hay ningún tercer elemento, la función devuelve nulo. Si el tercer elemento es una sublista, se retorna la sublista.

CDR

Extrae una lista conteniendo todos menos el primer elemento de un lista.

Sintaxis

(cdr *list*)

Valor retornado: Una lista, menos el primer elemento de la lista argumento.

La función Cdr requiere un lista como argumento. Si la lista está vacía (lo mismo que nulo), la función devuelve nulo. La función Cdr es un medio conveniente para extraer valores de códigos a partir de sublistas en listas de asociación de entidades.

CHR

Convierte un entero en un carácter ASCII.

Sintaxis

(chr *ent*)

Valor retornado: Un carácter ASCII.

Se requiere el argumento *ent*, y debería estar dentro del rango de códigos de los caracteres ASCII. La función proporciona el carácter representado por el entero.

CLIENT_DATA_TILE

Asocia datos con un mosaico.

Sintaxis

```
(client_data_tile mosaico dato)
```

Valor retornado: Nulo.

Ambos argumentos son necesarios. El argumento *mosaico* es una cadena de caracteres que indica el nombre de un mosaico como se especifica en el archivo Dialog Control Language (DCL). El argumento *dato* se suministra en la forma de una cadena de caracteres. Las expresiones de acción enlazadas con los nombres de mosaico en la función Action_tile pueden acceder a la expresión de los datos asociada usando la metavariable *$data*.

Equivalente de ADS

```
int ads_client_data_tile(hdlg, mosaico, dato)
    ads_hdlg hdlg;
    char *mosaico;
    void *dato;
```

El argumento *hdlg* es un rótulo de cuadro de diálogo del tipo guardado por la función Ads_new_dialog.

CLOSE

Cierra un archivo abierto.

Sintaxis

```
(close arch)
```

Valor retornado: Nulo.

El argumento *arch* debe ser un descriptor de archivo válido creado usando la función Open y ligado a una variable de memoria. Use la variable de memoria como argumento para esta función cuando no necesite acceder más a los contenidos del archivo.

COMMAND

Ejecuta órdenes de AutoCAD.

Sintaxis

```
(command nombre de orden & parámetros válidos ...)
```

Valor retornado: Nulo.

La función Command acepta un nombre de orden de AutoCAD y los parámetros válidos de esa orden, tal y como si fuese introducido todo por el teclado.

Pueden usarse variables de memoria ligadas a parámetros válidos. Hay varias restricciones, sin embargo:

1. El editor de dibujo debe estar en el indicador de órdenes y esperando una orden cuando sea llamada por primera vez esta función.
2. Los argumentos de cadena (por ejemplo, nombres de bloques) deben estar entrecomillados.
3. No puede usar funciones Get dentro de la función Command.
4. No puede llamar a las órdenes DTEXT (TEXTODIN) o SKETCH (BOCETO) con esta función.
5. La orden SCRIPT puede llamarse, pero AutoCAD no puede regresar a la rutina AutoLISP después de concluir el archivo de instrucciones (Script).

La función Command acepta un símbolo AutoLISP predefinido llamado *PAUSE*. Cuando se encuentra este símbolo como argumento de la función Command, AutoCAD se para y espera alguna entrada del usuario; después, continúa con la rutina.

Un carácter de barra invertida (\) dentro de una cadena, también parará la rutina. Si tiene que utilizar una barra invertida dentro de un argumento de cadena para la función Command, dóblela («\\»).

Puede suspender la función Command no especificando los restantes parámetros. Puede volver a donde lo dejó, volviendo a llamar a la función Command con los parámetros restantes correctos. Para un ejemplo de esto, diríjase a la rutina LX.LSP en el Apéndice B.

Equivalente de ADS

```
ads_command(rtype, arg, ...)
     int rtype;
```

Ads_command puede aceptar cualquier número de pares de argumentos. *Rtype* es un entero que indica el tipo de dato del parámetro de la orden AutoCAD con la que está emparejado y a la que sigue; por ejemplo:

RTREAL = Número real.
RTSHORT = Entero corto.
RTLONG = Entero largo.
RT3DPOINT = Punto 3D.
RTPOINT = Punto 2D.
RTANG = Angulo.
RTSTR = Cadena de caracteres.
RTENAME = Nombre de entidad.
RTPICKS = Nombre de conjunto de selecciones.
RTNONE = Código de fin de argumentos.

La secuencia de argumentos siempre termina con RTNONE. También puede usar 0 para señalar el final de la lista de argumentos.

COND

Lee una serie de listas. Evalúa las expresiones restantes encontradas en la primera lista cuyo primer elemento no se evalúe como nulo.

Sintaxis

```
(cond list1 list2 ...)
```

Valor retornado: El retornado por la última expresión de la lista evaluada. Si no se evalúa ninguna lista, la función Cond devuelve un nulo.

La función Cond se usa para la ramificación condicional. El primer elemento en cada argumento *list* es leído por turno. Si el primer elemento se evalúa como un valor (en otras palabras no es nulo), entonces los demás elementos de esa lista son evaluados. Cond pasa después por alto todos los demás argumentos.

Si se desea, puede establecer una lista por defecto para evaluar cuando todas las demás listas sean pasadas por alto. La lista por defecto debería ser el último argumento y comenzar con el símbolo T. Este símbolo siempre se evaluaría como un valor no nulo, y por consiguiente las expresiones de la lista que siguieran a este símbolo serían siempre evaluadas por la función Cond. Una lista que comience con el símbolo T debería ser siempre el último argumento para Cond, dado que todas las listas después de ésta serán pasadas por alto.

CONS

Añade una expresión a una lista.

Sintaxis

```
(cons exp list/sym)
```

Valor retornado: La nueva lista.

La función Cons requiere dos argumentos. El primero puede ser cualquier expresión AutoLISP válida. Si el segundo argumento es una lista, Cons devuelve una nueva lista con el primer argumento añadido como primer elemento de la nueva lista. Si el segundo argumento de Cons no es una lista, Cons construye una especial llamada *pareja de puntos*. Las parejas de puntos se usan frecuentemente en listas de asociación. Para ver ejemplos del uso de esta manera de la función Cons, diríjase al uso de la función Entmake como se describió en el Capítulo 8.

COS

Calcula el coseno de un ángulo.

Sintaxis

```
(cos ang)
```

Valor retornado: El coseno de *ang*.

Esta función requiere como argumento, el ángulo expresado en radianes.

CVUNIT

Convierte un número o lista de números de una unidad de medida a otra.

Sintaxis

```
(cvunit n/list cadvie cadnue)
```

Valor retornado: Un número (o una lista de números) convertido a la unidad de medida representada por el argumento *cadnue*.

Esta función requiere tres argumentos: *n/list*, un número o una lista de números, y dos cadenas: *cadvie*, indicando la unidad actual de medida que representa el número, y *cadnue*, la unidad de medida a la que será convertido el número.

Las cadenas representando unidades válidas de medida son almacenadas en el archivo ASCII ACAD.UNT, que puede ser modificado por el usuario. En lá mayoría de los casos se puede usar el singular o el plural de forma indistinta. La versión predefinida de ACAD.UNT incluye aproximadamente 150 unidades de medida estándar, incluyendo conversiones matemáticas simples.

Si una cadena de unidad no puede encontrarse en ACAD.UNT, o si se escogen dos unidades de medida incompatibles, Cvunit devuelve un nulo.

Equivalente de ADS

```
int ads_cvunit(n, cadvie, cadnue, result)
    ads_real n;
    char *cadvie, *cadnue;
    ads_real *result;
```

El valor convertido es almacenado en el argumento *result*. Ads_cvunit devuelve RTERROR si falla.

DEFUN

Define una nueva función AutoLISP o una orden de AutoCAD.

Sintaxis

```
(defun nombre arglist exp1 exp2 ...)
```

Valor retornado: El nombre de la nueva función o de la orden.

Defun requiere los siguientes argumentos y en este orden:

1. El nombre de la función o de la orden que se está creando.

2. Una lista de argumentos requeridos por la función, y todas las variables locales en memoria para esa función.
3. Una serie de expresiones válidas de AutoLISP para ser evaluadas cuando sea llamada la función.

El primer argumento debe ser el nombre de la función que se está definiendo. El segundo, *arglist*, es una lista de símbolos llamada la *lista de argumentos*. Los caracteres en la lista de argumentos representan a los que son requeridos por la nueva función (si se requiere alguno), más todas las *variables locales* usadas dentro de la función.

Los argumentos en la lista están separados de las variables locales usando una barra. Si la lista no contiene ninguna barra todos los miembros de la lista se asumen como argumentos.

Si una variable de una función no está expresamente definida como local, se supone que es *global*, significando que retendrá su valor actual cuando la función complete su procesamiento. Para definir una variable como global déjela simplemente fuera de la lista de argumentos.

Tanto las variables locales como las globales son útiles en AutoLISP, dependiendo del contexto. Si utiliza variables locales ampliamente, puede hacerse con un nombre de variable que haga el trabajo de varias variables diferentes, conservando de ese modo un espacio nodal precioso. Puede asegurarse de que sus variables de memoria no están acarreando datos innecesarios o erróneos por toda su rutina, lo que puede producir resultados incorrectos. Por otra parte, las variables globales pueden ser pasadas libremente entre funciones y órdenes, conteniendo siempre los últimos datos con los que estuvieron ligadas.

Crear nuevas órdenes de AutoCAD requiere prácticamente la misma sintaxis que crear funciones AutoLISP: comienza usando la función DEFUN de AutoLISP, pero introduce *C:* delante del nombre de la función. Esto informa al intérprete de AutoLISP que se está creando una orden de AutoCAD, no una función de AutoLISP.

Equivalente de ADS

```
int ads_defun(nombre, i)
    char *nombre;
    short i;
```

El argumento *i* es un entero usado para identificar la función en las llamadas subsiguientes desde AutoLISP. Diríjase a la rutina CUTOUT.C en el Capítulo 9 para ver un ejemplo de cómo usar la función Ads_defun.

DIMX_TILE

Calcula la anchura de un mosaico.

Sintaxis

```
(dimx_tile mosaico)
```

Valor retornado: Un entero indicando la coordenada X máxima de mosaico.

Se requiere el argumento *mosaico*. Es una cadena de caracteres indicando el nombre del mosaico como se especifica en el archivo DCL.

Equivalente de ADS

```
int ads_dimensions_tile(hdlg, mosaico, x_coord, y_coord)
    ads_hdlg hdlg;
    char *mosaico;
    short x_coord, y_coord;
```

El argumento *hdlg* es el rótulo de un cuadro de diálogo del tipo almacenado en la función Ads_new_dialog. Las coordenadas X e Y son almacenadas en *x_coord* e *y-coord*, respectivamente.

DIMY_TILE

Calcula la altura de un mosaico.

Sintaxis

```
(dimy_tile mosaico)
```

Valor retornado: Un entero indicando el valor máximo de la coordenada Y de mosaico.

El argumento *mosaico* es requerido. Es una cadena de caracteres indicando el nombre del mosaico como se especifica en el archivo DCL.

Equivalente de ADS

```
int ads_dimensions_tile(hdlg, mosaico, x_coord, y_coord)
    ads_hdlg hdlg;
    char *mosaico;
    short x_coord, y_coord;
```

El argumento *hdlg* es un rótulo de un cuadro de diálogo del tipo almacenado en la función Ads_new_dialog. Las coordenadas X e Y son almacenadas en *x_coord* e *y_coord*, respectivamente.

DISTANCE

Calcula la distancia entre dos puntos.

Sintaxis

```
(distance pt1 pt2)
```

Valor retornado: Un número real, que es la distancia en unidades de dibujo entre los dos puntos suministrados como argumentos.

Distance requiere dos listas de punto como argumentos. Las listas de punto pueden ser 2D (dos números reales) o 3D (tres números reales), o una combinación. La distancia devuelta por esta función es la distancia en un espacio 3D entre dos puntos 3D suministrados como argumentos. Sin embargo, si uno o los dos argumentos es 2D, la distancia proporcionada es la distancia entre los puntos proyectados sobre el plano en construcción actual. Las versiones de AutoCAD anteriores a la Versión 9 requieren sólo información de puntos 2D.

Equivalente de ADS

```
ads_real ads_distance(pt1, pt2)
ads_point pt1, pt2;
```

Devuelve un número real indicando la distancia entre los dos argumentos de punto. Los puntos pueden ser 2D o 3D.

DISTOF

Convierte una cadena en un número real.

Sintaxis

```
(distof cad modo)
```

Valor retornado: Un número real.

El argumento *cad* debe ser una cadena de caracteres que exprese un número real. El argumento *modo* es un entero indicando el formato numérico actual de la cadena. Los valores válidos de *modo* son:

1 = científico
2 = decimal
3 = ingeniería
4 = arquitectura
5 = fraccionario.

El argumento *modo* es opcional. Si no se suministra, se usa la selección actual de la variable del sistema LUNITS.

Equivalente de ADS

```
int ads_distof(cad, modo, result)
    char *cad;
    int modo;
    ads_real*result;
```

El resultado de la conversión se almacena en *result*.

DONE_DIALOG

Termina el procesamiento de un cuadro de diálogo.

Sintaxis

```
(donde_dialog código)
```

Valor retornado: Un entero. Si no se suministró *código* y el usuario seleccionó el botón OK, se retorna un 1. Si no se suministró *código* y el usuario seleccionó cualquier otra cosa devuelve 0. Si se suministró *código*, se retorna su valor.

El argumento *código* es un entero retornado por la función. Puede usar el valor de este argumento para controlar el flujo del procesamiento de AutoLISP cuando el usuario sale de un cuadro de diálogo.

Equivalente de ADS

```
int ads_done_dialog(hdlg, código)
    ads_hdlg hdlg;
    int código;
```

El argumento *hdlg* es un rótulo de un cuadro de diálogo almacenado por la función Ads_new_dialog como su argumento *hdlg*. El argumento *código* se necesita. Puede ser un código entero definido por la aplicación, usado para controlar el procesamiento de la aplicación cuando se sale de un cuadro de diálogo, o los códigos ADS estándar siguientes:

- DLGOK = El usuario seleccionó el botón OK.
- DLGCANCEL = El usuario seleccionó el botón Cancel, o canceló de otro modo el procesamiento: vía Ctrl-C o con la tecla ESC, si había lugar.

Equivalente ADS adicional

```
int ads_done_positioned_dialog(hdlg, código, xpt, ypt)
    ads_hdlg hdlg;
    int código, *xpt, *ypt;
```

Esta función es la misma que Ads_done_dialog(), excepto que ésta devuelve también, en *xpt* y *ypt*, la localización de las coordenadas de los puntos en el cuadro de diálogo, que pueden ser reutilizadas cuando reabra el mismo cuadro de diálogo. Está pensada para plataformas en las que puedan reubicarse en la pantalla los cuadros de diálogo. Esta opción mantiene la pista de su localización y les permite reabrirse en la misma posición.

END_IMAGE

Señala el final del procesamiento del mosaico de la imagen.

Sintaxis

```
(end_image)
```

Valor retornado: Nulo.

Esta función no tiene ningún argumento. Puede llamarla para indicar el final del proceso que comenzó con una llamada a la función Start_image.

Equivalente de ADS

```
int ads_end_image(void)
```

END_LIST

Señala el final del procesamiento de un cuadro de lista o de una lista instantánea.

Sintaxis

```
(end_list)
```

Valor retornado: Nulo.

Esta función no tiene nigún argumento. Tiene que llamarla para indicar el final del procesamiento de una lista que comenzó con una llamada a la función Start_list.

Equivalente de ADS

```
int ads_end_list(void)
```

ENTDEL

Borra o restaura una entidad en la base de datos.

Sintaxis

```
(entdel ent)
```

Valor retornado: El nombre de la entidad que se está eliminando o restaurando.

La función Entdel requiere un nombre de entidad de AutoCAD, un tipo de dato como el devuelto por la función Entlast. Si el nombre de la entidad especificada ha sido ya borrado durante la sesión de dibujo actual, será restaurado.

Equivalente de ADS

```
int ads_entdel(ent)
    ads_name ent;
```

La variable ERRNO recibe un nuevo valor cuando esta función falla.

ENTGET

Extrae la lista de asociación de entidades.

Sintaxis

```
(entget ent list)
```

Valor retornado: La lista de asociación de entidades.

La función Entget requiere un nombre de entidad, bien almacenado en una variable de memoria o bien propocionado por una función anidada.

El argumento *list* es opcional. Si se suministra, debe contener el nombre(s) de la(s) apliación(es) registrada(s) que usa datos de entidades ampliadas. Estos nombres están formateados como cadenas. Si existe un dato de entidad ampliado para la entidad especificada por *ent*, el dato ampliado de cada aplicación nombrada en la lista es también devuelto como parte de la lista de asociación de entidades. Diríjase a la función Regapp para más detalles sobre el registro de nombres de aplicaciones.

Equivalente de ADS

```
struct resbuf *ads_entget(ent)
    ads_name ent;
```

Devuelve el dato de definición a partir de la entidad *ent* como un lista enlazada de búferes de resultados. En otro caso, retorna NULL. La variable de sistema ERRNO recibe un nuevo valor cuando esta función falla.

Equivalente ADS adicional

```
struct resbuf *ads_entgetx(ent, apps)
ads_name ent;
struct resbuf *apps;
```

Retorna el dato de definción a partir de la entidad *ent*, más cualquier dato de entidad ampliado asociado con nombres de aplicaciones registradas como una lista enlazada de búferes de resultados. El argumento *apps* debe indicar una lista enlazada de nombres de aplicaciones registradas. Si el argumento *apps* es un indicador NULL, esta función es equivalente a Ads_entget. Si no puede encontrar la entidad solicitada, la función da NULL. La variable de sistema ERRNO recibe un nuevo valor cuando esta función falla.

ENTLAST

Extrae el nombre de la última entidad de la base de datos.

Sintaxis

```
(entlast)
```

Valor retornado: Un nombre de entidad, si existen entidades no borradas.

La función Entlast se usa sin argumentos.

Equivalente de ADS

```
int ads_entlast(result)
    ads_name result;
```

Esta función establece *result* como el nombre de la última entidad no borrada de la base de datos. Si esta función falla, retorna un código RTERROR.

ENTMAKE

Añade una entidad a la base de datos.

Sintaxis

```
(entmake alist)
```

Valor retornado: La lista de asociación de entidad para la entidad recién creada.

La función Entmake requiere una lista de asociación de entidad válida, compuesta de toda la información requerida para dibujar la entidad en AutoCAD. Diríjase al Capítulo 8 para más información sobre los datos requeridos para la función Entmake.

Equivalente de ADS

```
int ads_entmake(ent)
    struct resbuf *ent;
```

Si la función no puede crear la entidad, devuelve un código RTREJ. Cuando crea un bloque, retorna RTKWORD, el nombre del bloque. La variable de sistema ERRNO se establece en un nuevo valor cuando esta función falla.

ENTMOD

Modifica una entidad existente en la base de datos.

Sintaxis

```
(entmod alist)
```

Valor retornado: La lista de asociación de la entidad modificada. Si AutoLISP es incapaz de actualizar la entidad, Entget retorna nulo.

La función Entget requiere una lista de asociación que incluya el nombre de una entidad AutoCAD existente. Tal lista puede haberse extraído usando la función Entget y modificado usando las funciones Assoc y Subst. Cuando es llamada con un argumento válido, Entmod cambia la entidad para reflejar las modificaciones realizadas en la lista de asociación. Diríjase a la rutina WALLS.LSP en el Capítulo 8 para ver un ejemplo de Entmod.

Equivalente de ADS

```
int ads_entmod(ent)
        struct resbuf *ent;
```

Cuando Ads_entmod falla en la actualización de la base de datos, retorna RTREJ. La variable de sistema ERRNO se establece en un nuevo valor cuando esta función falla.

ENTNEXT

Extrae secuencialmente un nombre de entidad de la base de datos.

Sintaxis

```
(entnext ent)
```

Valor retornado: Un nombre de entidad.

El argumento *ent* para la función Entnext es opcional. Si se llama a Entnext sin ningún argumento, devuelve el nombre de la primera entidad no borrada de la base de datos. Si se proporciona un nombre de entidad como argumento para la función Entnext, retorna el nombre de la siguiente entidad de la base de datos. Ligando este nombre a una variable y repitiendo Entnext, usando la variable, es posible realizar iteraciones en la base de datos extrayendo una entidad cada vez.

Equivalente de ADS

```
int ads_entnext(ent, result)
    ads_name ent, result;
```

Ads_next almacena el nombre de la siguiente entidad en *result*. Para recuperar la primera entidad de la base de datos, establezca *ent* como NULL. Ads_entnext falla si *ent* es la última entidad de la base de datos. La variable de sistema ERRNO recibe un nuevo valor cuando esta función falla.

ENTSEL

Detiene el proceso y pide la selección de una entidad.

Sintaxis

```
(entsel petición)
```

Valor retornado: Una lista que contiene el nombre de la entidad seleccionada y el punto usado para seleccionarla.

El argumento *petición* es opcional. Si se proporciona, este argumento es una cadena de caracteres presentada mientras se detiene AutoLISP y que espera que el usuario seleccione una entidad. Si no se suministra el argumento, AutoCAD usa la petición por defecto «Select object:» (Seleccione un objeto).

Equivalente de ADS

```
int ads_entsel(cad, ent, pt)
    char *cad;
    ads_name ent;
    ads_point pt;
```

Ads_entsel guarda el nombre de la entidad seleccionada en *ent* y el punto usado para seleccionarla en *pt*. Esta función devuelve RTCAN si el usuario pulsa Ctrl-C. Si antes de esta función se ha llamado a Ads_initget, ella puede retornar RTKWORD, dependiendo del argumento proporcionado a Ads_initget y de la respuesta del usuario a esta función. Vea la explicación de la función Initget en este Apéndice para más detalles.

ENTUPD

Actualiza la presentación de una entidad compleja, como una polilínea o bien un bloque.

Sintaxis

```
(entupd ent)
```

Valor retornado: La lista de asociación de cabecera de la entidad actualizada.

La función Entupd requiere un nombre de entidad. El argumento puede ser cualquier entidad que sea parte de una entidad más compleja. La entidad compleja entera es actualizada en la pantalla. En la Versión 12, si Entupd es llamada con el nombre de una entidad simple (como una línea o un arco), funciona como Entmod.

Equivalente de ADS

```
int ads_entupd(ent)
    ads_name ent;
```

La variable de sistema ERRNO recibe un nuevo valor cuando esta función falla.

EQ

Comprueba si los dos símbolos están ligados a los mismos datos.

Sintaxis

```
(eq síml sím2)
```

Valor retornado: T si *síml* y *sím2* están ligados a los mismos datos; nulo en otro caso.

Son requeridos ambos argumentos. *Síml* y *sím2* pueden ser cualquier expresión AutoLISP válida. Esta función retornará T sólo si las dos expresiones están ligadas a los mismos datos, que no es lo mismo que al ser evaluadas den el mismo resultado. La función retornará nulo, por ejemplo, si los dos símbolos están ligados a dos listas idénticas pero separadas, o T si ambos están ligados a la misma lista.

EQUAL

Comprueba si dos símbolos se evalúan con valores iguales.

Sintaxis

```
(equal síml sím2 varianza)
```

Valor retornado: T si *síml* y *sím2* se evalúan como la misma cosa; nulo en otro caso.

Los dos primeros argumentos son requeridos. *Síml* y *sím2* pueden ser cualquier expresión AutoLISP válida. Esta función retornará T si las dos expresiones se evalúan con el mismo valor. Si *síml* y *sím2* son dos números reales, puede incluir un tercer argumento opcional, *varianza*. Este argumento es también un número real, representando una cantidad (normalmente más bien pequeña) en la que los dos argumentos pueden diferir y pese a ello ser tratados como iguales por esta función.

ERROR

Ejecuta una serie de funciones si ocurre una condición de error de AutoLISP.

Sintaxis

```
(defun *ERROR*(msg) expl exp2 ...)
```

Valor retornado: *ERROR*.

El mecanismo de gestión de errores de AutoLISP presentará un recorrido hacia atrás del código que causó el error, a partir de niveles de anidamiento de hasta 100 funciones de profundidad. En rutinas complejas, esto puede provocar un desplazamiento aparentemente interminable de largas secuencias de código en el área de órdenes-peticiones. Cuando otros estén usando sus rutinas, esto puede ser fastidioso, especialmente si el usuario simplemente ha cancelado la rutina con Ctrl-C.

Puede redefinir *Error* para que acepte una serie de expresiones de AutoLISP de cualquier longitud, restaure los valores originales de las variables del sistema y ejecute todas las demás operaciones de limpieza requeridas para superar la condición de error. Esto eliminará el recorrido hacia atrás.

EVAL

Evalúa expresiones.

Sintaxis

```
(eval exp)
```

Valor retornado: El valor retornado por la expresión evaluada.

La función Eval requiere una única expresión AutoLISP, que es evaluada. Use esta función en rutinas en las que una expresión o un símbolo deba ser explícitamente evaluado en un momento dado del procesamiento. Por ejemplo, úsela antes de salir de una función definida por el usuario, con el fin de que esa función devuelva un resultado que de otra forma podría no ser retornado.

EXIT

Obliga a la rutina actual a abortar el procesamiento.

Sintaxis

```
(exit)
```

Valor retornado: El mensaje «quit/exit abort» (abandonar/salir abortar).

Esta función es llamada sin argumentos. Úsela como un último recurso de «válvula de escape» en los casos en que una rutina pudiera crear resultados impredecibles si se le permite que continúe el procesamiento. Un ejemplo de esta función puede encontrarse en la rutina DDGEAR.LSP, listada en el Capítulo 7.

Equivalente de ADS

```
void ads_exit(stat)
    int stat;
```

El argumento *stat* debería ser igualado a cero para una terminación normal del procesamiento; o a un valor no cero para una terminación anormal. Ads_exit() deberá ser llamada siempre que ya no se requiera una aplicación ADS. Esta función elimina un código de aplicación de la memoria, liberando recursos del sistema.

EXP

Calcula el antilogaritmo natural de un número.

Sintaxis

(exp n)

Valor retornado: El exponente elevado a la potencia del argumento.

Exp requiere un número, real o entero, como único argumento. Esta expresión se usa como una función de resolución de antilogaritmos naturales para cálculos científicos y exponenciales.

EXPAND

Reserva un espacio nodal reclamando un número de segmentos de memoria de AutoLISP.

Sintaxis

(expand n)

Valor retornado: El número de segmentos que la función sea capaz de asignar a partir del espacio de la pila. (Este puede ser menor que el número pedido, dependiendo del espacio en la pila.)

La función Expand requiere un entero indicando el número de segmentos de memoria que está pidiendo a la pila. Por defecto, cada segmento es igual a 514 nodos o 6.148 bytes. (Puede cambiar este valor por defecto mediante la función Alloc, descrita anteriormente.) Esta función está pensada para programadores experimentados que deseen asignar memoria manualmente y mejorar así la eficiencia de aplicaciones complejas.

EXPT

Calcula un número de base elevado a una potencia dada.

Sintaxis

(expt *base potencia*)

Valor retornado: La *base* elevada a la *potencia*.

Expt requiere dos argumentos, ambos numéricos. El primero es la *base*, el segundo es la *potencia* a la que será elevada esa base. Si ambos números son enteros, esta función devuelve un entero. En otro caso, devuelve un número real.

FILL_IMAGE

Dibuja un rectángulo relleno en el mosaico de la imagen actual (como se especificó mediante llamada a la función Start_image).

Sintaxis

(fill_image *x1 y1 x2 y2 color*)

Valor retornado: Nulo.

Todos los argumentos son necesarios. *X1* e *y1* son enteros que indican las coordenadas de una de las esquinas del rectángulo en el área de imagen del mosaico; *x2* e *y2* son enteros indicando las coordenadas de la esquina opuesta del rectángulo en el área de imagen. El punto de origen del área de imagen siempre es la esquina superior izquierda y siempre es 0,0. Las coordenadas de la esquina inferior derecha pueden obtenerse llamando a las funciones Dimx_tile y Dimy_tile.

Color es cualquier código entero de color de los disponibles en AutoCAD en el intervalo 0-255, o uno de los siguientes:

-2 = Igual que el color de fondo de la pantalla gráfica de AutoCAD.
-15 = Igual al color de fondo del cuadro de diálogo.
-16 = Igual al color del texto del cuadro de diálogo.
-18 = Igual al color de línea del cuadro de diálogo.

Equivalente de ADS

```
int ads_fill_image(x1, y1, x2, y2, color)
    short x1, y1, x2, y2, color;
```

El argumento *color* es cualquiera de los códigos enteros de color disponibles en AutoCAD en el intervalo 0-255, o uno de los códigos ADS siguientes:

BGLCOLOR = Igual al color de fondo de la pantalla gráfica AutoCAD.
DBGLCOLOR = Igual al color de fondo del cuadro de diálogo.
DFGLCOLOR = Igual al color de texto del cuadro de diálogo.
LINELCOLOR = Igual al color de línea del cuadro de diálogo.

FINDFILE

Localiza un archivo en la ruta de búsqueda de archivos de AutoCAD.

Sintaxis

(findfile *nombrecad*)

Valor retornado: El nombre completo del archivo (incluyendo la ruta de localización) si el archivo fuese encontrado; nulo en otro caso.

Filefind require una cadena de caracteres representando un nombre de archivo válido. Puede usarse para localizar archivos cuando se desconoce exactamente el subdirectorio de localización.

Si lo desea, puede indicar una unidad y un nombre de subdirectorio en el argumento. Si se incluye en el nombre del archivo una letra de unidad o un nombre de subdirectorio, AutoLISP no buscará el archivo en toda la ruta de búsqueda, sino que reducirá su búsqueda a la unidad y subdirectorio indicados, devolviendo de nuevo un nulo si no encuentra un archivo, o no encuentra su nombre completo.

Cuando especifique subdirectorios en AutoLISP, use la barra (/) en lugar de la barra invertida (\) para separar los nombres de los subdirectorios. AutoLISP lee el carácter barra invertida como una señal para caracteres de control en vez de como un separador en una ruta. Si no puede usar la barra como parte de la cadena del nombre de su archivo, puede usar una doble barra invertida (\\) en su lugar.

Equivalente de ADS

```
int ads_findfile(nombrecad, result)
    char *nombrecad, *result;
```

Ads_findfile almacena el nombre completo del archivo en *result*.

FIX

Convierte un número real en un entero.

Sintaxis

`(fix n)`

Valor retornado: Un entero o, si un entero no es posible, un número real sin la parte fraccionaria.

Fix requiere un único número, real o entero. Si se suministra un entero como argumento, es simplemente retornado. Si se suministra como argumento un número real, la porción decimal es eliminada y se devuelve un número entero. Si el número real está fuera del rango de los enteros, la porción decimal es eliminada y el número es devuelto con un valor decimal de cero.

FLOAT

Convierte un entero en un número real completo (con punto decimal flotante).

Sintaxis

`(float i)`

Valor retornado: Un número real.

Float requiere un solo número como único argumento. El número puede ser real o entero. Si el argumento es un número real, es simplemente devuelto por la función. Si el argumento es un entero, es retornado como un número real con un valor decimal de cero.

FOREACH

Recorre paso a paso una lista de símbolos y evalúa una expresión para cada símbolo de la lista.

Sintaxis

(foreach *sím list expl* ...)

Valor retornado: El resultado de la última expresión evaluada.

Foreach requiere tres argumentos, en el orden siguiente:

1. Un nombre de variable (*sím*).
2. Una lista de símbolos (*list*).
3. Una expresión AutoLISP; a menudo una función (*expl* ...).

Puede incluir una serie de expresiones adicionales después de la primera. La serie de expresiones no tiene que ir encerrada entre paréntesis; en otras palabras, no se requiere que la serie de expresiones sea una lista.

Foreach es una función iterativa que ejecutará repetidamente una serie de expresiones. El primer argumento es el nombre de una variable de memoria. La variable de memoria no tiene que estar ya ligada a un valor. Foreach la ligará secuencialmente a valor(es) de la lista suministrada como su segundo argumento. Después de ligar el nombre a una variable de memoria, Foreach evalúa entonces la serie de funciones. En la mayoría de los casos, la serie hará uso de la variable de memoria en algún momento, aunque no tiene por qué hacerlo. El número de veces que Foreach evalúa la serie de expresiones está controlado por el número de símbolos en el argumento *list*. Cuando Foreach agota los símbolos de la lista, termina de evaluar la serie de expresiones y devuelve el resultado de la última expresión evaluada.

GC

Fuerza la recuperación del espacio nodal libre.

Sintaxis

(gc)

Valor retornado: Nulo.

La función GC recupera el espacio nodal que estuvo ligado a un símbolo que después tomó el valor nulo. Por lo general, esto ocurre automáticamente durante el procesamiento y es invisible para el usuario. Sin embargo, los programadores experimentados que pretenden asignar manualmente la memoria, tal vez quieran recuperar este espacio en momentos concretos durante el procesamiento de una rutina. La función es llamada sin ningún argumento.

GCD

Calcula el máximo común denominador de dos enteros.

Sintaxis

(gcd *e1 e2*)

Valor retornado: El máximo común denominador.

Gcd requiere dos enteros como sus únicos argumentos válidos. Es una función de resolución de denominadores comunes para solventar una serie de problemas matemáticos.

GETANGLE

Detiene momentáneamente el procedimiento y espera que el usuario introduzca el valor de un ángulo.

Sintaxis

(getangle *pt pcad*)

Valor retornado: El valor del ángulo, en radianes.

Getangle no requiere ningún argumento pero, opcionalmente, admite dos: un punto (*pt*), que es una lista de dos o tres números reales, y una cadena de petición (*pcad*). Uno o los dos pueden ser utilizados; si se usan ambos, el argumento de punto debe aparecer primero.

Getangle es uno de los dos mecanismos interactivos de AutoLISP para recuperar información angular. (El otro es Getorient, descrito posteriormente en este Apéndice.)

Puede introducir la información angular directamente desde el teclado. Si lo hace, el dato es aceptado en el formato vigente de unidades angulares definido por la orden Units (véase el Capítulo 6), pero el dato del ángulo devuelto por la función está siempre en radianes, independientemente del formato de la entrada.

AutoLISP expresa siempre los ángulos basándose en la orientación angular estándar de AutoCAD: esto es, horizontalmente orientado en cero radianes y hacia la derecha del plano actualmente en construcción, e incrementado en la dirección de las agujas del reloj.

Getangle ignora la dirección actual establecida por defecto del ángulo cero, y obedece a la dirección del incremento angular configurada por el usuario.

Si pretende que se retorne información angular absoluta (por ejemplo, la orientación de una línea de base), en vez de un ángulo relativo, use la función Getorient.

Alternativamente, Getangle aceptará datos introducidos seleccionando dos puntos en pantalla. AutoCAD lee el ángulo formado por los dos puntos y rota el ángulo cero estándar por el número de grados, en la dirección actual del incremento angular, devolviendo el ángulo estándar de AutoCAD que él encuentra. Si el argumento opcional de punto (*pt*) está presente, AutoCAD toma ese punto como el primer punto introducido. Una línea de «banda elástica» aparecerá, extendiéndose a partir de este punto hasta la intersección con las líneas en cruz del cursor, y usted podrá introducir el segundo punto.

El argumento de petición de Getangle (*pcad*) puede ser cualquier cadena de caracteres apropiada, que será mostrada como una petición para el usuario en el área de órdenes-peticiones de la pantalla. Si se omite el argumento, no se muestra ninguna petición.

Equivalente de ADS

```
int ads_getangle(pt, pcad, result)
    ads_point pt;
    char *pcad;
    ads_real *result;
```

Ads_getangle almacena el ángulo introducido, en radianes, en *result*. Esta función retorna RTCAN si el usuario pulsa Ctrl-C. Si se ha llamado antes de esta función a Ads_initget, esta función puede retornar RTKWORD, dependiendo de los argumentos suministrados a Ads_initget y de la respuesta del usuario a esta función. Vea la explicación de la función Initget en este Apéndice para más detalles.

GETCORNER

Se detiene, para que se introduzca un punto, y traza un rectángulo de «banda elástica» en la pantalla a medida que el usuario mueve el dispositivo de señalar.

Sintaxis

```
(getcorner pt pcad)
```

Valor retornado: El punto introducido por el usuario.

Getcorner requiere un argumento de punto (*pt*), que es la primera esquina del rectángulo de banda elástica que dibuja sobre la pantalla. El usuario suministra la esquina opuesta, y este punto es devuelto por la función. Puede también incluir una cadena de petición opcional como segundo argumento de la función.

Getcorner aceptará puntos 3D como argumento, pero la coordenada Z será ignorada. Los puntos de las esquinas se supone siempre que están en el plano actual en construcción.

Equivalente de ADS

```
int ads_getcorner(pt, pcad, result)
    ads_point pt, result;
    char *pcad;
```

Ads_getcorner almacena el punto seleccionado en *result*. Esta función retorna RTCAN si el usuario pulsa Ctrl-C. Si Ads_initget ha sido llamada antes de esta función, ella puede devolver RTKWORD, dependiendo de los argumentos suministrados a Ads_initget y de la respuesta del usuario a esta función. Vea la explicación de la función Initget en este Apéndice para más detalles.

GETDIST

Hace una pausa para que el usuario introduzca un número real.

Sintaxis

(getdist *pt pcad*)

Valor retornado: Un número real.

Getdist no requiere ningún argumento, pero dos argumentos opcionales, un punto de anclaje (*pt*) y una cadena de petición (*pcad*), pueden utilizarse. Puede usar uno o ambos; si se usan ambos, el punto de anclaje debe aparecer primero, seguido de la cadena de petición.

Puede introducir la información numérica directamente desde el teclado. Si lo hace, el dato es aceptado en el formato de unidad vigente como se haya definido con la orden Units, pero el dato retornado por la función es siempre convertido a un número real con decimales, representando unidades de dibujo.

Alternativamente, puede introducir los datos numéricos seleccionando dos puntos en la pantalla. AutoCAD mide la distancia entre los dos puntos y devuelve ese valor. Si el argumento opcional de punto de anclaje es suministrado, el intérprete de AutoLISP supone que éste es el primer punto y extiende una línea de banda elástica desde este punto. El usuario sólo necesita seleccionar el segundo punto.

El argumento de petición de Getdist puede ser cualquier cadena de caracteres apropiada que será mostrada en el área de órdenes-peticiones de la pantalla. Si se omite el argumento *pcad*, no se presenta ninguna petición.

Equivalente de ADS

```
int ads_getdist(pt, pcad, result)
     ads_point pt;
     char *pcad;
     ads_real *result;
```

Ads_getdist guarda la distancia seleccionada en *result*. Esta función retorna RTCAN si el usuario pulsa Ctrl-C. Si Ads_initget ha sido llamada antes de esta función, puede retornar RTKWORD, dependiendo de los argumentos suministrados a Ads_initget y de la respuesta del usuario a esta función. Vea la explicación de la función Initget en este Apéndice para más detalles.

GETENV

Recupera las variables del entorno del sistema operativo.

Sintaxis

(getenv *varcad*)

Valor retornado: El valor ligado a la variable del sistema operativo, como una cadena. Si no se encuentra una variable del entorno o si no está establecida, la función devuelve un nulo.

Getenv requiere una cadena representando el nombre de una variable válida del entorno del sistema operativo. Getenv es útil cuando el valor de una variable del entorno pudiera ser utilizado en el control de procesamiento de AutoLISP. Por ejemplo, Getenv podría usarse para recuperar el nombre del subdirectorio de configuración almacenado en ACADCFG, y alertarle de este modo de los dispositivos hardware usados en ese momento.

Observe que la función Getenv no puede cambiar las variables del entorno.

GETFILED

Presenta un cuadro de diálogo de nombres de archivo y espera una entrada del usuario.

Sintaxis

```
(getfiled etiq narch fext flag)
```

Valor retornado: El nombre del archivo seleccionado, como una cadena; o nulo si no se seleccionó ningún archivo.

Todos los argumentos de la función Getfiled son requeridos:

1. El argumento *etiq* especifica una etiqueta para el cuadro de diálogo. Puede suministrar una cadena nula ("") para este argumento, en cuyo caso el cuadro de diálogo aparecerá sin etiqueta.
2. El argumento *narch* indica un nombre de archivo por defecto, incluyendo una cadena de la ruta por defecto. Puede excluir la ruta del argumento, en cuyo caso, el directorio actual es tomado como el por defecto. La parte del nombre de archivo de esta cadena aparece en el mosaico File del cuadro de diálogo. También puede usar una cadena nula para este argumento, en cuyo caso no se establece ningún valor por defecto y el botón Default del cuadro de diálogo queda inhabilitado.
3. El argumento *fext* es una extensión de archivo por defecto que aparece en el mosaico Pattern del cuadro de diálogo. Si suministra una cadena nula, el cuadro de diálogo incluirá todos los archivos del directorio.
4. El argumento *flag* es un entero de código bit que puede ser la suma de cualquiera de los siguientes valores:
    1 = Indica que esta llamada a Getfiled es una petición de apertura de archivo.
    2 = Inhabilita el botón Type It en el cuadro de diálogo.
    4 = Permite al usuario evitar la utilización de la extensión por defecto.
    8 = Busca el nombre de archivo introducido en la ruta de búsqueda de AutoCAD. No use este código si está pidiendo la apertura de un nuevo archivo.

Equivalente de ADS

```
int ads_getfiled(etiq, narch, fext, flag, result)
    char *title, *narch, *fext;
    int flag;
    struct resbuf *result;
```

Ads_getfiled almacena el nombre del archivo completo en *result*. La cadena en el argumento *result* debe indicar un área de memoria bastante grande como para contener el nombre del archivo. La longitud máxima depende de la plataforma; consulte para más detalles su *Referencia del programador*.

GETINT

Se detiene para aceptar la entrada de un entero.

Sintaxis

`(getint pcad)`

Valor retornado: El entero introducido por el usuario.

Getint no requiere ningún argumento, pero opcionalmente puede proporcionarse una cadena de petición. La introducción de enteros mediante el teclado o por selecciones en menú son las únicas opciones aceptadas.

Equivalente de ADS

```
int ads_getint(pcad, result)
    char *pcad;
    int *result;
```

Ads_getint guarda el entero seleccionado en *result*. Esta función retorna RTCAN si el usuario pulsa Ctrl-C. Si Ads_initget ha sido llamada antes de esta función, ésta puede retornar RTKWORD, dependiendo de los argumentos suministrados a Ads_initget y de la respuesta del usuario a esta función. Vea la explicación de la función Initget en este Apéndice para más detalles.

GETKWORD

Detiene el procesamiento y espera que el usuario introduzca una cadena de caracteres.

Sintaxis

`(getkword pcad)`

Valor retornado: La cadena introducida o una cadena nula (""), si el usuario pulsa Enter sin teclear nada.

La función Getkword comprueba la validez de lo introducido basándose en una lista de palabras válidas establecida usando la función Initget. (La función Initget se discute posteriormente en este Apéndice.) Si se introduce una respuesta no válida, Getkword se repetirá hasta que obtenga una respuesta válida. Getkword no requiere ningún argumento, pero es opcional un argumento de cadena de petición (indicando qué respuestas son válidas), y se recomienda su uso en beneficio del usuario.

Getkword es una alternativa a Getstring, que no puede ser usado con Initget.

Equivalente de ADS

```
int ads_getkword(pcad, result)
    char *pcad, *result;
```

Ads_getkword almacena en *result* la cadena de entrada seleccionada. Esta función retorna RTCAN si el usuario pulsa Ctrl-C. Si Ads_initget ha sido llamada antes de esta función, ésta puede retornar RTKWORD, dependiendo de los argumentos suministrados a Ads_initget y de la respuesta del usuario a esta función. Vea la explicación de la función Initget en este Apéndice para más detalles.

GETORIENT

Detiene el procesamiento y espera que el usuario introduzca un ángulo.

Sintaxis

(getorient *pt pcad*)

Valor retornado: El ángulo introducido por el usuario, en radianes.

Getorient no requiere ningún argumento, pero permite opcionalmente dos: un punto de anclaje (*pt*) y una cadena de petición (*pcad*). Si se usan ambos, el punto de anclaje debe ser el primer argumento.

Getorient retorna la información angular relativa tanto a la dirección actualmente establecida del ángulo cero como a la dirección del incremento angular. Getorient retorna un ángulo estándar de AutoCAD (expresado en radianes) que es hallado respecto del ángulo cero actual. Incrementará el cero del ángulo actual con el número de grados anotado, usando la dirección actual para el incremento angular como se estableciese con la orden Units, y devolverá el ángulo estándar de AutoCAD que encuentre.

AutoLISP siempre expresa los ángulos basándose en la orientación angular estándar de AutoCAD: esto es, cero radianes orientados horizontalmente y hacia la derecha en el plano en construcción actual, e incrementados en la dirección de las agujas del reloj. Si ha cambiado la dirección predefinida del incremento angular usando la orden Units, algunas conversiones se harán de modo tal, que el ángulo retornado por esta función será relativo a un incremento angular en la dirección de las agujas del reloj de AutoLISP.

Getorient es útil cuando necesita introducir y guardar información angular absoluta (esto es, cualquier ángulo expresado en relación al ángulo cero actual —una línea de base, por ejemplo). Si pretende que se devuelva información angular relativa (por ejemplo, el ángulo entre ítems en una matriz polar), en vez de un ángulo absoluto, use la función Getangle en vez de Getorient.

Puede introducir los datos del ángulo seleccionando dos puntos sobre la pantalla. Getorient lee el ángulo formado por los dos puntos en relación a la selección actual para el cero angular, y entonces incrementa el cero angular con el número de grados en la dirección de incremento angular actual, devolviendo el ángulo estándar de AutoCAD que encuentre. Si el argumento opcional de punto está presente, Getorient toma ese punto como el primer punto introducido. Aparecerá una línea de «banda elástica», extendiéndose desde este punto hasta la intersección de las líneas en cruz del cursor, y podrá introducir el segundo punto.

Si está usando la Versión 10 o posteriores, Getorient aceptará entradas de puntos 3D, pero el ángulo se mide siempre en el plano en construcción actual; los puntos 3D que no estén en el plano serán proyectados sobre él, y se tomará entonces la medida del ángulo.

El argumento de petición de Getorient (*pcad*) puede ser cualquier cadena de caracteres apropiada, que será presentada en el área de órdenes-peticiones de la pantalla. Si se omite este argumento, no se mostrará ninguna petición.

Equivalente de ADS

```
int ads_getorient(pt, pcad, result)
    ads_point pt;
    char *pcad;
    ads_real *result;
```

Ads_getorient guarda el ángulo seleccionado en *result*. Esta función retorna RTCAN si el usuario pulsa Ctrl-C. Si Ads_initget ha sido llamada antes de esta función, ésta puede retornar RTKWORD, dependiendo de los argumentos suministrados a Ads_initget y de la respuesta del usuario a esta función. Vea la explicación de la función Initget en este Apéndice para más detalles.

GETPOINT

Se detiene para que el usuario introduzca un punto.

Sintaxis

(getpoint *pt pcad*)

Valor retornado: El punto introducido por el usuario, como una lista de números reales.

Getpoint no requiere ningún argumento, pero dos argumentos opcionales, un punto de anclaje (*pt*) y una cadena de petición (*pcad*), pueden ser utilizados. Puede usar uno o los dos; si se usan ambos, el punto de anclaje debe aparecer primero, seguido de la cadena de petición.

Puede introducir el punto seleccionando uno en la pantalla. Si el argumento de punto es proporcionado, el intérprete de AutoLISP extiende una línea de «banda elástica» desde este punto a la intersección de las líneas en cruz del cursor. El punto que el usuario selecciona es retornado por esta función.

Las coordenadas del punto pueden ser introducidas desde el teclado de la manera estándar, como números separados por comas usando el formato de unidades vigente, o el decimal equivalente en unidades de dibujo.

Getpoint retorna puntos 3D en la Versión 10 y posteriores de AutoCAD. (Si está usando la Versión 10, Getpoint retorna puntos 3D, a menos que la variable del sistema FLATLAND no sea cero.)

El argumento de petición de Getpoint (*pcad*) puede ser cualquier cadena de caracteres apropiada, que será presentada en el área de órdenes-peticiones de la pantalla. Si se omite este argumento, no se presenta ninguna petición.

Equivalente de ADS

```
int ads_getpoint(pt, pcad, result)
    ads_point pt;3
    char *pcad;
    ads_point result;
```

Ads_getpoint almacena el punto seleccionado en *result*. Esta función retorna RTCAN si el usuario pulsa Ctrl-C. Si Ads_initget ha sido llamada antes de esta función, esta función puede retornar RTKWORD, dependiendo de los argumentos suministrados a Ads_initget y de la respuesta del usuario a esta función. Vea la discusión de la función Initget en este Apéndice para más detalles.

GETREAL

Se detiene para que el usuario introduzca un número real.

Sintaxis

```
(getreal pcad)
```

Valor retornado: El número real introducido por el usuario. Si el usuario introduce un entero, éste es convertido en un número real.

Getreal no requiere ningún argumento, pero puede usarse opcionalmente una cadena de petición. Puede introducir la información numérica directamente desde el teclado o desde un menú. No se pueden seleccionar puntos con Getreal. Si se introduce desde el teclado, el dato es aceptado en el formato de unidades vigente como se haya definido con la orden Units, pero el dato devuelto por la función es siempre convertido a un número decimal real.

El argumento de petición de Getreal (*pcad*) puede ser cualquier cadena de caracteres apropiada, que será presentada en el área de órdenes-peticiones de la pantalla. Si se omite este argumento, no se presenta ninguna petición.

Equivalente de ADS

```
int ads_getreal(pcad, result)
    char *pcad;
    ads_real *result;
```

Ads_getreal almacena el punto seleccionado en *result*. Esta función retorna RTCAN si el usuario pulsa Ctrl-C. Si Ads_initget ha sido llamada antes de esta función, ésta puede retornar RTKWORD, dependiendo de los argumentos suministrados a Ads_initget y de la respuesta del usuario a esta función. Vea la explicación de la función Initget en este Apéndice para más detalles.

GETSTRING

Se detiene para que el usuario introduzca una cadena de caracteres.

Sintaxis

(`getstring` *spaceOK pcad*)

Valor retornado: La cadena introducida por el usuario, o una cadena nula ("") si el usuario pulsó Enter sin teclear caracteres.

Getstring no requiere ningún argumento, pero pueden usarse un argumento para permitir espacios en la cadena (*spaceOK*) y una cadena de petición opcional (*pcad*). Si se usan ambos, el argumento *spaceOK* debe ser el primero.

Getstring es uno de los dos mecanismos interactivos de AutoLISP para recuperar datos de cadena. (El otro es Getkword, que comprueba la validez del dato antes de aceptarlo.) Getstring no comprueba automáticamente la validez del dato que es introducido por el usuario, y no obedece a la función Initget. Cualquier cadena válida es aceptada y retornada.

Puede introducir la cadena directamente desde el teclado o desde un menú. Cuando la cadena es presentada, se muestra entre comillas.

Si se suministra un argumento que no es una cadena y no es evaluado como nulo, Getstring permitirá que se incluyan espacios en la cadena de caracteres introducida. En otro caso, trata una pulsación de la barra espaciadora como si se pulsase la tecla Enter.

Hay un límite de 132 caracteres para la aceptación de cualquier cadena solicitada mediante esta función. Si necesita introducir cadenas más largas, puede introducirlas como varias cadenas cortas y juntarlas todas usando la función Strcat (vea la explicación de Strcat en este Apéndice para más detalles).

El argumento de petición de Getstring (*pcad*) puede ser cualquier cadena de caracteres apropiada, que será presentada en el área de órdenes-peticiones de la pantalla. Si se omite este argumento, no se presenta ninguna petición.

Equivalente de ADS

```
int ads_getstring(spaceOK, pcad, result)
    int spaceOK;
    char *pcad, *result;
```

Ads_getstring guarda la cadena seleccionada en *result*. La cadena *result* puede ser inicializada con espacio para contener un máximo de 133 caracteres. Esta función devuelve RTCAN si el usuario pulsa Ctrl-C.

GETVAR

Extrae un valor almacenado en una variable de sistema de AutoCAD.

Sintaxis

(getvar *vnom*)

Valor retornado: El valor de la variable del sistema especificada.

Getvar pide el nombre de una variable de sistema (una cadena entrecomillada).

Equivalente de ADS

```
int ads_getvar(vnom, result)
    char *vnom;
    struct resbuf *result;
```

Ads_getvar almacena el nuevo valor de la variable de sistema en el búfer de resultados *result*, previamente declarado.

GET_ATTR

Extrae el valor de un atributo de mosaico de su archivo Dialog Control Language (DCL).

Sintaxis

(get_attr *mosaico atrinom*)

Valor retornado: Una cadena de caracteres, igual al valor original del atributo del mosaico como se especificó en el archivo DCL.

Ambos argumentos son requeridos. El argumento *mosaico* es una cadena de caracteres que especifica el nombre del mosaico. El argumento *atrinom* es una cadena de caracteres especificando el nombre de uno de los atributos de archivo DCL del mosaico.

Equivalente de ADS

```
int ads_get_attr(hdlg, mosaico, atrinom, valor, lon)
    ads_hdlg hdlg;
    char *mosaico, *atrinom, *valor;
    int lon;
```

El argumento *hdlg* es un rótulo de cuadro de diálogo del tipo guardado por la función Ads_new_dialog. Ads_get_attr guarda el nuevo valor en el argumento *valor*. La aplicación debe declarar espacio suficiente para el valor del argumento *valor*, y proporcionar su longitud en el argumento *lon*.

Equivalente ADS adicional

```
int ads_get_attr_string(thandle, atrinom, valor, lon)
    ads_htile thandle;
    char *atrinom, *valor;
    int lon;
```

Esta función obtiene un valor del archivo DCL de los atributos desde dentro de funciones de anulación de llamada. Funciona como la función Ads_get_attr, pero accede al mosaico a través del campo **ads_htile** del paquete de anulación de llamada.

GET_TILE

Extrae el valor actual de un mosaico.

Sintaxis

`(get_tile mosaico)`

Valor retornado: Una cadena de caracteres indicando el valor actual del mosaico.

El argumento *mosaico* es imprescindible para esta función. Es una cadena de caracteres que indica el nombre del mosaico como se definió en el archivo Dialog Control Language (DCL).

Equivalente de ADS

```
int ads_get_tile(hdlg, mosaico, val, lon)
    ads_hdlg hdlg;
    char *mosaico, *val;
    intlon;
```

El argumento *hdlg* es un rótulo de cuadro de diálogo del tipo almacenado por la función Ads_new_dialog. Ads_get_tile almacena el nuevo valor en el argumento *val*. La aplicación debe declarar suficiente espacio de memoria para el valor del argumento *val* y suministrar su longitud en el argumento *lon*.

GRAPHSCR

Fuerza la presentación de la pantalla gráfica en sistemas de una única pantalla.

Sintaxis

`(graphscr)`

Valor retornado: Nulo.

Graphscr no usa ningún argumento.

Equivalente de ADS

```
int ads_graphscr()
```

GRCLEAR

Borra temporalmente la ventana de visualización actual.

Sintaxis

```
(grclear)
```

Valor retornado: Nulo

   Grclear no usa ningún argumento. Los contenidos de la ventana de visualización borrada pueden ser restaurados llamando la orden Redraw o a la función Redraw sin argumentos.

Equivalente de ADS

```
int ads_grclear()
```

GRDRAW

Traza una línea temporal en la pantalla de presentación. Esta línea no es parte de la base de datos de dibujos de AutoCAD.

Sintaxis

```
(grdraw pt1 pt2 color hlgt)
```

Valor retornado: Nulo.

   Grdraw requiere tres argumentos, en el siguiente orden:

1. Un punto inicial 2D o 3D (*pt1*), como una lista de 2 o 3 números reales.
2. Un punto final 2D o 3D (*pt2*), como una lista de números reales.
3. Un entero indicando el color de la línea (*color*).

   Grdraw puede incluir un cuarto argumento opcional, que es un entero. Si el argumento está presente y no es cero, la línea será dibujada como una línea resaltada, tales líneas pueden aparecer cuando son seleccionadas para la inclusión en un conjunto de selecciones. Este argumento opcional es útil sólo en monitores que soportan el realzado de las líneas.

   El argumento *color* puede ser especificado también como −1. Este valor indica que la línea será del color complementario de todas las áreas que cruce, incluyendo otras entidades visibles.

   Las líneas dibujadas por la función Grdraw aparecen en pantalla, pero no son parte de la base de datos de dibujos de AutoCAD. Serán eliminadas por cualquier orden o función que provoque un redibujado de la pantalla o la regeneración del dibujo, y no pueden ser incluidas en conjuntos de selecciones, ni pueden encontrarse sus puntos de construcción con modos de forzamiento de coordenadas de objetos.

Equivalente de ADS

```
int ads_grdraw(pt1 pt2 color hlgt)
    ads_point from, to;
    int color, hlgt;
```

GRREAD

Lee datos de los dispositivos de entrada de AutoCAD.

Sintaxis

```
(grread track key type)
```

Valor retornado: Una lista, conteniendo el dato que indica al dispositivo de entrada que fue leído, más el dato que fue leído del dispositivo.

Grread no requiere ningún argumento. Sin embargo, pueden suministrarse tres argumentos opcionales:

- *track*   Este argumento puede ser cualquier expresión AutoLISP que no retorne un nulo, lo que causará que Grread retorne una lista de punto, indicando la localización actual de la intersección de las líneas en cruz del cursor.

- *key*   Este argumento es un entero de código bit que puede ser la suma de cualquiera de los valores siguientes:

    1 = Retorna la localización de las líneas en cruz del cursor si el usuario mueve el dispositivo de señalar sin pulsar una tecla.
    2 = Retorna un valor cuando el usuario pulsa una tecla.
    4 = Activa el argumento *type* de la función.
    8 = Inhabilita Ctrl-Break (lo mismo que Ctrl-C) para esta función.
    16 = Inhabilita el menú desplegable para esta función.

- *type*   Este argumento es un entero que controla la presentación de las líneas en cruz del cursor mientras está activa la función Grread. Puede tener uno de los valores siguientes:

    0 = Presenta las líneas en cruz del cursor normalmente.
    1 = Inhabilita la presentación de las líneas en cruz del cursor.
    2 = Presenta el cuadro de selección de objetos de AutoCAD.

La lista retornada por Grread tiene dos miembros: un entero indicando qué dispositivo de entrada fue leído, y un segundo miembro indicando el dato que fue leído. Estas listas están resumidas a continuación:

Código entero	Dispositivo leído	Dato leído
2	Teclado	Código ASCII de la tecla
3	Botón de selección	Lista de punto, en UCS actual
4	Menú de pantalla	Número de línea (línea sup.: 0)
5	Cruces	Lista de punto, en UCS actual
6	Botones del dispositivo de señalar	Número del botón (Botón de selección no incluido; primer botón después del de selección: 0)
7	Menú de tablero 1	Número del cuadro del menú
8	Menú de tablero 2	Número del cuadro del menú
9	Menú del tablero 3	Número del cuadro del menú
10	Menú de tablero 4	Número del cuadro del menú
11	Menú Aux	Número del botón
12	Botones del dispositivo de señalar	Coordenadas asociadas con el número del botón (cuando Grread es llamada inmediatamente después de que el número del botón de Punto fue retornado).

Grread reacciona de diversas formas en diferentes tipos de pantallas. Por ejemplo, suponga que tiene un monitor estándar VGA. Si usa Grread para extraer un número de cuadro de un menú de pantalla y realiza una segunda llamada a Grread como resultado de pulsar un botón en el dispositivo de señalar, Grread retornará la localización de las líneas en cruz del cursor sin pararse a esperar una entrada del usuario, porque el búfer de memoria desde la llamada previa no está vacío. Una manera de borrar el búfer de Grread es anidar la función dentro de un bucle que fuerce la limpieza del búfer:

```
(while (= (type (nth 1 (grread))))
    'LIST)
)
```

Para ver un ejemplo de esta técnica, diríjase a la rutina LISTBLK.LSP en el Apéndice B.

Equivalente de ADS

```
int ads_grread(track, type, result)
    int track, *type;
    struct resbuf *result;
```

Ads_grread almacena el valor seleccionado en *result*, y el código del tipo de dispositivo en *type*. Esta función puede retornar un código RTCAN si el usuario pulsa Ctrl-C o Ctrl-Break, y el argumento *track* no incluye un código bit de 8.

GRTEXT

Presenta una cadena de texto bien en el menú de pantalla, bien en la línea de estado, o bien en las áreas de presentación de coordenadas.

Sintaxis

```
(grtext box text hlgt)
```

Valor retornado: Si hay éxito en la presentación del texto, la cadena de caracteres suministrada como el argumento *text*; en otro caso, nulo.

Si llama a Grtext sin argumentos, restaura todas las áreas de texto de la pantalla a su estado normal. El argumento *box* es un entero indicando el área de la pantalla donde el argumento *text* será presentado. Los códigos enteros para las localizaciones disponibles son:

-2 = El texto se escribirá en el área de presentación de coordenadas.
-1 = El texto se escribirá en el área de presentación de estado.
0 y superiores = El texto será escrito en una línea en el área de menú de la pantalla. Las líneas de menú están numeradas de arriba abajo, comenzando con el cero para la línea superior.

El argumento *text* es una cadena de caracteres que Grtext trata de presentar. Si la cadena es demasiado larga para el espacio disponible en pantalla, se trunca.

Use el argumento opcional *hlgt* para presentar el texto en caracteres resaltados (highlighted), en aquellos monitores que soporten tales caracteres. Si pretende escribir texto resaltado en las líneas del área de menú de la pantalla, primero escriba el texto sin resaltarlo, después escríbalo de nuevo con el código de resalte incluido en la función. Esto minimiza la posibilidad de efectos laterales indeseados en la presentación de algunos dibujos. Sólo una línea puede ser resaltada cada vez. Si resalta otra línea, el texto previamente resaltado se presentará normalmente.

El texto presentado en estas áreas de menú es invisible para AutoCAD; esto es, será sobreescrito si cualquier orden actualiza la presentación normal de datos en estas áreas. Además, si usa Grtext para sobreescribir una línea en el área de menú de la pantalla, la secuencia de órdenes de esa línea será activada si la selecciona. Para seleccionar la línea sin activar la secuencia de órdenes, use la función Grread, descrita anteriormente en este Apéndice.

Equivalente de ADS

```
int ads_grtext (box, text, hlgt)
     int box hlgt;
     char *text;
```

GRVECS

Presenta en pantalla una serie de vectores.

Sintaxis

```
(grvecs list trans)
```

Valor retornado: Nulo si tiene éxito; en otro caso, la función genera un mensaje de error de AutoLISP.

Grvecs requiere una lista conteniendo los siguientes elementos en el orden siguiente:

1. Un código de color entero opcional. Los códigos de color de AutoCAD oscilan entre 0 y 255; no todos los códigos están disponibles en todos los monitores. Un código de color menor de cero traza un vector resaltado.
2. Una lista de punto indicando el punto inicial del vector.
3. Una lista de punto indicando el punto final del vector.

Puede repetir esta serie dentro de la lista de argumentos, con el fin de dibujar varios vectores.

El argumento *trans* es opcional y se usa dentro de las aplicaciones 3D. Este argumento es también una lista, conteniendo una *matriz de transformación*, usada para reubicar sus vectores dentro de un sistema dado de coordenadas del usuario. Una matriz de transformación es una lista de cuatro sublistas de punto. Estas, consideradas en conjunto, describen la escala y rotación de la entidad, y son usadas para transformar unas coordenadas de entidad a partir de su propio sistema de coordenadas 3D en el sistema de coordenadas mundial. Para más detalles respecto de las matrices de transformación, consulte su *Referencia de Programador*.

Equivalente de ADS

```
int ads_grvecs(list, trans)
     struct resbuf list;
     ads_matrix trans;
```

HANDENT

Extrae un nombre de entidad basado en su rótulo.

Sintaxis

```
(handent rótulo)
```

Valor retornado: El nombre de la entidad.

Handent requiere un rótulo de entidad válido; por consiguiente, esta función sólo debería ser llamada cuando los rótulos de entidad estén habilitados. El rótulo puede pertenecer a una entidad que hubiese sido borrada durante la actual sesión de edición.

Equivalente de ADS

```
int ads_handent(rótulo, ent)
    char *rótulo;
    ads_name ent;
```

Ads_handent almacena la entidad hallada en *ent*. Cuando la función falla, la variable del sistema ERRNO recibe otro valor.

IF

Evalúa una expresión AutoLISP basándose en *si* una expresión de comprobación inicial se evalúa como nula.

Sintaxis

(if *test exp1 exp2*)

Valor retornado: El valor retornado por la expresión evaluada; en otro caso, nulo.

If requiere al menos dos argumentos, los dos son expresiones AutoLISP, y aceptará una tercera expresión opcional. El primer argumento (*test*) es la expresión de prueba. El segundo argumento (*exp1*) es la expresión «haz-si-verdadero», evaluada sólo si la expresión de prueba no retorna un nulo. Un tercer argumento (*exp2*), la expresión «haz-si-nulo» es opcional, y se evalúa si la expresión de prueba retorna un nulo.

La función If puede escoger sólo entre dos funciones. Sin embargo, la función Progn puede usarse para encerrar una serie de funciones dentro de una única función y pasarla como argumento a la función If. Otra alternativa es usar la función Cond, descrita anteriormente en este Apéndice.

INITGET

Controla la validez de las respuestas para una función «Get».

Sintaxis

(initget *value key*)

Valor retornado: Nulo.

Initget debe incluir al menos uno de los siguientes argumentos (puede incluir ambos):

- *value* Un entero que actúa como bit de control indicando qué tipos de datos son entradas válidas para la siguiente función «Get».
- *key* Una cadena de caracteres conteniendo palabras clave válidas que serán aceptadas por la función «Get», además de su forma usual de entrada.

Los siguientes son argumentos *value* válidos para la función Initget. Puede incluir la suma de cualquiera de los siguientes:

1 = No acepta la pulsación de la tecla Enter o de la barra espaciadora sin un valor.

2 = No permite la entrada de un cero.

4 = No permite números negativos.

8 = Permite la selección de puntos fuera de los límites del dibujo y, temporalmente, pasa por encima de los controles de límite. (Sólo se necesita si el control de límites está establecido.)

16 = Retorna los puntos como puntos 3D en vez de como puntos 2D (para las versiones de AutoCAD anteriores a la Versión 10, o en la Versión 10 si la variable del sistema FLATLAND no es cero).

32 = Usa líneas resaltadas para las líneas de banda elástica (si el monitor controla la interfaz de usuario avanzada).

64 = Inhabilita la entrada de una coordenada Z en respuesta a Getdist.

128 = Retorna cualquier entrada del teclado.

El argumento *key* contiene respuestas opcionales que pueden ser aceptadas por la función «Get» además de su forma normal de entradas. Por ejemplo:

```
(initget "Last Quit")
(setq angvar (getangle "\nLast/Quit/<angle>: "))
```

En el ejemplo anterior, la función Getangle aceptará todos los formatos angulares de entrada válidos además de las palabras clave «Last» o «Quit», almacenando lo que sea retornado por Getangle en la variable de memoria *angvar*. Esta variable de memoria puede entonces ser ensayada para realizar un procesamiento alternativo basado en sus contenidos.

Las palabras clave individuales en una cadena de palabras clave están separadas por espacios. Así pues, puede utilizarse cualquier número de estas palabras en una única cadena de palabras clave.

El uso de mayúsculas y minúsculas en la cadena de palabras clave es importante. Cuando una palabra clave contiene tanto mayúsculas como minúsculas, como en el ejemplo anterior, el usuario puede introducir la palabra entera o sólo la parte de la palabra que aparezca en mayúsculas en la cadena de palabras clave. En el ejemplo anterior, por consiguiente, el usuario puede introducir bien L o Last por «Last», o bien Q o Quit por «Quit».

Después de recibir cualquier entrada válida de una palabra clave, la función Get retornará siempre la palabra clave entera en el formato suministrado a la función Initget.

Equivalente de ADS

```
int ads_initget(value, key)
     int value;
     char *key;
```

Los siguientes son argumentos válidos para *value* en la función Ads_initget. Puede incluir la suma de cualquiera de los siguientes:

RSG_NONULL = No acepta la pulsación de la tecla Enter o de la barra espaciadora sin un valor.

RSG_NOZERO = No permite la entrada de un cero.

RSG_NONEG = No permite números negativos.

RSG_NOLIM = Permite seleccionar puntos fuera de los límites del dibujo y, temporalmente, invalida el control de límites. (Sólo se necesita en los casos en que está establecido el control de límites.)

RSG_DASH = Usa una línea resaltada para las líneas de banda elástica (si el monitor controla el interfaz avanzado de usuario).

RSG_2D = Inhabilita la entrada de una coordenada Z en respuesta a Getdist.

RSG_OTHER = Retorna cualquier entrada con el teclado.

INTERS

Calcula un punto de intersección entre dos líneas.

Sintaxis

```
(inters pt1 pt2 pt3 pt4 inf)
```

Valor retornado: Una lista de punto indicando el punto de intersección de la línea formada por *pt1* y *pt2*, y la línea formada por *pt3* y *pt4*. Si no se encuentra ningún punto de intersección, la función retorna un nulo.

Inters requiere cuatro argumentos. Estos deben ser listas de puntos. Un quinto argumento opcional (*inf*) puede ser suministrado. Si el quinto argumento está presente y se evalúa como nulo, las líneas se extienden infinitamente con el fin de retornar el punto de intersección. En otro caso, Inters retorna un punto de intersección solamente si los segmentos de línea actuales se interseccionan.

Equivalente de ADS

```
int ads_inters(pt1, pt2, pt3, pt4, inf, result)
    ads_point pt1, pt2, pt3, pt4;
    int inf;
    ads_point result;
```

Ads_inters almacena en *result* el punto de intersección hallado.

ITOA

Convierte un entero en una cadena.

Sintaxis

```
(itoa i)
```

Valor retornado: La cadena de caracteres.

Itoa requiere como único argumento un entero. Si se suministra un número real, producirá un mensaje de error.

LAMBDA

Aplica una lista de argumentos a una serie de expresiones.

Sintaxis

```
(lambda arglist expl ...)
```

Valor retornado: El resultado de la última expresión evaluada.

Lambda requiere dos argumentos: el primero (*arglist*) es una lista de símbolos que se van a usar como argumentos. El segundo es una expresión (a menudo una función) que usa los símbolos de la lista. Puede usar también una serie de expresiones a continuación de la lista de símbolos.

Lambda está relacionada con la función Defun, en que creará una nueva función evaluando una serie de funciones y retornando el resultado. A diferencia de Defun, Lambda no crea ningún nombre de función y, por lo tanto, no almacena en memoria la función que crea. Las variables globales y locales son irrelevantes, puesto que la propia función no se guarda en ningún sitio. Lambda es útil en situaciones en las que sería conveniente definir una nueva función, pero la función sólo se necesita una vez, y almacenarla en memoria no es necesario.

LAST

Extrae el último miembro de una lista.

Sintaxis

```
(last list)
```

Valor retornado: El último miembro de la lista. Si el argumento es nulo, Last retorna una lista conteniendo un símbolo nulo. Si el argumento es una lista vacía, Last retorna un nulo.

Last requiere una lista sencilla como su único argumento admisible. La lista puede contener otras listas.

LENGTH

Cuenta los miembros de una lista.

Sintaxis

```
(length list)
```

Valor retornado: Un entero indicando el número de miembros en la lista.

Length requiere una lista como único argumento admisible.

LIST

Crea una lista a partir de sus argumentos.

Sintaxis

```
(list expl ...)
```

Valor retornado: Un lista de los argumentos de la función.

La función List requiere al menos un argumento, que puede ser cualquier símbolo o expresión AutoLISP válida. List se usa a menudo para crear listas de coordenadas de puntos a partir de 2 o 3 números reales, pero puede crear cualquier forma de lista, con la única excepción de parejas de puntos. Use la función Cons, descrita anteriormente en este Apéndice, para crear parejas de puntos.

LISTP

Comprueba si su argumento es una lista.

Sintaxis

```
(listp exp)
```

Valor retornado: T si *exp* es una lista; nulo en caso contrario.

Listp requiere un argumento, que puede ser cualquier símbolo o expresión AutoLISP válida. Si el argumento es una lista, la función devuelve T.

LOAD

Carga un archivo AutoLISP en la memoria y evalúa las expresiones en el archivo.

Sintaxis

```
(load file errmsg)
```

Valor retornado: El resultado de la última expresión evaluada.

El argumento *file* es el nombre de un archivo LISP, entrecomillado. Es necesario. El argumento *errmsg* es opcional; es una cadena de caracteres que será mostrada en el área de órdenes-peticiones de la pantalla si la función Load fracasa, por cualquier razón, en su intento de cargar el archivo. Si no se proporciona el argumento *errmsg*, el fallo de esta función generará un mensaje de error de AutoLISP.

LOAD_DIALOG

Carga un archivo Dialog Control Language (DCL).

Sintaxis

```
(load_dialog file)
```

Valor retornado: Un entero, para ser utilizado como argumento en los archivos New_dialog y Unload_dialog, si tuvo lugar la carga; en caso contrario, devuelve un entero negativo.

Load_dialog requiere un argumento de cadena, el nombre de un archivo DCL a cargar. El archivo DCL puede contener numerosas definiciones de cuadros de diálogo. Debería guardar siempre el entero retornado por esta función en una variable de memoria, de modo que pueda usted acceder al archivo en RAM por medio de otras funciones de control de cuadros de diálogo.

Equivalente de ADS

```
int ads_load_dialog(arch, id)
    char *arch;
    int id;
```

Ads_load_dialog almacena en *id* el entero que gestiona el cuadro de diálogo.

LOG

Calcula el logaritmo natural de un número.

Sintaxis

```
(log n)
```

Valor retornado: Un número real.

Log requiere un número como único argumento admisible.

LOGAND

Computa una comparación booleana (lógica) AND de una serie de enteros.

Sintaxis

```
(logand i1 i2 ...)
```

Valor retornado: Un entero representando el resultado binario de la comparación booleana AND.

Logand requiere al menos dos enteros. Los números reales no son admitidos. Diríjase a la función Boole, descrita en este Apéndice, para una explicación de las comparaciones entre bits de enteros.

LOGIOR

Computa una comparación booleana OR de una serie de enteros.

Sintaxis

(logior *i1 i2 ...*)

Valor retornado: Un entero representando el resultado binario de la comparación booleana OR.

Logand requiere al menos dos enteros. Los números reales no están permitidos. Diríjase a la función Boole, descrita en este Apéndice, para una explicación de las comparaciones entre bits de enteros.

LSH

Computa un desplazamiento de bits (bit-shift) de los bits binarios de un entero.

Sintaxis

(lsh *i shift*)

Valor retornado: El entero representando el número binario resultado del desplazamiento de bits.

Lsh requiere dos argumentos: el primero (*i*) es el entero sobre el cual se realiza el desplazamiento de bits (bit-shift); el segundo (*shift*) es el número de posiciones de bit que son desplazadas. Si el segundo argumento de Lsh es positivo, los bits son desplazados hacia la izquierda. Si el segundo argumento es negativo, los bits son desplazados hacia la derecha. Si cambia el bit superior, el signo del entero cambia.

MAPCAR

Aplica una función a listas de argumentos especificadas.

Sintaxis

(mapcar *func list1 ...*)

Valor retornado: Una lista de los resultados de aplicar la función a cada ítem de las listas.

Mapcar requiere el nombre de una función definida y al menos una lista de ítems para proporcionársela como argumento a la función. Si la función nombrada requiere más de un argumento, tiene que suministrar una lista diferente de ítems para cada argumento requerido por la función nombrada. Asimismo, el número de ítems de cada lista debería ser el mismo, de modo que Mapcar pueda aplicar la función consistentemente a cada argumento de la lista.

Las funciones pasadas a Mapcar como su primer argumento pueden ser funciones AutoLISP predefinidas o funciones definidas por el usuario. También puede crear una función en el sitio y usarla como primer argumento de Mapcar, sin molestarse en definirla aparte usando la función Defun: use la función Lambda para definir una función personalizada de un solo uso y pásela a Mapcar como primer argumento. Diríjase a la función Lambda explicada anteriormente en este Apéndice para más detalles.

MAX

Extrae el mayor valor de una serie.

Sintaxis

`(max n1 ...)`

Valor retornado: El mayor valor hallado.

Max requiere al menos un número. Aceptará cualquier número de argumentos, pero todos deberán ser números.

MEM

Presenta el estado actual de la memoria de AutoLISP.

Sintaxis

`(mem)`

Valor retornado: Nulo.

Mem es llamada sin argumentos. Es usada generalmente por programadores experimentados que necesitan comprobar el estado de la memoria después de realizar manualmente asignaciones de memoria. Para la mayoría de los usuarios, los procedimientos de asignación de memoria interna de AutoLISP son suficientes.

MEMBER

Localiza un miembro en una lista.

Sintaxis

`(member exp list)`

Valor retornado: Una lista, comenzando con la expresión hallada más todos los miembros de la lista original que apareciesen después del miembro hallado. Si el miembro no es hallado, esta función retorna un nulo.

Member requiere una expresión AutoLISP (*exp*), que puede ser o no un miembro de la lista suministrada como su segundo argumento (*list*).

MENUCMD

Conmuta entre submenús del menú AutoCAD actualmente activo.

Sintaxis

```
(menucmd mnucad)
```

Valor retornado: Nulo.

Menucmd requiere una cadena que consiste en una letra de una sección principal, un signo igual y un submenú del menú actualmente activo. Sólo se permite una cadena. El argumento de cadena requerido por Mnucmd imita la sintaxis de referencia del submenú en el archivo de menú, excepto en que el signo de dólar no se usa.

Equivalente de ADS

```
int ads_menucmd(mnucad)
     char *mnucad;
```

MIN

Extrae el menor valor de una serie.

Sintaxis

```
(min n1 ...)
```

Valor retornado: El menor valor encontrado.

Min requiere al menos un número. Aceptará cualquier número de argumentos, pero deben ser todos números.

MINUSP

Comprueba si un número es menor que cero.

Sintaxis

```
(minusp n)
```

Valor retornado: T si el argumento *n* es un número y es negativo; nulo en otro caso.

Minusp requiere un único número, bien real o entero, como único argumento.

MODE_TILE

Controla la presentación y el comportamiento de los mosaicos de los cuadros de diálogo.

Sintaxis

```
(mode_tile mosaico modo)
```

Valor retornado: Nulo.

Mode_tile requiere dos argumentos. El argumento *mosaico* es una cadena de caracteres indicando el nombre del mosaico del cuadro de diálogo. El argumento *modo* es un entero, indicando cómo debe comportarse el mosaico. Puede usar uno de los valores siguientes:

0 = Activa el mosaico.
1 = Desactiva el mosaico.
2 = Enfoca el mosaico.
3 = Selecciona el cuadro de edición.
4 = Conmuta el resaltado.

Equivalente de ADS

```
int ads_mod_tile(hdlg, mosaico, modo)
    ads_hdlg hdlg;
    char *mosaico;
    short modo;
```

El argumento *hdlg* es un rótulo de cuadro de diálogo del tipo almacenado por la función Ads_new_dialog. El argumento *modo* puede ser uno de los siguientes códigos ADS:

MODE_ENABLE = Activa el mosaico.
MODE_DISABLE = Desactiva el mosaico.
MODE_SETFOCUS = Enfoca en el mosaico.
MODE_SETSEL = Selecciona el cuadro de edición.
MODE_FLIP = Conmuta el resaltado.

NENTSEL

Detiene el proceso y pide que se seleccione una entidad anidada dentro de una polilínea o de un bloque.

Sintaxis

```
(nentsel petici)
```

Valor retornado: Una lista conteniendo el nombre de la entidad seleccionada y el punto usado para seleccionarla.

Si se usa Nentsel para seleccionar una entidad diferente de una polilínea o un bloque, funciona como Entsel, descrita anteriormente en este Apéndice. Si la entidad seleccionada es una polínea, esta función devuelve el vértice seleccionado. Si la entidad seleccionada es un bloque, esta función devuelve la entidad seleccionada anidada dentro de ese bloque.

El argumento *petici* es opcional. Si se suministra, este argumento es una cadena de caracteres presentada mientras AutoLISP se detiene y espera que el usuario elija una entidad. Si el argumento no se suministra, AutoCAD usa la petición por defecto «Select object:» (Seleccione objeto).

Equivalente de ADS

```
int ads_nentsel(cad, ent, pt, xform, ref)
    char *cad;
    ads_name ent;
    ads_point pt, xform[4];
    struct resbuf **ref;
```

Ads_nentsel() se usa para proporcionar compatibilidad con las aplicaciones ADS anteriores a la Versión 12. Todos los demás deberían usar Ads_nentselp().

NENTSELP

Detiene el proceso y pide la selección de una entidad anidada dentro de una polilínea o de un bloque, o usa un argumento de punto opcional para seleccionar una entidad sin detenerse.

Sintaxis

`(nentselp petici pt)`

Valor retornado: Una lista conteniendo el nombre de la entidad seleccionada y el punto usado para seleccionarla.

Si se usa Nentselp sin el argumento opcional *pt*, funciona como Nentsel, previamente descrita. Si se suministra el argumento opcional *pt* (en la forma de una lista de punto), esta función selecciona la primera entidad que halla en el punto especificado. Si no encuentra ninguna entidad, la función retorna un nulo.

El argumento *petici* es también opcional. Si se proporciona, este argumento es una cadena de caracteres presentada cuando AutoLISP se detiene y espera que el usuario elija una entidad. Si no se suministra el argumento, AutoCAD usa la petición por defecto «Select object:» (Seleccione objeto).

Equivalente de ADS

```
ads_nentselp(cad, ent, pt, flag, xform, ref)
    char *cad;
    ads_name ent;
    ads_point pt,
    short flag;
    ads_matrix xform;
    struct resbuf **ref;
```

La función Ads_nentselp almacena la entidad seleccionada en *ent*, y el punto usado para seleccionar la entidad en *pt*. Si el argumento *flag* se establece como el código FALSE (falso), esta función pide al usuario que seleccione la entidad. Si se establece TRUE (verdadero), AutoCAD usa el valor de *pt* para seleccionar la entidad. Si la entidad seleccionada está contenida en un bloque anidado, el argumento *ref* es una lista enlazada de los búferes de resultados que contienen los nombres de las entidades anidadas en la estructura del bloque progenitor.

NEW_DIALOG

Presenta un cuadro de diálogo.

Sintaxis

```
(new_dialog dbnom id default pt)
```

Valor retornado: T si se presenta el cuadro de diálogo; nulo en otro caso.

New_dialog requiere dos argumentos: *dbnom* (el nombre de un cuadro de diálogo cargado —que fue asignado en un archivo DCL previamente cargado—) e *id* (el código entero retornado por la llamada a la función Load_dialog que cargó el archivo DCL).

Los dos argumentos restantes son opcionales: *default* es una cadena de caracteres indicando una expresión AutoLISP que debería ser evaluada como una acción por defecto, si el usuario elige un mosaico de cuadro de diálogo que no tenga una acción enlazada a ella a través de las instrucciones del archivo DCL. Puede no indicar ninguna acción por defecto suministrando este argumento como una cadena nula (" "). *Pt* es un lista de punto indicando un punto 2D. Este punto es de anclaje en la pantalla de presentación donde puede aparecer el cuadro de diálogo. Este punto puede ser tomado desde la lista de punto retornada por una llamada previa a Done-dialog, permitiendo que reaparezca el cuadro de diálogo en la misma localización en que se presentó previamente.

Equivalente de ADS

```
int ads_new_dialog(dbnom, id, callback, hdlg)
    char dbnom;
    int id;
    CLIENTFUNC callback;
    ads_hdlg *hdlg;
```

Si no especifica una función opcional *callback*, este argumento deberá ser un código NULLCB. Ads_new_dialog establece *hdlg* para el rótulo del cuadro de diálogo si tiene éxito, y establece NULL si falla. Llamadas subsiguientes a las funciones de cuadro de diálogo de ADS requieren el valor *hdlg* que almacena Ads_new_dialog.

Equivalente ADS adicional

```
int ads_new_positioned_dialog(dbnom, id, callback, xpt, ypt,
    hdlg)
    char dbnom;
    int id;
    CLIENTFUNC callback;
    int xpt, ypt;
    ads_hdlg *hdlg;
```

Esta función es la misma que Ads_new_dialog(), excepto que ésta también retorna las coordenadas del punto de localización del cuadro de diálogo como *xpt* e *ypt*, que pueden ser utilizadas cuando reabra el mismo cuadro de diálogo. Está pensada para plataformas en las que los cuadros de diálogo pueden reubicarse en la pantalla. Esta posibilidad registra su localización y permite que sean reabiertas en la misma posición. Para abrir el cuadro de diálogo en la posición por defecto suministre *xpt* e *ypt* como −1.

NOT

Comprueba si una expresión se evalúa como nulo.

Sintaxis

(not *exp*)

Valor retornado: T si la expresión devuelve un nulo. En otro caso, devuelve un nulo.

La función Not requiere como único argumento una expresión AutoLISP.

NTH

Extrae un miembro a partir de una posición especificada en una lista.

Sintaxis

(nth *pos list*)

Valor retornado: El miembro encontrado, o un nulo si no se encontró un miembro.

Nth requiere dos argumentos en el orden siguiente:
1. *pos* Un entero indicando la posición dentro de la lista.
2. *list* La lista de la que el miembro será extraído.

Las posiciones dentro de una lista son numeradas de izquierda a derecha empezando por cero. Si la posición especificada por el primer argumento de Nth es mayor que el número de posición superior de la lista, Nth devuelve un nulo.

NULL

Comprueba si una expresión se evalúa como nulo.

Sintaxis

```
(null exp)
```

Valor retornado: T si la expresión retorna un nulo. En otro caso, retorna un nulo.

La función Null requiere como único argumento una expresión AutoLISP.

NUMBERP

Comprueba si una expresión es un número.

Sintaxis

```
(numberp exp)
```

Valor retornado: T si el argumento de la función es un número, nulo en otro caso.

Numberp requiere una simple expresión AutoLISP como único argumento admisible. Numberp devolverá T si la expresión se evalúa tanto como un número real o como un entero.

OPEN

Abre un archivo de disco para leer o almacenar datos escribiéndolos en el disco.

Sintaxis

```
(open nomar modo)
```

Valor retornado: Un descriptor de archivo si se abre con éxito un archivo para lectura o escritura; nulo en otro caso.

Open requiere dos argumentos, en el orden siguiente:

1. *nomar* Una cadena conteniendo el nombre del archivo a abrir. El argumento *nomar* puede ser cualquier nombre de archivo válido. Pueden incluirse una letra de unidad y/o nombres de subdirectorios como parte del nombre del archivo, separados de éste por barras. No está permitida una barra invertida (\) simple, ya que el intérprete de AutoLISP la confundirá con un carácter de control; sin embargo, si lo prefiere, puede usar dos barras invertidas (\\) para separar los nombres de los subdirectorios de los de los archivos.
2. *modo* Una simple minúscula indicando cómo se va a usar el archivo:

- «a» indica que el archivo se abre en el modo de adición (*append mode*). Cualquier dato escrito para el archivo será añadido al final de los datos actualmente presentes allí. Si no existe ningún archivo con el nombre dado, se crea sin ningún dato, y los datos pueden ser escritos en él.

- «**r**» indica que el archivo se abre en el modo de lectura (*read mode*). Se pueden leer los datos del archivo, pero no se pueden escribir datos en él.

- «**w**» indica que el archivo se abre en el modo de escritura (*write mode*). Se pueden escribir datos en el archivo; sin embargo, si el archivo ya existe en el momento en que se llama a la función Open, los datos previos contenidos en él son destruidos.

El descriptor de archivo devuelto por esta función es un tipo de dato especial al que las funciones de AutoLISP no pueden acceder directamente. Tiene la forma:

```
<File #nnnnnnnn>
```

donde *nnnnnnnn* es un número asignado internamente por AutoCAD. Con el fin de hacer uso del archivo después de abierto, el descriptor del archivo debe ser almacenado en una variable de memoria. El procesamiento posterior puede entonces llamar al archivo por medio del nombre de la variable de memoria, no por el del descriptor del archivo.

OR

Comprueba una serie de expresiones hasta hallar la primera expresión que se evalúe para un valor no nulo.

Sintaxis

```
(or expl ...)
```

Valor retornado: T si alguna de sus expresiones no devuelve un nulo. Si todas retornan nulo, la función devuelve un nulo.

Una serie de cualquier número de expresiones válidas está permitida.

OSNAP

Aplica a un punto, una anulación de referencia de objeto.

Sintaxis

```
(osnap pt modo)
```

Valor retornado: Una lista de punto resultante del modo de referenciar objetos que se esté aplicando al argumento *pt*.

Esta función requiere dos argumentos: una lista de punto (*pt*), seguida de una cadena de caracteres (*modo*) conteniendo una lista de anulaciones de referencia de objeto válidas, separadas por comas.

La veracidad de esta función depende de una serie de factores: el tamaño de la apertura de referencia de objeto, de la visión 3D actual, de la presencia de otras entidades cercanas y de si más de un punto en construcción cae dentro del rango.

Todos estos factores deberían ser cuidadosamente controlados con el fin de que esta función trabaje adecuadamente.

Equivalente de ADS

```
int ads_osnap(pt, modo, result)
    ads_point pt, result;
    char *modo;
```

Ads_osnap almacena el punto encontrado en *result*.

POLAR

Computa un punto con relación a un punto dado.

Sintaxis

```
(polar pt ang dist)
```

Valor retornado: Una lista de punto, con relación al argumento *pt*, al ángulo *ang* y a la distancia *dist*.

Esta función requiere tres argumentos, en el orden siguiente:

1. *pt* Una lista de punto indicando un punto de referencia inicial.
2. *ang* Un ángulo de referencia, expresado en radianes.
3. *dist* Una distancia de referencia a partir del punto de referencia inicial.

El argumento *ang* se supone siempre en el plano en construcción actual, con ángulo cero como el eje X positivo, y aumentando en dirección de las agujas del reloj. El punto devuelto, por consiguiente, está siempre localizado en el plano en construcción actual.

Equivalente de ADS

```
void ads_polar(pt, ang, dist, result)
    ads_point pt, result;
    ads_real ang, dist;
```

Ads_polar almacena en *result* el punto hallado. Esta función no retorna un valor.

PRIN1

Imprime una expresión AutoLISP en el área de órdenes-peticiones, o la escribe en un archivo.

Sintaxis

```
(prinl exp arch)
```

Valor retornado: El argumento de la expresión.

Prin1 requiere el argumento *exp*, que puede ser cualquier expresión AutoLISP válida. Puede añadirse opcionalmente un argumento *arch* a continuación de la expresión. Este argumento debe ser un símbolo ligado a un descriptor de archivo de un archivo de disco que haya sido abierto para escribir o para añadir. Diríjase a las funciones Open y Close para más detalles sobre los archivos abiertos.

Si el argumento *exp* es una cadena, ésta se muestra en la pantalla y/o se escribe en el archivo incluyendo su entrecomillado. Cualquier carácter de control en una cadena será interpretado literalmente, esto es, no será evaluado. Por ejemplo, «\n» en una cadena aparecerá en la pantalla y será escrito en un archivo como una barra invertida seguida de una n minúscula, no como un salto de línea.

Equivalente de ADS

```
int ads_printf(format, args, ...)
    char *format;
```

Esta función trabaja como la función printf() estándar de C, excepto que ésta siempre imprime en la pantalla de texto de AutoCAD. Las cadenas de caracteres pasadas a Ads_printf no pueden exceder de 132 caracteres.

PRINC

Imprime una expresión AutoLISP en el área de órdenes-peticiones o la escribe en un archivo.

Sintaxis

```
(princ exp arch)
```

Valor retornado: El argumento de la expresión.

Princ es como Prin1, excepto que evalúa los caracteres de control. Princ se usa a menudo sin argumentos como la última función de una serie. Cuando se use princ sin argumentos, presentará un carácter nulo en el área de órdenes-peticiones. Esto es útil cuando una serie de funciones presentaría, en otro caso, el resultado de la última función en el área de órdenes-peticiones.

PRINT

Imprime un salto de línea, una expresión AutoLISP y un espacio en el área de órdenes-peticiones, o lo escribe en un archivo.

Sintaxis

```
(print exp arch)
```

Valor retornado: El argumento de la expresión.

Print requiere una expresión, que puede ser cualquier expresión AutoLISP válida. Puede añadirse opcionalmente una variable de memoria a continuación de la expresión; esta variable de memoria deberá estar ligada a un descriptor de archivo de un archivo de disco que haya sido abierto para escribir o añadir. Diríjase a las funciones Open y Close para más detalles sobre la apertura de archivos.

Todos los caracteres de control en una cadena serán interpretados literalmente, esto es, no serán evaluados. Por ejemplo, «\n» en una cadena aparecerá en la pantalla y será escrito en un archivo como una barra invertida seguida de una n minúscula, no será un salto de línea.

PROGN

Evalúa una serie de expresiones.

Sintaxis

```
(progn expl ...)
```

Valor retornado: La última expresión evaluada.

Progn acepta cualquier número de expresiones AutoLISP válidas que puedan ser evaluadas secuencialmente.

PROMPT

Presenta una cadena de caracteres en el área de órdenes-peticiones.

Sintaxis

```
(prompt pcad)
```

Valor retornado: Nulo.

Prompt requiere una cadena de caracteres como su único argumento válido.

Equivalente de ADS

```
int ads_prompt(pcad)
    char *pcad;
```

QUIT

Fuerza a la rutina actual a abandonar el procesamiento.

Sintaxis

```
(quit)
```

Valor retornado: El mensaje «quit/exit abort» (abandonar/salir abortar).

Esta función es llamada sin argumentos. Usela como un último recurso de «válvula de escape» en los casos en que una rutina pudiera crear resultados impredecibles si se permite que continúe el procesamiento.

QUOTE

Procesa una expresión sin evaluarla.

Sintaxis

(quote *exp*)

Valor retornado: La expresión, sin evaluarla.

La función Quote requiere un argumento simple, que puede ser cualquier símbolo, valor, cadena de caracteres o lista, como una lista de punto que vaya a ser evaluada por otra función.

La sintaxis alternativa del apóstrofo no puede usarse en el indicador Command.

Si está entrecomillando (quoting) una lista que contiene otras listas, las listas internas no serán evaluadas.

READ

Extrae datos de cadenas de caracteres.

Sintaxis

(read *cad*)

Valor retornado: El primer ítem de una cadena de caracteres, o la primera lista de una cadena de caracteres que contenga listas.

Read requiere una cadena como único argumento admisible. La función Read actúa sobre las cadenas de la manera que la función Car actúa sobre las listas, esto es, retornará el primer ítem (hasta el primer espacio) que encuentre en la cadena. Si la cadena de caracteres contiene listas, devuelve la primera lista.

Las cadenas de caracteres devueltas por Read no están entrecomilladas; si las pasa como argumentos para otras funciones, el intérprete de AutoLISP tratará de evaluarlas como símbolos.

READ-CHAR

Lee caracteres procedentes del búfer del teclado o de un archivo.

Sintaxis

(read–char *file*)

Valor retornado: El código ASCII para el carácter leído.

Read-char no requiere ningún argumento si los caracteres van a ser leídos desde el búfer del teclado. Si el carácter va a ser leído de un archivo, deberá suministrarse una variable de memoria que contenga un descriptor de archivo de un archivo abierto para lectura.

Si el búfer del teclado está vacío, read-char se detiene esperando una entrada desde el teclado. La entrada puede ser terminada pulsando la tecla Enter o la barra espaciadora. Cuando se ha hecho la introducción, la función devuelve el primer carácter en el búfer. Si la función es repetida, se lee el siguiente carácter, y el proceso se repite hasta que se han leído todos los caracteres.

Si los caracteres son leídos de un archivo abierto para lectura, la primera llamada de función lee el primer carácter, y las llamadas subsiguientes leen los caracteres siguientes hasta que se lee el archivo entero. Cuando Read-char llega al final del archivo, retorna un nulo.

READ-LINE

Lee una cadena de caracteres desde el teclado o desde un archivo.

Sintaxis

```
(read-line file)
```

Read-line no requiere ningún argumento si la cadena de caracteres se va a leer desde el búfer del teclado. Si la cadena de caracteres se va a leer de un archivo, debe proporcionarse una variable de memoria que contenga un descriptor de archivo para el archivo abierto para lectura.

Si el búfer del teclado está vacío, Read-line se detiene esperando una entrada desde el teclado. La entrada puede ser terminada pulsando la tecla Enter; la barra espaciadora es considerada como parte de la cadena.

Cuando la entrada se ha hecho, la función devuelve los caracteres introducidos. Cuando se utiliza de esta manera, Read-line trabaja como Getstring con el argumento proporcionado T; diríjase a la función Getstring para más detalles.

Si los caracteres se leen desde un archivo abierto para lectura, la primera función llamada lee la primera línea de caracteres en el archivo. Las llamadas siguientes leen las siguientes líneas hasta que se haya leído todo el archivo. Cuando Read-line alcanza el final del archivo, retorna un nulo.

REDRAW

Redibuja la pantalla de presentación o las entidades especificadas.

Sintaxis

```
(redraw ent mode)
```

Valor retornado: Nulo

Redraw no necesita argumentos; sin ellos redibuja la pantalla completa. Puede estar provisto de un nombre de entidad, en cuyo caso redibuja esa entidad particular. Si se proporciona un nombre de entidad, esta función puede estar provista también de un entero indicando un *modo de redibujar* particular:

1 = Redibuja la entidad normalmente. (Lo mismo que si no hubiera argumento entero.)
2 = Deja en blanco la entidad. (La entidad no se borra, sino que simplemente no se visualiza hasta la siguiente orden Redibujar.)
3 = Resalta la entidad (si el monitor soporta el resaltado).
4 = Presenta la entidad normalmente.

Si el entero es positivo y la entidad usada como argumento para redibujar es un bloque con atributos, el bloque y sus atributos serán manejados por la función Redraw. Si el argumento entero es negativo, sólo se maneja el bloque.

Equivalente de ADS

```
int ads_redraw (ent, mode)
    ads_name ent;
    int mode
```

La variable de sistema ERRNO recibe un nuevo valor cuando esta función falla.

REGAPP

Registra con AutoCAD el nombre de una aplicación de un tercero. Permite a AutoCAD extraer (por medio de la función Entget), datos de entidades ampliadas, asociados con la aplicación registrada.

Sintaxis

```
(regapp nomapli)
```

Valor retornado: El nombre de la aplicación, si no se ha registrado previamente; nulo en otro caso.

El argumento *nomapli* es necesario. Es una cadena de caracteres (entre comillas) de hasta 31 caracteres de longitud. Sigue las mismas convenciones de nombrar, como cualquier otro nombre de símbolo de AutoLISP.

Equivalente de ADS

```
int ads_regapp(nomapli)
    char *nomapli;
```

La variable de sistema ERRNO recibe un nuevo valor cuando esta función falla.

REM

Calcula el resto de la división entre dos números.

Sintaxis

```
(rem n1 n2)
```

Valor retornado: El resto de dividir *n1* entre *n2*.

Rem necesita dos números. Pueden ser números enteros o reales. Si se usa un número real, devuelve un número real. Si ambos números son enteros, devuelve un entero.

REPEAT

Repite cada expresión de una serie un número determinado de veces.

Sintaxis

```
(repeat n exp1 ...)
```

Valor retornado: El resultado de la última expresión evaluada.

Repeat necesita al menos dos argumentos. El primero (*n*) es un entero, que indica el número de repeticiones a realizar. El segundo argumento (*exp1*) es una expresión AutoLISP que será evaluada el número de veces indicado. Una serie de expresiones AutoLISP es aceptada también por esta función; no es necesario que la serie se encierre dentro de paréntesis.

Si una serie de expresiones se presenta, cada una se evaluará el número de veces indicado, antes de que se evalúe la siguiente de la serie. Si pretende que toda la serie se evalúe el número de veces indicado, encierréla en la función Progn.

REVERSE

Invierte la lista.

Sintaxis

```
(reverse list)
```

Valor retornado: La lista con sus miembros en orden inverso.

Reverse necesita una sola lista. Ningún otro argumento es válido.

RTOS

Convierte un número real en una cadena de caracteres.

Sintaxis

```
(rtos n modo prec)
```

Valor retornado: Una cadena de caracteres.

Rtos necesita un número de argumento (*n*). Si el número es un entero, se interpreta como un número real. Si no se proporciona ningún otro argumento, el número se convierte en una cadena y se devuelve en el formato de unidades numérico en vigor y con precisión decimal como ocurre al usar la orden Units.

Puede proporcionar dos argumentos opcionales a Rtos:

- *modo* Un entero en el rango de 1 a 5, que determina el formato numérico de la cadena, como sigue:

1 = Unidades científicas.
2 = Unidades decimales.
3 = Unidades de ingeniería.
4 = Unidades de arquitectura.
5 = Unidades fraccionarias.

- *prec* Un entero que determina el número de decimales de precisión.

A menos que los argumentos opcionales se hayan usado explícitamente, el formato de las unidades de la cadena estará determinado por lo establecido en LUNITS y LUPREC.

Equivalente de ADS

```
int ads_rtos(n, mode, prec, cad)
    ads_real n;
    int mode; prec;
    char *cad;
```

Ads_rtos coloca el valor convertido en *cad*. Esta variable debe indicar un área de memoria que sea lo suficientemente amplia para dar cabida a la cadena de caracteres.

SET

Liga el valor de un símbolo al valor de una expresión.

Sintaxis

(set *symbol exp*)

Valor retornado: El valor de la expresión.

Set necesita dos argumentos: un símbolo (*symbol*) y una expresión (*exp*). Set necesita que el símbolo se evalúe por sí mismo como un valor que pueda ser utilizado como un nombre de símbolo. En otro caso, el argumento *symbol* debería ser anidado dentro de la función Quote, para impedir la evaluación.

El argumento *exp* puede ser un número, una cadena, un nombre de entidad, un descriptor de archivo o un conjunto de selecciones.

Si se usa una función Set dentro de una función Defun para ligar un valor a un símbolo definido por Defun para ser una variable local, el valor ligado por la función Set se liga sólo mientras la función definida está funcionando. Cuando la función haya completado el procesamiento, cualquier valor anterior ligado a la variable es devuelto a ésta. Si la variable no existía anteriormente, se vuelve a ligar a un nulo.

En todas las demás circunstancias, la variable de memoria ligada a un valor usando Set se considera global; es decir, la variable permanecerá ligada a ese valor hasta que otra función Set o Setq, explícitamente, ligue un nuevo valor (o un nulo) a esa variable. Diríjase a la función Defun para más detalles referentes a las variables locales y globales.

SETQ

Liga nombres de símbolos no evaluados con valores.

Sintaxis

```
(setq symbol value ...)
```

Valor retornado: El devuelto por el último argumento de la función.

Setq necesita de dos argumentos, un nombre de símbolo (*sym*) y un valor (*value*). Se puede proporcionar pares de argumentos adicionales, alternando nombres de símbolos y valores a los que están ligados.

Setq supone que el primer argumento es un nombre de símbolo entrecomillado. Setq, generalmente, resulta menos confusa de utilizar que Set. Cualquier expresión o símbolo AutoLISP puede utilizarse para proporcionar el valor.

Una sola función Setq puede usarse para ligar varios nombres de variables de memoria con valores, si los nombres y los valores se alternan como argumentos de la función.

Si la función Setq se usa dentro de una función Defun, para ligar un valor a un símbolo definido por Defun para ser una variable local, el valor ligado por Setq a esa variable, se liga sólo mientras esa función está funcionando. Cuando la función ha completado su procesamiento, cualquier valor anterior ligado a la variable es devuelto a la variable. Si la variable no existía anteriormente, se vuelve a ligar con un nulo.

En todas las demás circunstancias, la variable de memoria ligada con un valor que use Setq, se considera global; es decir, esa variable permanecerá ligada a ese valor hasta que otra función Setq o Set explícitamente liga un nuevo valor (o un nulo) a esa variable. Diríjase a la función Defun para más detalles sobre las variables locales y globales.

SETVAR

Cambia el valor de las variables del sistema.

Sintaxis

```
(setvar sysvar val)
```

Valor retornado: El nuevo valor de la variable de sistema.

Setvar necesita el nombre de una variable de sistema de AutoCAD (*sysvar*) y un valor (*val*) para esa variable. La variable de sistema no tiene que ser de sólo lectura, y el valor para esa variable tiene que ser uno que la variable de sistema pueda aceptar.

Equivalente de ADS

```
int ads_setvar(sysvar, val)
    char *sysvar;
    struct resbuf *val;
```

La variable de sistema ERRNO recibe un nuevo valor cuando esta función falla.

SET_TILE

Reasigna un valor de mosaico.

Sintaxis

```
(set_tile mosaico val)
```

Valor retornado: Nulo.

Ambos argumentos son necesarios. El argumento *mosaico* es una cadena de caracteres que indica el nombre del mosaico. El argumento *value*, es una cadena de caracteres que indica el nuevo valor del mosaico.

Equivalente de ADS

```
int ads_set_tile(hdlg, mosaico, val)
    ads_hdlg hdlg
    char *mosaico, *val;
```

El argumento *hdlg* es un identificador de cuadro de diálogo del tipo almacenado por la función de Ads_new_dialog.

SIN

Calcula el seno de un ángulo.

Sintaxis

```
(sin ang)
```

Valor retornado: El seno de *ang*.

Sin necesita un sólo argumento numérico (*ang*), que debe ser un ángulo expresado en radianes. Los ángulos expresados en grados tienen que convertirse a radianes, antes de ser pasados a esta función.

SLIDE_IMAGE

Presenta una foto de AutoCAD en el mosaico de imagen actual (como la especificada por una llamada a la función Start_image).

Sintaxis

```
(slide_image x1 y1 x2 y2 name)
```

Valor retornado: Nulo.

Todos los argumentos son necesarios. $X1$ e $y1$ son enteros que indican las coordenadas del punto de intersección de la foto (la esquina superior izquierda) en el área de imagen del mosaico; $x2$ e $y2$ son enteros que indican las coordenadas de la esquina opuesta de la foto en el área de imagen. El punto de origen del área de imagen es siempre la esquina superior izquierda y siempre es 0,0. Las coordenadas de la esquina inferior derecha se pueden obtener llamando a las funciones Dimx_tile y Dimy_tile.

El argumento *name* es el nombre de cualquier archivo válido de fotos de AutoCAD, como podría especificarse en un menú de iconos o en una respuesta a la orden Vslide (Mirafoto) de AutoCAD.

Si una foto válida de AutoCAD no aparece en el área de imagen después de una llamada a esta función, puede ser que los vectores de la foto se hayan dibujado con el mismo color que el del fondo del mosaico de imagen.

Intente cambiar el color de fondo del mosaico de imagen en el archivo DCL, o llame primero a la función Fill_image, para cambiar el color de fondo del mosaico de imagen actual.

Equivalente de ADS

```
int ads_slide_image(x1, y1, x2, y2, name)
    short x1, y1, x2, y2;
    char *name;
```

SQRT

Calcula la raíz cuadrada de un número.

Sintaxis

```
(sqrt n)
```

Valor retornado: La raíz cuadrada de n.

Sqrt necesita un argumento numérico (n), ya sea entero o real. Siempre devuelve un número real.

SSADD

Añade una entidad a un conjunto de selecciones.

Sintaxis

(ssadd *ent sset*)

Valor retornado: El conjunto de selecciones actualizado.

Ssadd puede ser llamada sin argumentos. Si es así, la función creará un nuevo conjunto de selecciones que no contendrá miembros (los miembros se pueden añadir después). Con frecuencia, Ssadd es llamada con dos argumentos: un nombre de entidad (*ent*) seguido de un conjunto de selecciones (*sset*). La función añade el nombre de entidad al que se ha hecho referencia como su primer argumento, al conjunto de selecciones al que se ha hecho referencia como segundo argumento.

Si la entidad referenciada es ya un miembro del conjunto de selecciones, la función no la añade; en lugar de esto, devuelve simplemente el conjunto de selecciones sin añadir nada.

Equivalente de ADS

```
int ads_ssadd(ent, sset, result)
    ads_name ent, sset, result;
```

Ads_ssadd almacena el nuevo (o actualizado) conjunto de selecciones en *result*. La variable de sistema ERRNO recibe un nuevo valor cuando esta función falla.

SSDEL

Elimina una entidad de un conjunto de selecciones.

Sintaxis

(ssdel *ent sset*)

Valor retornado: El conjunto de selecciones actualizado.

Ssdel necesita dos argumentos: un nombre de entidad (*ent*) seguido de un conjunto de selecciones (*sset*). La función elimina el nombre de entidad al que se hace referencia como primer argumento del conjunto de selecciones al que se refiere el segundo argumento. Si el nombre de la entidad a la que se refiere no se encuentra en el conjunto de selecciones, esta función retorna un nulo.

Equivalente de ADS

```
int ads_ssdel(ent, sset)
    ads_name ent, sset;
```

La variable de sistema ERRNO recibe un nuevo valor cuando esta función falla.

SSGET

Detiene el procesamiento y permite al usuario seleccionar un grupo de una o más entidades.

Sintaxis

(ssget *mode pt1 pt2 plist filter*)

Valor retornado: Retorna un conjunto de selecciones que contiene las entidades seleccionadas.

Ssget no necesita argumentos, pero se le puede proporcionar uno de los siguientes grupos de argumentos como se describe abajo.

Si Ssget es llamada sin argumentos, es interactiva. AutoLISP presentará el mensaje «Select Objects:» (Seleccione objetos) de AutoCAD, y el usuario es libre de usar la sintaxis normal de la ventana, cruzando, añadiendo y quitando opciones a su antojo, para construir un conjunto de selecciones.

El argumento *filter* (filtro) es una lista que incluye una o más sublistas de código de grupo de entidades. Sólo las entidades que incluyen sublistas que equivalen a las sublistas de *filter*, se incluirán en el conjunto de selecciones, sin tener en cuenta los demás argumentos utilizados.

Si Ssget es llamado con un argumento *mode* (modo) de selección opcional, ya no será interactiva y seleccionará automáticamente entidades basadas en el modo particular utilizado. Los argumentos de modo son como los siguientes:

- **(ssget «C»** '(*pt1*)'(*pt2*)) Selecciona las entidades cruzando una ventana con esquinas opuestas en las listas de puntos *pt1* y *pt2*.

- **(ssget «I»)** Selecciona las entidades en el conjunto de selecciones PICK-FIRST.

- **(ssget «L»)** Selecciona la última entidad de la base de datos.

- **(ssget «P»)** Vuelve a seleccionar el conjunto seleccionado anteriormente.

- **(ssget «P»** '(*filter*)) Selecciona las entidades en el conjunto seleccionado anteriormente cuyas sublistas equivalen a las sublistas de la lista *filter*.

- **(ssget «W»** '(*pt1*) '(*pt2*)) Selecciona entidades que están contenidas dentro de una ventana con esquinas opuestas en las listas de puntos *pt1* y *pt2*.

- **(ssget «X»)** Selecciona todas las entidades de la base de datos.

- **(ssget «X»** (*filter*)) Revisa la base de datos completa buscando las entidades que contienen sublistas que se equiparen con las sublistas de la lista *filter*.

- **(ssget** '(*pt1*)) Selecciona la primera entidad pasando por la lista de puntos *pt1*.

- **(ssget «WP»** '(*plist*)) Selecciona las entidades dentro de un polígono formado por una serie de listas de puntos contenidas en la lista *plist*.

- **(ssget «WP»** '(*plist*)'(*filter*)) Selecciona las entidades dentro de un polígono formado por una serie de listas de puntos contenidas en la lista *plist*, con sublistas que se equiparen con las sublistas contenidas en la lista *filter*.

- **(ssget «CP»** '(*plist*)) Selecciona las entidades dentro o cruzando un polígono formado por una serie de listas de puntos contenidas en la lista *plist*.

- **(ssget «F»** '(*plist*)) Selecciona las entidades que cruzan la barrera límite definida por una serie de listas de puntos contenidas en la lista *plist*.

Use la función Ssget con un solo argumento de punto, sólo en las situaciones en las que las demás entidades no estén muy cerca. Cuando use esta opción, si más de una entidad está muy cerca del punto de selección, AutoLISP seleccionará a veces la entidad incorrecta.

Equivalente de ADS

```
int ads_ssget(mode, pt1, pt2, filter, sset)
    char *mode;
    void *pt1;
    ads_point pt2;
    struct resbuf filter;
    ads_name sset;
```

Los argumentos *pt1* y *pt2* son puntos utilizados por varias opciones *mode*. Si una barrera o un *mode* de polígono se especifica, *pt1* puede contener una lista enlazada de las memorias intermedias (buffers) de resultados que especifica varios puntos. El conjunto de selecciones que resulta se almacena en *sset*. Esta función retorna RTCAN si el usuario pulsa Ctrl-C. La variable de sistema ERRNO recibe un nuevo valor cuando esta función falla.

SSLENGTH

Cuenta las entidades en un conjunto de selecciones.

Sintaxis

```
(sslenght sset)
```

Valor retornado: Un número que indica el total de entidades en un conjunto de selecciones.

Sslenght necesita un conjunto de selecciones como único argumento.

Equivalente de ADS

```
int ads_sslength(sset, length)
    ads_name sset;
    long length;
```

Ads_sslength almacena el número de miembros de un conjunto de selecciones en *length*.

SSMEMB

Determina si una entidad es un miembro de un conjunto de selecciones.

Sintaxis

```
(ssmemb ent sset)
```

Valor retornado: El nombre de la entidad referenciada, si se encuentra en el conjunto de selecciones; si no, un nulo.

Ssmemb necesita dos argumentos: un nombre de entidad (*ent*) y un conjunto de selecciones (*sset*), en ese orden.

Equivalente de ADS

```
int ads_ssmemb(ent, sset)
    ads_name ent, sset;
```

Ads_ssmemb devuelve RTNORM cuando la entidad *ent* se encuentra en el conjunto de selecciones *sset*; si no RTERROR. La variable de sistema ERRNO recibe un nuevo valor cuando esta función falla.

SSNAME

Extrae nombres de entidades de un conjunto de selecciones.

Sintaxis

```
(ssname sset i)
```

Valor retornado: El nombre de entidad extraído. Si el argumento de índice (*i*) está fuera del rango para el argumento (*sset*) del conjunto de selecciones, la función devuelve un nulo.

Ssname necesita dos argumentos en el siguiente orden: un conjunto de selecciones (*sset*) y un número entero (*i*). Los nombres de entidades en los conjuntos de selecciones están numerados con enteros, empezando por el entero cero. El argumento *i* es el número de la entidad dentro del conjunto de selecciones.

Equivalente de ADS

```
int ads_ssname(sset, i, ent)
    ads_name sset, ent;
    long i;
```

Ads_ssname almacena el nombre de la entidad encontrada en *ent*.

START_DIALOG

Activa un cuadro de diálogo presentado.

Sintaxis

```
(start_dialog)
```

Valor retornado: El valor devuelto por una llamada a la función Done_dialog.

Esta función no tiene argumentos. Llámela después de que haya hecho una llamada a las funciones New_dialog y Action_tile, para presentar el cuadro de diálogo y asignar funciones a sus mosaicos. Start_dialog permanece activa hasta que el usuario hace una llamada a la función Done_dialog, a menudo pulsando el botón OK, el botón Cancel o la tecla ESC.

Equivalente de ADS

```
int ads_start_dialog(hdlg, code)
    ads_hdlg hdlg;
    int *code;
```

Ads_start_dialog almacena el valor devuelto por la función Ads_done_dialog en *code*. El argumento *hdlg* es un rótulo del cuadro de diálogo almacenado por Ads_new_dialog en su argumento *hdlg*.

START_IMAGE

Inicia el procesamiento de imagen de foto dentro de un mosaico.

Sintaxis

```
(start_image mosaico)
```

Valor retornado: Nulo.

Se necesita el argumento *mosaico*. Es una cadena de caracteres que indica el nombre del mosaico como se especifica en el archivo de Dialog Control Language (DCL). Tiene que llamar a esta función antes de llamar a otras de procesamiento de imagenes, tales como Fill_image, Slide_image o Vector_image.

Equivalente de ADS

```
int ads_start_image(hdlg, mosaico)
    ads_hdlg hdlg;
    char *mosaico;
```

El argumento *hdlg* es un rótulo de cuadro de diálogo del tipo almacenado por la función Ads_new_dialog.

START_LIST

Inicia el procesamiento de un cuadro de lista o de una lista instantánea (popup).

Sintaxis

```
(start_list mosaico action index)
```

Valor retornado: Nulo.

Sus rutinas deben llamar a esta función para inicializar el procesamiento de los cuadros de lista o de las listas instantáneas de los cuadros de diálogo; tal y como llama a la función Add_list. El argumento *mosaico* es necesario; es una cadena de caracteres que indica el cuadro de lista o el nombre de mosaico de la lista instantánea. El argumento *action* es un entero que indica que alguna acción directa se va a colocar dentro de la rutina. Las elecciones son:

1 = Cambia los contenidos de la lista.
2 = Añade un nuevo ítem a la lista.
3 = Elimina la lista vieja y crea una nueva.

Si no se proporciona ningún argumento *action*, la respuesta por defecto es 3. El argumento *index* es necesario si *action* es 1, y se ignora en los demás casos. *Index* es un entero que indica qué ítem se tiene que cambiar en la lista. (El primer ítem en la lista es el número 0.)

Equivalente de ADS

```
int ads_start_list(hdlg, mosaico, action, index)
    ads_hdlg hdlg;
    char *mosaico;
    short action, index;
```

El argumento *hdlg* es un rótulo de cuadro de diálogo del tipo almacenado por la función Ads_new_dialog. El argumento *action* es un código ADS que indica uno de los siguientes:

LIST_CHANGE = Cambia los contenidos de la lista.
LIST_APPEND = Añade un nuevo ítem a la lista.
LIST_NEW = Elimina la lista vieja y crea una nueva.

STRCASE

Convierte los caracteres de una cadena a minúsculas o mayúsculas.

Sintaxis

(strcase *str mode*)

Valor retornado: La cadena convertida.

Strcase necesita un argumento (*str*) de cadena de caracteres. El argumento *mode* es opcional y puede ser cualquier expresión AutoLISP. Si el argumento *mode* se presenta y no tiene un valor nulo, todos los caracteres en el primer argumento se convertirán en minúsculas. Si el argumento *mode* se omite o es nulo, los caracteres de la cadena se convertirán en mayúsculas. Los números y los signos de puntuación son retornados sin conversión.

STRCAT

Empalma (*concatena*) dos o más cadenas.

Sintaxis

```
(strcat str1 str2...)
```

Valor retornado: Una sola cadena combinada.

Strcat necesita una serie de cadenas o de funciones que devuelvan cadenas. Esta función sólo concatenará datos de caracteres de cadena.

STRLEN

Cuenta los caracteres de una cadena.

Sintaxis

```
(strlen str)
```

Valor retornado: Un entero que indica la longitud de la cadena, en caracteres.

Strlen necesita un solo argumento de cadena de caracteres.

SUBST

Busca en una lista un miembro especificado. Sustituye cada aparición de ese miembro por un ítem de sustitución especificado.

Sintaxis

```
(subst new old list)
```

Valor retornado: La lista modificada. Si no encuentra miembros para sustituir, devuelve la lista sin modificar.

Subst necesita tres argumentos. El primer argumento es el miembro sustitutorio para una lista (*new*). El segundo argumento es el miembro actual de una lista (*old*). El tercer argumento es la lista en la que buscar (*list*). Subst a menudo se usa para sustituir miembros de listas de asociación de entidades.

SUBSTR

Extrae una porción de una cadena de caracteres.

Sintaxis

```
(substr str start length)
```

Valor retornado: La subcadena extraída.

Substr necesita dos argumentos: una cadena de caracteres (*str*) y un entero que indica la posición inicial dentro de esa cadena (*string*). Puede proporcionar un tercer argumento, opcional, otro entero que indique la longitud de la subcadena (*length*).

El primer carácter de una cadena es el número 1. Si el argumento *length* no se presenta, la función devolverá una cadena que empiece por la posición dada y que continúe hasta el final de la cadena original. Si el argumento *length* está presente, Substr retornará una cadena de la longitud indicada, que empiece por la posición especificada.

TABLET

Graba y establece las calibraciones del tablero.

Sintaxis

(tablet *set pt1 pt2 pt3 dir*)

Valor retornado: Una lista que contiene un entero y cuatro listas de puntos que especifican la calibración del tablero designado.

Tablet necesita el argumento *set*. Este argumento es un entero, bien 1 o bien 0. Si es 0, la función Tablet retorna un lista que especifica la calibración del tablero actual. Si es 1, Tablet establecerá una nueva calibración. Entonces tiene que proporcionar los argumentos que faltan para la función. *Pt1, pt2 y pt3* son listas de puntos que definen una matriz de transformación del tablero. Estos puntos son similares a los puntos que introduce cuando usa la orden TABLET (TABLERO) de AutoCAD, y son usados por AutoCAD para calcular el tipo de transformación del tablero: ortogonal, afín o proyectiva. El cuarto argumento, *dir*, es una lista de puntos usada para identificar un vector de dirección que se encuentra en los planos de dibujo, donde se pretende que esté la superficie del tablero.

Equivalente de ADS

```
int ads_tablet(ptlist, result)
    struct resbuf *ptlist, **result;
```

Ads_tablet establece *result* para la nueva calibración, con tal de que usted proporcione *result* como un puntero del «buffer» (memoria intermedia) de resultados declarado. La alternativa es proporcionar el argumento *result* como NULL, en cuyo caso los nuevos valores de calibración no se almacenan. La variable de sistema ERRNO recibe un nuevo valor cuando esta función falla.

TBLNEXT

Extrae la lista de asociaciones para las entradas de una tabla de símbolos.

Sintaxis

(tblnext *table restart*)

Valor retornado: La lista de asociación para la entrada de la tabla, o nulo si no se presentan más entradas.

La función necesita el argumento *table*, que es una cadena de caracteres que indica el nombre de la tabla de símbolos que desee leer —por ejemplo, «BLOCK» o «LAYER». El argumento opcional *restart*, puede ser cualquier expresión AutoLISP. Si se evalúa para un valor no nulo, la función extrae la primera lista de asociación de la tabla. Las siguientes llamadas a la función Tblnext, a condición de que no incluyan el argumento *restart* (o que ese argumento sea nulo), extraerán la siguiente lista de asociación de la tabla. Si se proporciona el argumento *restart*, y no se evalúa para nulo, la función devolverá la primera entrada de la tabla.

Equivalente de ADS

```
struct resbuf ads_tblnext(table, restart)
    char *table;
    int restart;
```

Ads_tblnext devuelve la tabla de símbolos como una lista enlazada de los búfers de resultados. La variable de sistema ERRNO recibe un nuevo valor cuando esta función falla.

TBLSEARCH

Extrae un entrada especificada de una tabla de símbolos.

Sintaxis

```
(tblsearch table entry next)
```

Valor retornado: La lista de asociación de la entrada especificada, si se encuentra, si no un nulo.

Tblsearch necesita al menos dos argumentos. El primero, *table*, es una cadena de caracteres que indica la tabla de símbolos en la que buscar. El segundo, *entry*, es una cadena de caracteres que indica el nombre de la entrada de la tabla (código de grupo en la lista de asociación de la entrada).

El argumento *next* es opcional y puede ser cualquier expresión válida AutoLISP. Si se presenta, y no se evalúa como nulo, la entrada en la tabla inmediatamente después de la entrada encontrada será la entrada retornada por la siguiente llamada a la función Tblnext, que se ha descrito anteriormente.

Equivalente de ADS

```
struct resbuf *ads_tblsearch(table entry next)
    char *table, *entry;
    int next;
```

Ads_tblsearch devuelve la entrada de la tabla de símbolos como una lista enlazada de búfers de resultados. La variable de sistema ERRNO recibe un nuevo valor cuando esta función falla.

TERM_DIALOG

Cancela todos los cuadros de diálogo.

Sintaxis

```
(term_dialog)
```

Valor retornado: Nulo.

Term_dialog no usa argumentos. Cancela todos los cuadros de diálogo activos, incluidos los anidados, como si el usuario los hubiera cancelado todos.

Equivalente de ADS

```
int ads_term_dialog(void)
```

Ads_term_dialog devuelve siempre un código RTNORM.

TERPRI

Imprime un salto de línea en el área de órdenes-peticiones.

Sintaxis

```
(terpri)
```

Valor retornado: Nulo.

No se permite ningún argumento con Terpri. Sólo afecta al área órdenes-peticiones de la pantalla.

TEXTBOX

Mide las coordenadas diagonales de un cuadro que rodea las entidades de texto.

Sintaxis

```
(textbox tlist)
```

Valor retornado: Una lista que contiene dos listas de puntos. La primera especifica el desplazamiento desde el punto de inserción del texto hasta la esquina inferior izquierda del cuadro límite del texto. La segunda lista de puntos indica la esquina superior derecha del cuadro límite.

El argumento *tlist* es necesario. Tiene que ser una lista de asociación para una entidad de texto. Si el argumento de la lista de asociación no incluye una sublista que indique el estilo del texto y la orientación de los parámetros, los parámetros en vigor por defecto se suponen.

Equivalente de ADS

```
int ads_textbox(ent, pt1, pt2)
    struct resbuf *ent;
    ads_point pt1, pt2;
```

El argumento *ent* tiene que ser una lista enlazada de los búfers de resultados, para una entidad de texto en el dibujo (del tipo normalmente retornado por la función Ads_entget). Almacena los puntos de las coordenadas de la esquina opuesta, en *pt1* y *pt2*. La variable de sistema ERRNO recibe un nuevo valor cuando esta función falla

TEXTPAGE

Presenta la pantalla de texto en sistemas de pantalla única, y la limpia.

Sintaxis

```
(textpage)
```

Valor retornado: Nulo.

Textpage se llama sin argumentos.

Equivalente de ADS

```
int ads_textpage()
```

TEXTSCR

Presenta la pantalla de texto en sistemas de pantalla única.

Sintaxis

```
(textscr)
```

Valor retornado: Nulo

Textscr se llama sin argumentos. A diferencia de la función Textpage, esta función no limpia la pantalla de texto.

Equivalente de ADS

```
int ads_textscr()
```

TRACE

Establece una marca de registro para las funciones nombradas.

Sintaxis

(trace *funcl...*)

Valor retornado: La última función nombrada en la serie.

Trace necesita, al menos, un nombre de una función definida con anterioridad. Cualquier número de funciones puede usarse como argumento. Trace es una ayuda para depurar funciones y puede usarse en las situaciones en las que sus funciones definidas están trabajando lo suficientemente bien como para evitar que se produzcan mensajes de error de AutoLISP, pero le gustaría comprobar si han retornado los resultados que deseaba.

Cada vez que se llama a la función cuando está establecida la marca de registro, AutoLISP presentará en el área de órdenes el mensaje «Entering *function*.», donde *function* es el nombre de una función para el que se ha establecido la marca de registro. AutoLISP presentará este mensaje sangrado en un número de espacios que se corresponden con la profundidad a la que se ha anidado la función. Así pues si la función rastreada se anida dentro de otras dos funciones, AutoLISP presentará el mensaje con dos espacios de sangrado. Esto es de gran ayuda si se llama varias veces a la función, o si la función se anida dentro de funciones de control tales como If, en cuyo caso podría ser pasada de largo. El sangrado ayuda a indicar en qué punto del procesamiento se está ejecutando la función cada vez que el mensaje de rastreo se visualiza.

AutoLISP presenta también los argumentos que se pasan a la función. Si los argumentos son expresiones, sus resultados son presentados. Cuando la función ha completado el procesamiento, se presenta el resultado retornado por la función y la rutina AutoLISP continúa normalmente.

TRANS

Traslada un punto desde un sistema de coordenadas a otro.

Sintaxis

(trans *pt current new disp*)

Valor retornado: Una lista de punto que indica el punto después del traslado.

Trans necesita tres argumentos en el siguiente orden:

1. Una lista de punto de coordenadas 3D que indica el punto a trasladar.
2. Un código entero o un nombre de entidad que indica el sistema de coordenadas en vigor del punto expresado en el primer argumento.
3. Un código entero o un nombre de entidad que indique el sistema de coordenadas del punto que tiene que ser proporcionado por la función.

Además, se puede usar el argumento opcional *disp*. Si este argumento se presenta, el argumento de punto 3D se interpreta como un *desplazamiento*, esto es, el incremento a lo largo de cada eje, trasladado desde un sistema de coordenadas al otro.

Los códigos enteros permitidos para los sistemas de coordenadas son los siguientes:

0 = El Sistema de Coordenadas Mundial.
1 = El Sistema Actual de Coordenadas del Usuario.
2 = El Sistema de Coordenadas de Presentación.
3 = Espacio de papel (usado sólo para/desde el código 2).

El Sistema de Coordenadas Mundial y los Sistemas Actuales de Coordenadas del Usuario, son aquellos sistemas de coordenadas estándar que se pueden actualizar usando la orden Ucs (Scp). El Sistema de Coordenadas de Presentación se interpola internamente a partir del ángulo de visión. Cuando se ve la pantalla de presentación, usted siempre está en la visión del plano para este sistema de coordenadas. El eje Z positivo se mide desde el punto-objetivo hasta las variables del sistema (TARGET hasta VIEWDIR) del ángulo de visión, respectivamente; el eje X positivo es siempre horizontal y hacia la derecha, perpendicular al eje Z, y el eje Y siempre es perpendicular a ambos ejes X y Z. Así pues, si el actual UCS está en una visión de plano, tanto el Sistema de Coordenadas del Usuario como el Sistema de Coordenadas de Presentación en vigor serán el mismo.

Además, puede hacer referencia al sistema de coordenadas de una entidad individual proporcionando ese nombre de entidad en lugar de un código entero. Las entidades que retienen sus propios sistemas de coordenadas incluyen las polilíneas 2D, los arcos, los bloques, los círculos, los sólidos, las formas, los trazos y el texto.

Trans es necesaria porque todos los valores de puntos de coordenadas retornados por AutoLISP son relativos al sistema en vigor de coordenadas del usuario. Así pues, si un punto se recupera y se almacena en una variable de memoria mientras se está en un sistema de coordenadas de usuario y se cambia después el sistema de coordenadas de usuario, las coordenadas del punto en esa variable harán ahora referencia a un punto completamente diferente en el espacio 3D. Por tanto Trans proporciona los medios para *actualizar* las variables de punto cuando uno se desplaza entre los diferentes sistemas de coordenadas.

Además, los datos de punto para las entidades que mantienen sus propios sistemas de coodenadas de entidad, tienen que ser trasladados al Sistema de Coordenadas del Usuario en vigor, para ser referido y modificado apropiadamente por AutoLISP.

Equivalente de ADS

```
int ads_trans (pt, current, new, disp, result)
    ads_point pt;
    struct resbuf *current, *new;
    int disp;
    ads_point result;
```

Ads_trans almacena el punto transformado en *result*. La variable de sistema ERRNO recibe un nuevo valor cuando falla esta función.

TYPE

Extrae el tipo de dato de su argumento.

Sintaxis

`(type data)`

Valor retornado: El tipo de dato como una cadena mayúscula.

Type acepta un solo argumento y comprueba su tipo de dato. Type devuelve una de las siguientes cadenas (siempre en mayúscula), dependiendo del tipo de dato del argumento:

Devuelve	Cuando el tipo de entidad es:
ENAME	Nombre de entidad
EXSUBR	Función ADS (externa)
FILE	Descriptor de archivo
INT	Entero
LIST	Lista (una función definida por el usuario se considera como una lista)
PICKSET	Conjunto de selecciones
PAGETB	Tabla de paginación de funciones (cuando se habilita la memoria virtual)
REAL	Número real
STR	Cadena
SUBR	Función predefinida de AutoLISP
SYM	Símbolo

Type puede retornar además un nulo si se proporciona un argumento nulo (tal como el nombre de un símbolo desconocido).

UNLOAD_DIALOG

Quita de la RAM un archivo de Lenguaje de Control de Diálogo (DCL) cargado anteriormente.

Sintaxis

`(unload_dialog id)`

Valor retornado: Nulo.

Unload_dialog necesita un argumento entero, que es el entero devuelto por una llamada anterior a la función Load_dialog.

Equivalente de ADS

```
int ads_unload_dialog(id)
    int id
```

Esta función siempre devuelve un código RTNORM.

UNTRACE

Quita la marca de rastreo de las funciones.

Sintaxis

```
(untrace func1...)
```

Valor retornado: El nombre de la última función en la serie.

Untrace necesita los nombres de funciones válidas. Si no existe ninguna marca de rastreo, no pasa nada, pero se devuelve el nombre de la función. Si se establece una marca de rastreo para cualquier función, se quita de esa función.

VECTOR_IMAGE

Dibuja una línea en el mosaico de imagen actual (como se especificara mediante una llamada a la función Start_image).

Sintaxis

```
(vector_image x1 y1 x2 y2 color)
```

Valor retornado: Nulo.

Todos los argumentos son necesarios. $X1$ e $y1$ son enteros que indican las coordenadas del punto inicial de línea en el área de imagen del mosaico; $x2$ e $y2$ son enteros que indican las coordenadas del final de la línea en el área de imagen. El punto de origen del área de imagen está siempre en la esquina superior izquierda, y siempre es 0,0. Las coordenadas de la esquina inferior derecha se pueden obtener llamando a las funciones Dimx_tile y Dimy_tile.

Color es cualquier código de color de AutoCAD dentro del rango 0-255, o uno de los siguientes:

−2 = Igual que el color de fondo de la pantalla gráfica de AutoCAD.
−15 = Igual que el color de fondo del cuadro de diálogo.
−16 = Igual que el color de texto del cuadro de diálogo.
−18 = Igual que el color de línea del cuadro de diálogo.

Equivalente de ADS

```
int ads_vector_image(x1, y1, x2, y2, color)
    short x1, y1, x2, y2, color;
```

El argumento *color* es cualquier código de color de AutoCAD, dentro del rango 0-255, o uno de los siguientes códigos ADS:

BGLCOLOR   = Igual que el color de fondo de la pantalla de gráficos
              de AutoCAD.
DBGLCOLOR   = Igual que el color de fondo del cuadro de diálogo.
DFGLCOLOR   = Igual que el color del texto del cuadro de diálogo.
LINELCOLOR = Igual que el color de línea del cuadro de diálogo.

VER

Comprueba el número de versión de AutoLISP.

Sintaxis

```
(ver)
```

Valor retornado: Una cadena de caracteres que indica el número de versión.

Ver no usa argumentos. Es de gran ayuda cuando las rutinas se pueden compartir entre diferentes versiones de AutoLISP, para elegir entre procesos alternativos que se basan en la versión que se esté usando.

VMON

Habilita la paginación de memoria de la función virtual, en las versiones anteriores a la Versión 12.

Sintaxis

```
(vmon)
```

Valor retornado: Nulo.

Vmon ayuda a conservar espacio de memoria cuando las rutinas AutoLISP definen muchas funciones. Este proceso es transparente para el usuario. Sitúelo al principio de una larga rutina AutoLISP o en ACAD.LSP. Una vez habilitada, la función de paginación no puede deshabilitarse. Esta función no tiene ningún efecto en la Versión 12.

VPORTS

Extrae los números de identificación de las ventanas de visualización.

Sintaxis

```
(vports)
```

Valor retornado: Una lista de los números de identificación de las ventanas de visualización y de las coordenadas de la esquina para la configuración actual de las ventanas de visualización.

Vports no usa ningún argumento. La lista devuelta por Vports es una lista de sublistas. Cada sublista contiene los siguientes miembros, en el siguiente orden:

1. El número de identificación de la ventana de visualización, que siempre es un entero.
2. La esquina inferior izquierda de la ventana de visualización, expresada como una lista de puntos de coordenadas 2D.

3. La esquina superior derecha de la ventana de visualización, también una lista de puntos de coordenadas 2D.

La ventana de visualización activa actual es siempre la primera sublista de ventana de visualización en la lista retornadad por Vports. Los valores en la lista de puntos de coordenadas están siempre en el intervalo de 0,0 hasta 0,1, que representan los valores mínimos y máximos para ambas coordenadas X e Y.

En la Versión 11 y posteriores, la función Vports devuelve la configuración de la ventana de visualización en el espacio modelo si la variable de sistema TILEMODE se establece como 1. Si TILEMODE se establece como cero, la función retorna la configuración de la ventana de visualización en el espacio del papel.

En el espacio del papel, la ventana de visualización 1 es el área del espacio del papel que se visualiza cuando TILEMODE se establece primero para cero, y la ventana de visualización activa actual, si hay alguna, se lista primero.

Equivalente de ADS

```
int ads_vports(result)
    struct resbuf **result;
```

Ads_vports almacena una lista enlazada de los búfers de resultados, que contienen descriptores de la ventana de visualización de la configuración en vigor en *result*. Si Ads_vports falla, devuelve un código RTERROR.

WCMATCH

Compara una cadena de caracteres con una serie de cadenas de comprobación que contiene caracteres comodín especiales.

Sintaxis

```
(wcmatch str pattern)
```

Valor retornado: T si las cadenas son equiparables; si no un nulo.

Wcmatch necesita un argumento de cadena de caracteres (*str*), llamado *cadena de comprobación*, como su primer argumento, seguido de un segundo argumento de cadena (*pattern*). Si son equiparables las dos cadenas, la función retorna T. La segunda cadena es un patrón especial de control, compuesto de uno o más grupos de caracteres comodín. Los caracteres comodín le permiten a la función devolver T, incluso si la equiparación no es exacta. Cada argumento puede contener más de 500 caracteres; si una cadena es más larga que esto, el exceso de caracteres se ignora. La función retornará T cuando se haga una equiparación con los siguientes caracteres comodín especiales:

* El asterisco equivaldrá a cualquier subcadena, incluso a ninguna cadena, en cualquier parte de la cadena de prueba.
? El signo de interrogación equivaldrá a cualquier carácter alfanumérico sencillo en el patrón.

@   El símbolo «arroba» equivaldrá a cualquier letra sencilla en cualquier
         parte del patrón.

\#   El símbolo «número» o «libra» equivaldrá a cualquier carácter nu-
         mérico sencillo, en cualquier parte del patrón.

.   El punto equivaldrá a cualquier carácter sencillo no alfanumérico, in-
         cluyendo ningún carácter, en cualquier parte de la cadena de compro-
         bación.

'   El acento (no es lo mismo que el apóstrofo) le permite leer caracteres
         comodín literalmente, en vez de leerlos como caracteres de control.

Si una tilde (~) es el primer carácter dentro de los corchetes, Wcmatch devolverá verdadero, si la cadena de comprobación *no* equivale a ninguno de los caracteres del patrón de control dentro de los corchetes.

Puede especificar un rango consecutivo de caracteres sencillos dentro de los
corchetes, separando el principio y el final del rango con un guión (-). Observe que
éste funciona sólo con un rango de caracteres sencillos; los caracteres no separados
por el guión se tratan individualmente.

La coma (,) le permite separar grupos de caracteres comodín en el patrón de
control, permitiéndole así hacer una comparación con una serie de patrones de
control. Un espacio en el patrón de control equivaldrá a uno o más espacios en la
cadena de comprobación.

AutoLISP generalmente interpreta el carácter de barra invertida (\) como un
carácter de control, siempre que aparezca en una cadena; para representar un carácter de barra invertida literalmente en cualquier parte de AutoLISP, use dos barras invertidas (\\). Si quiere representar una sola barra invertida en un patrón de
control para Wcmatch, utilice el carácter acento, más las dos barras invertidas ('\\).

Los corchetes ([]) tienen una función especial en la cadena de patrón de control. Wcmatch retornará T si cada uno de los caracteres dentro de ellos en el patrón de control se equipara a la cadena de comprobación. Todos los caracteres
dentro de los corchetes se interpretan literalmente; por ejemplo, un asterisco no se
interpreta como un carácter comodín, sino como un asterisco.

Hay excepciones a esta regla de los caracteres literales entre corchetes, sin embargo: como se mencionó anteriormente, un guión dentro de corchetes se considera un carácter de control que significa un rango. Sin embargo, si el guión aparece primero, como en «[-XYZ]», o el último, como en «[XYZ-]», o sigue a una
tilde, como en «[~ -XYZ]», se considerará un carácter literal. Una tilde seguida de
un corchete de apertura, se interpreta como un carácter de control, invirtiendo el
criterio de equiparación encorchetado.

Si un par de corchetes vacíos aparecen en el patrón de control, el corchete de
apertura se considera como el carácter de control, pero el corchete de cierre será
interpretado como un carácter literal. Este necesita que se añada un segundo corchete de cierre para el patrón de control. Por ejemplo:

```
(wcmatch "X]Z" "X[]1-8]Z")
```

retorna T.

Las comprobaciones de caracteres con Wcmatch son sensibles al tipo de letra;
así pues, «abc» no equivaldrá a «A*». Sin embargo, todos los nombres de símbolos

son transformados en mayúsculas por AutoLISP; por consiguiente, use patrones de control en mayúsculas para comprobarlos.

Los caracteres comodín que se han descrito antes se pueden usar con cualquiera de las funciones AutoLISP que comparen cadenas.

Equivalente de ADS

```
int ads_wcmatch(str, pattern)
    char *str, *pattern;
```

Ads_wcmatch retorna RTNORM si la cadena se equipara con el diseño; si no, RTERROR.

WHILE

Evalúa repetidamente una serie de una o más expresiones AutoLISP basándose en si una expresión de comprobación inicial se evalúa como un valor nulo o como uno no nulo.

Sintaxis

```
(while test expl ...)
```

Valor retornado: El de la última expresión evaluada.

La función While necesita al menos dos expresiones AutoLISP para los argumentos, pero puede incluir una serie de cualquier longitud. El primer argumento (*test*) es la expresión de comprobación. Las siguientes expresiones se evaluarán repetidamente y en secuencia mientras que la expresión de comprobación no retorne un nulo.

Cualquier serie de procesamiento se puede usar dentro de una función de bucle, con tal de que el procesamiento afecte a la expresión de comprobación, haciéndole devolver un nulo en algún punto. Si la expresión de comprobación nunca se evalúa como un nulo, las tareas repetidas continuarían indefinidamente. Esta situación se denomina *bucle sin final*. Si accidentalmente escribe un bucle sin final, puede parecer que el programa no hace nada, o se pueden presentar en la pantalla los mismos mensajes una vez y otra. En tal caso, tiene que cancelar la rutina AutoLISP introduciendo Ctrl-C.

WRITE-CHAR

Escribe un solo carácter bien en el área de órdenes o bien en un archivo.

Sintaxis

```
(write-char n file)
```

Valor retornado: El código ASCII para los caracteres escritos.

Write-char necesita un código ASCII para que el carácter sea escrito. El código ASCII 0 (carácter nulo), no está permitido. Si el carácter es para ser escrito en un archivo, tiene que proporcionarse después del código ASCII una variable de memoria que contenga un descriptor de un archivo abierto para escribir o para añadir.

WRITE-LINE

Escribe una cadena de caracteres en el área de órdenes, o en un archivo.

Sintaxis

```
(write-line str file)
```

Valor retornado: La cadena de caracteres.

Write-line necesita el argumento de cadena de caracteres *str*. Si la cadena de caracteres es para ser escrita en un archivo, tiene también que proporcionarse una variable de memoria que contenga un descriptor para un archivo abierto, para escribir o para añadir.

Al igual que la función Print, Write-line escribe automáticamente cada línea siguiente en una nueva línea en el archivo, pero al contrario de la función Print, no añade un espacio posterior.

XDROOM

Calcula la cantidad de espacio para datos de entidades ampliadas que hay disponible para una entidad nombrada.

Sintaxis

```
(xdroom ent)
```

Valor retornado: Un entero que indica el número de bytes de espacio disponible para la entidad ampliada.

La máxima cantidad de espacio disponible es de 16.383 bytes. Use esta función para comprobar si hay suficiente espacio disponible para los datos de entidad ampliada de su aplicación.

Equivalente de ADS

```
int ads_xdroom(ent, result)
    ads_name ent;
    long *result;
```

Ads_xdroom almacena el resultado de su cálculo en *result*. La variable de sistema ERRNO recibe un nuevo valor cuando esta función falla.

XDSIZE

Calcula la cantidad de espacio requerida por una lista de datos de entidad ampliada.

Sintaxis

```
(xdsize xdlist)
```

Valor retornado: Un entero que indica el número de bytes requeridos por la lista-argumento.

El argumento *xdlist* tiene que ser una lista de sublistas de entidades ampliadas, como se describe en la *Referencia del programador* de AutoLISP. Toda la lista tiene que estar encerrada entre una serie de paréntesis; por consiguiente, el argumento para esta función es una lista que contiene una sola lista, que a su vez contiene una serie de sublistas.

Equivalente de ADS

```
int ads_xdsize(xdlist, result)
    struct resbuf *xdlist;
    long *result;
```

Ads_xdsize almacena el resultado de su cálculo en *result*.

XLOAD

Carga un programa compilado desarrollado usando el Sistema de Desarrollo Avanzado de AutoCAD (ADS).

Sintaxis

```
(xdload appname errmsg)
```

Valor retornado: El nombre de la aplicación, como se especifica en el argumento *appname*, si se ha cargado con éxito; si no, se genera un error de AutoLISP. Si el argumento *errmsg* se proporciona, no se genera un error de AutoLISP y se retorna la cadena de caracteres *errmsg*.

Xload necesita una cadena de caracteres que nombre a un archivo válido de aplicaciones ADS. La extensión del archivo (varía, dependiendo de su sistema) no es necesaria.

Equivalente de ADS

```
int ads_xload(appname)
    char *appname;
```

La variable de sistema ERRNO recibe un nuevo valor si esta función falla.

XUNLOAD

Quita de la memoria un programa ADS.

Sintaxis

(xunload *appname errmsg*)

Valor retornado: El nombre de la aplicación, como se especifica en el argumento *appname*, si la aplicación se descarga con éxito; si no, se genera un error de AutoLISP, y se retorna la cadena de caracteres *errmsg*.

Xunload necesita una cadena de caracteres que nombre a un archivo válido de aplicaciones ADS, que se haya cargado previamente en la memoria. La extensión del archivo (varía, dependiendo de su sistema) no es necesaria. El argumento *errmsg* es opcional.

Equivalente de ADS

int ads_xunload(*appname*)
    char *appname;

La variable de sistema ERRNO recibe un nuevo valor cuando esta función falla.

ZEROP

Comprueba si un número es cero.

Sintaxis

(zerop *n*)

Valor retornado: T si el número es exactamente cero, si no, un nulo.

Zerop necesita un número, bien real o bien entero. Si el argumento *n* no es un número, Zerop devuelve un nulo.

Rutinas AutoLISP breves
y funciones útiles
para estudiar

Este Apéndice contiene rutinas AutoLISP útiles, presentadas en los Listados B.1 a B.22, que puede usar tal y como están, modificarlas para su enlazamiento o usarlas como ejemplos de estudio.

Macros de dos caracteres

Prácticamente cualquier usuario puede beneficiarse del desarrollo de órdenes simples, de dos caracteres, que ejecuten secuencias de órdenes frecuentemente llamadas sin requerir la orden AutoCAD original y sin tener que pedir las palabras clave necesarias para las opciones. Use éstas como base para crear su propia biblioteca de macros AutoLISP. Ponga sus macros más útiles en su archivo ACAD.LSP en el subdirectorio de sistema de AutoCAD.

EL.LSP

EL.LSP, mostrada en el Listado B.1, borra rápidamente la última entidad dibujada. Es útil en situaciones en las que la orden Undo (Revoca) no funciona, bien porque varias entidades fuesen dibujadas dentro de un grupo Undo, o bien porque una orden personalizada haya realizado cambios en el entorno que usted no desea que se deshagan. Es una buena manera de borrar líneas descompuestas. La orden Oops (Recupera) o la Undo (Revoca) restaurarán una entidad borrada usando EL.LSP.

Listado B.1. E.LSP—Borra el último objeto.

```
; EL - para AutoCAD Versión 9+
(defun C:EL()
  (entdel (entlast))
  (princ)
)
```

LP.LSP

LP.LSP, mostrado en el Listado B.2, es una variación de una rutina clásica que ha existido en una forma u otra desde que AutoLISP introdujo las funciones de ac-

Listado B.2. LP.LSP—Cambio de la capa mediante la selección de un objeto.

```
; LP - para AutoCAD Versión 9+
(defun C:LP( / oldech oldsnp olderr esel )

    (setq oldech (getvar "CMDECHO")    ; store current environment
          oldsnp (getvar "OSMODE")
          olderr *ERROR*
    )
    (defun *ERROR* (msg)               ; define new error handler
      (princ " \n") (princ msg)        ; print message
      (setvar "CMDECHO" oldech)
      (setvar "OSMODE"  oldsnp)
      (setq   *ERROR*   olderr)
      (princ)
    )
    (setvar "CMDECHO" 0)               ; reset environment
    (setvar "OSMODE"  512)

    (while (not (setq esel (entsel)))) ; pick entity

    (command ".LAYER" "s"
           (g:entv 8 (car esel)) "")   ; change layer

    (setvar "CMDECHO" oldech)          ; restore environment
    (setvar "OSMODE" oldsnp)
    (setq *ERROR* olderr)
    (princ)
)
; ---------------------------------------------------------------
; G:ENTV - Returns entity association list value

(defun g:entv ( code ename )
    (cdr (assoc code (entget ename)))
)
```

ceso a entidades. Esta versión es especialmente eficiente y compacta. LP.LSP crea una macro llamada LP, que puede ser llamada desde el indicador Command. La macro le pide que seleccione un objeto en la pantalla, después establece la capa actual para que sea la misma que la del objeto seleccionado.

Obsérve que LP.LSP incluye una pequeña función global llamada G:entv. Esta función puede ser utilizada en muchas rutinas que requieran valores asociados con códigos de grupo de entidades. Ella retorna el valor asociado con un código de grupo especificado en una lista de asociación de una entidad. La sintaxis para la función es como sigue:

```
(g:entv código nombrentidad)
```

La función requiere dos argumentos: el código del grupo al que se está accediendo y un nombre de entidad. Si el código del grupo no existe, la función devuelve un nulo; en otro caso, retorna el valor asociado con el código del grupo especificado.

LX.LSP

LX.LSP, mostrada en el Listado B.3, pide un nombre de capa y lo pone en vigor, creándolo si no existe aún. Después congela todas las demás capas del dibujo. Es útil cuando necesita aislar las entidades de una única capa. Esta macro funciona en la Versión 9 y posteriores de AutoCAD. Después de cargar el archivo, introduzca la orden LX.

Listado B.3. LX.LSP—Congela todas las capas menos la especificada.

```
; LX - para AutoCAD Versión 9+
(defun C:LX (/ oldech x )

  (setq oldech (getvar "CMDECHO")
       x (getstring "Layer to set: "))

  (setvar "CMDECHO" 0)

  (if (tblsearch "LAYER" x)
    (command ".layer" "t" x "on" x)
    (command ".layer")
  )
  (command "m" x "f" "*" "")

  (setvar "CMDECHO" oldech)
  (princ)

)
```

LT.LSP

LT.LSP, mostrado en el Listado B.4, simplemente descongela todas las capas del dibujo. Es útil para una recuperación global después de LX.LSP. Mientras LT.LSP

Listado B.4. LT.LSP—Descongela todas las capas.

```
; LT - para AutoCAD Versión 9+
(defun C:LT (/ oldech )

  (setq oldech (getvar "CMDECHO") )
  (setvar "CMDECHO" 0)
  (command ".layer" "t" "*" "")
  (setvar "CMDECHO" oldech)
  (princ)

)
```

descongela todas las capas, no las activa si estaban inactivas cuando fueron congeladas. Después de cargar el archivo, introduzca la orden LT.

UM.LSP

UM.LSP, mostrada en el Listado B.5, es una macro de la Versión 12 que pone una marca en el rastro auditado de Undo. Si la opción Undo está inactiva, es activada. Después de cargar el archivo, introduzca la orden UM.

Listado B.5. UM.LSP—Marca rápida de Undo.

```
; UM - para AutoCAD Versión 12
(defun C:UM( / oldech x )

  (setq oldech (getvar "CMDECHO")
        x        (getvar "UNDOCTL")
  )
  (setvar "CMDECHO" 0)

  (cond ( (= 0 x )
          (command ".undo" "a" ".undo" "a" "on")
        )
        ( (= 3 x )
          (command ".undo" "c" "a")
        )
  )

  (if (<= x 3)
     (prompt "\nUndo ALL now active.")
  )
  (if (>= x 8)
     (command ".undo" "e")
  )

  (command ".undo" "m")
  (prompt "\nMark set.")
```

```
(setvar "CMDECHO" oldech)
(princ)
)
```

UB.LSP

UB.LSP, mostrada en el Listado B.6, es una macro de la Versión 12 que activa la orden UNDO BACK (REVOCA RETORNO). Esta diseñada para funcionar como un compañero de UM.LSP. Si se encuentra una marca en el rastro auditado de Undo, se detiene en el sitio de la marca y reinserta la marca de retorno en su lugar. Si no encuentra ninguna marca, UB.LSP deshace todo. Esta macro es útil cuando está ensayando varias opciones en un dibujo y desea volver a desplazarse rápidamente a un punto particular en la sesión de dibujo. Después de cargar el archivo, llame a la orden UB.

Listado B.6. UB.LSP—Volver a la marca rápida de Undo y restablecer.

```
; UB — para AutoCAD Versión 12
(defun C:UB(/ oldech)

   (setq oldech (getvar "CMDECHO") )
   (setvar "CMDECHO" 0)
   (cond ( (= 0 (getvar "UNDOMARKS"))
           (command ".undo" "e" ".undo" "b" "y")
         )
         ( T (command ".undo" "e" ".undo" "b" ".undo" "m")
            (prompt "\nUNDO complete. Mark reset.")
         )
   )

   (setvar "CMDECHO" oldech)
   (princ)

)
```

Recuerde que la orden REDO (INVOCA) destruirá todos los cambios realizados usando estas macros, en el caso de que encuentre que ha deshecho más de lo que pretendía.

ZP.LSP

ZP.LSP, mostrada en el Listado B.7, es una forma rápida de restaurar el ángulo de visión previo. Después de cargar el archivo, introduzca la orden ZP.

Listado B.7. ZP.LSP—Zoom rápido a lo anterior.

```
; ZP - para AutoCAD Versión 9+
(defun C:ZP(/ oldech)

   (setq oldech (getvar "CMDECHO") )
   (setvar "CMDECHO" 0)
   (command ".zoom" "p")
   (setvar "CMDECHO" oldech)
   (princ)

)
```

Otras variaciones de zoom basadas en este modelo son posibles. Por ejemplo,

```
; ZW - para AutoCAD Versión 9+
(defun C:ZW(/ oldech )

   (command ".zoom" "w" pause pause
   (princ)
)
```

ejecuta la orden de ventana Zoom. Los únicos cambios son el nombre de la función y la sustitución de los parámetros correctos en la función Command de la línea 4. Usando este modelo, puede realizar macros de dos teclas a partir de muchas órdenes de AutoCAD para ahorrar tiempo y ganar eficiencia.

Trabajando con archivos

G:fname (mostrada en el Listado B.8) es una función, pensada para uso global, que proporciona un nivel razonable de captura de errores cuando se accede a archivos en disco. Es especialmente útil cuando se trabaja con rutinas que crean archivos. G:fname verifica que el nombre de archivo que usted teclea es un nombre de DOS legal, ofrece un nombre de archivo por defecto, añade una extensión por defecto al nombre, si lo desea, y comprueba la existencia de un archivo con ese nombre en la ruta de búsqueda de AutoCAD. Si se encuentra un duplicado del archivo, G:fname le pide que confirme que desea sobreescribir el archivo existente antes de aceptar el nombre de archivo que usted ha tecleado.

La función G:fname tiene la sintaxis:

```
(g:fname default extension)
```

Ambos argumentos son opcionales, pero si no se suministran, deben ser sustituidos en la sintaxis de la función por un nulo. Lo que sigue son ejemplos válidos de sintaxis:

```
(g:fname "TEST" "TXT")
(g:fname nulo «TXT»)
```

```
(g:fname "TEST" nulo)
(g:fname nulo nulo)
```

Usando el primer ejemplo, G:FNAME indica

```
File name <TEST>
```

y si el usuario pulsa ↵, retornará

```
TEST.TXT
```

ya que se usa la extensión de archivo por defecto.

Incluso si se proporciona una extensión predefinida en la sintaxis, el usuario puede pasar por alto la predefinición introduciendo un nombre de archivo que incluya la extensión. G:fname acepta también letras de unidad y subdirectorios como parte del nombre del archivo.

Si suministra una ruta como parte del argumento de nombre de archivo en la función, debe usar barras invertidas dobles para separar los directorios de la ruta; por ejemplo:

```
(g:fname "c:\\acad\\sample.txt" "txt")
```

No utilice barras normales, ya que estos caracteres son capturados por la función Testfn, que se describe un poco más adelante. Sin embargo, cuando la función G:fname para y le pide que introduzca el nombre de un archivo, puede incluir fácilmente una ruta de subdirectorio en su respuesta, usando la sintaxis familiar con una única barra invertida.

Listado B.8. G:FNAME.LSP—Obtiene un nombre de archivo detectando los errores.

```
; G:FNAME function - Gets, verifies, and prompts to overwrite

; a file name

(defun g:fname( defname ext / yn fnvar fqfn)

   (while (not (setq fnvar
               (testfn (g:getstr "\nFile name: " defname nil))
           )
       )
   )

   (if (and ext
          (not (findch "." fnvar))
       )
      (setq fnvar (strcat fnvar "." ext))
   )

   (while (and (setq fqfn (findfile fnvar))
             (/= yn "Yes")
       )
```

```
            (initget 1 "Yes No")
            (cond ( (eq "No"
                            (setq yn
                             (getkword
                             (strcat "\nFile " fqfn
                                         " found. Overwrite (Y/N)? "
                                 )
                                )
                            )
                        )
                        (setq fnvar (g:getstr "\nFile name: "
                                                defname nil))
                        (if (and ext
                                    (not (findch "." fnvar))
                             )
                             (setq fnvar (strcat fnvar "." ext))
                         )
                       )
                   )
          )

    (if (eq "Yes" yn)
        fqfn
        fnvar
    )


)
; ------------------------------------------------------------------
; G:GETSTR function: - Formatted Getstring

(defun g:getstr(prmt default spaces / temp)

   (if default                       ; if default exists
      (setq temp (getstring spaces (g:str prmt default)))
      (while (not default)           ; while no default
         (setq default (getstring spaces prmt))
      )
   )

   (if (and temp (/= temp ""))  ; if temp exists (response given)
       (setq default temp)      ; set new default
       default                  ; otherwise, return current
    )

)
; ------------------------------------------------------------------
; FINDCH - Locate character whithin string

(defun findch( chr chrstr lstr )
```

```
    (cond ( (and (= (type chrstr) 'STR)
                 (= (type chr) 'STR)
            )
            (setq lstr (strlen chrstr))
            (while (and (> lstr 0)
                        (/= chr (substr chrstr lstr 1))
                   )
                   (setq lstr (1- lstr))
            )
          )
    )

    (if (> lstr 0)
        chrstr
    )

)
;  ------------------------------------------------------------------------
; TESTFN - Test string for illegal DOS characters

(defun testfn( chrstr / xstr index valid)

    (setq xstr (strcat "*+=|[];?/<>," (chr 34))
          index 1
          valid T
    )

    (while (and valid
                (<= index 13)
           )
           (if (findch (substr xstr index 1) chrstr)
               (setq valid nil)
               (setq index (1+ index))
           )
    )

    (if valid
        chrstr
        (prompt (strcat "\nIllegal character ("
                        (substr xstr index 1)
                        ") in file name.")
        )
    )

)
```

G:FNAME.LSP utiliza una serie de funciones de manejo de cadenas interesantes que pueden ser aplicadas a muchas otras rutinas AutoLISP que manipulen cadenas de caracteres. Por ejemplo, G:getstr es una versión formateada de la función getstring de AutoLISP, similar a las funciones Get formateadas explicadas en el

Capítulo 7. Asimismo, observe que G:getstr requiere la función G:str, también listada en el Capítulo 7. Debe cargar esa función antes de tratar de utilizar G:fname.

La función Findch es una función de manejo de cadenas que comprueba si existe un carácter en una cadena dada. La búsqueda del carácter no tiene en cuenta si está en mayúscula o en minúscula; en otras palabras, las minúsculas serán como las mayúsculas. Si se encuentra el carácter, Findch devuelve la cadena original; si no se encuentra el carácter, Findch devuelve un nulo. La sintaxis para Findch es:

```
(findch carácter cadena)
```

La función G:fname usa Findch para ver si el nombre tecleado por el usuario incluye un punto como indicativo de que aquél ha proporcionado una extensión de archivo. En tal caso, G:fname no suministrará una extensión por defecto incluso aunque se usara una como argumento.

El argumento Testfn comprueba si hay caracteres ilegales en la cadena del nombre del archivo introducida por el usuario. También hace uso de la función Findch con este propósito. Observe como esta función comprueba la cadena introducida contra una cadena de claves de caracteres ilegales. Ya que la comilla simple (') es también ilegal en los nombres de archivos de DOS, Testfn usa las funciones Strcat y Chr para incluir el carácter comilla en la cadena de claves:

```
(strcat "*+=|[];?/<>," (chr 34))
```

Si incluye la comilla literalmente, podría crear una situación en la que los delimitadores de la cadena no serían iguales, de modo que éste es un método por el que puede incluir una comilla en una cadena de AutoLISP. La sintaxis para Testfn es:

```
(testfn nombrearchivo)
```

Si la cadena contiene uno de los caracteres ilegales, la función informa al usuario y retorna un nulo. En otro caso, devuelve la cadena original del nombre del archivo.

Exportación de texto de AutoCAD a un archivo ASCII

TEXTOUT.LSP, mostrado en el Listado B.9, es un ejemplo de cómo usar la función G:fname. Pide al usuario que introduzca un nombre de archivo y escoge un conjunto de selecciones conteniendo entidades de texto de AutoCAD. Las entidades de texto en el conjunto de selecciones son exportadas en el archivo nombrado. Las entidades que no son de texto de la selección son ignoradas.

Si edita texto en el dibujo, puede cambiar el orden en el que aparece en la base de datos subyacente. Es por esto que TEXTOUT.LSP ofrece dos métodos para seleccionar texto: usando una ventana cruzada o seleccionando líneas individualmente. Si selecciona el texto usando la ventana cruzada, las entidades aparecen en el archivo en el orden en el que están en la base de datos subyacente. Si escoge las entidades de texto individualmente, aparecen en el archivo en el orden seleccionado.

Listado B.9. TEXTOUT.LSP—Escribe texto de AutoCAD en archivos ASCII.

```
; TEXTOUT - para AutoCAD Versión 10+
(defun C:TEXTOUT(/ oldech filstr)

   (setq oldech (getvar "CMDECHO"))
   (setvar "CMDECHO" 0)
   (if (setq filstr (g:fname nil "TXT"))
      (export)
   )
   (setvar "CMDECHO" oldech)
   (princ)

)
;--------------------------------------------------------------------
; EXPORT - Export AutoCAD text to file

(defun export( / method ll ur lines xpfile
          total alist blist test )

   (while (and (/= method "C")
               (/= method "P")
          )
          (setq method
             (strcase
                (substr
                    (getstring (strcat "\nSelect text with "
                                       "<C>rossing Window, or "
                                       "<P>ick text lines (C/P): "
                               )
                    )
                    1 1
                )
             )
          )
   )

   (cond ( (= method "C")
         (princ (strcat "\nCrossing window used. "
                    "(Non—text entities ignored.)"
                )
         )
         (setq ll (getpoint "\nFirst Corner: ")
                  ur (getcorner ll "\nOther Corner: ")
                  lines (ssget "C" ll ur)
         )
         )
         ( T (setq lines (ssget))
         )
   )
```

```
(princ (strcat "\nWriting file "
               (strcase filstr)
               " -- One moment...\n"
        )
)
(setq xpfile (open filstr "w")
      total (1- (sslength lines))
)
(cond ( (= method "C")
        (setq blist nil)
        (while (<= 0 total)
               (prin1 '-)
               (setq alist (entget (ssname lines total)))

               (if (= "TEXT" (cdr (assoc 0 alist)))
                   (setq blist (cons (cdr (assoc 1 alist))
                                     blist))
               )
               (setq total (1- total))
        )
        (setq blist (reverse blist))
        (while blist
               (prin1 '-)
               (write-line (car blist) xpfile)
               (setq blist (cdr blist))
        )
      )
      ( T  (setq test -1)
           (while (<= (setq test (1+ test)) total)
                  (prin1 '-)
                  (setq alist (entget (ssname lines test)))

                  (if (= "TEXT" (cdr (assoc 0 alist)))
                    (write-line (cdr (assoc 1 alist))
                                xpfile)
                  )
           )
      )
)

(close xpfile)
(prompt (strcat "\nFile " (strcase filstr) " written.\n"))

)
```

Visualización de las listas de asociación

A menudo es de ayuda, cuando se desarrollan programas, ver los contenidos completos de una lista de asociación de entidad. La función C:Entlist, mostrada en el

Listado B.10, crea una orden de AutoCAD que le pide que seleccione una entidad, y presenta la lista de asociación de la entidad en el área de órdenes-peticiones.

Listado B.10. ENTLIST.LSP—Obtiene la lista de asociación de una entidad.

```
; ENTLIST - para AutoCAD Versión 9+
(defun C:ENTLIST()

   (princ (entget (setq g:ent (car (entsel)))))
   (princ "\nNext entity: ")
   (princ (entnext g:ent))
   (princ)

)
```

Además, el nombre de la entidad es guardado en una variable global llamada G:ent, a la que se puede acceder mediante la función C:NEXT, mostrada en el Listado B.11. Esta función crea una orden de AutoCAD llamada NEXT, que devolverá la lista de asociación de la entidad almacenada en G:ent, y cuando sea repetida, irá paso a paso por la base de datos de AutoCAD, devolviendo la lista de asociación de cada entidad, hasta que alcance el final de la base de datos.

Listado B.11. NEXT.LSP—Un bucle para sacar las listas de asociación.

```
; NEXT - para AutoCAD Versión 9+
(defun C:NEXT()

   (cond ( (and (= (type g:ent) 'ENAME)
               (setq g:ent (entnext g:ent))
           )
           (princ (entget g:ent))
           (princ "\nNext entity: ")
           (princ (entnext g:ent))
         )
         ( T
           (princ "\nContents of G:Ent variable: ")
           (princ g:ent)
         )
   )
   (princ)

)
```

Depuración rudimentaria

La función mostrada en el Listado B.12 crea una orden de AutoCAD llamada DE-
BUG. Cuando llama a la orden, AutoCAD alterna, entre un valor y un nulo, una
variable global llamada G:debug.

Listado B.12. DEBUG.LSP—Activa y desactiva el indicador de depuración.

```
; DEBUG _ para AutoCAD Versión 9+
(defun C:DEBUG()

   (if g:debug
      (setq g:debug
            (prompt "\nDEBUG now toggled off.")
      )
      (setq g:debug
            (print "DEBUG now toggled on.")
      )
   )
   (princ)

)
```

Puede usar el estado de esta variable para realizar elecciones dentro de las rutinas que esté desarrollando. Por ejemplo, la función Pauser, mostrada en el Listado B.13, detendrá temporalmente una rutina y esperará la pulsación de una tecla
si G:debug tiene un valor; en otro caso, no tiene ningún efecto y la rutina se ejecutará normalmente. La sintaxis para esta función es:

(pauser *símbolo*)

Puede suministrar a la función Pauser los nombres de los símbolos a evaluar
antes de parar. Esto puede ayudarle a identificar el estado de las variables de memoria críticas durante el procesamiento. Para detener el procesamiento sin evaluar
ningún símbolo, use un nulo como argumento de la función.

Los símbolos que usted pasa a la función Pauser deberán estar contenidos en
una lista. Por ejemplo, use la siguiente sintaxis para detener el procesamiento y
evaluar los símbolos A y B:

(pauser '(A B))

Observe como la lista de símbolos está precedida por un apóstrofo, que es una
abreviatura de la función predefinida de AutoCAD, Quote. Esto impide que la lista
de símbolos sea interpretada como una función anidada. Si omite el apóstrofo, el
intérprete devolverá un mensaje de error y se abortará el procesamiento.

Inserte la función Pauser en los estadios críticos del procesamiento para registrar el proceso de su rutina. Cuando el programa esté completamente compro-

Listado B.13. PAUSER.LSP—Detiene el procesamiento de AutoLISP.

```
; PAUSER function - para AutoCAD Versión 9+
(defun pauser( arg )
   (if (and g:debug (= (type arg) 'LIST) )
      (while arg
          (princ "\nVariable ")
          (princ (car arg))
          (princ ": ")
          (princ (eval (car arg)))
          (getstring "\nProgram paused. Press Enter...")
          (setq arg (cdr arg))
      )
      (getstring "\nProgram paused. Press Enter...")
   )
)
```

bado, use su editor de textos para eliminar o «comentar» las funciones Pauser, o «desactivar» la variable G:debug poniéndola en la lista de variables locales de la rutina. Esto establece el valor de G:debug en nulo para esa rutina, asegurando un procesamiento normal.

Puede usar el estado de la variable G:debug para realizar elecciones por toda la rutina durante su ciclo de desarrollo. Por ejemplo, considere el marco siguiente para escoger entre procesos alternativos, basándose en el estado de G:debug:

```
(cond ( (not g:debug)   ; G:debug no establecida
                        ;...comenzar aquí proceso normal
      )
      ( T                ; G:debug establecida
                         ; poner aquí variaciones
                           de depuración
      )
)
```

Posteriormente, cuando la rutina esté completamente desarrollada y depurada, puede «desactivar» permanentemente la variable G:debug poniéndola en la lista de variables locales de la rutina. De forma alternativa, si su editor tiene opciones de búsqueda de texto, es sencillo desplazarse por una rutina completamente depurada y eliminar todas las referencias a G:debug antes de distribuirla a los usuarios. Esto ahorra espacio de memoria en AutoLISP.

Aunque el expediente mostrado aquí no es igual que un depurador de AutoLISP completo, puede ayudarle a aislar e identificar problemas de ejecución en su código con un mínimo de preocupación.

Variables de sistema para alternativas

FRAD.LSP, mostrada en el Listado B.14, es una rutina que crea una nueva orden de AutoCAD llamada FRAD. Esta orden le pide que introduzca un nuevo radio

Listado B.14. FRAD.LSP—Alterna entre dos radios de empalme.

```
; FRAD — para AutoCAD Versión 9+
(defun C:FRAD( / olderr currad )
   (setq olderr *ERROR*)
   (defun *ERROR*(msg)                    ; define new error handler
      (princ " \n") (princ msg)
      (setq *ERROR* olderr)
      (princ)
   )
                                          ; display current radius
   (princ "\nCurrent fillet radius: ")
   (princ (setq currad (getvar "FILLETRAD")))

   (if (not g:strad)                      ; disallow null input
       (initget 1)                        ; the first time through
   )
                                          ; get new radius, offering
                                          ; the old as default
   (setvar "FILLETRAD" (g:dist nil "\nNew radius: " g:strad))

   (setq g:strad currad)                  ; save the old radius
   (setq *ERROR* olderr)                  ; restore the error handler
   (princ)
)
```

de empalme, almacenando el radio actual. Después de que ejecute la primera vez este programa, puede repetirlo siempre que quiera para alternar entre el viejo y el nuevo valor, o introducir un nuevo valor del radio en cualquier momento. Use esta rutina como modelo para crear dos valores alternativos para cualquier variable de sistema que no sea de sólo lectura. (OSMODE, por ejemplo, es una buena candidata para alternar entre dos valores de referenciación de objetos.)

Observe que, como está escrita, FRAD.LSP requiere las funciones globales G:str y G:dist, discutidas en el Capítulo 7. Cargue estas funciones antes de ejecutar FRAD.LSP.

Más diversión con los empalmes

FR.LSP, mostrada en el Listado B.15, ofrece otra manera para reasignar el radio del empalme. FR.LSP crea una orden de AutoCAD llamada FR, que le pide que seleccione un círculo o un arco en la pantalla. Si selecciona algún otro objeto (o ningún objeto en absoluto), AutoCAD le pide que dibuje un círculo. Entonces AutoCAD usa el radio de ese círculo (o arco) para reasignar el radio del empalme. Como está escrita, FR.LSP deja un círculo nuevo dibujado en la pantalla. Si desea que la rutina lo borre automáticamente, quite los puntos y coma de las líneas siguientes:

```
;; (if newcir
;;   (entdel (entlast))
;; )
```

Alternativamente, puede llamar a la macro EL (descrita anteriormente en este Apéndice) después de ejecutar esta orden. Sin embargo, no use la orden Undo (Revoca) para borrar el círculo, o deshará al mismo tiempo el nuevo radio del empalme.

Listado B.15. FR.LSP—Establece el radio del empalme a partir de un círculo o de un arco.

```
; FR - para AutoCAD Versión 12
(defun C:FR( / oldech oldsnp olderr xpt esel xent etype newcir)

   (setq oldech (getvar "CMDECHO")  ; store current environment
         oldsnp (getvar "OSMODE)
         olderr *ERROR*
   )
   (defun *ERROR* (msg)             ; define new error handler
      (princ " \n") (princ msg)    ; print message
      (setvar "CMDECHO" oldech)
      (setvar "OSMODE"  oldsnp)
      (setq   *ERROR*   olderr)
      (princ)
   )
   (setvar "CMDECHO" 0)             ; reset environment
   (setvar "OSMODE"   512)

   (initget 1)                      ; pick point
   (setq xpt (getpoint "\nSelect circle or arc: "))

   (cond ( (setq esel (nentselp xpt))      ; if an entity was
           (setq xent (car esel))          ; selected, store it
           )
         ( T                               ; otherwise,
           (command ".CIRCLE" xpt pause)   ; draw a circle
           (setq xent (entlast)            ; and store it
                 newcir T)
           )
   )
                                     ; if non-circle or non-arc
                                     ; was selected, then
   (cond ( (not (or (= "CIRCLE"
               (setq etype (g:entv 0 xent)))
               (= "ARC" etype)
               )
           )
```

```
                  (command ".CIRCLE" xpt pause)    ; draw a circle
                  (setq xent (entlast)             ; and store it
                        newcir T)
              )
        )

        (setvar "FILLETRAD" (g:entv 40 xent))     ; set new radius

        ;; (if newcir                    ; option: remove the ";;" symbols
        ;;       (entdel (entlast))      ; to the left, to delete the new
        ;; )                             ; circle automatically each time

        (princ "\nNew Fillet radius: ")       ; display result
        (princ (getvar "FILLETRAD"))

        (setvar "CMDECHO" oldech)                ; restore environment
        (setvar "OSMODE" oldsnp)
        (setq *ERROR* olderr)
        (princ)
)
```

Observe que FR.LSP también requiere la función global G:entv, explicada anteriormente en este Apéndice. Asegúrese de que está cargada antes de ejecutar esta rutina.

Copiar y rotar

CR.LSP, mostrada en el Listado B.16, crea una orden de AutoCAD llamada CR, que le pide seleccionar cualquier número de objetos, seguidos de un punto de base y un segundo punto de desplazamiento (que puede ser el mismo que el punto de base). Entonces AutoCAD copia los objetos y le pide que rote la copia alrededor del segundo punto de desplazamiento.

Listado B.16. CR.LSP—Copia y rota objetos.

```
; CR - para AutoCAD Versión 9+
(defun C:CR( / olderr oldech p_last x fset)
    (setq oldech (getvar "CMDECHO")
          olderr *ERROR*
          p_last (entlast)
    )
    (setvar "CMDECHO" 0)

    (defun *ERROR*(msg)
      (princ "\nError: ") (princ msg)
```

```
      (command) (command ".UNDO" "E" ".U")
      (ssdrw x)
      (setvar "CMDECHO" oldech)
      (setq *ERROR* olderr)
      (princ)
  )

  (command ".UNDO" "G")

  (princ "\nCOPY ")
  (setq x (ssget))
  (prompt "\nProcessing selection set...\n")
  (dup x)
  (setq fset (newss (entnext p_last) (entlast)))

  (command ".MOVE" x)
  (setvar "CMDECHO" 1)
  (command "" pause pause)
  (setvar "CMDECHO" 0)

  (ssdrw fset)
  (prompt "\nROTATE Angle: ")
  (command ".ROTATE" x "" "@" pause)

  (ssdrw fset)
  (command ".UNDO" "E")
  (setvar "CMDECHO" oldech)
  (setq *ERROR* olderr)
  (princ)
)
; --------------------------------------------------------------------
; SSDRAW - Redraws entities in a selection set.
(defun ssdrw( ss / ent index)
   (cond ( (= (type ss) 'PICKSET)
             (setq index -1)
             (while (setq ent (ssname ss (setq index (1+ index)))))
                    (redraw ent)
             )
         )
   )
)
; --------------------------------------------------------------------
; NEWSS - Creates selection set from starting and ending entities
; in the database

(defun newss(start end / ss)
   (setq ss (ssadd start))
   (while (and (setq start (entnext start)) (not (eq start end)))
         (setq ss (ssadd start ss))
   )
   (if start
```

```
        (setq ss (ssadd start ss))
        (eval ss)
    )
)
; ------------------------------------------------------------------
; DUP - Copies a selection set in place

(defun dup(ss)
    (command ".COPY" ss "" '(0 0 0) '(0 0 0))
)
```

Rotar objetos 3D sobre cualquier eje

PIVOT.LSP, mostrada en el Listado B.17, crea una orden de AutoCAD llamada
PIVOT, que le pide seleccionar objetos, seguido de un punto de base y de un eje
en el espacio 3D. Entonces AutoCAD le pide el grado de rotación alrededor del
eje, para los objetos seleccionados. PIVOT.LSP requiere que la función G:dtr sea
cargada previamente.

Listado B.17. PIVOT.LSP—Rota objetos a lo largo de un eje 3D.

```
; PIVOT - para AutoCAD Versión 10+
(defun C:PIVOT( / oldech oldicon oldgrid ss1 bp ap r_ang)

    (setq oldech (getvar "CMDECHO")
          oldicon (getvar "UCSICON")
          oldgrid (getvar "GRIDMODE")
          olderr *error*
    )
    (setvar "CMDECHO" 0)
    (command ".UCS" "s" "$$ temp" ".UCS" "w")
    (setvar "GRIDMODE" 0)
    (setvar "UCSICON" 1)
    (defun *error* (msg)
          (princ "\nError: ")
          (princ msg)
          (command ".UCS" "r" "$$ temp" ".UCS" "d" "$$ temp")
          (setvar "UCSICON"  oldicon)
          (setvar "CMDECHO"  oldech)
          (setvar "GRIDMODE" oldgrid)
          (setq *error* olderr)
          (princ)
    )

    (setq ss1 (ssget))
    (initget 16)
```

```
(setq bp (getpoint "\nSelect Rotation Base Point: "))
(initget 16)
(setq ap (getpoint bp "\nSelect Rotation Axis: ")
      r_ang (g:rtd (getangle bp "\nSelect Rotation Angle: "))
)

(command ".UCS" "3point" nbp
         (polar bp (- (angle bp ap) (g:dtr 90)) 1) ap
         ".UCS" "x" "90" ".ROTATE" ssl "" '(0 0 0) r_ang
         ".UCS" "r" "$$temp" ".UCS" "d" "$$temp"
)

(setvar "UCSICON" oldicon)
(setvar "CMDECHO" oldech)
(setvar "GRIDMODE" oldgrid)
(setq *error* olderr)
(princ)
)
```

UND.LSP

La función UND.LSP, mostrada en el Listado B.18, le permite seleccionar objetos que en la pantalla estén oscurecidos por otros objetos mediante la Selección de un

Listado B.18. UND.LSP—Selecciona objetos ocultos.

```
; UND function – para AutoCAD Versión 9+
(defun und(/ x ssl)
   (cond ( (not (setq x (cadr (entsel "UNDERNEATH Pick object: "
          ))))
          (princ "\nNo object found.") (princ)
        )
        ( T
          (setq ssl (ssdel (ssname (ssget x) 0)
                           (ssget "C" (polar x 3.92699  0.15)
                                      (polar x 0.785398 0.15)
                           )
                    )
          )
          (cond ( (= (sslength ssl) 0)
                  (princ "\nNothing underneath.") (princ)
                )
                ( T (eval ssl) )
          )
        )
   )
)
```

único punto. Funciona de un modo similar a Object Snap. En cualquier petición «Select objects:» (Seleccione objetos), introduzca:

```
(und)
```

y escoja un objeto en la pantalla. Si hay algún otro objeto oculto detrás de él, éste será seleccionado. Si hay varios objetos ocultos, todos son seleccionados. En otro caso, la función presenta un mensaje diciéndole que no se encontró ningún objeto oculto.

XYREC.LSP

XYREC.LSP, mostrada en el Listado B.19, crea una orden de AutoCAD llamada XYREC que dibuja un rectángulo a partir de dos puntos. Utiliza la presentación de la línea de banda elástica de AutoCAD para cambiar el rectángulo antes de que se introduzca el segundo punto; y a medida que usted mueve las líneas en cruz del cursor, muestra las dimensiones del rectángulo en el área de presentación de coordenadas de la pantalla. Está pensada para dibujar en visión 2D o plana solamente.

Listado B.19. XYREC.LSP—Presenta las dimensiones de un rectángulo.

```
; XYREC - para AutoCAD Versión 11+
(defun C:XYREC( / oldech oldgrd oldcds olderr sp ep)
   (setq oldech (getvar "CMDECHO")
         oldgrd (getvar "GRIDMODE")
         oldcds (getvar "COORDS")
         olderr *ERROR*
   )
   (defun *error* (msg)
         (princ msg)
         (if sp
            (command ".UCS" "OR" (oldorg)))
         (setvar "CMDECHO" oldech)
         (setvar "GRIDMODE" oldgrd)
         (setvar "COORDS" oldcds)
         (setq *error* olderr)
         (princ)
   )
   (setvar "CMDECHO" 0)
   (setvar "GRIDMODE" 0)
   (setvar "COORDS" 1)
   (initget 1)
   (setq sp (getpoint "\nFirst corner: "))
   (command ".UCS" "OR" sp)
   (initget 1)
   (setq ep (getcorner '(0 0) "\nOpposite corner: "))
```

```
    (command ".PLINE" '(0 0) (list (car ep) 0)
                     ep (list 0 (cadr ep)) "c"
          "UCS" "OR" (oldorg)
    )
    (setvar "CMDECHO" oldech)
    (setvar "GRIDMODE" oldgrd)
    (setvar "COORDS" oldcds)
    (setq *error* olderr)
    (princ)
)
; ------------------------------------------------------------
; OLDORG - Resets the original origin point for C:XYREC

(defun oldorg()
   (list (- 0 (car sp))
         (- 0 (cadr sp))
         (- 0 (caddr sp))
   )
)
```

Cálculo de la curvatura de un arco para formas

Si está usando AutoCAD para dibujar símbolos que serán eventualmente incorporados a formas, BULGE.LSP, mostrada en el Listado B.20, calculará el factor de curvatura para arcos seleccionados en el dibujo, y presentará el resultado en el área de órdenes-peticiones. BULGE.LSP requiere que estén previamente cargadas las funciones G:dtr y G:rtd.

Listado B.20. BULGE.LSP—Calcula la curvatura de un arco.

```
; BULGE - para AutoCAD Versión 11+
(defun C:BULGE( / uarc rtod )
   (while (or ( not (setq uarc
                     (car (nentsel "\nSelect arc: ")))
               )
              (/= "ARC" (g:entv 0 uarc))
          )
   )
   (if (< (g:entv 50 uarc) (g:entv 51 uarc) )
       (setq angl (- (g:entv 51 uarc) (g:entv 50 uarc) ) )
       (setq angl (+ (g:entv 51 uarc)
                  (- (g:dtr 360) (g:entv 50 uarc) )
                  )
       )
   )
```

```
(setq rtod (g:rtd angl)                      ; Convert to degrees
      bulge (* 127 (/ rtod 180))             ; Convert to bulge
)
(princ (strcat "\nArc degrees are: "         ; Display result
               (rtos rtod 2 0) " ")
)
(if(< rtod 180)
   (princ (strcat "Bulge for this arc is: "
               (rtos bulge 2 0) "\n")
   )
   (princ "Arc too large for bulge. Break it first.\n")   )
(princ)
)
```

Rutinas para bloques

A continuación vienen dos rutinas breves que manipulan bloques.

LISTBLK.LSP

LISTBLK.LSP, mostrada en el Listado B.21, crea una orden de AutoCAD llamada
LISTBLK que extrae los nombres de los bloques de un dibujo y los presenta en el
área de menú de la pantalla. Puede entonces elegir el nombre de un bloque para
insertarlo como otro ítem cualquiera de un menú.

Listado B.21. LISTBLK.LSP—Para listar y elegir bloques en la pantalla.

```
; LISTBLK - para AutoCAD Versión 9+
(defun C:LISTBLK( / blst olderr)

    (setq olderr *ERROR*)
    (defun *ERROR*(msg)
        (princ "\nError: ") (princ msg)
        (grtext)
        (setq *ERROR* olderr)
        (princ)
    )

    (if (setq blst (cdr (assoc 2 (tblnext "BLOCK" 1) ) ) )
       (blk)
       (princ "\n** NO BLOCKS FOUND **")
    )
    (grtext)
    (princ)
)
```

```
; --------------------------------------------------------------------------------
(defun blk( / nb alst x_blk num )
   (prompt "\nExtracting block names. One moment...")
   (setq blst (list (cdr (assoc 2 (tblnext "BLOCK")))
                     blst
               )
   )

   (while (setq nb (tblnext "BLOCK"))
          (setq blst (cons (cdr (assoc 2 nb))
                            blst
                     )
          )
   )

   (setq alst blst)
   (princ "\nDisplaying block names...")

   (while (and blst (not x_blk) )
          (setq num 0)
          (while (and blst (/= num 19) )
                 (if (/= num 19)
                     (grtext (1+ num) "        ")
                 )
                 (grtext num (car blst))
                 (setq num (1+ num))
                 (setq blst (cdr blst))
          )
          (if blst
              (grtext num "--MORE--")
          )
          (cond ( blst
                  (princ "\nPick block name ( or <--MORE--> ):")

                  (while (= (type (setq x_blk (nth 1 (grread))))
                            'LIST)
                  )
                  (if (/= x_blk num)
                      (setq x_blk (nth x_blk alst))
                      (setq x_blk nil)
                  )
                  (setq alst blst)
                )
                ( T
                  (princ "\nPick block name: ")
                  (while (= (type (setq x_blk (nth 1 (grread))))
                            'LIST)
                  )
                  (setq x_blk (nth x_blk alst))
                  (setq alst blst)
                )
```

```
       )
       (if x_blk
           (command ".INSERT" x_blk )
       )
   )
)
```

GBLOCK.LSP

GBLOCK.LSP, mostrada en el Listado B.22, crea una orden de AutoCAD llamada GBLOCK que pide dos nombres de bloque (puede seleccionar cualquier bloque escogiéndolo en la pantalla), y después se desplaza por el dibujo, sustituyendo todas las ocurrencias del primer bloque por el segundo. Esto es útil en los casos en los que tal vez quiera realizar cambios completos en el dibujo sin redefinir un bloque existente.

Listado B.22. GBLOCK.LSP—Sustituciones globales de bloque.

```
; GBLOCK – para AutoCAD Versión 9+
(defun C:GBLOCK( / oldech olderr oldblk oldnam oldset
                   newblk newnam test x)

   (setq oldech (getvar "CMDECHO")
         olderr *error*)

   (defun *error* (msg)
         (princ "\nError: ") (princ msg)
         (setvar "CMDECHO" oldech)
         (setq *error* olderr)
         (princ)
   )

   (while (or (not oldnam) (= oldnam ""))
    (initget "Name")
    (setq oldblk (getpoint "\nSelect block (or <N>ame): "))
    (if (= oldblk "Name")
        (setq oldblk nil
              oldnam (cons 2
                        (strcase (getstring "\nBlock Name: ")))
        )
    )
    (if oldblk
        (cond ( (ssget oldblk)
                (setq oldblk (ssname (ssget oldblk) 0))
                (cond ( (= "INSERT"
                           (cdr (assoc 0 (entget oldblk))))
                        (setq oldnam (assoc 2 (entget oldblk)))
```

```
            )
             ( T
             (prompt "\nEntity not a block.")
             (setq oldnam nil)
             )
          )
        )
        ( T
        (prompt "\nNo entity found.")
        (setq oldnam nil)
        )
    )
    (if (or (not (cdr oldnam)) (= (cdr oldnam) ""))
        (setq oldnam nil)
    )
  )
)

(setq oldset (ssget "X" (list oldnam)))
(cond ( (not oldset)
      (princ (strcat "\nNo "(cdr oldnam) " blocks found."))
    )
    ( T
      (setq test (sslength oldset))
      (while (not newnam)
          (initget 1 "Name")
          (setq newblk (getpoint
                        "\nSelect new block (or <N>ame): "))
          (cond ( (= newblk "Name")
                  (setq newblk nil
                      newnam (cons 2 (strcase
                          (getstring "\nNew Block Name: ")
                                )
                          )
                )
                (cond ( (not (tblsearch "BLOCK"
                                        (cdr newnam)))
                        (if(and (cdr newnam)
                            (/= (cdr newnam) "")
                            )
                            (princ (strcat "\n"(cdr newnam)
                                          " not found."
                                )
                            )
                        )
                        (setq newnam nil)
                    )
                )
            )
        )
    )
```

```
                (if (and newblk (or (not newnam) (= newnam ""))) )
                    (cond ( (ssget newblk)
                            (setq newblk (ssname (ssget newblk) 0))
                            (cond ( (= "INSERT" (cdr (assoc 0
                                                     (entget newblk))))
                                    (setq newnam (assoc 2
                                                     (entget newblk)))
                                  )
                                  ( T
                                    (prompt "\nEntity not block.")
                                    (setq newnam nil)
                                  )
                            )
                          )
                          ( T (prompt "\nNo new entity found.")
                          )
                    )
                )
                (while (> test 0)
                    (setq test (1- test)
                          x (subst newnam oldnam
                                   (entget (ssname oldset test))
                          )
                    )
                    (entmod x)
                )
            )
        )
    )
    (setvar "CMDECHO" oldech)
    (setq *error* olderr)
    (princ)
)
```

Tipos de datos en AutoLISP

Tipo de datos	Símbolo del tipo
Función ADS (Externa)	EXSUBR
Función AutoLISP (predefinida)	SUBR
Nombre de entidad	ENAME
Descriptor de archivo	FILE
Entero	INT
Lista	LIST
Tabla de paginación	PAGETB
Número real	REAL
Conjunto de selecciones	PICKSET
Cadena de caracteres	STR
Símbolo	SYM

Códigos de control en cadenas de AutoLISP

Cualquier carácter presentado por su sistema puede ser representado en una cadena de caracteres de AutoLISP utilizando códigos de control. La sintaxis para representar un carácter es una barra invertida (\) seguida del código octal para el carácter (en vez del código ASCII decimal). Por ejemplo, "\101" en una cadena de AutoLISP viene a ser "A" en la mayoría de los sistemas. Otros caracteres de control especiales son listados en la tabla siguiente:

Carácter	Código de control
\	\\
,	\"
Retorno de carro	\r
ESC	\e
Salto de línea	\n
TAB	\t

Código de tipo de resultados en ADS

Tipo de resultado	Código	Tipo de resultado	Código
Punto 2D	RTPOINT	Cadena clave	RTKWORD
Punto 3D	RT3DPOINT	Entero largo	RTLONG
Angulo	RTANG	Símbolo nulo (nulo de AutoLISP)	RTNIL
Función rechazada por AutoCAD	RTREJ	Ningún valor	RTNONE
Fallo de enlazamiento AutoLISP	RTFAIL	Orientación	RTORINT
		Número real	RTREAL
Comienzo de lista	RTLB	Conjunto de selecciones	RTPICKS
Pareja de puntos	RTDOTE	Entero corto	RTSHORT
Código 0 de Grupo DXF	RTDXF0	Cadena de caracteres	RTSTR
Fin de lista	RTLE	Símbolo T (TRUE en AutoLISP)	RTT
Nombre de entidad	RTENAME		
Fallo de función	RTERROR	Cancelación de usuario (Ctrl-C)	RTCAN
Exito de función	RTNORM	Símbolo de vacío	RTVOID

Caracteres de control en menús personalizados

Acción	Código de control
Ruptura de línea de menú	+
Cancelar orden activa	^C
Cambio de ventana de visualización	^V
Presentar submenú de pantalla activa	=* (ej.: $i=*)
Eco de texto hacia impresora	^Q
Llamar a macro	$M=(ej.: $M=$(getvar,clayer))
Pasar de largo una orden predefinida	. (e.g.: .LINE)
Pausa para introducción del usuario	\
Pulsar tecla de retroceso	^H
Pulsar Enter	; (también ^M)
Pulsar TAB	^I
Referenciar subsección de menú	$ (ej.: $S=)
Repetir orden indefinidamente	*^C^C (ej.: *^C^CLINE)
Asignar ángulo isométrico	^E
Conmutar presentación de coordenadas	^D
Conmutar presentación de retícula	^G
Conmutar eco de menú	^P
Conmutar Ortho (Orto)	^O
Conmutar Snap (Forzcoor)	^B
Conmutar Tablet (Tablero)	^T
Traducir orden internacional	_(ej.: _LINE)

Expresiones de cadena DIESEL

Expresión	Valor retornado	Argumentos
$(and, *i1, i2,...*)	Bits de la comparación lógica AND entre enteros	Hasta 9 enteros
$(angtos, *n, modo, prec*)	*n* como ángulo en *modo* con *prec* (vea la función Angtos de AutoLISP)	*n* = número; *modo, prec* = entero
$(edtime, *fecha, sím*)	Fecha reformateada por *sím*	*fecha* = fecha; *sím* = símbolo de formato de fecha
$(eq, *cad1, cad2*)	1 si *cad1* es igual a *cad2*, si no 0	Dos cadenas
$(eval, *cad*)	Evaluación de *cad*	Una cadena
$(fix *n*)	*n* como un entero	Un número
$(getenv *varcad*)	Valor de la variable de sistema *varcad*	Nombre de una variable de sistema, es una cadena
$(if, *exp, ifT, ifF*)	Valor de la última expresión evaluada	*exp* = expresión; *ifT* = macro si *exp* es verdad; *ifF* = macro si *exp* es falsa (opcional)
$(index, *i, exps*)	Una expresión macro de una lista de cadenas delimitada por comas	*i* = índice entero; *exps* = lista de macros delimitada por comas, como una cadena de caracteres
$(linelen)	Máxima longitud posible de la línea de estado	Ninguno
$(nth *pos list*)	Macro número *pos* de la lista *list*	*pos* = entero; *list* = lista de macros delimitada por comas, como una cadena de caracteres
$(or, *i1, i2,...*)	Bits de la comparación lógica OR entre enteros	Hasta 9 enteros
$(rtos *n modo prec*)	*n*, un ángulo como una cadena de caracteres en *modo* con *prec* (vea la función Rtos de AutoLISP)	*n* = número; *modo, prec* = entero
$(strlen, *cad*)	Un entero indicando la longitud de la cadena, en caracteres	Cualquier cadena de caracteres
$(substr *cad i1 i2*)	La subcadena extraída	*cad* = una cadena; *i1* = posición inicial dentro de la cadena; *i2* = último carácter de la cadena para ser extraído (opcional, por defecto = final de cadena)
$(upper *cad*)	El argumento *cad*, convertido a mayúsculas	Una cadena
$(xor, *i1, i2,...*)	Bits de la comparación lógica XOR entre enteros	Hasta 9 enteros

Códigos de control de menús desplegables

Nota: Estos códigos de control especiales para menús desplegables están disponibles además de los códigos de control estándar para el menú de pantalla de AutoCAD. Sin embargo, estos códigos no están disponibles para todas las plataformas de presentación. Compruebe la documentación de su plataforma para asegurarse de que soporta controles especiales de presentación de menús desplegables.

Acción	Código de control	Comentario
Presentar icono en menú	^icon^	(icon = nombre foto icono)
Evalúa macro DIESEL	$(	La macro debe precederse con un rótulo
Empalidece un ítem de menú	~	La tilde debe preceder al rótulo
Indica un submenú	->	Los caracteres preceden al rótulo
Indica el último ítem de un submenú	<-	Los caracteres preceden al rótulo
Marca un ítem	!c	(c = carácter no alfanumérico)
Pone una marca de verificación en un ítem	!.	Los caracteres preceden al rótulo
Separa los ítems de menú con una línea	--	No se permiten otros caracteres
Especifica una tecla aceleradora en un ítem	/c	(c = carácter alfanumérico que debe aparecer en el rótulo)
Especifica estilo de fuente para ítem	<C	(C = Bold, Italic, Outline, Shadow, Underline)
Termina el menú padre	<-<-	Los caracteres preceden al rótulo. Cada menú padre requiere su propio código <-.

Expresiones de cadena DIESEL

Las expresiones de cadena DIESEL son macros especiales que pueden usarse como valores para la variable de sistema MODEMACRO, en menús personalizados como en macros introducidas mediante los caracteres de control $M=, o como argumentos para la función Menucmd en AutoLISP.

Expresión	Valor retornado	Argumentos
$(+, n1, n2,...)	Suma de todos los números	Hasta 9 números
$(-, n1, n2,...)	n1 menos la suma de los demás números	Hasta 9 números
$(*, n1, n2,...)	Producto de todos los números	Hasta 9 números
$(/, n1,n2,...)	n1 dividido por la suma de los demás números	Hasta 9 números
$(=, n1, n2)	1 si ambos números son iguales, si no 0	Dos números
$(!=, n1, n2)	1 si los números no son iguales, si no 0	Dos números
$(<, n1, n2)	1 si n1 menor que n2, si no 0	Dos números
$(<=, n1, n2)	1 si n1 menor o igual que n2, si no 0	Dos números
$(>, n1, n2)	1 si n1 mayor que n2, si no 0	Dos números
$(>=, n1, n2)	1 si n1 mayor o igual que n2, si no 0	Dos números

Indice

Nota: Este índice muestra las explicaciones primarias de los temas importantes en **negrita**. Las explicaciones accesorias y los temas menos importantes aparecen en tipo normal. Las referencias a las figuras aparecen en *cursiva*.

McGraw-Hill Le ofrece

- Administración
- Arquitectura
- Biología
- Contabilidad
- Derecho
- Economía
- Electricidad
- Electrónica
- Física
- Informática
- Ingeniería

- Marketing
- Matemáticas
- Psicología
- Química
- Serie McGraw-Hill de Divulgación Científica
- Serie McGraw-Hill de Electrotecnologías
- Serie McGraw-Hill de Management
- Sociología
- Textos Universitarios

Sí envíenme el catálogo de las novedades de McGRAW-HILL en

☐ Informática   ☐ Economía/Empresa   ☐ Ciencia/Tecnología

☐ Español   ☐ Inglés

Nombre .... Titulación ....

Empresa .... Departamento ....

Dirección .... Código postal ....

Localidad .... País ....

¿Por qué elegí este libro?

☐ Renombre del autor
☐ Renombre McGraw-Hill
☐ Reseña en prensa
☐ Catálogo McGraw-Hill
☐ Buscando en librería
☐ Requerido como texto
☐ Precio
☐ Otros ....
....

Temas que quisiera ver tratados en futuros libros McGraw-Hill:

....
....
....
....

Este libro me ha parecido:

☐ Excelente   ☐ Bueno   ☐ Malo

Comentarios ....

 Por favor, rellene esta tarjeta y envíela por correo a la dirección apropiada.

AUCAD12

OFICINAS DEL GRUPO IBEROAMERICANO

IBEROAMERICAN GROUP
Avenue of the Americas
N.Y. 10020

BRASIL
MAKRON BOOKS EDITORA, LTDA.
Rua Tabapua 1105, Sao Paulo, S.P.
Telf.: (5511) 280 66 22
Fax: (5511) 829 49 70

ESPAÑA
McGRAW-HILL/INTERAMERICANA
DE ESPAÑA, S.A.
Apartado Postal 786 F.D.
Edificio Oasis, A - Planta 1.ª - c/Basauri, s/n
28023 Aravaca (Madrid)
Telf.: (341) 372 81 93. Fax: (341) 372 84 67

ARGENTINA, CHILE, PARAGUAY Y URUGUAY
McGRAW-HILL EXPORT ESPAÑA
Apartado Postal 786 F.D.
Edificio Oasis, A - Planta 1.ª - c/Basauri, s/n
28023 Aravaca (Madrid)
Telf.: (341) 372 81 93. Fax: (341) 372 84 67

PORTUGAL
EDITORA McGRAW-HILL DE PORTUGAL, LDA.
Av. Almirante Reis, 59, 6.º, 1100 Lisboa
Telf.: (3511) 315 49 84. Fax: (3511) 352 19 75

COLOMBIA
McGRAW-HILL/INTERAMERICANA
DE COLOMBIA, S.A.
Apartado 81078, Santafé de Bogotá, D.E.
Transversal 42B, 19-77, Santafé de Bogotá, D.E.
Telf.: (571) 268 27 00. Fax: (571) 268 55 67

ECUADOR, BOLIVIA Y PERU
McGRAW-HILL EXPORT COLOMBIA
Apartado 81078, Santafé de Bogotá, D.E.
Transversal 42B, 19-77, Santafé de Bogotá, D.E.
Telf.: (571) 268 27 00. Fax: (571) 268 55 67

VENEZUELA
McGRAW-HILL/INTERAMERICANA
DE VENEZUELA, S.A.
Apartado Postal 50785, Caracas 1050
2da. Calle de Bello Monte entre Boulevard de
Sabana Grande y Avenida Casanova, Caracas
Telf.: (582) 761 64 20. Fax: (582) 761 69 93

MEXICO
McGRAW-HILL/INTERAMERICANA
DE MEXICO, S.A.
Apartado Postal 5-237, México 5, D.F.
Atlacomulco 499-501
Fracc. Industrial San Andrés Atoto,
Naucalpan de Juárez, Edo. de México, 53500
Telf.: (525) 576 90 44. Fax: Ventas (525) 576 08 15

CENTROAMERICA Y CARIBE
McGRAW-HILL EXPORT MEXICO
Apartado Postal 5-237, México 5, D.F.
Atlacomulco 499-501
Fracc. Industrial San Andrés Atoto,
Naucalpan de Juárez, Edo. de México, 53500
Telf.: (525) 576 90 44. Fax: Ventas (525) 576 08 15

Envíe la tarjeta por correo a la dirección apropiada